MÉMOIRES
COMPLETS ET AUTHENTIQUES

DU DUC

DE SAINT-SIMON

SUR LE SIÈCLE DE LOUIS XIV ET LA RÉGENCE

COLLATIONNÉS SUR LE MANUSCRIT ORIGINAL PAR M. CHÉRUEL

ET PRÉCÉDÉS D'UNE NOTICE

PAR M. SAINTE-BEUVE DE L'ACADÉMIE FRANÇAISE

TOME CINQUIÈME

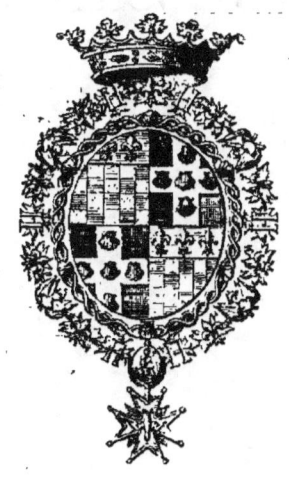

PARIS
LIBRAIRIE DE L. HACHETTE ET Cie
RUE PIERRE-SARRAZIN, N° 14

1856

MÉMOIRES

DU DUC

DE SAINT-SIMON

V

TYPOGRAPHIE DE CH. LAHURE
IMPRIMEUR DU SÉNAT ET DE LA COUR DE CASSATION
RUE DE VAUGIRARD, 9, A PARIS

MÉMOIRES

COMPLETS ET AUTHENTIQUES

DU DUC

DE SAINT-SIMON

SUR LE SIÈCLE DE LOUIS XIV ET LA RÉGENCE

COLLATIONNÉS SUR LE MANUSCRIT ORIGINAL PAR M. CHÉRUEL

ET PRÉCÉDÉS D'UNE NOTICE

PAR M. SAINTE-BEUVE DE L'ACADÉMIE FRANÇAISE

TOME CINQUIÈME

PARIS

LIBRAIRIE DE L. HACHETTE ET Cie

RUE PIERRE-SARRAZIN, N° 14

1856

MÉMOIRES
DE
SAINT-SIMON

CHAPITRE PREMIER.

Mariage du comte d'Harcourt, et ses suites, avec Mlle de Montjeu ; son extraction. — Gêne de la confession dans la famille royale. — P. de La Rue confesseur de Mme la duchesse de Bourgogne. — Pontchartrain se raccommode avec le maréchal de Cœuvres, et demeure brouillé avec d'O. — Villeroy, Villars et Marsin généraux des armées de Flandre, de la Moselle et d'Alsace. — Lappara envoyé à Verue. — Communication de Verue avec Crescentin coupée. — Verue rendu à discrétion. — Prince Eugène en Italie. — Siége de Turin projeté et publié. — Princesse des Ursins tentée de demeurer en France. — Se résout enfin de retourner en Espagne. — Conduite, audace et succès avortés de Maulevrier, rappelé en France, où il arrive. — Gibraltar secouru ; ce siége levé. — Renault, son caractère, sa fortune. — Rochefort, comment devenu port. — Progrès de Ragotzi. — Princesse de Condé. — Rabutin et sa fortune en Allemagne. — Mort de l'empereur Léopold, etc. — Deuil tardif et abrégé pour l'empereur. — Duretés en Bavière ; l'électrice à Venise. — Lappara prend la Mirandole. — Vaubecourt, lieutenant général, tué à une échauffourée en Italie ; sa femme ; fatuité du maréchal de Villeroy.

Il se fit vers ces temps-ci un mariage qui causa bien du murmure dans la maison de Lorraine. La princesse d'Harcourt avoit perdu un fils en Italie, un autre depuis deux mois dans l'empire, qui s'en alloit à Vienne servir l'empereur, dont elle fut quitte pour faire la pleureuse à Mme de Maintenon; point de filles, il ne lui restoit qu'un fils qui étoit l'aîné. Plusieurs coups de tête reçus par accident lui avoient fait essuyer trois ou quatre trépans, et ces trépans l'avoient rendu fort sourd. Elle ne l'aimoit point, et tant qu'elle avoit eu d'autres enfants, elle l'avoit forcé tout dévotement au petit collet, et en vouloit faire un riche seigneur dans l'Église; elle avoit même commencé. Sa répugnance prit des forces se voyant devenu unique; elle songea donc à le marier, mais son mari ni elle ne vouloient rien donner. Elle chercha vainement; enfin elle se rabattit à ce qu'elle trouva sous sa main. Elle étoit fort à Sceaux chez Mme du Maine, à qui toute compagnie étoit bonne, pourvu qu'on fût abandonné à ses fêtes, à ses nuits blanches[1], à ses comédies et à toutes ses fantaisies. Il s'y étoit fourré, sur le pied de petite complaisante, bien honorée d'y être comme que ce fût soufferte, une Mlle de Montjeu, jaune, noire, laide en perfection, de l'esprit comme un diable, du tempérament comme vingt, dont elle usa bien dans la suite, et riche en héritière de financier. Son père s'appeloit Castille, comme un chien citron, dont le père qui étoit aussi dans les finances, avoit pris le nom de Jeannin pour décorer le sien, en l'y joignant de sa mère, fille du célèbre M. Jeannin,

---

1. Les *nuits blanches de Sceaux* étaient célèbres. Mlle de Launay (Mme de Staal), qui y avait joué un rôle important, en raconte ainsi l'origine dans ses *Mémoires* : « Mme la duchesse du Maine, qui aimoit à veiller, passoit souvent toute la nuit à faire différentes parties de jeu. L'abbé de Vaubrun, un de ses courtisans les plus empressés à lui plaire, imagina qu'il falloit, pendant une des nuits destinées à la veille, faire paroître quelqu'un sous la forme de la Nuit enveloppée de ses crêpes, qui feroit un remercîment à la princesse de la préférence qu'elle lui accordoit sur le Jour; que la déesse auroit un suivant qui chanteroit un bel air sur le même sujet. L'abbé me confia ce secret, et m'engagea à composer et à prononcer la harangue, représentant la divinité nocturne. La surprise fit tout le mérite de ce petit divertissement.... L'idée en fut applaudie; et de là vinrent les fêtes magnifiques données la nuit par différentes personnes à Mme la duchesse du Maine. »

ce ministre d'État au dehors et au dedans, si connu sous Henri IV.

Le père de notre épousée avoit pris le nom de Montjeu d'une belle terre qu'il avoit achetée. Il avoit ajouté beaucoup aux richesses de son père dans le même métier. Il avoit la protection de M. Fouquet. Elle lui valut l'agrément de la charge de greffier de l'ordre, que Novion, depuis premier président, lui vendit en 1657, un an après l'avoir achetée. La chute de M. Fouquet l'éreinta. Après que les ennemis du surintendant eurent perdu l'espérance de pis que la prison perpétuelle, les financiers de son règne furent recherchés. Celui-ci se trouva fort en prise, on ne l'épargna pas, mais il avoit su se mettre à couvert sur bien des articles; cela même irrita. Le roi lui fit demander la démission de sa charge de l'ordre; et sur ses refus réitérés, il eut défense d'en porter les marques. Il avoit longtemps trempé en prison; on le menaça de l'y rejeter, il tint ferme. On prit un milieu, on l'exila chez lui en Bourgogne, et Châteauneuf, secrétaire d'État, porta l'ordre, et fit par commission la charge de greffier; enfin le financier, maté de sa solitude dans son château de Montjeu, où il ne voyoit point de fin, donna sa démission. La charge fut taxée, et Châteauneuf pourvu en titre. Montjeu eut après cela liberté de voir du monde, et même de passer les hivers à Autun. Bussy-Rabutin, qui y étoit exilé aussi, en parle assez souvent dans ses fades et pédantes lettres. A la fin, Montjeu eut permission de revenir à Paris, où il mourut en 1688. Sa femme étoit Dauvet, parente du grand fauconnier.

Mme du Maine conclut le mariage et en fit la noce à Sceaux. M. le duc de Lorraine s'en brouilla avec le prince et la princesse d'Harcourt, et fit défendre à leur fils et à leur belle-fille de se présenter jamais devant lui, surtout de ne mettre pas le pied dans son État. Ce ne fut pas le seul dégoût de la princesse d'Harcourt. Elle trouva à qui parler. Dans les commencements ce furent merveilles. Le pied glissa, la contrainte et les exhortations suivirent. L'esprit et la souplesse remirent tout au premier état; mais il arriva un malheur. La belle-fille écrivit de Paris à sa belle-mère à Versailles avec des tendresses et des soumissions infinies, et à une de ses amies en même temps les plaintes d'être soumise à une mégère enragée dont la tyrannie de belle-mère étoit insupportable, les caprices et les folies, et avec qui enfants ni domestiques n'avoient jamais pu durer. Aucun terme, aucun temps de la vie et de la conduite de la princesse d'Harcourt n'y étoit ménagé, et le tout paraphrasé avec beaucoup d'esprit, de sel et de tour, en personne qui se divertit et se soulage. L'amie reçut la lettre qui étoit pour la belle-mère, et celle-ci celle qui étoit pour l'amie; on s'étoit mépris au-dessus. Voilà la princesse d'Harcourt transportée de furie, qui fut assez peu maîtresse d'elle-même pour ne s'en pouvoir taire, en sorte que l'aventure devint publique à la cour, où elle étoit crainte et abhorrée, et où on s'en divertit fort. Elle ne trouva pas plus de consolations dans la maison de Lorraine, enragée de ce bas mariage. Elle retomba cruellement sur sa belle-fille, qui fut étrangement consternée, mais qui au bout de quelques mois reprit ses esprits, et qui, voyant qu'il n'y avoit plus de vraie réconciliation ni de duperie à espérer, gagna son mari aussi impatient qu'elle de ce joug, serrèrent tous deux leurs écus, dont ils tâchoient souvent de l'apaiser, levèrent le masque et se moquèrent d'elle. Le prince d'Harcourt, enfoui dans son obscurité et ses débauches, toujours absent, ne se soucioit ni d'eux ni de sa femme, et ne s'en mêla point. Ainsi la comtesse d'Harcourt se mit en liberté et en profita avec peu de mesure.

Depuis que le P. Le Comte avoit perdu sa place de confesseur de Mme la duchesse de Bourgogne, pour aller tâcher de se justifier à Rome de ce qu'il avoit écrit sur les affaires des jésuites de la Chine, avec tous les autres missionnaires, comme je l'ai rapporté en son temps, elle en avoit essayé plusieurs dont elle ne s'étoit pas accommodée. Le roi tenoit sa famille dans une cruelle gêne pour la confession. Monseigneur n'a jamais eu un autre confesseur que celui du roi. Il n'étoit pas permis à ses enfants d'en prendre ailleurs que ceux qu'il leur donnoit parmi les jésuites; et il falloit communier en public au moins cinq fois par an : Pâques, la Pentecôte, l'Assomption, la Toussaint et Noël, comme il faisoit lui-même; et Mme la duchesse de Bourgogne n'auroit pas eu bonne grâce de ne communier pas plus souvent. A son âge, à ses goûts, la chose avec de la religion étoit plus qu'embarrassante. Elle avoit été fort bien instruite à Turin par un barnabite son confesseur. Ce barnabite n'estimoit point les jésuites. M. de Savoie les tenoit de fort court et ne les aimoit pas. Mme la duchesse de Bourgogne avoit sucé cet éloignement avec le lait. C'étoit donc pour elle un grand surcroît de peine d'avoir sa conscience entre leurs mains. Enfin, après plusieurs essais, on lui donna le P. de La Rue, un de leurs plus gros bonnets, fort connu par ses sermons, par quelques ouvrages, par les premières places qu'il avoit occupées dans sa province, par son poids parmi les siens, et par beaucoup d'usage du monde, dans lequel il étoit assez répandu. Il avoit trouvé le moyen de se faire une maison de campagne à Pontoise, sous le nom des jésuites, dont la manière d'acquérir et de s'agrandir eût perdu un homme d'une autre robe, et dont il jouissoit avec ses amis fort souvent. Ce confesseur enfin en conserva la place : on verra en son temps ce qui en arriva.

Pontchartrain remis, comme on l'a vu, avec M. le comte de Toulouse par sa femme, suivoit fort à son insu le projet dont j'ai parlé. Le comte, qui étoit droit et vrai, et qui comptoit, après le pardon qu'il lui avoit accordé et toutes les promesses et les protestations de l'autre, ne trouver plus de difficultés dans ce qui dépendroit de son ministère, ne doutoit pas de retourner à la mer cette année, où il espéroit, étant au large, faire mieux qu'il n'avoit pu l'année précédente parmi tant de malignes contradictions. Pontchartrain, ravi de l'endormir de cette espérance, alloit au-devant de tout ce qui pouvoit l'entretenir. Pour cela, il falloit travailler quelquefois chez l'amiral avec le maréchal de Cœuvres, et quelquefois tous trois avec le roi. Le maréchal et Pontchartrain étoient demeurés fort mal ensemble, et le maréchal étoit outré de la compassion que le comte avoit eue de Mme de Pontchartrain. Cette situation néanmoins étoit gênante pour tous les deux avec la nécessité de ce travail. Le maréchal, abandonné du comte dans cette haine commune, s'ennuya de rester dans la nasse, et craignit le secrétaire d'État. Celui-ci avoit ses raisons pour n'être pas moins lassé d'être brouillé avec toute une famille si appuyée; celle d'être plus en état de tromper le comte et le maréchal sur la flotte qu'ils se proposoient de commander, et qu'il avoit bien résolu de leur soustraire, fut un des plus puissants motifs qui le portèrent à ce frauduleux accommodement. Cette division importunoit le roi; de part et d'autre on lui fit un sacrifice de ce que chacun désiroit par des vues fort différentes. Le duc de Noailles, toujours désireux de se mêler, prit cette affaire en main, et finalement il conclut le raccommodement et le consomma entre eux deux dans le cabinet du chancelier. Pour d'O, qui n'avoit point de travail à faire avec Pontchartrain, il vit d'un air froid et méprisant tous ces manéges, et demeura si réservé sur son raccommodement avec Pontchartrain, qu'on ne le put pas même entamer.

Vers la mi-mars, les maréchaux de Villeroy, Villars et Marsin travaillèrent ensemble avec le roi et Chamillart chez Mme de Maintenon, pour concerter les projets de la campagne : le premier pour la Flandre, le second pour la Moselle, où on craignoit le principal effort des ennemis, le troisième pour l'Alsace. Villeroy partit quinze jours après pour aller à Bruxelles donner tous les ordres nécessaires;

Villars quelque temps après, et Marsin le 1ᵉʳ mai pour Strasbourg, qui paroissoit le côté le plus retardé.

Vendôme, devant Verue depuis le 14 octobre, amusoit le roi par de fréquents courriers et par force promesses qui ne s'exécutoient point. L'infanterie y périssoit de fatigues et de misère, dans la fange jusqu'au cou, et les officiers sans équipage, et par conséquent sans aucun soulagement contre la rigueur de la saison et du terrain. La garde étoit infinie contre une place qui n'étoit investie qu'à demi, et qui communiquoit par tout un grand côté avec un camp retranché dans une entière liberté, et ce camp retranché séparé des assiégeants par la rivière. L'inquiétude enfin prévalut à cette confiance sans bornes en M. de Vendôme. Le roi voulut que Lappara, le premier ingénieur d'alors, et lieutenant général, y allât, quoique mal avec M. de Vendôme, pour accélérer ce siége, y rectifier et y régler, de concert avec ce général, ce qui seroit pour le mieux, et surtout en mander au roi son avis bien en détail. Lappara en savoit trop pour commettre sa fortune à faire un affront à un homme si puissamment accrédité et appuyé, qui ne lui auroit pardonné de sa vie, et qui lui auroit détaché Chamillart, M. du Maine et Mme de Maintenon. L'affaire étoit trop engagée, il trouva tout bien, et fut toujours d'avis commun avec M. de Vendôme. Lui aussi, content de sa conduite et plus embarrassé de jour en jour qu'il ne le montroit, se laissa enfin persuader que jamais il ne prendroit Verue, tant que la place seroit en communication avec ce camp retranché, vidée de morts, de blessés, de malades, rafraîchie de troupes et de munitions de guerre et de bouche, à plaisir et à volonté. On étoit au dernier février, ainsi depuis quatre mois et demi devant Verue. Le parti fut donc pris enfin de faire un effort pour rompre cette communication, avec laquelle, quoi qu'eût soutenu M. de Vendôme avec son opiniâtreté et son autorité ordinaire, il étoit visible que Verue ne se pouvoit prendre.

Il fut donc résolu de faire attaquer, la nuit du 1ᵉʳ au 2 mars, le fort de l'Isle, gardé par deux bataillons de Savoie; il fut escaladé et emporté. Tout y fut tué, excepté deux cents soldats et vingt-quatre officiers qu'on prit en même temps; leur pont fut rompu à coups de canon; huit bateaux emportés par le courant, et la communication de Crescentin à Verue coupée. On s'établit dans le fort; et en même temps deux compagnies de grenadiers, soutenues de deux bataillons, montèrent aux brèches de la grande attaque et entrèrent jusque dans la seconde enceinte, où ils tuèrent une cinquantaine de soldats. Les grenadiers, qui n'avoient ordre que de reconnoître, se retirèrent et perdirent peu en cette action, qui fut brusque et peu attendue. Aucun de leurs fourneaux ne joua. Cette expédition faite, on commença d'espérer avec raison une bonne et prompte issue de ce long siége, qui n'en donnoit aucune auparavant. Il dura pourtant encore tout le mois (cinq et demi en tout). On n'en avoit point vu de si long à beaucoup près de ce règne, ni de si ruineux en tout. Enfin, le 5 avril, ils battirent la chamade. Ils demandèrent une capitulation honorable, mais M. de Vendôme, qui les tenoit à la fin, les voulut prisonniers de guerre. Ils continuèrent donc à se défendre jusqu'au 9, qu'eux-mêmes mirent le feu à leurs fourneaux et renversèrent toute la place, excepté le donjon, après quoi ils se rendirent à discrétion. Ainsi le siége dura six mois moins cinq jours. Il ne fut plus question après que de mettre, et pour longtemps, en quartier les troupes ruinées de ce long siége, dans le temps qu'il falloit avoir déjà mis en campagne, à quoi on suppléa comme l'on put, mais qui fit un grand tort aux troupes et aux opérations de la campagne suivante.

Trois semaines après, le prince Eugène arriva en Italie avec un puissant renfort pour profiter de l'épuisement de notre principale armée, et du délabrement des troupes qui avoient fait ce long et pénible siége. Cela n'empêcha pas de se proposer le siége de Turin, même de le résoudre, et, qui pis fut, de le publier, dont on ne se trouva pas bien.

Mme des Ursins se trouvoit dans son pays si fort au-dessus de tout ce qu'elle avoit pu même imaginer, qu'elle balança sur son retour en Espagne. Les empressements de la reine ne la touchoient plus avec le même retour, et les insinuations légères qui commençoient à lui être faites, elle les éludoit. L'âge et la santé de Mme de Maintenon la tentoient : elle eût mieux aimé dominer ici qu'en Espagne. Elle se flattoit sur toutes les distinctions et les marques de confiance qu'elle recevoit d'elle et du roi, et qui souvent s'étendoient hors de la sphère d'Espagne, et la mettoient en occasion de servir et de nuire aux personnes de la cour, et à celles dont les places et la faveur sembloit les mettre hors de sa portée. Elle espéroit se maintenir en cet état à l'appui des affaires d'Espagne, et de s'en faire un petit ministère qui lui ouvriroit les moyens de l'étendre et d'entrer dans toutes. Flattée des louanges ou plutôt des serviles adorations de tout ce qu'il y avoit de plus grand, elle compta se les perpétuer par ce grand personnage. Le goût et l'habitude du roi et de Mme de Maintenon pour elle, et personne vis-à-vis d'elle par la singularité de sa situation, lui semblèrent des avantages dont elle se pouvoit tout promettre; et, pendant ce combat en elle-même, sa santé et ses affaires couvroient ses retardements, auxquels elle ne fixoit point de terme.

L'archevêque d'Aix et son frère, dont je parlerai après pour ne pas m'interrompre ici, étoient les chefs de son conseil. Elle n'osoit leur dire ses pensées là-dessus. Ils la devinèrent sur son aveu soutenu des raisons que je viens de dire; ils la combattirent par l'entière différence de ce qui n'est accordé qu'à un court passage et au besoin qu'on se faisoit d'elle en Espagne, à un état fixe et permanent. Ils lui firent sentir qu'aveuglée du brillant prodigieux qui l'environnoit, plutôt qu'éblouie, elle ne prenoit pas garde qu'il ne lui venoit que de l'intérêt de Mme de Maintenon, attisé par Harcourt pour le sien, de régner en Espagne, que tout en passât directement par elle au roi, et de s'emparer de nouveau, aux dépens des ministres, de cette portion si considérable du gouvernement; que cela même ne se pouvoit que par le retour en Espagne de celle qui en y régnant lui rendoit un compte direct de tout, et l'y faisoit régner; que, n'y retournant plus, il ne restoit aucun moyen à Mme de Maintenon de rattraper cette précieuse partie des affaires, qui par leur nature ne pourroient que retomber au canal naturel des ministres, et l'en laisser dans l'entière privation; que le dépit qu'elle en auroit feroit bientôt tomber tout ce brillant séducteur, et que plus Mme des Ursins avoit été initiée, plus elle demeureroit bientôt écartée par la jalousie, à laquelle un court passage ne pouvoit donner lieu; mais que la continuité de ce qu'elle y avoit acquis exciteroit dans un état fixe et de consistance en ce pays-ci; que bientôt elle s'y verroit aussi délaissée qu'elle s'y trouvoit environnée et poursuivie; enfin que sa situation ne pouvoit être durable ni bonne qu'autant qu'elle en sauroit tirer les plus utiles et les plus avantageux partis; que pour ce but il n'étoit peut-être pas mauvais de laisser quelque lieu à de l'inquiétude pour se procurer de plus en plus un pont d'or, et ne la pousser pas assez loin aussi pour gâter ses affaires, avec une bien absolue détermination de partir et de prendre bien garde entre le trop tôt pour en tirer tout ce qu'elle pourroit, et plus encore le trop tard pour ne pas s'en aller de mauvaise grâce, et n'emporter pas en Espagne un pouvoir moins vaste, moins absolu, moins connu qu'étoit celui qu'on lui vouloit maintenant confier.

La solidité de ces raisons persuada la princesse des Ursins. Elle ne regarda plus ce qu'elle avoit balancé que comme des tentations et une séduction dangereuse. Elle résolut donc de partir, mais de différer le compas dans l'œil, de se faire prier, payer même, si elle pouvoit, au delà de ce qu'elle l'étoit, mais d'éviter surtout de rompre le fil en le tirant par trop, et de ne plus songer à ce pays-ci que comme au fondement de son règne en Espagne. Nous verrons bientôt qu'elle sut mettre un si bon conseil à profit, et au profit encore de ceux qui le lui donnèrent. A la façon dont j'étois avec elle je sentis toutes ces époques : l'extrême désir en arrivant de retourner en Espagne, l'ivresse qui le balança, enfin la dernière résolution prise. J'écumai bien aussi quelque chose de ces détails, mais pour leur précision, telle que je la raconte ici, je ne l'ai bien sue que depuis.

Il se passoit cependant bien des choses en Espagne. Maulevrier, dans la plus intime confiance de la reine sur ce qui regardoit le retour et les avantages de Mme des Ursins, et seul à Madrid de sa sorte, qui y fut par l'absence de Tessé sur la frontière, profitoit merveilleusement des instructions utiles de conduite qu'il avoit données à la reine par ses connoissances si exactes de l'intérieur de notre cour, par les entrées que la reine lui avoit fait donner; il entroit chez elle à toute heure par l'appartement du roi, comme je crois l'avoir déjà dit. Il passoit des heures entières entre le roi et elle, et fort souvent tête à tête avec elle. La duchesse de Montellano n'étoit pas une femme à contraindre, et de plus le roi le savoit et le trouvoit bon. Maulevrier voyoit les lettres qu'ils recevoient. Il en faisoit et leur en dictoit les réponses, et par cette confiance entroit d'ailleurs autant qu'il le pouvoit dans la leur sur toutes les autres affaires. Son esprit, son instruction, le succès de ses conseils sur ce qui regardoit la princesse des Ursins, avoient infiniment augmenté la croyance que le roi et la reine avoient prise en lui. On a voulu dire qu'il avoit voulu plaire aux yeux de la reine et qu'il y avoit réussi. Il est vrai que ces particuliers, si longs, si journaliers, si continuels, donnèrent fort à penser et même à parler. Il étoit temps de moissonner après avoir si heureusement semé. Le compagnon ne songea pas à moins qu'à la grandesse, et l'obtint. Mais il étoit trop vain pour n'être pas indiscret, comme on en a vu ici des traits que j'ai rapportés.

Le duc de Grammont en eut le vent. Il n'en avoit eu que des mépris, comme un homme qu'on veut chasser et qu'un nouveau favori ne ménage guère. Il se hâta d'avertir le roi et les ministres du bruit que commençoit à faire la conduite audacieuse de Maulevrier avec la reine, qui offensoit tous les Espagnols, et que sûrement il alloit être déclaré grand d'Espagne. La jalousie, en effet, de toute la cour et ses murmures alarmèrent Tessé, qui les apprit sur les frontières. Il en craignit l'effet aux deux cours, et plus encore en celle de France ; il manda son gendre devant Gibraltar où il étoit, qui fut obligé de partir sur-le-champ de Madrid pour l'y aller trouver. En même temps, arriva un courrier de Torcy avec des lettres du roi très-fortes au roi d'Espagne sur Maulevrier, et une de Torcy à celui-ci, qui lui mandoit que le roi lui défendoit très-expressément d'accepter la grandesse ni aucune autre grâce du roi d'Espagne, et lui ordonnoit d'aller sur-le-champ joindre Tessé, avec une réprimande très-sévère, non d'un cousin germain, mais d'un ministre offensé de ses manéges, de ses intrigues et du parti qu'il avoit pris. Le courrier fit remettre au roi d'Espagne les dépêches du roi, et courut après Maulevrier à Gibraltar lui porter les siennes. Ce fut un étrange coup pour cet ambitieux qui, ayant si bien conduit sa trame, et réussi pour autrui, se trouvoit privé de la récompense qu'il tenoit déjà. La rage et le dépit cédèrent aux espérances qu'il se forgea de venir à bout pour soi de Versailles par Madrid. Son beau-père ne put le retenir au siége comme il l'auroit voulu. Ses représentations et son autorité furent inutiles.

Maulevrier, après un court séjour devant Gibraltar, retourna à Madrid, sous prétexte d'y aller rendre compte de l'état du siége; mais en effet pour tout tenter auprès du roi et de la reine d'Espagne, pour, par eux, forcer la main au roi et le faire consentir à sa grandeur. Malheureusement pour lui il trouva le duc de Grammont encore à Madrid, d'où il étoit prêt à partir, qui dépêcha un courrier sur ce retour d'un homme qu'il savoit avoir eu ordre d'aller au siége de Gibraltar et qu'il ignoroit avoir eu la permission d'en revenir. Cette désobéissance fut promptement châtiée. Torcy eut ordre de dépêcher un courrier à Maulevrier, avec commandement absolu de partir au moment qu'il le recevroit pour revenir en France. Alors il n'y eut plus de remède ni à différer. Il prit congé du roi et de la reine d'Espagne en homme désespéré, et partit. Le rare est qu'en arrivant à Paris, il trouva la cour à Marly et sa femme du voyage. Il fit demander la permission d'user du droit des maris sur Marly, quand leurs femmes y étoient, ce que le roi, pour éviter un éclat, voulut bien ne pas lui refuser. Sa consolation fut d'y trouver la princesse des Ursins de plus en plus au pinacle, par le moyen de laquelle il espéra se raccommoder, brouillé comme il l'étoit pour elle, ou plutôt pour ses vues ambitieuses, avec Torcy, et avec le duc de Beauvilliers, ses cousins germains.

Cependant les choses alloient fort mal à Gibraltar. Il y arriva un prodigieux secours de Lisbonne, conduit par trente-cinq gros vaisseaux de guerre. Ils entrèrent dans la baie de Gibraltar, où ils trouvèrent Pointis avec cinq vaisseaux, qui ne s'y croyoit pas en sûreté, mais qui avoit un ordre positif du roi d'Espagne d'y demeurer. Un brouillard fort épais lui déroba la vue de cette flotte, qui tomba sur lui qu'à peine l'avoit-il aperçue. Il n'en avoit eu aucun avis, quoiqu'il eût envoyé deux autres vaisseaux dans l'Océan, pour découvrir et l'avertir, ce qu'ils n'avoient pu faire. Malgré l'inégalité du nombre, le combat dura cinq heures; mais à la fin le grand nombre l'emporta. Trois vaisseaux de soixante pièces de canon chacun furent pris, deux de quatre-vingts pièces de canon que les ennemis n'osèrent aborder s'échouèrent. Pointis, qui montoit le plus gros, sauva les deux équipages et les brûla après pour que les ennemis n'en profitassent point, qui après cette victoire entrèrent à Gibraltar et y jetèrent tout ce qu'ils avoient apporté. Le roi reçut cette mauvaise nouvelle le 5 avril. Cinq jours après, le petit Renault arriva de ce siége pour lui en rendre compte. Il y avoit déjà du temps que le roi pressoit pour qu'on le levât, et que le roi d'Espagne s'opiniâtroit à le continuer. Enfin, le 6 mai, il arriva un courrier dépêché de Séville par le maréchal de Tessé, qui apprit la levée du siége dont il avoit retiré tout le canon, et que Villadarias étoit demeuré devant cette place avec dix pièces de canon seulement et ce peu de troupes espagnoles qui lui restoient, moins nombreuses de moitié que la garnison de la place. Ce fut huit jours après cette nouvelle que Maulevrier arriva. A la fin de ce même mois de mai, le petit Renault fut renvoyé à Cadix pour y demeurer pendant toute la campagne. Il étoit chef d'escadre et avoit fort la confiance du roi.

On ne l'appela jamais que le petit Renault, de sa taille singulièrement petite, mais bien proportionnée et jolie. Il étoit Basque, et il étoit entré tout jeune à Colbert du Terron, intendant de marine à la Rochelle, qui, ayant voulu acheter Rochefort et le seigneur s'étant opiniâtré à ne le point vouloir vendre, de dépit y voulut être plus maître que lui. Il persuada à la cour, où son nom alors l'appuyoit fort, que c'étoit le lieu du monde le meilleur pour en faire un excellent port et le plus propre aux constructions des navires. On le crut, on y dépensa des millions. Du Terron, par ce moyen, devint le maître et le tyran du lieu et du seigneur qui n'avoit pas voulu le lui vendre. Mais quand tout fut fait, il se trouva une telle distance de ce lieu à la mer, un coude entre autres si fâcheux, et la Charente si basse, que les fort gros vaisseaux ne pouvoient y aller de la mer, ni de Rochefort à la mer, et que les autres n'y pouvoient aller qu'avec leur lest et désarmés, encore avec deux vents différents pour en faire le trajet. Il n'eût pas été difficile de voir ce défaut, qui sautoit aux yeux, avant de s'engager en une telle dépense ; mais si le sort des choses publiques est presque toujours d'être gouvernées par des intérêts particuliers, il se peut dire et trop continuellement vérifier qu'il est très-singulièrement attaché à la France. Du Terron trouva de l'esprit et de l'application à ce petit Basque. Il le fit étudier, le jeta dans les mathématiques et tout ce qui pouvait l'instruire dans la marine, et trouva qu'il passoit de bien loin les espérances qu'il en avoit conçues. Il épuisa bientôt ses maîtres et devint le sien à lui-même. Il fut bon géomètre, bon astronome, grand philosophe et posséda parfaitement l'algèbre ; avec cela, particulièrement savant dans toutes les parties de la construction et de la navigation. C'étoit d'ailleurs un homme doux, simple, modeste et vertueux, fort brave et fort honnête homme. Il servit sur mer avec réputation. M. de Seignelay établit une école de marine tenue par lui, dont le roi n'exempta personne, et ce fut pour ne pas vouloir prendre ses leçons publiques que Saint-Pierre et d'autres capitaines de vaisseau furent cassés. Renault fut grand admirateur et grand ami du P. Malebranche, connu et fort protégé des ducs de Chevreuse et de Beauvilliers, beaucoup aussi de M. le duc d'Orléans. Tout le monde l'aima et en fit cas. Il eut des actions heureuses à la mer, et son désintéressement lui fit beaucoup d'honneur. Il eut beaucoup d'emplois de confiance et de rapports immédiats avec le roi. Rien de tout cela ne l'éleva et ne le fit sortir de son caractère. Nous le verrons monter plus haut et toujours le même.

Ragotzi continuoit ses progrès deçà et delà le Danube jusqu'en Moravie. Il menaçoit Bude ; et le comte Forgatz, maître de la Transylvanie, assiégeoit Rabutin dans Hermanstadt. Ce Rabutin étoit ce page pour lequel Mme la Princesse fut renfermée à Châteauroux, d'où elle n'est jamais sortie, et où, après tant d'années, elle ignora toujours la mort de M. le Prince, son mari, gardée avec autant

d'exactitude que jamais jusqu'à sa mort, par les ordres de
M. le Prince son fils. Le page se sauva de vitesse, se mit
dans le service de l'empereur, s'y distingua, épousa une
princesse fort riche, et parvint avec réputation aux premiers
honneurs militaires.

Pendant ces désordres en Hongrie et dans les provinces
voisines, l'empereur Léopold mourut à Vienne le 5 mai sur
le soir, d'une assez longue maladie, sans enfants de ses
deux premières femmes. Il laissa deux fils et trois filles de
la troisième, sœur de l'électeur palatin : Joseph, déjà roi
reconnu de Hongrie, Bohême et des Romains ; et Charles,
qui étoit en Portugal, se prétendant roi d'Espagne, qui l'un
après l'autre lui succédèrent à l'empire. Ce fut un prince qui
sut régner sans être jamais sorti de Vienne que pour se sauver à Lintz, lorsque les Turcs en firent le siége, que le fameux J. Sobieski, roi de Pologne, leur fit si glorieusement
lever. Une laideur ignoble, une mine basse, une simplicité
fort éloignée de la pompe impériale ne l'empêcha pas d'en
pousser l'autorité beaucoup plus loin qu'aucun de ses prédécesseurs, si on en excepte Charles-Quint ; et sa vie extérieure, plus monacale que de prince, ne l'empêcha pas de
se servir de toutes sortes de voies pour arriver à ses fins.
Témoin la mort du prince électoral de Bavière, fils de sa fille,
d'un de ses premiers lits ; celle de la reine d'Espagne, fille
de Monsieur ; l'étrange objet de l'envoi du prince de Hesse-Darmstadt en Espagne du temps de la reine, seconde femme
de Charles II ; la part si principale qu'il eut au renversement du trône d'Angleterre et de la religion catholique en ces
royaumes pour y placer le célèbre prince d'Orange ; ses usurpations sans nombre dans l'empire et en Hongrie et Bohême
contre le serment de ses capitulations ; et les vengeances sans
mesure et sans oubli qu'il tira des moindres manquements
à son égard des princes et des seigneurs d'Allemagne. Son
éloignement personnel de la guerre, pour n'en rien dire de
plus, émoussa la crainte et la jalousie jusqu'à ce qu'il ne

fût plus temps de remuer contre lui. Il la fit toujours par ses généraux, auxquels il fut singulièrement heureux. Il ne le fut pas moins en ministres, qu'il sut si bien choisir que son conseil fut toujours le meilleur de l'Europe. Il eut le bon esprit de le croire et il s'en trouva toujours bien. La terreur que le roi causa par ses conquêtes et par un ministre habile qui voulut et qui fit toujours la guerre, et le dépit que le prince d'Orange conçut enfin de n'avoir pu amortir, par ses longues et persévérantes soumissions, la haine étrange du roi pour sa personne, qui bâtirent les ligues contre la France, formèrent aussi la dictature de Léopold dans l'Europe. En un mot, il fut habile et fier, toujours suivi dans ses plans et dans sa conduite, heureux en tout et en famille.

La dernière impératrice étoit fort impérieuse ; il la laissoit maîtresse d'une infinité de petites choses, mais elle n'entroit en aucune des grandes, et point du tout dans les affaires. Elle lui étoit tellement attachée, qu'elle ne s'en fioit qu'à elle-même, dès qu'il étoit malade (ce qui n'arriva presque point que pour mourir), pour faire son pot dans sa chambre, préparer les remèdes qu'il devoit prendre, les lui donner de sa main et le servir comme une simple garde-malade. La vie privée de ce prince fut un continuel exercice de religion, et, comme je l'ai dit, une vie tout à fait monacale, avec un usage le plus fréquent des sacrements. Il les reçut plusieurs fois dans sa maladie, et encore le matin du jour qu'il mourut. Ce qui est bien étrange, c'est que sentant sa fin approcher, après avoir mis ordre à toutes choses, il demanda sa musique, qui avoit toujours fait son unique plaisir. Il l'entendit plusieurs heures, et mourut en l'entendant.

Le roi des Romains fut très-longtemps sans en donner part au roi. Enfin le 30 juin, le nonce, qui avoit demandé audience, lui présenta les lettres de ce prince, de la princesse son épouse et de l'impératrice douairière, écrites, selon leur usage, en italien; aussi le roi ne drapa point quoique beau-frère, prit le deuil en violet, mais le compta, pour la durée, du jour que l'empereur étoit mort. Le successeur de ce prince se montra, incontinent après, bien plus dur et plus fâcheux que Léopold n'avoit été encore sur la Bavière. Il fit entrer six mille hommes dans Munich, contre le traité qu'il avoit signé lui-même avec l'électrice, laquelle s'étoit retirée à Venise, et à qui il ne voulut pas permettre de retourner en Bavière. La reine de Pologne, sa mère, y avoit été passer quelque temps avec elle, outrée contre la cour de Vienne de l'enlèvement de ses fils, que le roi Auguste avoit fait enlever en Silésie, et qu'il ne vouloit pas rendre.

Lappara, après la prise de Verue, étoit allé à la Mirandole, que M. de Vendôme faisoit assiéger depuis longtemps, et encore sans investiture entière, en sorte que la garnison étoit continuellement rafraîchie. Cet ingénieur, qui étoit aussi lieutenant général, y commanda en chef, et vint enfin à bout de cette place, le 11 mai, la garnison prisonnière de guerre. Le comte de Kœnigseck, qui y commandoit, subit ce sort avec soixante-dix officiers et cinq cents soldats; il étoit général-major. Il s'y trouva force artillerie et munitions de guerre et des vivres encore pour trois mois. On sut en même temps que le prince Eugène avoit fait traverser plusieurs petites rivières et plus de trente lieues à huit mille chevaux qui étoient tombés entre plusieurs villages près de Lodi, où étoient les équipages de nos officiers généraux, dont ils emmenèrent près de mille avec quelques-uns de l'artillerie. Vaubecourt, lieutenant général, qui étoit là auprès, y accourut avec ce qu'il put ramasser, et y fut tué : c'étoit un homme fort court, mais brave, fort appliqué et très-honnête homme. Sa femme, dont il n'avoit point d'enfants, avoit fait bruit dans le monde. Le maréchal de Villeroy, qui en étoit amoureux, eut, une de ses campagnes, la fatuité de faire faire le tour de la place Royale, où elle logeoit, à son magnifique équipage qui partoit pour l'armée. Elle étoit sœur d'Amelot, qui venoit d'aller ambassadeur en Espagne, et de la femme d'Estaing, qui eut le petit gouvernement de Châlons et la lieutenance générale de Champagne qu'avoit Vaubecourt. Ce dernier s'appeloit Nettancourt, et étoit homme de qualité. M. de Vendôme fit raser la Mirandole, Verceil et les trois premières enceintes de Verue, ne laissant que la quatrième; et continua toujours, lui et le grand prieur, d'amuser le roi par des courriers, des espérances d'attaquer le prince Eugène, et de différents petits projets sans exécution : par-ci par-là quelque cassine enlevée ou forcée.

CHAPITRE II.

Goutte du roi empêche la cérémonie ordinaire de l'ordre de la Pentecôte. — Prisonniers échappés de Pierre-Encise. — Procès jugé devant le roi sur l'arrêt de la coadjutorerie de Cluni rendu au grand conseil. — Mort de l'abbé d'Hocquincourt. — Mort de Mme de Florensac. — Mort de Mme de Grignan. — Mariage de Sézanne avec Mlle de Nesmond. — Nouveau brevet de retenue à Torcy. — Mort de la duchesse de Coislin. — Mort de Mme de Vauvineux; sa famille. — Duc de Grammont de retour. — Amelot dans la junte. — Mort de l'amirante en Portugal. — Mort à Madrid du marquis de Villafranca. — Conspirations en Espagne; Legañez arrêté et conduit au château Trompette, à Bordeaux. — Princesse des Ursins prend congé et diffère encore son départ un mois. — Noirmoutiers duc vérifié, et autres grâces à la princesse des Ursins. — Vie et caractère de Noirmoutiers. — Vie et caractère de l'abbé depuis cardinal de La Trémoille. — Prétention de la princesse des Ursins de draper en violet de son mari, qui la brouille pour toujours avec le cardinal de Bouillon. — Raison pour laquelle les cardinaux ne drapent plus en France.

La goutte du roi l'empêcha de faire à la Pentecôte la cérémonie ordinaire de l'ordre, ce qu'il n'avoit jamais manqué de faire trois fois l'année aux jours destinés. Il eut quelque dépit de l'entreprise de cinq prisonniers d'État enfermés à Pierre-Encise, qui trouvèrent moyen de poignarder les soldats qui les gardoient, Manville, gouverneur de ce château, qui avoit été lieutenant-colonel du régiment lyonnois, et de se sauver si bien qu'ils n'ont jamais été repris.

Le cardinal de Bouillon dans son exil, et l'abbé d'Auvergne à Paris, qui avoient gagné le procès de la coadjutorerie de Cluni contre les moines, croyoient que Vertamont, premier président du grand conseil, avoit fait des changements à leur arrêt en faveur des moines en le signant; ils en avoient fait grand bruit aussitôt après, et l'affaire avoit été revue par le grand conseil qui n'y changea rien, quoique fort mal de tout temps avec leur premier président. Enfin l'affaire fut portée devant le roi et rapportée au conseil de dépêches. L'arrêt fut maintenu, mais il fut laissé des voies ouvertes au cardinal et à son neveu de revenir contre les altérations dont ils se plaignoient. Cela s'appelle que pour des gens en disgrâce on ne voulut pas réformer l'arrêt, et que la justice empêcha pourtant la confirmation de ce dont ils crioient. Cela ne fit pas honneur à Vertamont, qui se vanta pourtant d'avoir gagné son procès et maintenu son honneur, puisque son arrêt avoit été jugé entier au grand conseil, et ensuite devant le roi.

En ce même temps mourut l'abbé d'Hocquincourt, petit-fils du maréchal, et le dernier de cette maison de Mouchy, ancienne et illustre, dont Mme de Feuquières, sa sœur, demeura héritière, mais qui la fut du peu qui restoit à une maison ruinée.

La marquise de Florensac mourut aussi, à trente-cinq ans, la plus belle femme qui fût peut-être en France. Elle étoit fille de Saint-Nectaire et d'une sœur de Longueval, lieutenant général, tué en Catalogne sans avoir été marié. Sa mère avoit été fille de la reine, avoit été belle, et avec de l'esprit, du crédit et de l'intrigue, avoit fait des procès à son beau-frère, qu'elle sut tourner en criminel et qu'elle abrutit dans les prisons, dont il ne sortit qu'avec beaucoup de temps et de peine, s'accommoda et ne se maria point. Ainsi Mme de Florensac fut fort riche. Elle fit bien des passions, et fut accusée de n'être pas toujours cruelle; d'ailleurs la meilleure femme du monde, la plus douce et la plus simple dans sa beauté. Elle fut exilée pour Monseigneur, dont l'amour commençoit à faire du bruit. Son mari, frère du duc d'Uzès, menin de Monseigueur et le plus sot homme de France, ne s'en aperçut point, et l'aimoit passionnément. Elle mourut en deux jours de temps. Elle ne laissa qu'une fille, belle aussi, mais non comme elle, qui se piquoit de toutes sortes de savoir et d'esprit, qui est aujourd'hui duchesse d'Aiguillon, Dieu sait comment et Mme la princesse de Conti aussi. Mme de Grignan, beauté vieille et précieuse, dont j'ai suffisamment parlé, mourut à Marseille bien peu après, et, quoi qu'en ait dit Mme de Sévigné dans ses lettres, fort peu regrettée de son mari, de sa famille et des Provençaux.

Berwick, en Languedoc, achevoit d'anéantir les fanatiques par être bien averti et par ses promptes exécutions. Il surprit cinq ou six de leurs chefs dans Montpellier, dont il fit fermer les portes, et les fit pendre; il en fit autant à celui qui fournissoit l'argent et à celui qui les payoit. Il découvrit leur cache de poudre et de munitions, et à la fin éteignit tout à fait ces misérables, et remit le calme et la sûreté dans cette province et dans les Cévennes.

Sézanne, frère de père du duc d'Harcourt et de mère de la duchesse sa femme, chose tout à fait singulière, épousa la fille de Nesmond, mort lieutenant général fort distingué des armées navales, qui étoit une riche héritière.

Torcy, dont la conduite avoit plu au roi à l'égard de Mme des Ursins, eut une augmentation de brevet de retenue de cent cinquante mille livres sur ses charges.

Bientôt après mourut la duchesse de Coislin, pauvre et

retirée à la campagne depuis la mort de son mari, sans avoir plus vu personne. Elle étoit riche héritière de Bretagne et s'appeloit du Halgoet. Elle étoit médiocrement âgée, femme de mérite et de vertu, et mère de la duchesse de Sully, du duc de Coislin et de l'évêque de Metz.

A peu près en même temps qu'elle, mourut à Paris Mme de Vauvineux, qui avoit été fort belle, vertueuse et dans la bonne compagnie à Paris. Elle étoit fort des amies de ma mère, et sa cousine germaine par son défunt mari, du nom de Cochefilet, fils de Vaucelas, ambassadeur en Espagne et chevalier du Saint-Esprit, en 1619, et d'une sœur du père de ma mère. Le prince de Guéméné avoit épousé la fille unique de Mme de Vauvineux et n'eut d'enfants que d'elle. Mme de Vauvineux étoit Aubry, d'une famille de Paris, comme la mère de la princesse des Ursins.

Cette dernière, toujours également brillante, faisoit ses affaires et tenoit ses conseils secrets à Paris, avec une liberté que Marly ne comportoit pour personne, et y revenoit comme il lui plaisoit, reçue avec les mêmes empressements, et sans cesse admise chez Mme de Maintenon et aux particuliers longs entre elle et le roi, en tiers. Le duc de Grammont étoit déjà arrivé à Bayonne, d'où peu après il arriva à Paris, médiocrement reçu. Amelot et Orry étoient à Madrid, et le premier admis dans la junte avec toutes les grâces de la reine et l'autorité dans les affaires que, pour elle-même, Mme des Ursins lui avoit ménagée. Elle s'étoit bien gardée de rien laisser soupçonner en Espagne de sa tentation de n'y plus retourner. Elle y prétextoit ses délais de sa santé, et de la nécessité de se donner le temps de concerter ici des mesures solides sur leurs affaires. L'amirante étoit mort, délaissé et méprisé en Portugal; et à la cour d'Espagne, le marquis de Villafranca, majordome-major du roi et chevalier du Saint-Esprit, duquel j'ai tant parlé à propos du testament de Charles II. Celui-ci étoit demeuré dans la première considération, et sa charge étoit la première de la cour. Le duc d'Albe l'avoit toujours regardée comme la récompense de sa ruineuse ambassade, et tout en lui l'exigeoit, naissance (il étoit Tolède comme Villafranca), dignité, âge, emploi, fidélité, esprit, application, honneur et probité, splendeur et capacité dans son ambassade, et il plaisoit fort ici et y étoit fort considéré. Le roi voulut bien s'intéresser pour lui auprès du roi et de la reine d'Espagne, et en parler à Mme des Ursins; il sembloit que l'affaire dût aller tout de suite; il n'y avoit point, en Espagne, de compétiteurs si marqué ni si appuyé. Mme des Ursins, à qui le duc et la duchesse d'Albe avoient fait une cour assidue, promit tous ses bons offices, qu'elle se garda bien de tenir. L'attachement que le duc d'Albe avoit eu pour les Estrées ne pouvoit s'effacer de son cœur; il en coûta cette grande charge au duc d'Albe, de laquelle le roi d'Espagne différa à disposer.

Dès avant que le duc de Grammont partît de Madrid, il s'étoit découvert une conspiration à Grenade et une autre à Madrid, qui toutes deux devoient éclater le jour de la Fête-Dieu : le projet étoit d'égorger tous les François dans ces deux villes, et de se saisir de la personne du roi et de la reine. On crut trouver que le marquis de Legañez en étoit le chef. C'étoit un homme d'esprit et de courage, qui, sous Charles II, avoit passé par les premiers emplois de la monarchie, gouverneur des armes aux Pays-Bas, gouverneur général du Milanois, grand maître de l'artillerie, enfin conseiller d'Etat, des premiers entre les grands, et gouverneur héréditaire du palais de Buen-Retiro à Madrid. Il avoit toujours été fort attaché à la maison d'Autriche et lié avec ceux qui passoient pour en être les partisans; il s'étoit toujours dispensé de prêter serment de fidélité à Philippe V, sous prétexte que l'exiger d'un homme comme lui, c'étoit une défiance qu'il réputoit à injure, et on avoit eu la foiblesse de s'arrêter tout court pour ne pas l'offenser, tandis que tous les autres de sa sorte le prêtoient. On crut en savoir assez pour devoir l'arrêter. Serclaës, capitaine des gardes du corps et capitaine général, en eut la commission; il l'exécuta le 10 juin dans les jardins du Retiro, lui-même, avec vingt gardes du corps à pied. Il le conduisit avec cette escorte à une porte qui donne dans la campagne, où il étoit attendu dans un carrosse à six mules, trente gardes du corps à cheval, et trois officiers de confiance dans le carrosse, qui le menèrent à six lieues de Madrid, à un relais et de là très-diligemment à Pampelune, et tous ses domestiques arrêtés en même temps et ses papiers. On fit mourir, à Grenade, plusieurs convaincus de la conspiration. Elle s'étendoit en plusieurs autres villes; on en arrêta à Cadix, à Malaga, à Badajoz, même le major de la place, et on leur trouva des lettres de l'amirante, mort fort peu après, du prince de Darmstadt et de l'archiduc même. M. de Legañez étoit déjà venu à Versailles quelques années auparavant se justifier des soupçons qu'on avoit pris sur lui; ainsi, quoiqu'il ne se trouvât que des présomptions et point de preuves, on ne le laissa pas longtemps à Pampelune, on l'amena à Bordeaux, où on le mit dans le château Trompette.

Toutes ces choses étoient des motifs de presser le départ de Mme des Ursins; elle-même le sentoit, et Mme de Maintenon commençoit à avoir impatience de s'en trouver débarrassée. Ces délais lui devenoient suspects; elle n'en apercevoit point de raison réelle. On commença donc à la presser. C'est où Mme des Ursins les attendoit. Alors elle commença à s'expliquer davantage sur le poids dont elle alloit être chargée dans un pays d'où elle étoit partie avec tous les affronts d'une criminelle; qu'il étoit difficile qu'elle y pût reparoître avec honneur, et surtout avec la considération qui lui étoit indispensablement nécessaire pour bien servir les deux rois, si quelque chose de public n'y annonçoit la confiance qu'ils vouloient bien prendre en elle; que bien que comblée ici de celle du roi et de ses bontés, c'étoient de ces choses particulières qui s'ignoroient en Espagne, où elle avoit besoin pour se bien acquitter de ce dont elle alloit s'y trouver chargée, qu'il y fût public qu'elle n'y entreprenoit rien que par mission, et que plus cette mission étoit importante, plus ce besoin devenoit pressant pour le service du roi et pour la mettre en état de le faire obéir. L'éloquence, l'adresse, le tour, les grâces, la finesse de l'expression, l'attention à l'effet des paroles, l'air dont elles étoient reçues, tout fut bien déployé et bien remarqué sous les voiles de la simplicité, de la nécessité, du naturel; l'effet aussi en passa les espérances. Ce fut à Marly, dans un tiers de plus de deux heures entre le roi et Mme de Maintenon, le 15 juin. Mme des Ursins y prit congé plus que contente. Elle crut ne devoir pas prolonger; mais, en femme aussi habile qu'elle l'étoit, elle demanda la permission de voir le roi encore une fois à son retour à Versailles. C'est que, les mettant à leur aise par le congé qu'elle en prenoit, elle ne vouloit pourtant pas partir que les grâces qu'elle venoit d'obtenir ne fussent, les unes expédiées et consommées, les autres acheminées aussi certainement qu'elles le pouvoient être; de façon qu'elle tint bon sous différents prétextes à ne point partir que tout cela fût fait, à Versailles, où elle fut encore longtemps enfermée avec le roi et Mme de Maintenon, et où elle acheva de dire tous les adieux et de prendre ses congés. Elle obtint encore de revoir le roi une fois à Marly, ce fut la dernière, et elle partit enfin à la mi-juillet.

Les grâces qu'elle obtint furent prodigieuses : vingt mille livres de pension du roi et trente mille livres pour son voyage. Son frère, bien qu'aveugle depuis l'âge de dix-huit ou vingt ans, fut fait duc héréditaire, et le roi consentit à la promotion du duc de Saxe-Zeitz, évêque de Javarin, à condition qu'en même temps que lui son autre frère fût fait cardinal, pour les deux couronnes, qui, en sa faveur, se désistèrent du droit d'avoir chacune un cardinal en compensation de celui de l'empereur. Pour bien entendre jusqu'à quel point ces grâces étoient prodigieuses, il faut faire connoître quels étoient ces deux frères, et comment leur puissante et habile sœur étoit avec eux.

M. de Noirmoutiers, beau, très-bien fait, avec beaucoup d'esprit et d'ambition, entra fort agréablement dans le monde, mais ce ne fut que pour le regretter. A dix-huit ou vingt ans, allant trouver la cour à Chambord, il tomba malade et se trouva si pressé à Saint-Laurent des Eaux qu'il ne put aller plus loin. La petite vérole se déclara, elle fut fâcheuse; mais il en étoit presque guéri lorsqu'une nouvelle repoussa et lui creva les deux yeux. Ou peut imaginer quel fut son désespoir. Guéri et retourné à Paris, il y passa vingt ans entiers à ne pouvoir se résoudre de sortir de sa maison ni d'y recevoir aucune visite. Il y passa sa vie à se faire lire. Il avoit beaucoup de mémoire, il n'oublia jamais rien de tout ce qu'il avoit ouï dire ou lire; et comme dans cette longue solitude son esprit, naturellement agréable et solide, avoit eu loisir de se former par ses lectures et par ses réflexions, il devint une excellente tête, et un homme de la meilleure compagnie quand enfin il en voulut bien recevoir. Le comte de Fiesque étoit son ami intime avant son aveuglement; il ne voulut jamais le quitter et logea avec lui; il le voyoit autant que la dissipation de la jeunesse, la guerre et la cour le lui pouvoient permettre, mais il fut longtemps sans avoir le credit d'obtenir de lui de souffrir aucun de ses amis qui le venoient voir. Au bout de vingt ans, moins volage et plus souvent chez soi, il vint à bout d'apprivoiser son ami avec quelques-uns des siens, et de l'un à l'autre de lui amener compagnie. Noirmoutiers s'y accoutuma peu à peu, il parut aimable à tout ce qui fut admis. Le cercle s'élargit; il s'y trouva des gens avec qui il lia plus qu'avec de simples connoissances. Quelques-uns lui parlèrent de leurs affaires soit de cœur et de monde, soit domestiques. Ils se trouvèrent bien de ses conseils; en un mot, il devint à la mode d'être en commerce avec M. de Noirmoutiers, et tout ce qui le vit fut charmé de son esprit, de sa conversation et de sa justesse en toutes choses. Un homme de cette sorte et qu'on est sûr de trouver chez lui n'y est plus guère en solitude. Les gens de la cour et du grand monde, ceux de la ville et de la magistrature, tout y aborda : c'étoit le bel air. Parmi cette diversité, il se forma des amis considérables en tout genre. Sa maison devint un tribunal où il n'étoit pas indifférent d'être blâmé ou approuvé. Soit conseil, soit confiance, Noirmoutiers entra et se mêla dans une infinité d'affaires, et se trouva, sans sortir de sa chambre, l'homme le mieux informé de tout ce qui se passoit à la cour et dans le monde, fort compté et fort accrédité pour servir ses amis.

Sa santé qui fut toujours délicate, un bien fort court, le désir de pouvoir suppléer à ses yeux par un autre soi-même en bien des occasions où la nécessité d'en emprunter lui devint un joug embarrassant, le tournèrent au désir du mariage. Pauvre et aveugle, de grande naissance, mais fils d'un duc à brevet qui ne lui avoit point laissé de rang, il étoit difficile de rencontrer un mariage avantageux; il ne songea donc qu'à se donner une femme avec un bien médiocre, de qui il pût espérer ce qu'il en cherchoit. Il crut la trouver dans une fille de La Grange, président d'une chambre des requêtes du palais, et il l'épousa au commencement de 1688, mais il la perdit au bout de dix-huit mois sans enfants. Mme des Ursins cria à la mésalliance, comme si leur mère n'eût pas été Aubry, leur grand'mère Bouhier, fille d'un trésorier de l'épargne, et leur [arrière-]grand'mère Beaune, petite-fille du vertueux et malheureux Semblançay de François Ier. Ces cris mirent du refroidissement entre le frère et la sœur, qui ne s'étoit pas encore entièrement réchauffé, lorsque les mêmes raisons qui avoient engagé M. de Noirmoutiers à ce premier mariage le firent, dix ans après, penser à un second et de la même espèce. Il épousa donc en mai 1700 une fille de Duret, seigneur de Chevry, président en la chambre des comptes.

Ce mariage outra la princesse des Ursins, qui étoit à Rome, et renouvela leurs précédentes aigreurs. Elles n'étoient point adoucies lorsqu'elle fut obligée de sortir si brusquement d'Espagne. Arrivée à Toulouse, elle avoit eu loisir de toutes sortes de réflexions. M. de Noirmoutiers, de quelque façon qu'il fût avec sa sœur, fut sensible à sa chute, peut-être plus encore à la manière qu'à la chose même. Elle se vit en besoin de ne rien laisser en arrière de tout ce qui pouvoit l'aider. Quoiqu'elle ne pût pardonner à son frère de s'être marié comme il avoit fait, il lui savoit un bon esprit, capable de conduite, de conseil et d'intrigue, et beaucoup d'amis de toutes sortes à la pouvoir servir. Ainsi, gloire de famille d'une part, besoin de l'autre, les rapprochèrent. M. de Noirmoutiers eut des conférences avec l'archevêque d'Aix, et tous deux se mirent à la tête des affaires de Mme des Ursins, dont ils devinrent l'âme, et les directeurs de son conseil et de ses démarches, et les moteurs de tous les ressorts qu'ils purent faire jouer. On a vu que cet archevêque entra à la fin là-dessus dans la confidence d'Harcourt qu'il lia secrètement avec Noirmoutiers, et le demeurèrent toujours depuis, et dans celle de Mme de Maintenon, mais qui n'eut point de commerce avec cet habile aveugle. Il en étoit là avec sa sœur lorsqu'elle arriva à Paris; mais autre est une liaison de nécessité qui ne prend que sur la raison et l'esprit, autre celle du cœur. Le leur ne pouvoit oublier les mésalliances et les hauteurs dont elles avoient été suivies. Cela fit que Mme des Ursins vit son frère par raison, par bienséance, par reconnoissance de ses services, et pour ceux qu'elle pouvoit en tirer encore et pour l'utilité de ses conseils, mais d'ailleurs peu libres ensemble. Elle ne logea point chez lui, et se mit chez la comtesse d'Egmont, où elle étoit au large et à son aise pour les raisons que j'en ai rapportées. Les grâces éclatantes qu'elle voulut, ses frères, sur qui elles tombèrent, y eurent la moindre part. En rang, en biens, en places, en autorité, elle avoit tout, n'y pouvoit donc rien ajouter pour elle, nécessité lui fut de les faire tomber sur eux pour réfléchir sur elle-même ce rayon de gloire qu'elle vouloit faire briller aux yeux des deux monarchies : c'est ce qui fit faire duc vérifié au parlement un aveugle sans enfants, et qui n'en bougea jamais de sa chaise. Sa femme, qui n'avoit pas seulement été présentée à la cour, alla y prendre son tabouret et participer quelques moments à la gloire de sa belle-sœur.

L'abbé de La Trémoille étoit un petit bossu fort vilain, fort débauché, qui n'avoit jamais voulu rien apprendre ni rien faire de conforme à l'état qu'il n'avoit pris que pour réparer sa pauvreté par des bénéfices. Il avoit de l'esprit, un esprit plaisant et d'agréable compagnie, mais qui n'avoit aucune solidité, et tout tourné au plaisir. Ses mœurs et sa pauvreté aidèrent au goût naturel de l'obscurité, où il trouvoit plus de liberté qu'avec des gens de son état et de sa naissance. Cette conduite ne lui procura pas de quoi vivre. Ennuyé d'en attendre vainement, et incapable d'en mériter par un changement de vie, il prit le parti de s'en aller à Rome trouver ses sœurs. Il y attrapa l'auditorat pour la France, que le cardinal de Bouillon et d'Estrées lui ménagèrent pour l'amour de la duchesse de Bracciano, avec un emploi qui demandoit de la science, de l'application, de la gravité ; la première ne lui vint pas ; les deux autres lui étoient inconnues ; ses mœurs furent les mêmes : à Rome c'eût été un inconvénient léger pour la fortune ; mais l'obscurité, la bouffonnerie et le jeu où il consumoit tout ce qu'il avoit et ce qu'il n'avoit pas, le perdirent d'honneur et de réputation. Pour comble, il se brouilla avec sa fameuse sœur pour avoir pris le parti de son mari contre elle dans leurs démêlés domestiques. Ils étoient donc en ces termes lorsqu'elle devint veuve. Elle prétendit la distinction de draper en violet.

Le cardinal de Bouillon, qui étoit alors à Rome et qui jusqu'alors avoit été intimement avec elle, prit cette prétention avec une grande hauteur, et s'en brouilla irréconciliablement avec elle. Il avoit dans sa faveur introduit cet usage en France pour les cardinaux; à la fin, Monsieur se fâcha de ne voir que le roi et les cardinaux drapés en violet, tandis que les fils de France, le Dauphin même, et la reine, quand il y en avoit une, ne l'étoient qu'en noir. Il en parla si souvent au roi, qu'à la fin, à je ne sais plus quel deuil où il drapa, il défendit au cardinal de Bouillon et aux autres cardinaux de draper en violet. Le cardinal de Bouillon, outré et ne pouvant soutenir un usage si nouveau, si peu fondé, si supérieur à celui de la reine même et des fils de France, fit un effort de crédit pour n'en avoir pas au moins à son avis le démenti entier, et obtint que les cardinaux ne draperoient plus ni pour deuils de cour ni pour ceux de famille, et depuis cette époque, aucun n'a drapé en France. Pour la livrée, celle du roi étant en noir lorsqu'il drape, le cardinal de Bouillon avoit laissé la sienne et celle de ses confrères en noir, et lorsqu'ils devoient draper, ils continuent d'habiller de noir toute leur livrée. Il y avoit peu que le cardinal de Bouillon avoit essuyé ce dégoût, lorsque le duc de Bracciano mourut, c'est ce qui le rendit encore plus vif sur la prétention de sa veuve.

Je ne sais si l'abbé de La Trémoille prit le parti du cardinal de Bouillon contre sa sœur, ou celui des créanciers dans l'accommodement des affaires de la succession contre les prétentions de la veuve; ce qui est certain c'est qu'elle fut mal contente de lui sur ces deux points, l'un desquels, je ne dirai pas lequel, mais sûrement l'un des deux la mit dans une telle colère, qu'elle voulut perdre son frère, et qu'elle le fit déférer à l'inquisition pour de fâcheuses débauches. L'abbé sentit son cas si sale qu'il s'en alla à Naples, de peur d'être arrêté. Le cardinal de Bouillon déjà fort mal à la cour, sur l'affaire de M. de Cambrai, mais qui étoit encore chargé des affaires de France à Rome, vint au secours de l'abbé de La Trémoille, persécuté par sa sœur. Il prétexta quelques affaires à Naples, pour lesquelles, disait-il, il l'y avoit envoyé pour y travailler sous ses ordres et ceux du duc d'Uzeda, ambassadeur d'Espagne à Rome. Cette gaze n'empêcha pas tout Rome de voir fort clair à travers. Les affaires de Naples y durèrent jusqu'à ce qu'on eût mis l'abbé de La Trémoille en sûreté, ce qui fut long, parce que l'inquisition avoit déjà commencé d'agir, et que la duchesse de Bracciano qui, depuis la vente de ce duché à don Livio Odescalchi, à condition d'en quitter le nom, avoit pris celui de princesse des Ursins, continuoit à remuer tout ce qu'elle pouvoit contre son frère. Il fallut donc lui faire entendre raison là-dessus, ce qui ne fut pas aisé : à la fin, contente de lui avoir fait la peur entière, et de lui avoir montré ce qu'elle savoit faire, elle consentit de le recevoir à pardon. Alors il revint à Rome, et reprit, mais à son ordinaire, les fonctions de son emploi; la terreur qui lui étoit restée, et la vie qu'il continuoit de mener la même, le rendirent souple à l'égard de Mme des Ursins, mais avec un commerce froid et rare de la plus simple bienséance.

Ils en étoient en ces termes depuis quatre ans, sans s'être plus rapprochés, lorsque Mme des Ursins partit de Rome pour aller joindre la reine d'Espagne, et la conduire au roi son époux. Ce fut une délivrance pour l'abbé de La Trémoille. L'absence ne les avoit pas réchauffés, et ils en étoient là ensemble lors du triomphe de Mme des Ursins qui, ne se pouvant venger des Estrées, fut réduite pour sa propre gloire, et pour mieux consolider sa toute-puissance par des choses de grand éclat, de les faire tomber sur ses frères ; haïssant l'un et en étant haïe, et se souciant très-médiocrement de l'autre. Tel étoit donc l'abbé de La Trémoille à Rome, c'est-à-dire dans le dernier mépris, et perdu d'honneur et de réputation, lorsque sa sœur entreprit de le faire cardinal. On se souviendra de ce que j'ai rapporté en son lieu, de l'opposition formelle et constante que le roi apportoit depuis plusieurs années à la promotion du duc de Saxe-

Zeitz, évêque de Javarin, et des motifs pressants de cette opposition. On n'aura pas oublié aussi combien fortement elle fut renouvelée, lorsque le cardinal de Bouillon, dans l'abus de sa faveur, tenta avec une si adroite audace de duper le pape et le roi sur cette promotion en faveur de son neveu, et c'est cette opposition du roi si ferme, si éclatante, si soutenue, que Mme des Ursins entreprit de vaincre, et d'en faire l'échelon de la promotion de son frère, à laquelle elle ne pouvoit ignorer qu'elle-même n'eût mis un empêchement dirimant, que la conduite persévérante de ce frère avoit sans cesse confirmé. Aussi n'espéra-t-elle pas réussir, que par intéresser le pape par un motif aussi pressant qu'étoit pour lui de se délivrer des prières instantes et continuelles de l'empereur, souvent aiguisées de menaces, en lui procurant, moyennant la promotion de son frère, la liberté de le contenter.

Elle connoissoit encore trop bien le terrain de Rome pour se flatter que ce motif-là seul pût l'emporter sur le scandale de faire cardinal un homme dans la réputation et dans la situation où y étoit son frère, et de plus noté par l'inquisition d'une manière si publique, tache qui soulèveroit toute la cour de Rome, et le sacré collège particulièrement, contre sa promotion. Elle crut donc qu'il y en falloit joindre un autre qui, aux dépens des deux couronnes, fît gagner un chapeau au pape, et lui donnât un moyen de gratifier d'autant l'empereur en faisant un cardinal pour lui, contre un seul pour les deux couronnes, au lieu d'un pour chacune, comme elles étoient en plein droit non contesté de l'exiger. Que de choses donc à vaincre, à aplanir à la fois? Priver un Espagnol de la pourpre en pure perte, faire relâcher les deux rois pour cette fois de leur droit, et obtenir du roi la condescendance la plus préjudiciable en ce genre à sa gloire et à son intérêt. C'est néanmoins ce qu'elle obtint, tant Mme de Maintenon étoit pressée de se défaire d'elle, et de l'envoyer régner en Espagne, pour y régner elle-même. Les dépêches en furent donc faites et envoyées avant son départ. De celles d'Espagne elle n'en étoit pas en peine. Elle n'eut qu'à y écrire dès qu'elle eut obtenu ici, et aussitôt après on envoya d'Espagne à Rome les dépêches telles qu'elle les avoit prescrites. Elle fit encore que le roi parla fortement de cette promotion à Gualterio, nonce en France, après quoi elle n'eut plus rien à exiger de lui. C'étoit à Rome où il falloit faire le reste, et ce reste n'y fut pas facile; il n'y avoit pas moyen d'en attendre le succès en ce pays-ci. Contente et comblée plus que sujette le fut jamais, elle partit enfin vers la mi-juillet, et fut près d'un mois en chemin. On peut juger quelle fut sa réception en Espagne : elle trouva le roi et la reine au-devant d'elle, à près d'une journée de Madrid. Voilà cette femme dont le roi avoit si ardemment procuré la chute, de laquelle Maréchal m'a conté qu'il s'étoit applaudi avec complaisance entre lui, Fagon et Bloin, en se félicitant de l'art qu'il avoit eu de séparer de lieu, le roi et la reine d'Espagne, pour être plus sûr alors de frapper son coup sur elle.

CHAPITRE III.

Belle campagne de Villars. — Roquelaure battu et culbuté dans nos lignes. — Belle action et récompense de Caraman. — Reste de la campagne de Flandre. — Ambition, art et malignité de Lauzun. — Des Aides tué. — Haguenau pris par les Impériaux; Peri et Arling récompensés. — Siége de Chivas. — Prince d'Elbœuf tué. — Fascination du roi sur MM. de Vendôme. — Combat de Cassano. — Mort de Praslin. — Disgrâce du grand prieur sans retour. — La connétable Colonne près de Paris. — Archevêque d'Aries tancé pour son commerce à Rome; ma liaison avec lui et avec le nonce depuis cardinal Gualterio. — Fantaisie des nonces sur la main, cessée depuis. — Caractère de Gualterio. — La Feuillade achève le siége de Chivas. — L'archiduc passe par mer devant Barcelone et l'assiége. — Fâcheux démêlé entre Surville et La Barre; leur état et leur caractère. — Affaire du banquillo. — Connétable de Castille majordome-major. — Voyage de Fontainebleau par Sceaux. — Mariage de Bercy à une fille de Desmarets. — Mort, famille et caractère de Bournonville. — Mort, caractère et famille de Virville. — Mort et caractère d'Usson. — Comte de Toulouse et maréchal de Cœuvres à Toulon, et reviennent tout court. — Comte de Toulouse achète Rambouillet à Armenonville, à qui on donne la capitainerie de la Muette et du bois de Boulogne seulement.

Villars fit cette année une campagne digne des plus grands généraux. Le projet des ennemis étoit de pénétrer par le côté de la Sarre, de prendre l'Alsace à revers, de tomber sur les Évêchés, et de là plus avant en France, où leur bonheur les pourroit conduire. Marlborough y menoit une armée de plus de quatre-vingt mille hommes. Villars se posta à Circk, où il l'attendit de pied ferme, et où il n'osa jamais l'attaquer, quoique très-supérieur en nombre. Le prince Louis de Bade s'approcha de son côté et s'avança de sa personne pour conférer avec Marlborough. Là-dessus le maréchal de Villeroy envoya d'Alègre joindre Villars avec vingt escadrons et quinze bataillons qu'il attendit sans inquiétude dans l'excellent poste qu'il avoit pris : aussi n'en eut-il pas besoin. L'impossibilité de réussir en l'attaquant et de subsister devant lui dans un pays qui ne pouvoit suffisamment fournir de fourrages obligea Marlborough de se retirer sur Trèves, ce qui fit que Villars envoya dire à d'Alègre de s'arrêter où son courrier le rencontreroit, parce qu'il n'avoit plus besoin du renfort qu'il lui amenoit. Marlborough, enragé de voir tous ses projets avortés par le poste que Villars avoit su prendre, lui manda par un trompette qu'il l'eût attaqué le 10 juin, comme il se l'étoit proposé, sans le prince Louis de Bade, qui, au lieu d'arriver le 9 à Trèves comme il avoit promis, n'étoit arrivé que le 15, et encore avec ordre de ne point combattre, dont il se plaignoit amèrement. Villars, délivré de tout soupçon, envoya un détachement fort nombreux mené par quatre lieutenants généraux au maréchal de Villeroy, sur qui les ennemis paroissoient se proposer de retomber par les mouvements qu'ils faisoient vers lui. Avec cette occupation qu'il leur donna, il marcha avec le reste de son armée en Alsace, où Marsin l'attendoit, où il prit Weissembourg, chassa les Impériaux de leurs lignes sur la Lauter, prit plusieurs petits châteaux et cinq cents prisonniers, et s'étendit dans le pays qu'ils occupoient. Ainsi par le poste de Circk il obligea les ennemis de changer tous les projets de leur campagne, et profita par sa diligence de l'éloignement de l'armée du prince Louis de Bade, pour renverser les lignes de Lauterbourg avant qu'elle pût être revenue, qui étoient une barrière de la montagne au Rhin, qui nous resserroit entièrement dans notre Alsace; mais le poste particulier de Lauterbourg fut toujours soutenu par eux.

Les ennemis abandonnèrent Trèves précipitamment et arrivèrent le 17 juin sous Maestricht. Le duc de Marlborough, retourné en Flandre, y fit divers mouvements jusque vers le 20 juillet qu'ayant donné le change au maréchal de Villeroy, il fit une marche sur nos lignes entre Lave et Heylesem, les força, les rasa en grande partie, et y fit un grand désordre. Roquelaure, qui les gardoit avec peu de précaution, arriva tard au combat. D'Alègre, le comte d'Horn et deux des commandants des gardes d'Espagne et plusieurs autres y furent pris; le troisième commandant de ces gardes et Chamlin, brigadier, tués avec beaucoup d'autres, et tout auroit été perdu sans Caraman, qui forma un bataillon carré de son infanterie avec lequel il arrêta les ennemis et sauva notre cavalerie; il avoit onze bataillons. Il en eut sur-le-champ promesse de la première grand'croix de Saint-Louis vacante et permission de la porter en attendant, ce que le roi n'avoit encore fait pour personne. Le maréchal de Villeroy, ami de Roquelaure, le protégea en cette occasion comme il put par son silence; mais les armées ne le gardèrent pas ; on n'ouït jamais tant crier contre personne ; et quelque effronté qu'il fût, il n'osoit plus paroître devant les troupes. Le roi en fut très-bien informé et résolut de ne s'en servir jamais. Nous verrons bientôt qu'il avoit une femme qui toute sa vie l'a bien servi, mais qui à la vérité y étoit plus que doublement obligée. Les derniers jours de juillet, n'y ayant que la Dyle entre le maréchal de Villeroy et les ennemis, ils tentèrent de la passer. Un gros détachement s'étoit déjà emparé de deux villages en deçà, lorsque l'électeur et le maréchal s'en aperçurent et le firent rechasser au delà fort loin et fort heureusement. Huy, que Gacé avoit pris, fut repris par les ennemis. Artagnan prit Diest tout à la fin de la campagne, et les ennemis Lave et Saint-Wliet, que le comte de Noyelles fit raser. Les garnisons de ces trois places furent respectivement prisonnières de guerre : ainsi finit la campagne en Flandre, et les armées se séparèrent tout à la fin d'octobre.

Je ne puis quitter la Flandre sans rapporter un trait plaisant de la malignité de M. de Lauzun. On a vu en son temps qu'il ne s'étoit marié que pour essayer de se rapprocher de l'ancienne confiance du roi et entrer avec lui dans ce qui regardoit l'Allemagne, où M. le maréchal de Lorges commandoit les armées; qu'ayant trouvé tout fermé de ce côté par un ordre secret au maréchal, il se brouilla avec lui d'une manière éclatante ; que la même espérance de rentrer dans quelque chose lui avoit fait presser et terminer le mariage du duc de Lorges avec la fille de Chamillart, pour tâcher de s'introduire à l'appui de ce ministre; à bout de voie là-dessus, il imagina, se portant à merveille, de faire le dolent et de demander la permission d'aller aux eaux d'Aix-la-Chapelle. Il ne persuada à personne qu'il en eût besoin, mais aux sots qui, ignorant tout, veulent être pénétrants, et de ceux-là il y en a beaucoup, que ce voyage étoit mystérieux. Il l'étoit en effet, mais non comme ils le pensèrent. Ce n'étoit pas les eaux qu'il alloit chercher, mais, sous ce prétexte, d'y voir les étrangers qui y abondoient, de discerner les plus considérables ou les plus importants, de lier avec eux, d'en tirer ce qu'il pourroit, et, de retour ici, d'en rendre compte au roi et de faire valoir ses découvertes, en sorte qu'il obtînt ordre de les suivre, et par ce moyen quelque commerce direct d'affaires avec le roi. Il fut trompé; la guerre occupoit trop tout ce qu'il y avoit de considérable et d'important, pour qu'il pût trouver ce qu'il y cherchoit. A ces eaux, il ne vit d'un peu distingué qu'Hompesch, lors général-major dans les troupes de Hollande, et qui y monta presque à tout dans la suite, mais qui alors n'étoit pas du genre de ce que M. de Lauzun cherchoit, quoique à son retour il ne parlât que de lui, faute de mieux.

Son séjour à Aix-la-Chapelle ne fut pas long, faute de matière. Il revint par l'armée du maréchal de Villeroy qui le craignoit, et qui lui fit rendre tous les honneurs militaires comme à un seigneur qui avoit eu en chef le commandement de l'armée du roi en Irlande. Il le logea chez lui pendant trois jours qu'il demeura dans l'armée; il lui fit voir les troupes et il lui donna des officiers généraux pour le promener : les deux armées étoient lors comme en présence, extrêmement proches, et rien ne les séparoit. On s'attendoit donc à une bataille qu'on n'ignoroit pas que le roi désiroit, et c'étoit ce qui avoit donné envie à M. de Lauzun d'aller en cette armée. Ceux à qui le maréchal de Villeroy le remit pour lui faire les honneurs du camp le promenèrent à vue des grandes gardes de l'armée ennemie; et, fatigués de ses questions et de ses propos, auxquels ils n'étoient pas accoutumés, l'exposèrent fort au coup de pistolet, et même à être enveloppé, folie qu'ils eussent bien payée, puisqu'ils l'auroient été avec lui. Il étoit très-brave, et avec tout son feu il avoit une valeur froide qui connoissoit le péril dans tous ses divers degrés, qui ne s'inquiétoit d'aucun, qui reconnoissoit tout, remarquoit tout, comme s'il eût été dans sa chambre. Comme il n'avoit là qu'à voir et rien à décider ni à faire, il se divertit à redoubler ses propos et ses questions, à s'arrêter dans les endroits les plus jaloux, dès qu'il s'aperçut de la conduite de ces messieurs avec lui, et leur en donna tant et si bien qu'ils le voulurent écarter plusieurs fois, sentant d'une part leur indiscrétion, et de l'autre qu'ils avoient affaire à un homme qui les mèneroit toujours au delà de ce qu'ils voudroient.

Revenu à la cour, on s'empressa autour de lui sur la situation des armées. Il fit le réservé, le disgracié à son ordinaire, l'homme rouillé et l'aveugle qui ne discerne pas deux pas devant soi. Le lendemain de son retour il alla chez Mme la princesse de Conti faire sa cour à Monseigneur, qui ne l'aimoit point, mais qu'il savoit n'aimer point aussi le maréchal de Villeroy. Monseigneur lui fit force questions sur la situation des armées et sur ce qui les avoit empêchées de se joindre. M. de Lauzun se défendit en homme qui veut être pressé, ne cacha pas qu'il s'étoit fort promené entre les deux armées et fort près des grandes gardes de celle des ennemis, se rabattant incontinent sur la beauté de nos troupes, sur leur gaieté de se trouver si proches et en si beau début, et sur leur ardeur de combattre. Poussé enfin au point où il vouloit l'être : « Je vous dirai, Monseigneur, puisque absolument vous me le commandez, lui dit-il, [que] j'ai très-exactement reconnu le front des deux armées de la droite à la gauche, et tout le terrain entre-deux. Il est vrai qu'il n'y avoit point de ruisseau, et que je n'y ai vu ni ravins ni chemins creux, ni à monter ni à descendre; mais il est vrai aussi qu'il y avoit d'autres empêchements que j'ai fort bien remarqués. — Mais quels encore, lui dit Monseigneur, puisqu'ils n'y avoit rien entre-deux ? » M. de Lauzun se fit encore battre longtemps là-dessus, répétant toujours les mêmes empêchements qui n'y étoient pas; enfin, poussé à bout, il tira sa tabatière de sa poche : « Voyez-vous, dit-il à Monseigneur, il y avoit une chose qui embarrasse fort les pieds, une bruyère, à la vérité point mêlée de rien, de sec ni d'épineux, peu pressée encore, c'est la vérité, je ne puis pas dire autrement, mais une bruyère haute, haute, comment vous dirai-je? (regardant partout pour trouver sa comparaison) haute, je vous assure, haute comme cette tabatière. » L'éclat de rire prit à Monseigneur et à toute la compagnie, et M. de Lauzun à faire la pirouettte et à s'en aller. C'étoit tout ce qu'il en avoit voulu. Le conte courut la cour et bientôt gagna la ville. Il fut rendu le soir même au roi. Ce fut le grand merci de M. de Lauzun de tous les honneurs que le maréchal de Villeroy lui avoit fait faire, et sa consolation de n'avoir rien trouvé à Aix-la-Chapelle de ce qu'il y étoit allé chercher.

Villars, n'ayant rien à craindre au deçà du Rhin, le passa le 6 août sur le pont de Strasbourg avec toute sa cavalerie et deux brigades d'infanterie dont il laissa le reste en deçà, derrière nos lignes sur la Lauter. Il fit attaquer un poste de six cents hommes qui fut emporté, et tout ce qui y étoit, tué ou pris. Il n'en coûta pas une vingtaine d'hommes, mais on y perdit des Aides, officier très-entendu et fort brave homme, d'un esprit agréable et orné, et qui avoit été un des six aides de camp choisis par distinction, envoyés en Italie au roi d'Espagne lors de la découverte de cette conspiration à son arrivée à Milan, dont j'ai parlé en son lieu. La subsistance que Villars étoit allé chercher pour sa cavalerie ne fut pas longue. Il s'oublia encore moins pour les contributions, à son ordinaire, mais le prince Louis de Bade ne lui en laissa pas le temps. Il passa le Rhin, obligea Villars à le repasser aussi et à faire des marches forcées pour prévenir le mal qu'il en pouvoit recevoir. Là-dessus il amusa le roi d'une bataille avec ses fanfaronnades accoutumées, mais dont le roi étoit aussi volontiers la dupe que de celles de M. de Vendôme. Il arriva pourtant que, n'osant prêter le collet au prince Louis, à qui il étoit, dit-il, arrivé du renfort, il se retira vers Strasbourg et lui laissa toute liberté de faire le siége de Haguenau.

Peri, très-brave Italien, d'esprit et fort entendu, y commandoit et s'y défendit avec tout le courage possible huit jours durant; mais, la place n'étant pas tenable, il battit la chamade au bout de ce temps. Thungen, qui faisoit ce siége, les voulut prisonniers de guerre, sur quoi le feu recommença. Alors, Peri, qui s'étoit secrètement ménagé un trou pour sortir, en fit usage à l'entrée de la nuit suivante avec la plupart de sa garnison et ordonna à Arling, colonel d'infanterie, d'amuser quelques heures les ennemis avec cinq cents hommes qu'il lui laissoit, puis de le venir joindre en un lieu qu'il lui marqua, où il l'attendroit. Arling étoit Allemand, élevé page de Madame. Elle avoit beaucoup de bonté pour lui, et lui avoit obtenu un régiment. Il exécuta très-heureusement et très-adroitement les ordres de Peri. Il le joignit et ils arrivèrent à Saverne avec quinze cents hommes, qui étoit toute leur garnison, au moins ce qui en restoit en état de les suivre. Cette ruse de guerre fut extrêmement louée, Peri en fut fait lieutenant général et Arling brigadier. C'étoit à la mi-octobre, après quoi les armées de part et d'autre ne tardèrent pas à se séparer.

M. de Vendôme avoit assiégé Chivas, et encore sans pouvoir l'investir, tant il étoit incorrigible même par sa propre expérience. M. de Savoie, campé à Castagnette, communiquoit avec la place par un pont sur le Pô tant qu'il vouloit.

Le 25 juin, le prince d'Elbœuf, posté avec cinq cents chevaux derrière un naviglio[1] avec défense de le passer, ne put résister à l'envie de combattre trois escadrons des ennemis qu'il avisa de l'autre côté. Il n'avoit pas tout vu : ils étoient là quinze cents chevaux. Il passa donc le naviglio; mais, apercevant ce grand nombre triple du sien, il voulut repasser. Il n'en eut pas le temps. Il fut chargé brusquement; il soutint vaillamment leur effort avec trois cents chevaux qui n'avoient encore pu repasser, et fut tué d'un coup de pisto-

1. Petit bâtiment.

let. Ce fut grand dommage par toute l'espérance qu'il donnoit à son âge. Il étoit fils unique du duc d'Elbœuf, point encore marié et brigadier. Marcillac, qui a depuis fait un si triste personnage, mais fortune en Espagne, étoit avec lui comme mestre de camp. Il sortoit d'exempt des gardes du corps et avoit eu l'agrément d'un régiment. Il avoit reçu là dix blessures, dont une dans le ventre, et eut toutes les mains estropiées et mutilées. Cette triste échauffourée se passa le 23 juin. Quinze jours après, le grand prieur, qui par connivence de son frère conservoit toujours sa petite armée à part, prit si mal ses précautions que quatre bataillons de ses troupes furent enveloppés et pris.

Le roi, en apprenant cette nouvelle par un billet de Chamillart, comme il regardoit jouer au mail à Marly, la dit à ce qui étoit autour de lui et ajouta tout de suite que M. de Vendôme joindroit bientôt le grand prieur, et qu'il raccommoderoit tout cela. Cette fascination ne se pouvoit comprendre. De temps en temps Vendôme faisoit attaquer quelques petits postes de rien, quand ils étoient faciles à emporter, quoique ce succès ne servît de quoi que ce pût être ; mais pour dépêcher un courrier, grossir l'objet, et entretenir le roi de ces exploits que lui seul ne vouloit pas voir ce qu'ils étoient. Enfin, il s'y passa, le 16 août, une affaire véritable et où l'opiniâtreté de Vendôme pensa tout perdre.

Il étoit auprès de Cassano, d'où le combat prit le nom. Le prince Eugène crut le lieu propre à l'attaquer. Il marcha à lui sans que Vendôme en voulût jamais croire les avis très-réitérés qu'il en eut, disant toujours qu'il n'oseroit seulement y penser. Enfin Eugène osa si bien, que Vendôme en vit lui-même les premières troupes. Celles de son frère étoient avec lui alors. Dans cette précipitation de faire ses dispositions, il ordonna à son frère de prendre un nombre de troupes et de les porter où il lui marqua, d'y demeurer avec elles, d'y observer les mouvements des ennemis, et de faire, suivant l'occasion, ce qu'il lui prescrivit. L'attaque ne tarda pas de la part du prince Eugène : elle fut vive et heureuse contre des gens mal préparés et à peine disposés. Vendôme, avec tout son mépris et son audace, crut si bien l'affaire sans ressource, qu'il poussa à une cassine fort éloignée pour considérer de là comment et par où il pourroit faire sa retraite avec le débris de son armée. Pour achever de tout perdre, le grand prieur, dès le premier commencement du combat, quitta son poste et s'enfuit à une cassine à plus de demi-lieue de là, emmenant avec lui quelques troupes pour l'y garder, tellement que son frère, qui comptoit sur le poste où il l'avoit envoyé, et sur ce qu'il lui avoit ordonné d'y faire, demeura à découvert de ce côté-là, où le grand prieur, en s'en allant, n'avoit laissé nul ordre. Vendôme mangeoit un morceau à cette autre cassine, d'où il considéroit quelle pourroit être sa retraite, et il faut avouer que ce moment à prendre pour manger fut singulièrement étrange, lorsque Chemerault, lieutenant général des meilleurs, et intimement dans sa confiance, inquiet au dernier point de le voir si longtemps disparu du combat, le découvrit mangeant dans la cassine, y courut, et lui apprit que la brigade de la vieille marine avoit fait des prodiges sous Le Guerchois qui la commandoit, lequel, par des efforts redoublés, avoit rétabli le combat. Vendôme eut peine à l'en croire, demanda pourtant son cheval, poussa avec Chemerault au lieu du combat et l'acheva glorieusement. Le champ de bataille lui demeura, et le prince Eugène se retira avec son armée à Treviglio. Il y perdit le comte de Linange, qui commandoit l'armée avant son arrivée, le comte de Guldenstein, un prince d'Anhalt, un frère de M. de Lorraine qui mourut après de sa blessure, et un prince de Würtemberg eut le bras cassé et mourut aussi, et beaucoup de leurs officiers généraux [furent] blessés. M. de Vendôme eut dix-huit cents prisonniers et quelques drapeaux. Le combat dura plus de quatre heures ; mais la cavalerie n'y eut aucune part. Le Guerchois, qui avoit si bien fait, Mirebaut et quelques autres furent pris; Chaumont, colonel de Soissonnois, gendre de Mme de Jussac, de Mme la duchesse d'Orléans, Moriac, brigadier distingué de cavalerie, qui, impatient de ne rien faire, s'y mêla de sa personne, le chevalier de Fourbin, maréchal des logis de la cavalerie, et Vaudray, officier général extrêmement brave et capable y furent tués. Praslin y faisant des merveilles de soldat et de capitaine, qui fit marcher la brigade de la marine et qui redonna une nouvelle face au combat, reçut une blessure mortelle. Ainsi périssent dans des emplois communs des seigneurs de marque dont le génie supérieur soutiendroit avec gloire le faix des plus grandes affaires et de guerre et de paix, si la naissance et le mérite n'étoient pas des exclusions certaines, surtout quand ils sont joints à un cœur élevé, qui ne peut se frayer un chemin par des bassesses et qui ne connoît que la vérité. J'ai eu occasion de parler de lui assez dans ces Mémoires pour me contenter d'en marquer ici mon extrême regret. J'eus la consolation que les trois ou quatre mois qu'il dura après sa blessure lui ouvrirent les yeux sur ce qu'il y a de plus important, et qu'il fit une fin aussi chrétienne et ferme qu'il avoit mené une vie honnête et courageuse. Saint-Nectaire, chevalier de l'ordre en 1724, apporta au roi la nouvelle de Cassano.

Vendôme, à son ordinaire, manda ses triomphes avec tout ce qui les pouvoit rendre tels. Accoutumé à être cru sur sa parole et à n'être contredit de nulle part au milieu de tant d'yeux qui voyoient clair et de tant d'épaules qui se haussoient, il osa mander la perte des ennemis à plus de treize mille hommes, et la nôtre à moins de trois mille. La vérité bien reconnue fut pourtant que la perte fut du moins égale, et que la suite de ce combat fut totalement nulle et sans en tirer le moindre avantage, pas même de commodités de guerre. Cet exploit néanmoins retentit à la cour et à la ville comme un avantage le plus complet, le plus décisif, le plus dû à la prudence, à la vigilance, à la valeur et à la capacité de Vendôme. On se garda bien de parler de cassine, et en Italie d'en faire mention. On ne sut ce fait que par le retour des officiers généraux et particuliers, de ceux qui eurent permission de faire un tour à Paris ou chez eux. Les uns le contèrent, les autres l'écrivirent à leurs amis de leur province, se croyant là en sûreté contre la poste de l'armée d'Italie, et tous ne se pouvoient lasser d'admirer que leur général pût avoir recueilli tant d'applaudissements de ce qui, en tout genre, lui méritoit tant de blâme.

Dès qu'après le combat il revit son frère, il ne put s'empêcher de lui demander pourquoi il avoit quitté le poste dont il l'avoit chargé; quoiqu'il le fît avec mesure, l'orgueilleux cadet, qui se sentoit sans excuse, ne le paya que d'emportement devant tout le monde. Vendôme, avec qui il ne conservoit presque que de l'extérieur depuis qu'il lui avoit ôté, et à l'abbé de Chaulieu, le pillage de ses affaires, et qui lui avoit causé tant d'inconvénients toute cette campagne, se trouva hors d'état, et peut-être de volonté de l'excuser pour se délivrer d'un si fâcheux second. La désobéissance étoit formelle, la poltronnerie publique par sa fuite, et le crime complet par la licence d'emmener des troupes pour s'en faire garder dans la cassine si éloignée où il s'étoit relaissé. La brouillerie des deux frères éclata. Le grand prieur n'osant plus se montrer redoubla de crapule obscure; mais peu après il reçut un ordre de quitter l'armée et de repasser les monts. Il s'en vint droit à Lyon, puis, par permission qu'il dut à son frère, à sa maison de Clichy, près de Paris, d'où il prétendit être admis devant le roi à se justifier. Il le demanda avec une hauteur et une audace qu'avoit nourries l'expérience du pouvoir de sa naissance et de tout ce qu'elle lui avoit fait pardonner. Pour cette fois il se trompa. Le roi ne voulut ni le voir ni l'entendre, et ne le revit jamais. Plus outré du châtiment, quelque léger qu'il fût, que honteux de ce qui l'avoit mérité, il retourna à Lyon et avec la permission du roi s'en alla à Rome et y demeura quelque temps. Lassé d'y vivre dans le commun, sans pouvoir parvenir, dans un pays si réglé pour le cérémonial, à aucune de ses prétentions, il en sortit. Il s'accrocha à la marquise de Richelieu qui couroit le monde depuis quelque temps. Ils passèrent ensemble quelque temps à Gênes, d'où il revint en France, y vit son frère à la Ferté-Alais, et sans être entré dans Paris, s'en alla à Châlons-sur-Saône, qui lui fut fixé pour exil, où il vécut dans l'excès de ses débauches et de son obscurité ordinaire. D'ici à la régence on n'en entendra plus parler.

Cette race demi-mazarine me fait souvenir de la connétable Colonne que le roi avoit eu en sa jeunesse tant d'envie d'épouser, qui ne contraignit pas ses mœurs à Rome, ni de courir le bon bord du vivant et surtout depuis la mort de son mari. C'étoit la plus folle, et toutefois la meilleure de ces Mazarines. Pour la plus galante on auroit peine à décider, excepté la mère de M. de Vendôme et du grand prieur, qui mourut trop jeune dans la première innocence des mœurs. Cette connétable s'avisa cette année de venir d'Italie débarquer en Provence. Elle y fut plusieurs mois sans permission d'approcher plus près. Enfin elle l'obtint à la sollicitation de sa famille pour la voir sans l'aller chercher si loin, à condition qu'elle ne mettroit pas le pied dans Paris, beaucoup moins à la cour. Elle vint à Passy dans une petite maison du duc de Nevers, son frère. Hors sa famille, elle ne connoissoit plus personne. Tout étoit renouvelé depuis qu'elle étoit partie de France pour s'aller marier avant le mariage du roi. L'ennui lui prit d'être si mal accueillie, et d'elle-même elle s'en retourna assez promptement.

Il arriva en ce temps-ci une aventure imprudente à un de mes amis qui me donna de la peine, et qui seroit fade à rapporter ici, sans les suites tardives auxquelles elle donna commencement. L'abbé de Mailly étoit extrêmement de mes amis; nos maisons, souvent alliées, avoient dans tous les temps été unies. Son père, plus connu par l'hôtel qu'il bâtit au bout du pont Royal que par une vie plus marquée, quoique extrêmement longue, et sa mère que son long nez faisoit appeler *la bécasse*, et qui avoit, à force de successions et de procès gagnés, comblé cette maison de biens, ne bougeoient de chez mon père pendant sa vie, et depuis de chez ma mère. L'abbé de Mailly, frère du marquis de Nesle, tué devant Philippsbourg en 1688, et du comte de Mailly dont la dame d'atours de Mme la duchesse de Bourgogne étoit femme, avoit été mis jeune à Saint-Victor avec un autre de ses frères, qui, plus pieux et plus aisé à réduire, y avoit pris l'habit, étoit devenu prieur, puis évêque de Lavaur. L'abbé de Mailly, qui n'avoit jamais voulu tâter de la moinerie, n'avoit pas plus d'inclination à la profession ecclésiastique. Sa mère l'y força et lui laissa percer les coudes dans l'extérieur de ce couvent jusqu'à ce qu'il fût prêtre. On peut juger quel prêtre ce fut, et quelles études il fit; mais il avoit de l'honneur, et fit de nécessité vertu. Il eut enfin une méchante petite abbaye, une place d'aumônier du roi et une autre abbaye ensuite encore fort chétive. Ce n'étoit pas un homme de beaucoup d'esprit, mais il n'en manquoit pas, avoit des vues et une vaste ambition, étoit suivi dans toutes ses idées, et fort attentif à ne se barrer sur rien et à s'aplanir les chemins à tout. Il rouit longtemps dans ce petit état enviant celui des soldats à qui il voyoit monter la garde, à ce qu'il m'a souvent avoué. Dès lors il pensoit au cardinalat, il faisoit sa cour à Saint-Germain pour s'en frayer la route à la nomination. Je me moquois de lui, d'idées si éloignées de sa portée. Il me répondoit qu'en dirigeant toute sa conduite sur un même projet, et ne s'en lassant point, souvent on y réussissoit. Enfin il fut nommé à l'archevêché d'Arles où je le servis fort en excitant sa belle-sœur, et par d'autres amis. C'étoit un pas fort extraordinaire que celui d'être fait archevêque sans avoir été évêque, et je ne sais que l'archevêque de Bourges, Gesvres, à qui cela fût arrivé auparavant lui, encore par les circonstances que j'ai rapportées en leur temps. Mon ami fut moins touché de se voir sorti de l'état commun où il étoit, et d'être tout à coup archevêque, que de l'être d'Arles. Bordeaux qui fut donné le même jour à Besons, évêque d'Aire, mort depuis archevêque de Rouen, ne lui auroit pas plu de même.

La position d'Arles, par rapport à l'Italie et à Avignon, le charma. Il se proposa bien d'en tirer tout le parti possible, et il me le confia. Dans ses vues il voulut joindre le mérite du courtisan avec celui de la résidence. Il dit au roi, en prenant congé, qu'il ne pouvoit se résoudre à être longtemps sans le voir, et qu'il le supplioit de trouver bon qu'il vînt passer trois semaines tous les ans à Versailles, qui seroit le seul objet de son voyage. En effet, il n'y manqua point et ne s'arrêtoit point à Paris. Il débarquoit chez moi ; je le couchois dans un trou d'entre-sol qui me servoit de cabinet, et le roi lui savoit le meilleur gré du monde d'une conduite qui lui marquoit un attachement dont il étoit jaloux, sans entamer les devoirs de l'épiscopat et de la résidence ; et l'archevêque en profitoit pour voir par lui-même tous les ans ce que les lettres ne lui pouvoient pas apprendre. Son premier soin, en arrivant à Arles, fut de prévenir le vice-légat d'Avignon de toutes sortes de civilités et de devoirs. Le vice-légat y répondit avec empressement : c'étoit Gualterio qui mouroit d'envie de venir ici nonce. Il avoit dressé ses batteries à Rome pour cela, et il faisoit de ce côté-ci tout ce qu'il croyoit l'y pouvoir faire réussir. Les trois grandes couronnes, c'est-à-dire l'empereur, le roi et le roi d'Espagne, ont le privilége que le pape leur propose trois ou quatre sujets, et celui qu'ils choisissent est nommé à la nonciature auprès d'eux, de laquelle il est comme certain qu'ils ne retournent que cardinaux.

Gualterio avoit infiniment d'esprit, et un esprit réglé, sensé, sage, prudent, mais gai et souple, beaucoup d'agrément et de douceur, avec cela beaucoup d'érudition, une grande connoissance du monde et une fort aimable conversation, avec toute l'aisance d'un homme accoutumé aux grandes cours, et à la meilleure compagnie; il la faisoit lui-même, et sa conversation étoit charmante et souvent instructive sur une infinité de choses. Ce qu'il avoit de plus recommandable, mais de plus singulier pour un homme de son pays et de son état, c'étoit la probité, la vérité, la fidélité et la candeur, avec tout l'art nécessaire pour les conserver entières dans le maniement des affaires et parmi le commerce du monde. Mieux informé de notre cour que la plupart de ceux qui la composoient, il répondit aux avances de son voisin en homme qui connoissoit ce que sa belle-sœur étoit à Mme de Maintenon, tellement qu'à force de civilités, de visites, de désir de se plaire l'un à l'autre, ils lièrent ensemble une véritable amitié. Au bout de deux ou trois ans, Gualterio eut la nonciature de France. L'archevêque d'Arles me le recommanda fort. Il lui avoit parlé de moi, et le prélat italien, qui n'ignoroit rien de notre cour, même avant d'y arriver, ne désiroit pas moins que l'archevêque de pouvoir lier avec un homme qu'il savoit si étroitement uni avec le duc de Beauvilliers, le chancelier et Chamillart, et avec d'autres personnes considérables. Alors encore les nonces conservoient la morgue de refuser chez eux la main aux ducs et aux princes étrangers, tandis qu'ils la donnoient sans difficulté aux secrétaires d'État. Les ducs et les princes étrangers ne les voyoient donc jamais chez eux, et ce ne fut que depuis la nonciature de Gualterio, que cette prétention finit, que les nonces ne firent plus difficulté de donner la main chez eux, et que les ducs et les princes étrangers les virent. Gualterio et moi ne nous visitâmes donc d'abord que par des messages, et quand il venoit les mardis à Versailles, nous nous y voyions dans les appartements. Nous nous plûmes réciproquement, à moi parce que je lui trouvai bientôt de quoi plaire, à lui parce qu'il avoit résolu de devenir de mes amis. Quand nous nous fûmes un peu plus connus, cette gêne de lieu tiers nous fatigua. Il me proposa son escalier secret et qu'à porte fermée il me recevroit sans façon. Ce *mezzo termine* ne m'accommoda pas, et je le lui dis franchement. Cela lui fit prendre son parti de venir chez moi et à Paris où je n'étois presque point, et à Versailles toutes les fois qu'il y venoit. Du commerce fréquent nous vînmes à l'amitié et à la confiance qui a duré entre nous jusqu'à sa mort, avec un commerce réglé de lettres toutes les semaines depuis son départ, et presque toujours en chiffre.

M. d'Arles avoit profité de la facilité du commerce par mer de la Provence avec l'Italie. Il s'étoit servi à Rome de moines et d'émissaires obscurs, par le moyen desquels il étoit parvenu à se mettre bien avec les principaux ministres et avec le pape même. Il parvint jusqu'à se procurer des occasions de lui écrire, d'en recevoir des marques d'estime et de bonté, enfin d'en recevoir des brefs, et peu à peu de se faire considérer comme un prélat distingué par son siége et par sa naissance, dont l'attachement méritoit d'être ménagé et qui pouvoit raisonnablement aspirer à la pourpre. En ces temps-là, les cabales de la constitution *Unigenitus* n'étoient pas nées et n'avoient pas corrompu le clergé ni la politique si sage et si constante de la cour. Elle regardoit comme un crime tout commerce direct d'un évêque avec Rome. Ce qui regardoit les bénéfices, ils le traitoient par des banquiers; sur toute autre matière ils étoient obligés de passer par la permission du roi et par le secrétaire des affaires étrangères. Écrire directement au pape, à ses ministres ou à des personnes en place de cette cour, ou en recevoir des lettres, sans qu'à chacune le roi et son secrétaire d'État sût pourquoi et l'eût permis, c'étoit un crime d'État qui ne se pardonnoit point et qui étoit puni, de sorte que l'usage s'en étoit entièrement aboli. M. d'Arles avoit donc mené ce commerce fort secrètement.

Le nonce et moi étions dans cette confidence. Nous l'avions souvent averti du danger, mais le désir du cardinalat et les espérances que cette cour fait si aisément naître et remplit si difficilement, étoient des aiguillons auxquels il ne put résister. Le pape, dans une lettre qu'il lui fit écrire, lui parla de saint Trophime, l'apôtre et le premier évêque d'Arles. L'archevêque lui écrivit là-dessus pour lui en faire désirer des reliques ; il n'y réussit que trop. Le pape lui écrivit lui-même et lui en demanda. L'archevêque lui en envoya avec une belle lettre et il en reçut un bref de remercîments. Détacher des reliques du principal corps saint qui repose à Arles et ce commerce subséquent si près à près, ne put demeurer secret ; l'affaire fut éventée. Torcy, par ordre du roi, en écrivit très-fortement à l'archevêque, et en parla au nonce sur le même ton, qui vint tout courant me le conter. Nous eûmes grand'peine à le tirer d'affaire ; il en fut pourtant quitte pour une dure réprimande et pour un ordre bien exprès de prendre garde de plus avoir aucun commerce à Rome, sous peine de l'indignation du roi. L'archevêque fit l'ignorant, le piteux, le désespéré d'avoir déplu au roi pour une bagatelle qu'il avoit crue innocente, protesta merveilles ; mais il ne quittoit pas prise aisément. Il se croyoit avancé à Rome pour ses espérances ; c'étoit les perdre que de cesser de les cultiver. L'excès d'ambition lui fit continuer son commerce. Il essaya de se faire un mérite à Rome de ce qu'il venoit de lui arriver, mais il prit de meilleures précautions pour se cacher, et si bonnes qu'il ne fut plus découvert. Il eut peine pourtant à effacer l'impression que le roi avoit prise ; le secours quoique assez froid de sa belle-sœur en vint à bout par Mme de Maintenon.

La Feuillade avoit eu ordre de mener en Lombardie dix bataillons et trois escadrons de dragons. Il n'avoit plus rien à faire en Savoie et il alloit en pays ami. Vendôme, que son beau-père servoit si bien, n'avoit garde de lui faire sentir le poids de son commandement. Il envoya d'Estaing au-devant de lui, avec trois mille cinq cents chevaux et vingt compagnies de grenadiers, qui chassèrent quelques troupes ennemies postées au pont de Lens sur la Sture pour empêcher la jonction. On fit fort valoir la marche de La Feuillade, suivi trois jours durant par mille chevaux qui ne l'attaquèrent point. Il n'eut pas la peine d'aller jusqu'en Lombardie. Vendôme le chargea de la continuation du siége de Chivas. Trois semaines après, M. de Savoie abandonna Chivas, Castagnette et toutes les hauteurs qu'il occupoit entre ces places, pour se retirer vers Turin avec le peu de troupes qu'il avoit là. Quelques jours auparavant, La Feuillade avoit fait pousser quelque cavalerie entre le Melo et la Sture, pour déposter un petit camp, qui prit la fuite dès qu'il vit la tête de ses troupes. Il manda qu'on leur avoit tué trois cents hommes et pris cinquante officiers ou cavaliers, six étendards et deux paires de timbales, sans y avoir perdu personne, et que c'étoit cette action qui avoit fait prendre à M. de Savoie le parti qu'il venoit de prendre. Lambert, conduit par Chamillart, apporta ces nouvelles au roi à Marly, qu'on fit fort valoir. Ces merveilles précédèrent de dix-huit jours le combat de Cassano.

L'archiduc, ennuyé d'une campagne assez stérile jusqu'alors, quoique fort supérieur à l'armée d'Espagne sur les frontières de Portugal, où tout s'étoit passé en prises et reprises de postes et de petites places, mécontent d'ailleurs de la cour de Portugal, fut conseillé d'aller donner vigueur à ses amis de Catalogne et d'Aragon, de s'embarquer sur la flotte angloise et hollandoise, et d'aller tenter Barcelone. Il y fit mettre pied à terre, le 23 août, à quinze bataillons et plus de mille chevaux, qui furent aussitôt joints par six mille révoltés de Vigo, et ils envoyèrent quinze vaisseaux devant Palamos, cinq mille autres du royaume de Valence allèrent les grossir, et ils ouvrirent la tranchée devant Barcelone, le 1ᵉʳ septembre. Le vice-roi de Catalogne mit dehors Rose, gouverneur de la ville, et le major, fort soupçonné d'intelligences avec l'archiduc. La garnison étoit nombreuse, mais de mauvaises troupes.

Il arriva une fâcheuse affaire à l'armée de Flandre entre Surville et La Barre. Étant à table, et Surville pris de vin, il maltraita cruellement La Barre de paroles. La compagnie qui les vit se lever se jeta entre-deux, chose fort ordinaire et dont ordinairement aussi elle se repent après. Malgré cela, ils se rapprochèrent, et La Barre crut avoir essuyé quelque mainmise dans ces moments si peu mesurés, et où tout est pêle-mêle. Surville, ayant cuvé son vin, mit en usage tout ce qu'il put honnêtement pour satisfaire La Barre et finir cette affaire. Ce fut en vain. L'électeur de Bavière, de l'avis du maréchal de Villeroy, envoya Surville à Bruxelles, et mit La Barre aux arrêts. Surville étoit frère cadet d'Hautefort, tous deux lieutenants généraux, mais de réputation fort différente. Rien de plus corrompu que les mœurs de Surville, rien de plus équivoque que son courage, personne plus grossièrement borné. On a vu en son lieu de quelle façon il épousa une fille du maréchal d'Humières, veuve de Vassé. Malgré tant de choses exclusives, je ne sais par quelle intrigue il avoit eu le régiment d'infanterie du roi, place qui donnoit des rapports continuels immédiatement avec lui, parce que le roi faisoit sa poupée de son régiment, entroit dans tous les détails comme un simple colonel, et le distinguoit en toutes manières : c'étoit donc une source de privances, de grâces et d'utilité ; car Surville en tiroit fort gros, et il étoit de tous les Marlys.

La Barre étoit un simple gentilhomme pauvre et de fortune, capitaine-lieutenant de la compagnie-colonelle du régiment des gardes, et par conséquent ayant brevet, nom et rang de capitaine aux gardes. Il étoit très-malvoulu dans son corps, et peu accueilli ailleurs. Sa réputation sur le courage n'étoit pas meilleure que celle de Surville ; mais il montra depuis qu'on s'y étoit fort trompé. C'étoit un compagnon d'esprit, de manége, de souterrains, ami de plusieurs garçons bleus les plus intérieurs et des valets principaux du roi. Accusé de plus de lui tout rapporter, et ce qui en fortifioit la pensée, c'étoit de le voir bien traité et distingué par le roi, fort au-dessus d'un homme de son état. Le roi qui avoit de la bonté pour ces deux hommes, et qui vit la difficulté qui se rencontreroit à les accommoder, même au tribunal naturel des maréchaux de France, voulut bien pour la première fois de sa vie entre des personnes comme ils étoient s'en charger lui-même. Il fit mettre Surville en prison pour en sortir peu après, aller demander pardon à l'électeur, dans l'armée et le voisinage duquel la querelle étoit arrivée, et faire en sa présence satisfaction à La Barre. Pendant tous ces procédés, la gloire des Hautefort s'offensa. Ils tinrent des propos de hauteur qui gâtèrent tout. La Barre cria à la nouvelle injure, tellement qu'Arras fut donné pour prison à Surville, jusqu'à la fin de la campagne que La Barre acheva à l'armée, pour finir cette affaire ensuite par le roi seul de manière à n'y laisser aucunes suites. Nous les verrons l'année suivante telles que Surville demeura perdu. Secouru depuis et remis à flot par la générosité du maréchal de Boufflers, il se perdit de nouveau lui-même et sans ressource; mais il n'est pas temps d'en parler.

L'affaire du banquillo fit en ce temps-ci un grand bruit en Espagne, et donna ici de l'inquiétude. Je l'ai expliquée d'avance (t. III, p. 287) lorsque je me suis étendu sur les grands d'Espagne; je n'en répéterai donc rien ici. Mme des Ursins, qui aperçut de loin ce petit orage se former en arrivant à Madrid, saisit la conjoncture de disposer de la charge de majordome-major. On a vu la juste prétention du duc d'Albe fort appuyée du roi, et la raison qui y rendoit la princesse des Ursins contraire. Elle prit donc cette occasion de la donner à un seigneur actuellement sur les lieux, qui, par la considération qu'elle lui donnoit parmi les grands dont elle le faisoit comme le chef, les pût ramener, et que lui-même, gagné par cet honneur, se rangeât pour le roi dans cette affaire, services qui ne se pouvoient tirer d'un absent. Le connétable de Castille avoit été peu compté depuis l'avénement de Philippe V à la couronne d'Espagne. On l'estimoit peu, on le soupçonnoit d'être un peu autrichien. Il croyoit avoir reçu un grand dégoût sur sa prétention de commander les armées par son titre de connétable. La campagne de Portugal n'avoit pas bien basté; on avoit perdu Gibraltar, la Catalogne et les provinces voisines étoient plus que suspectes; toutes ces circonstances persuadèrent la princesse des Ursins de ramener un aussi grand seigneur et si distingué que l'étoit le connétable de Castille, et lui fit donner la charge de majordome-major, qui consentit contre son droit et l'usage jusqu'alors observé qu'au lieu de lui porter tous les soirs les clefs des portes du palais, elles le seroient au capitaine des gardes du corps en quartier, charge jusqu'alors inconnue en Espagne, et fit par cette adresse approuver au roi que sa recommandation en faveur du duc d'Albe n'eût pas lieu.

Le roi partit le 22 septembre pour Fontainebleau par Sceaux où il alla de Marly, et y séjourna un jour. Le roi d'Angleterre y arriva le 1er octobre, et s'en retourna à Saint-Germain le 12. La reine, qui étoit fort incommodée d'un mal au sein dont on craignoit de funestes suites, qu'il n'eut pourtant pas, ne put aller à Fontainebleau cette année. En ce même temps, Desmarets maria une de ses filles au fils de Bercy, maître des requêtes, extrêmement riche.

Le prince de Bournonville mourut à Bruxelles. C'étoit un homme d'honneur, fort brave, qui avoit beaucoup de savoir, et qui ne manquoit point d'esprit; mais d'un esprit tout à fait désagréable. Il étoit riche, fils et petit-fils de deux hommes qui avoient fort figuré sous la maison d'Autriche. Il étoit veuf, avec un fils et deux filles, d'une sœur du duc de Chevreuse du second lit; et la maréchale de Noailles et lui étoient enfants des deux frères, laquelle l'aimoit à cause de cette proximité. J'en eus beaucoup dans la suite avec ses enfants, car sa fille aînée épousa le duc de Duras, et la veuve de son fils mon fils aîné. Avec tous ses proches, Bournonville ne parvint à rien et servit toute sa vie. Il étoit sous-lieutenant des gens d'armes sous le prince de Rohan, cousin germain de sa femme. Il n'avoit aucun rang ni honneurs.

Viriville mourut en même temps, du nom de Groslée, illustre en Dauphiné. Il avoit été capitaine de gendarmerie, brave et fort bon officier, mais perdu de gouttes qui l'obligèrent à quitter et qui à la fin le tuèrent. C'étoit un fort aimable homme, de beaucoup d'esprit, et fort orné, et de très-bonne compagnie, fort honnête homme aussi, et fort aimé et considéré. Le maréchal de Tallard avoit épousé sa sœur; et lui, qui vouloit tout laisser à son fils unique, donna pour rien sa fille à Senozan, homme de rien, dès lors fort riche, et qui le devint énormément depuis. Il arriva ce qu'on voit ordinairement de ces mariages : le fils de Viriville le survécut peu, la veuve du même Viriville hérita de ses frères et de ses oncles; il se forma de tout cela une succession prodigieuse qui tomba à la femme de Senozan.

Usson, lieutenant général distingué, dont il a été mention ici plus d'une fois, mourut aussi à Marseille; il commandoit dans les pays de Nice et Villefranche. C'étoit un petit homme, fait comme un potiron, mais plein d'esprit, de valeur, et de talent pour la guerre. Il n'étoit point marié; Bonrepos étoit son frère aîné.

Pontchartrain se tint exactement ce qu'il s'étoit promis. Le comte de Toulouse et le maréchal de Cœuvres allèrent à Toulon, comptant monter une flotte. Tantôt un retardement, tantôt une difficulté, tantôt un manquement de quelque chose; bref, tous deux demeurèrent au port, et la flotte ennemie maîtresse de la mer. L'amiral, pour charmer son ennui, alla visiter Antibes et se promener par les ports du pays, et revint à Fontainebleau, où le maréchal de Cœuvres aussi peu content que lui ne tarda pas à le suivre. Pontchartrain, qui avoit de longue main prévenu le roi sur la dépense d'une puissante flotte, sur le grand nombre de gros vaisseaux des Anglois et des Hollandois joints ensemble, sur le danger de la personne du comte de Toulouse si sa valeur étoit écoutée, s'en tira à joints pieds et se moqua d'eux tout à son aise, au grand malheur de Barcelone et des extrémités dont cette perte fut suivie, comme on les verra en leur temps.

Ce fut à ce retour du comte de Toulouse qu'il acheta d'Armenonville la terre de Rambouillet, à six lieues de Versailles, près de Maintenon, dont le comte fit un duché-pairie, érigé pour lui, et une terre prodigieuse par les acquisitions qu'il y fit dans la suite. Armenonville, qui ne vendoit que par respect, eut en pot-de-vin, pour lui et pour son fils après lui, l'usage du château et des jardins de la Muette[1] et du bois de Boulogne, que le roi détacha de la capitainerie de Catelan, en l'en dédommageant.

CHAPITRE IV.

Mort de la première présidente Lamoignon; sa famille. — Caractère et fortune du premier président Lamoignon. — Corruption des premiers présidents successeurs de Bellièvre. — Catastrophe singulière de Fargues. — Mort et singularités de Ninon, dite Mlle de L'Enclos. — Mort de Rossignol. — Courtenvaux; son caractère; cruellement réprimandé par le roi. — Inquisition de ce prince. —

---

1. Saint-Simon écrit toujours la *Meute* en parlant du château qu'on appelle aujourd'hui la *Muette*. Nous prévenons, une fois pour toutes, que nous avons conservé l'orthographe ordinaire.

Mort du comte de Tonnerre. — La Feuillade proposé par le roi à Chamillart pour faire en chef le siége de Turin. — Gratitude et grandeur d'âme de Vauban. — Vendôme grand courtisan. — Siége de Turin différé. — Darmstadt tué devant le mont Joui. — Lérida et Tortose saisis par les Catalans révoltés. — Siége de Badajoz levé par les ennemis. — Barcelone rendu à l'archiduc. — La garnison prisonnière de guerre. — Retour de Fontainebleau par Villeroy et Sceaux. — Couronnement de Stanislas en Pologne. — Mort du fameux Tekeli. — Prises de mer; Saint-Paul tué. — Cruelle méprise de La Feuillade. — Augmentation des compagnies. — Nouveaux régiments. — Force milice. — Idées de nos ministres bien différentes sur la paix. — Aguilar à Paris; sa mission, son caractère, sa fortune. — Ordres d'Espagne devenus compatibles avec ceux de la Toison et du Saint-Esprit. — Ronquillo gouverneur du conseil de Castille. — Duc de Noailles en Roussillon. — Mort des deux fils du duc de Beauvilliers. — Piété du père et de la mère. — Jésuites emportent la cure de Brest devant le roi. — Retour de Marsin, Villars et Villeroy. — Surville à la Bastille. — Roquelaure tâche de se justifier au roi; sa femme. — Mariage du fils aîné de Tessé avec la fille de Bouchu, du duc de Duras avec Mlle de Bournonville, de Listenois avec une fille de la comtesse de Mailly. — Folies de la duchesse du Maine. — Duc de Berry délivré de ses gouverneurs. — Montmélian rendu par les ennemis. — Aventure étrange de l'évêque de Metz.

Deux personnes fort différentes moururent en ce même temps : la première présidente Lamoignon et Ninon. Mme de Lamoignon (car ces avocats renforcés et qui, du barreau où ils gagnoient leur vie il n'y a pas longtemps, sont devenus des magistrats considérables, ont pris le *de*), Mme de Lamoignon, dis-je, étoit Potier, fille du secrétaire d'État Ocquerre, frère de cet évêque de Beauvais qui pensa quelques jours être premier ministre à la mort de Louis XIII, et que le cardinal Mazarin culbuta. Elle étoit sœur du père du président de Novion, qui succéda à son mari à la place de premier président, et mère de Lamoignon, président à mortier à Paris, de Bâville, conseiller d'État, intendant ou plutôt roi de Languedoc, de Mme de Broglio, dont le mari et le second fils sont devenus depuis si peu maréchaux de France, et de la défunte femme d'Harlay qui succéda à Novion son cousin germain, lorsque, comme je l'ai rapporté, il fut chassé en 1689 de la place de premier président. Lamoignon, beau, agréable, et sachant fort le monde et l'intrigue, avec tous les talents extérieurs, avoit brillé au conseil dans la place de maître des requêtes. On a vu comment, par l'adresse des ministres qui craignoient l'humeur de Novion, il refusa, à l'instigation de sa maîtresse à qui ils donnèrent gros, la place de premier président, vacante en 1658, par la mort de Bellièvre, et y portèrent Lamoignon. Les grâces de sa personne, son affabilité, le soin qu'il prit de se faire aimer du barreau et des magistrats, une table éloignée de la frugalité de ses prédécesseurs, son attention singulière à capter les savants de son temps, à les assembler chez lui à certains jours, à les distinguer, quels qu'ils fussent, lui acquirent une réputation qui dure encore, et qui n'a pas été inutile à ses enfants. Il est pourtant vrai qu'à lui commença la corruption de cette place qui ne s'est guère interrompue jusqu'à aujourd'hui. Pour Lamoignon j'en raconterai ici un seul trait, parce qu'il est historique et curieux.

Il se fit à Saint-Germain une grande partie de chasse. Alors c'étoient les chiens, et non les hommes, qui prenoient les cerfs; on ignoroit encore ce nombre immense de chiens, de chevaux, de piqueurs, de relais et de routes à travers les pays. La chasse tourna du côté de Dourdan, et se prolongea si bien que le roi s'en revint extrêmement tard et laissa la chasse. Le comte de Guiche, le comte depuis duc du Lude, Vardes, M. de Lauzun qui me l'a conté, je ne sais plus qui encore, s'égarèrent, et les voilà à la nuit noire à ne savoir où ils étoient. A force d'aller sur leurs chevaux recrus, ils avisèrent une lumière; ils y allèrent, et à la fin arrivèrent à la porte d'une espèce de château. Ils frappèrent, ils crièrent, ils se nommèrent, et demandèrent l'hospitalité. C'étoit à la fin de l'automne, et il étoit entre dix et onze heures du soir. On leur ouvrit. Le maître vint au-devant d'eux, les fit débotter et chauffer, fit mettre leurs chevaux dans son écurie, et pendant ce temps-là leur fit préparer à souper, dont ils avoient grand besoin. Le repas ne se fit point attendre ; il fut excellent, et le vin de même, de plusieurs sortes. Le maître poli, respectueux, ni cérémonieux, ni empressé, avec tout l'air et les manières du meilleur monde. Ils surent qu'il s'appeloit Fargues, et la maison Courson ; qu'il y étoit retiré ; qu'il n'en étoit point sorti depuis plusieurs années ; qu'il y recevoit quelquefois ses amis, et qu'il n'avoit ni femme ni enfants. Le domestique leur parut entendu, et la maison avoir un air d'aisance. Après avoir bien soupé, Fargues ne leur fit point attendre leur lit. Ils en trouvèrent chacun un parfaitement bon, ils eurent chacun leur chambre, et les valets de Fargues les servirent très-proprement. Ils étoient fort las et dormirent longtemps. Dès qu'ils furent habillés, ils trouvèrent un excellent déjeuner servi, et au sortir de table, leurs chevaux prêts, aussi refaits qu'ils l'étoient eux-mêmes. Charmés de la politesse et des manières de Fargues, et touchés de sa bonne réception, ils lui firent beaucoup d'offres de service, et s'en allèrent à Saint-Germain. Leur égarement y avoit été la nouvelle ; leur retour et ce qu'ils étoient devenus toute la nuit en fut une autre.

Ces messieurs étoient la fleur de la cour et de la galanterie, et tous alors dans toutes les privances du roi. Ils lui racontèrent leur aventure, les merveilles de leur réception, et se louèrent extrêmement du maître, de sa chère et de sa maison. Le roi leur demanda son nom ; dès qu'il l'entendit : « Comment Fargues, dit-il, est-il si près d'ici ? » Ces messieurs redoublèrent de louanges, et le roi ne dit plus rien. Passé chez la reine mère, il lui parla de cette aventure, et tous deux trouvèrent que Fargues étoit bien hardi d'habiter si près de la cour, et fort étrange qu'ils ne l'apprissent que par cette aventure de chasse, depuis si longtemps qu'il demeuroit là.

Fargues s'étoit fort signalé dans tous les mouvements de Paris contre la cour et le cardinal Mazarin. S'il n'avoit pas été pendu, ce n'avoit pas été faute d'envie de se venger particulièrement de lui ; mais il avoit été protégé par son parti, et formellement compris dans l'amnistie. La haine qu'il avoit encourue, et sous laquelle il avoit pensé succomber, lui fit prendre le parti de quitter Paris pour toujours, afin d'éviter toute noise, et de se retirer chez lui sans faire parler de lui, et jusqu'alors il étoit demeuré ignoré. Le cardinal Mazarin étoit mort ; il n'étoit plus question pour personne des affaires passées ; mais, comme il avoit été fort noté, il craignoit qu'on lui en suscitât quelque autre nouvelle, et pour cela vivoit fort retiré et fort en paix avec tous ses voisins, fort en repos des troubles passés, sur la foi de l'amnistie et depuis longtemps. Le roi et la reine sa mère, qui ne lui avoient pardonné que par force, mandèrent le premier président Lamoignon, et le chargèrent d'éplucher secrètement la vie et la conduite de Fargues ; de bien examiner s'il n'y auroit point moyen de châtier ses insolences passées, et de le faire repentir de les narguer si près de la cour dans son opulence et sa tranquillité. Ils lui contèrent l'aventure de la chasse qui leur avoit appris sa demeure ; et témoignèrent à Lamoignon un extrême désir qu'il pût trouver des moyens juridiques de le perdre.

Lamoignon, avide et bon courtisan, résolut bien de les satisfaire et d'y trouver son profit[1]. Il fit ses recherches, en rendit compte et fouilla tant et si bien, qu'il trouva moyen d'impliquer Fargues dans un meurtre commis à Paris au plus fort des troubles, sur quoi il le décréta sourdement, et un matin l'envoya saisir par des huissiers, et mener dans les prisons de la Conciergerie. Fargues, qui depuis l'amnistie étoit bien sûr de n'être tombé en quoi que ce

---

1. Voy. note à la fin du volume sur le procès, la condamnation et l'exécution de Fargues.

fût de répréhensible, se trouva bien étonné. Mais il le fut bien plus, quand par l'interrogatoire il apprit de quoi il s'agissoit. Il se défendit très-bien de ce dont on l'accusoit, et, de plus, allégua que le meurtre dont il s'agissoit ayant été commis au fort des troubles et de la révolte de Paris dans Paris même, l'amnistie qui les avoit suivis effaçoit la mémoire de tout ce qui s'étoit passé dans ces temps de confusion, et couvroit chacune de ces choses qu'on n'auroit pu suffire ni exprimer à l'égard de chacun, suivant l'esprit, le droit, l'usage et l'effet, non mis en doute aucun jusqu'à présent, des amnisties. Les courtisans distingués qui avoient été si bien reçus chez ce malheureux homme firent toutes sortes d'efforts auprès de ses juges et auprès du roi; mais tout fut inutile. Fargues eut très-promptement la tête coupée, et sa confiscation donnée en récompense au premier président. Elle étoit fort à sa bienséance, et fut le partage de son second fils. Il n'y a guère qu'une lieue de Bâville à Courson. Ainsi le beau-père et le gendre s'enrichirent successivement dans la même charge, l'un du sang de l'innocent, l'autre du dépôt que son ami lui avoit confié à garder, qu'il déclara ensuite au roi qui le lui donna, et dont il sut très-bien s'accommoder. Novion, qui fut entre-deux depuis 1677 jusqu'en 1688, ne fut chassé que pour avoir sans cesse vendu la justice, comme je l'ai raconté en son lieu. Nous verrons en leur temps leurs successeurs; ce n'est pas encore celui d'en parler. La première présidente Lamoignon mourut dans une grande et longue piété. Avec tant d'enfants bien pourvus, elle ne laissa pas de mourir avec plus de un million cinq cent mille livres de bien.

Ninon, courtisane fameuse, et depuis que l'âge lui eut fait quitter le métier, connue sous le nom de Mlle de L'Enclos, fut un exemple nouveau du triomphe du vice conduit avec esprit, et réparé de quelque vertu. Le bruit qu'elle fit, et plus encore le désordre qu'elle causa parmi la plus haute et la plus brillante jeunesse, força l'extrême indulgence que, non sans cause, la reine mère avoit pour les personnes galantes et plus que galantes, de lui envoyer un ordre de se retirer dans un couvent. Un de ces exempts de Paris lui porta la lettre de cachet, elle la lut, et remarquant qu'il n'y avoit pas de couvent désigné en particulier : « Monsieur, dit-elle à l'exempt sans se déconcerter, puisque la reine a tant de bonté pour moi que me laisser le choix du couvent où elle veut que je me retire, je vous prie de lui dire que je choisis celui des grands cordeliers de Paris, » et lui rendit la lettre de cachet avec une belle révérence. L'exempt, stupéfait de cette effronterie sans pareille, n'eut pas un mot à répliquer, et la reine la trouva si plaisante qu'elle la laissa en repos. Jamais Ninon n'avoit qu'un amant à la fois, mais des adorateurs en foule, et quand elle se lassoit du tenant, elle le lui disoit franchement, et en prenoit un autre. Le délaissé avoit beau gémir et parler, c'étoit un arrêt ; et cette créature avoit usurpé un tel empire qu'il n'eût osé se prendre à celui qui le supplantoit, trop heureux encore d'être admis sur le pied d'ami de la maison. Elle a quelquefois gardé à son tenant, quand il lui plaisoit fort, fidélité entière pendant toute une campagne.

La Châtre, sur le point de partir, prétendit être de ces heureux distingués. Apparemment que Ninon ne lui promit pas bien nettement. Il fut assez sot, et il l'étoit beaucoup et présomptueux à l'avenant, pour lui en demander un billet. Elle le lui fit. Il l'emporta et s'en vanta fort. Le billet fut mal tenu, et à chaque fois qu'elle y manquoit : « Oh ! le bon billet, s'écrioit-elle, qu'a La Châtre ! » Son fortuné à la fin lui demanda ce que cela vouloit dire, elle le lui expliqua ; il le conta, et accabla La Châtre d'un ridicule qui gagna jusqu'à l'armée où il étoit.

Ninon eut des amis illustres de toutes les sortes, et eut tant d'esprit qu'elle se les conserva tous, et qu'elle les tint unis entre eux, ou pour le moins sans le moindre bruit. Tout se passoit chez elle avec un respect et une décence extérieure que les plus hautes princesses soutiennent rarement avec des foiblesses. Elle eut de la sorte pour amis tout ce qu'il y avoit de plus trayé et de plus élevé à la cour, tellement qu'il devint à la mode d'être reçu chez elle, et qu'on avoit raison de le désirer par les liaisons qui s'y formoient. Jamais ni jeux, ni ris élevés, ni disputes, ni propos de religion ou de gouvernement; beaucoup d'esprit et fort orné, des nouvelles anciennes et modernes, des nouvelles de galanteries, et toutefois sans ouvrir la porte à la médisance; tout y étoit délicat, léger, mesuré, et formoit les conversations qu'elle sut soutenir par son esprit, et par tout ce qu'elle savoit de faits de tout âge. La considération, chose étrange, qu'elle s'étoit acquise, le nombre et la distinction de ses amis et de ses connoissances [continuèrent] quand les charmes cessèrent de lui attirer du monde, quand la bienséance et la mode lui défendirent de plus mêler le corps avec l'esprit. Elle savoit toutes les intrigues de l'ancienne et de la nouvelle cour, sérieuses et autres; sa conversation étoit charmante; désintéressée, fidèle, secrète, sûre au dernier point, et, à la foiblesse près, on pouvoit dire qu'elle étoit vertueuse et pleine de probité. Elle a souvent secouru ses amis d'argent et de crédit, est entrée pour eux dans des choses importantes, a gardé très-fidèlement des dépôts d'argent et des secrets considérables qui lui étoient confiés. Tout cela lui acquit de la réputation et une considération tout à fait singulière.

Elle avoit été amie intime de Mme de Maintenon, tout le temps que celle-ci demeura à Paris. Mme de Maintenon n'aimoit pas qu'on lui parlât d'elle, mais elle n'osoit la désavouer. Elle lui a écrit de temps en temps jusqu'à sa mort avec amitié. L'Enclos, car Ninon avoit pris ce nom depuis qu'elle eut quitté le métier de sa jeunesse longtemps poussée, n'y étoit pas si réservée avec ses amis intimes, et quand il lui est arrivé de s'intéresser fortement pour quelqu'un ou pour quelque chose, ce qu'elle savoit rendre rare et bien ménager, elle en écrivoit à Mme de Maintenon qui la servoit efficacement et avec promptitude; mais, depuis sa grandeur, elles ne se sont vues que deux ou trois fois, et bien en secret. L'Enclos avoit des reparties admirables. Il y en a deux entre autres au dernier maréchal de Choiseul, qui ne s'oublient point : l'une est une correction excellente, l'autre un tableau vif d'après nature. Choiseul, qui étoit de ses anciens amis, avoit été galant et bien fait. Il étoit mal avec M. de Louvois, et il déploroit sa fortune lorsque le roi le mit, malgré le ministre, de la promotion de l'ordre de 1688. Il ne s'y attendoit en façon du monde, quoique de la première naissance et des plus anciens et meilleurs lieutenants généraux. Il fut donc ravi de joie, et se regardoit avec plus que de la complaisance paré de son cordon bleu. L'Enclos l'y surprit deux ou trois fois. A la fin impatientée : « Monsieur le comte, lui dit-elle devant toute la compagnie, si je vous y prends encore, je vous nommerai vos camarades. » Il y en avoit eu en effet plusieurs à faire pleurer, mais quels et combien en comparaison de ceux de 1724, et de quelques autres encore depuis! Le bon maréchal étoit toutes les vertus mêmes, mais peu réjouissantes et avec peu d'esprit. Après une longue visite, L'Enclos bâille, le regarde, puis s'écrie :

« Seigneur, que de vertus vous me faites haïr! »

qui est un vers de je ne sais plus quelle pièce de théâtre. On peut juger de la risée et du scandale. Cette saillie pourtant ne les brouilla point. L'Enclos passa de beaucoup quatre-vingts ans, toujours saine, visitée, considérée. Elle donna à Dieu ses dernières années, et sa mort fit une nouvelle. La singularité unique de ce personnage m'a fait étendre sur elle.

Rossignol, président aux requêtes du palais, mourut en ce même temps. Son père avoit été le plus habile déchiffreur de l'Europe. Je ne sais comment il s'avisa de s'appliquer à une connoissance jusqu'à lui si cachée, ni comment M. de Louvois le connut et l'employa à ce talent. Aucun chiffre ne lui échappoit, il y en avoit qu'il lisoit tout de suite. Cela lui donna beaucoup de particuliers avec le roi et en fit un homme important. Il instruisit son fils dans cette science, il y devint habile, mais non pas au point de son père. C'étoient d'honnêtes gens et modestes, qui l'un et l'autre tirèrent gros du roi, qui même laissa cinq mille livres de pension à sa famille qui n'étoit pas d'âge à déchiffrer.

Peu de temps après qu'on fut à Fontainebleau, il arriva à Courtenvaux une aventure terrible. Il étoit fils aîné de M. de Louvois, qui lui avoit fait donner puis ôter la survivance de sa charge dont il le trouva tout à fait incapable. Il l'avoit fait passer à Barbezieux son troisième fils, et il avoit consolé l'aîné par la survivance de son cousin Tilladet, à qui il avoit acheté les Cent-Suisses, qui, après les grandes charges de la maison du roi, en est sans contredit la première et la plus belle. Courtenvaux étoit un fort petit homme obscurément débauché, avec une voix ridicule, qui avoit peu et mal servi, méprisé et compté pour rien dans sa famille, et à la cour où il ne fréquentoit personne; avare et taquin, et quoique modeste et respectueux, fort colère, et peu maître de soi quand il se capriçoit : en tout un fort sot homme, et traité comme tel, jusque chez la duchesse de Villeroy et la maréchale de Cœuvres, sa sœur et sa belle-sœur; on ne l'y rencontroit jamais.

Le roi, plus avide de savoir tout ce qui se passoit, et plus curieux de rapports qu'on ne le pouvoit croire (quoiqu'on le crût beaucoup), avoit autorisé Bontems, puis Bloin, gouverneur de Versailles, à prendre quantité de Suisses outre ceux des portes, des parcs et des jardins, et ceux de la galerie et du grand appartement de Versailles, et des salons de Marly et de Trianon, qui, avec une livrée du roi, ne dépendoient que d'eux. Ces derniers étoient secrètement chargés de rôder, les soirs, les nuits et les matins dans tous les degrés, les corridors, les passages, les privés, et quand il faisoit beau, dans les cours et les jardins, de patrouiller, se cacher, s'embusquer, remarquer les gens, les suivre, les voir entrer et sortir des lieux où ils alloient, de savoir qui y étoit, d'écouter tout ce qu'ils pouvoient entendre, de n'oublier pas combien de temps les gens étoient restés où ils étoient entrés, et de rendre compte de leurs découvertes. Ce manége, dont d'autres subalternes et quelques valets se mêloient aussi, se faisoit assidûment à Versailles, à Marly, à Trianon, à Fontainebleau et dans tous les lieux où le roi étoit. Ces Suisses déplaisoient fort à Courtenvaux, parce qu'ils ne le reconnoissoient en rien, et qu'ils enlevoient à ses Cent-Suisses des postes et des récompenses qu'il leur auroit bien vendus, tellement qu'il les tracassoit souvent. Entre la grande pièce des Suisses et la salle des gardes du roi à Fontainebleau, il y a un passage étroit entre le degré et le logement occupé lors par Mme de Maintenon, puis une pièce carrée où est la porte de ce logement qui, en la traversant droit, donne dans la salle des gardes, et qui a une autre porte sur le balcon qui environne la cour en ovale, lequel communique aux degrés et en beaucoup d'endroits. Cette pièce carrée est un passage public de communication indispensable à tout le château, pour qui ne va point par les cours, et par conséquent fort propre à observer les allants et venants, et par elle-même et par ses communications. Jusqu'à cette année, il y avoit toujours couché quelques gardes du corps, et quelques Cent-Suisses, qui, lorsque le roi entroit et sortoit de chez Mme de Maintenon, s'y mettoient mêlés sous les armes, de sorte que cette pièce passoit pour une extension de salle des gardes et des Cent-Suisses. Le roi s'avisa cette année d'y faire coucher des Suisses de Bloin au lieu des Cent-Suisses et de gardes.

Courtenvaux, sans en parler au capitaine des gardes en quartier, puisqu'on en avoit ôté les gardes aussi bien que les Suisses, eut la sottise de prendre ce changement pour une nouvelle entreprise de ces Suisses sur les siens, et s'en mit en telle colère qu'il n'y eut menaces qu'il ne leur fît, ni pouilles qu'il ne leur chantât. Ils le laissèrent aboyer sans s'émouvoir; ils avoient leurs ordres et furent assez sages pour ne rien répondre. Le roi, qui n'en fut averti que sur le soir, au sortir de son souper, entré à son ordinaire dans son grand cabinet ovale avec ce qui avoit accoutumé de l'y suivre, de sa famille, et des dames des princesses, qui, à Fontainebleau, faute d'autres cabinets, se tenoient toutes dans celui-là autour du roi, envoya chercher Courtenvaux. Dès qu'il parut dans ce cabinet, le roi lui parla d'un bout à l'autre sans lui donner loisir d'approcher, mais dans une colère si terrible, et pour lui si nouvelle et si extraordinaire, qu'il fit trembler non-seulement Courtenvaux, mais princes, princesses, dames, et tout ce qui étoit dans le cabinet. On l'entendoit de sa chambre. Les menaces de lui ôter sa charge, les termes les plus durs et les plus inusités dans sa bouche, plurent sur Courtenvaux, qui, pâmé d'effroi et prêt à tomber par terre, n'eut ni le temps ni le moyen de proférer un mot. La réprimande finit par lui dire avec impétuosité : « Sortez d'ici ! » A peine en eut-il la force et de se traîner chez lui.

Quelque peu de cas que sa famille fît de lui elle fut étrangement alarmée; chacun eut recours à quelque protection. Mme la duchesse de Bourgogne, qui aimoit fort la duchesse de Villeroy et la maréchale de Cœuvres, parla de son mieux à Mme de Maintenon, et même au roi. A la fin, il s'apaisa, mais avec avis qu'il chasseroit Courtenvaux à la première de ses sottises et lui ôteroit sa charge. Après cela il osa en reprendre les fonctions. La cause d'une scène si étrange étoit que Courtenvaux avoit mis le doigt sur la lettre à toute la cour, par le vacarme qu'il avoit fait d'un changement dont le motif sautoit aux yeux dès qu'on y prenoit garde; et le roi, qui cachoit avec le plus grand soin ses espionnages, avoit compté que ce changement ne s'apercevroit pas, et étoit outré de colère du bruit qu'il avoit fait et qui l'avoit appris et fait sentir à tout le monde. Quoique déjà sans considération, sans agrément, sans familiarité la moindre, il en demeura plus mal avec le roi et ne s'en releva de sa vie; sans sa famille, il étoit chassé et sa charge perdue.

Il mourut en même temps un autre homme encore plus méprisé, qui fut le comte de Tonnerre; ce n'est pas que la naissance ou l'esprit lui manquassent; mais tout le reste entièrement. Avec une poltronnerie qui lui faisoit tout souffrir, il s'attiroit cent affaires par son escroquerie et ses bons mots, et il étoit tombé enfin à un tel point d'abjection qu'on avoit honte de l'insulter quand il disoit quelque sottise. Il avoit été longtemps premier gentilhomme de la chambre de Monsieur, et il étoit fils du frère aîné de cet évêque de Noyon dont il a été parlé ici plus d'une fois, et frère de l'évêque de Langres dont il le sera encore.

Quoique le combat de Cassano eût été sans aucun fruit, le siége de Turin, si mal à propos annoncé dès l'entrée du printemps, et peut-être aussi peu à propos conçu, n'en demeuroit pas moins résolu. Le roi, si différent sur La Feuillade de ce qu'on le vit lorsque Chamillart lui en proposa le mariage avec sa fille, ou plutôt occupé de plaire à son ministre par l'endroit qui lui étoit le plus sensible, lui proposa lui-même de charger son gendre de ce grand siége en chef. Chamillart, surpris et comblé, s'en excusa foiblement. Le roi lui fit des amitiés, lui dit du bien de La Feuillade et qu'il voulait essayer des jeunes gens qui montroient des talents et de l'application. Ce choix arrêté, La Feuillade eut ordre de s'approcher de Turin, après le siége de Chivas achevé, et de se préparer pour en faire le siége; il y arriva le 6 septembre. On peut juger que rien ne lui manqua : il y eut soixante bataillons, soixante-dix escadrons, onze cent milliers de poudre, quarante mortiers, quatre-vingts pièces de canon de batterie et vingt-six autres pièces pour tirer à ricochet, de disposés à ses ordres. Mais il se trouva des difficultés à résoudre pour lesquelles La Feuillade envoya Dreux, son beau-frère, qui, le jour même que le roi arriva à Fontainebleau, fut mené par Chamillart lui rendre compte de ce qui l'amenoit, chez Mme de Maintenon. Le lendemain ils y retournèrent, et le maréchal de Vauban avec eux, et le surlendemain, Dreux s'en retourna trouver La Feuillade.

Vauban fit là une grande action, il s'offrit au roi et le pressa de l'envoyer à Turin pour y donner ses conseils et se tenir, dans les intervalles, à deux lieues de l'armée, sans s'y mêler de rien quand il y seroit. Il ajouta qu'il mettroit son bâton derrière la porte, qu'il n'étoit pas juste que l'honneur auquel le roi l'avoit élevé le rendît inutile à son service, et que, plutôt que cela fût, il aimeroit mieux le lui rendre. Cette offre romaine ne fut point acceptée; le contraste de Vauban et de La Feuillade eût été trop grand et l'obscurcissement de ce dernier trop accablant. La Feuillade, contre l'avis de Vauban, vouloit attaquer par la citadelle et ne point faire de circonvallation de l'autre côté du Pô.

M. de Vendôme manda par un courrier, arrivé en cadence, qu'il étoit du même avis; que, pour les difficultés extérieures, il ne falloit point s'en embarrasser; qu'il n'y avoit rien à craindre du prince Eugène; qu'il étoit de la dernière importance de faire alors le siége de Turin, sans quoi les conquêtes faites sur le duc de Savoie demeureroient inutiles; et il offrit d'envoyer de ses troupes si on n'en avoit pas assez pour le siége. Il fit sa cour au roi, plut au ministre, ce fut tout. Dreux étoit parti avec l'ordre de ne point faire ce siége. La Feuillade, opiniâtre, dépêcha Marignane, qui ne vit point le roi, et que Chamillart, qui gardoit sa chambre pour un torticolis, renvoya sur-le-champ. A son retour, La Feuillade contremanda tout ce qui lui devoit arriver, retira ce qui l'étoit déjà, quitta la Vénerie, où il s'étoit établi, et envoya un gros détachement à Vendôme.

Le siége de Barcelone étoit mieux concerté; mais l'archiduc y fit une grande perte. Ils emportèrent, le 16 septembre, des ouvrages nouvellement augmentés au mont Joui. La résistance fut grande, ils y perdirent huit cents hommes, et le prince de Darmstadt dont il a été tant parlé y fut tué; mais ces ouvrages coupant toute communication avec la ville, et la garnison du mont Joui manquant de tout, elle s'ouvrit un passage l'épée à la main, et rentra dans Barcelone, n'ayant perdu à cette belle action que douze ou quinze hommes. Ce fut un grand point pour l'archiduc que d'être maître du mont Joui. Ce malheur fut incontinent suivi d'un autre. Les Catalans révoltés se saisirent de Lérida et de Tortose. D'autre part, vers le Portugal, les ennemis levèrent le siége de Badajoz aux approches de Tessé. Ruvigny, qui portoit le nom de milord Galloway, y commandoit les Anglois et y eut un bras emporté. C'étoit un très-bon officier parmi eux, qui se retira en Angleterre et n'a pas servi depuis. Ils furent plus heureux devant Barcelone, qui se rendit le 4 octobre, la garnison prisonnière de guerre, excepté le vice-roi, le duc de Popoli et quelques officiers distingués. On voulut longtemps douter de cette nouvelle, et [de] beaucoup de cruautés exercées par les Allemands.

Le roi partit le 26 octobre de Fontainebleau, s'en retournant par Villeroy et par Sceaux, où il séjourna. Il apprit en même temps le couronnement du roi Stanislas Lesczinski. Il ne prévoyoit pas alors assurément, et s'il se peut beaucoup moins auparavant, que dans sa chute la plus profonde, sans pain et sans un pouce de terre, il deviendroit beau-père de son héritier, et aussi peu encore de qui seroit cet ouvrage. Il apprit aussi en même temps la mort du fameux Tekeli, arrivée à Constantinople, jeune encore, mais perdu de goutte et depuis longtemps ne pouvant plus se remuer. Il étoit sur un grand pied de considération et de rang, à peu près comme un grand souverain en asile; et y touchoit fort gros, et très-exactement payé.

La mer auroit été plus heureuse par la quantité de riches

et grosses prises et de combats particuliers de nos vaisseaux et de nos armateurs sans la mort de Saint-Paul, qui s'y étoit le plus signalé, et qui fut fort regretté. Il mourut en se rendant maître de onze vaisseaux marchands venant de la mer Baltique par la prise de trois gros vaisseaux anglois qui les convoyoient. Cette action se passa le dernier octobre. Saint-Paul ne laissa que trois neveux fort jeunes; le roi donna des pensions à tous les trois.

La Feuillade, ou son secrétaire, fit une méprise qui coûta bon. Il manda au gouverneur d'Acqui de le venir joindre avec sa garnison. Au lieu d'Acqui, il mit d'Asti; et le gouverneur de cette dernière place obéit. M. de Savoie, incontinent averti d'une évacuation si peu attendue, se saisit d'Asti tout aussitôt, et mit tout le Montferrat à contribution. La Feuillade marcha pour la reprendre; il fallut emporter des postes sur le chemin. En arrivant sur Asti, il trouva toutes les troupes du duc de Savoie et du comte de Staremberg, qui étoient derrière la place, dans laquelle ils firent passer beaucoup de cavalerie et d'infanterie, qui tomba rudement sur la tête de la petite armée que La Feuillade amenoit. On fit fort valoir qu'il mit pied à terre à la tête des grenadiers, qu'il rétablit le combat, qu'il poussa les ennemis jusque sur la contrescarpe, qu'il prit deux étendards. On ne se vanta point de la perte, et on mit sur le compte des pluies et du débordement des rivières la retraite qu'il fit d'Asti, où il étoit arrivé pour en faire le siége, mais où il avoit trouvé ce combat à soutenir, à Casal, où son dessein n'avoit pas été d'aller. On perdit à ce combat d'Asti Imécourt et force gens, et Asti demeura au duc de Savoie.

Les pertes d'hommes en Allemagne et en Italie, plus grandes par les hôpitaux que par les actions, firent prendre le parti d'une augmentation de cinq hommes par compagnie, et d'une levée de vingt-cinq mille hommes de milice, laquelle fut une grande ruine et une grande désolation dans les provinces. On berçoit le roi de l'ardeur des peuples à y entrer; on lui en montroit quelques échantillons de deux, de quatre, de cinq à Marly, en allant à la messe, gens bien trayés, et on lui faisoit des contes de leur joie et de leur empressement. J'ai entendu cela plusieurs fois, et le roi les rendre après en s'applaudissant, tandis que moi par mes terres et par tout ce qui s'en disoit, je savois le désespoir que causoit cette milice, jusque-là que quantité se mutiloient eux-mêmes pour s'en exempter. Ils crioient et pleuroient qu'on les menoit périr; et il étoit vrai qu'on les envoyoit presque tous en Italie, dont il n'en étoit jamais revenu un seul. Personne ne l'ignoroit à la cour. On baissoit les yeux en écoutant ces mensonges et la crédulité du roi, et après on s'en disoit tout bas ce qu'on pensoit d'une flatterie si ruineuse. On donna aussi quantité de régiments à lever, ce qui fit une foule étrange de colonels et d'états-majors à payer, qui fut d'un grand préjudice; au lieu de donner un bataillon et un escadron de plus aux régiments déjà faits qui en auroient bientôt pris l'esprit, et n'auroient point eu l'inconvénient de nouvelles troupes et de petits régiments, qui par leur peu de nombre se détruisent promptement.

Je voyois souvent Callières; il avoit pris de l'amitié pour moi, et je trouvois une grande instruction avec lui. Hochstedt, Gibraltar, Barcelone, la triste campagne de Tessé, la révolte de la Catalogne et des pays voisins, les misérables succès de l'Italie, l'épuisement de l'Espagne, celui de la France qui se faisoit fort sentir d'hommes et d'argent, l'incapacité de nos généraux que l'art de la cour protégeoit contre leurs fautes, toutes ces choses me firent faire des réflexions. Je pensai qu'il étoit temps, avant de courir les risques de tomber plus bas, de finir la guerre, et qu'elle se pouvoit terminer en donnant à l'archiduc ce que nous pourrions difficilement soutenir, et faisant un partage qui n'auroit pas l'inconvénient de ne pouvoir soutenir le nôtre comme celui du traité de partage fait d'abord en Angleterre et accepté jusqu'au testament de Charles II; et un partage qui laisseroit Philippe V un grand roi en lui donnant toute l'Italie, excepté ce qu'y tenoient le grand-duc et les républiques de Venise et de Gênes, l'État ecclésiastique de Naples et Sicile, trop éloignés et coupés du reste par l'État du pape; avoir pour le roi la Lorraine et quelques autres arrondissements et placer ailleurs les ducs de Savoie, de Lorraine, de Parme et de Modène. J'en fis le plan dans ma tête sans l'écrire, et je le dis à Callières, plutôt pour m'instruire que par croire avoir rien imaginé de fort bon et de praticable; je fus surpris de le lui voir goûter. Il m'exhorta à le mettre sur du papier, et à le montrer comme un projet aux trois ministres avec qui j'étois dans une liaison intime. Je résistai plusieurs jours; enfin, pressé par Callières, je lui promis d'en parler à ces messieurs, mais je ne pus me résoudre de rien mettre par écrit. M. de Beauvilliers, à qui j'en parlai le premier, trouva ce plan fort bon et fort raisonnable; M. de Chevreuse aussi. Ils voulurent que j'en parlasse aux deux autres. Le contraste de leur réponse perdroit trop, si la modestie m'empêchoit de rapporter leur réponse, qui les peint tous deux au naturel. Le chancelier me répondit, après m'avoir écouté fort attentivement, qu'il voudroit me baiser au cul et que cela fût exécuté, et Chamillart, avec gravité, que le roi ne céderoit pas un moulin de toute la succession d'Espagne. Dès lors je compris l'étourdissement où nous étions, et combien les suites en étoient à craindre.

Vers la fin de novembre arriva le comte d'Aguilar à Paris, qui fut présenté au roi par le duc d'Albe. Le roi d'Espagne l'envoyoit au roi pour lui persuader le siége de Barcelone, et de trouver bon qu'il le fît en personne, avec le secours des vaisseaux et des troupes du roi. Aguilar ne réussit que trop dans sa commission, au malheur des deux couronnes, et qui mit celle du roi d'Espagne dans le plus extrême péril. Il étoit ou prétendoit être Manrique de Lara, grand d'Espagne par sa mère et fils unique de ce comte de Frigilliane dont il a été parlé à l'occasion du testament de Charles II, et qui en apprit publiquement les dispositions à l'ambassadeur de l'empereur d'une manière si cruelle et si plaisante, comme je l'ai raconté alors. Il y auroit bien des choses curieuses et singulières à raconter de ce comte de Frigilliane, qui disoit de soi-même qu'il seroit le plus méchant homme d'Espagne et le plus laid, s'il n'avoit pas un fils. Ce dernier étoit jeune, plein d'ambition, de ruse, de fausseté, de noirceur. Je ne sais si la similitude avoit fait cette union, mais le duc de Noailles et lui avoient lié une amitié étroite en Espagne, qui a toujours duré intime et avec une confiance entière. En sus de son ami, le premier homme d'Espagne en capacité, et le premier aussi en esprit et à être dangereux dans une cour; grand poltron, grand pillard, et ne put pourtant s'enrichir. Les premières places lui passèrent successivement par les mains : jamais content d'aucune, et pas une aussi ne lui demeura. Il étoit lors l'un des quatre capitaines des gardes du corps, et fut successivement colonel du régiment des gardes espagnoles, chef des finances, et plus longtemps de la guerre avec tout pouvoir; capitaine général et commandant en chef, gentilhomme de la chambre et favori, enfin conseiller d'État, c'est-à-dire ministre, et tout cela rapidement. Toujours craint et généralement haï, il a passé les vingt dernières années de sa vie en disgrâce, presque toujours exilé à sa commanderie de Saint-Jacques, à plus de quarante lieues de Madrid, et de lieues d'Espagne, et d'ailleurs éloignée de tout. Il y aura plus d'une fois occasion de parler de lui. Cette commanderie étoit de plus de trente mille livres de rente, affectée au chancelier de l'ordre.

Aguilar, qui avoit la Toison, brigua cette place de chancelier, l'obtint et quitta la Toison, alors incompatible. Le duc de Frias, qu'on connoît mieux sous le nom de connétable de Castille, le même dont j'ai parlé, fut si indigné de cette action, que par rodomontade il remit sa croix de Saint-

Jacques avec une commanderie de vingt mille livres de rente qu'il avoit, et demanda et eut la Toison qu'Aguilar avoit quittée. Ces grosses commanderies, assez communes dans les trois ordres d'Espagne, faisoient négliger la Toison aux seigneurs espagnols, qui étoit répandue aux grands seigneurs sujets ou affectionnés à l'Espagne, en Italie et aux Pays-Bas, qui en étoient fort avides, outre quelques-unes que l'empereur demandoit pour des seigneurs principaux qui le servoient. Mais douze ou quinze ans depuis l'avénement de Philippe V à la couronne, ils ont trouvé moyen de s'accommoder avec Rome, qui a rendu ces trois ordres compatibles en payant tous les cinq ans une modique annate sur leurs commanderies quand ils ont d'autres ordres, dont ils obtiennent encore de fortes remises. Depuis cette invention, les plus grands seigneurs d'Espagne sont devenus fort empressés pour la Toison, et peut-être plus encore pour l'ordre du Saint-Esprit. En ce même temps Ronquillo, dont j'ai parlé, fut fait gouverneur du conseil de Castille.

Tout étant réglé avec Aguilar pour le siége de Barcelone, le duc de Noailles, qui n'avoit pu faire les deux dernières campagnes, et qui se portoit mieux, aiguillonné par l'exemple de La Feuillade et par celui de son père, voulut se servir du même chausse-pied pour arriver rapidement au commandement des armées. Il demanda d'aller commander dans son gouvernement de Roussillon, l'obtint et se hâta de s'y rendre, pour l'exercer quelque temps avant d'être effacé en servant au siége de Barcelone.

Je partageai en même temps, avec la plus sensible amertume, le malheur de M. et de Mme de Beauvilliers; ils avoient deux fils de seize et dix-sept ans, bien faits et qui promettoient toutes choses. L'aîné venoit d'avoir un régiment sans avoir eu d'autre emploi, et le cadet en alloit avoir un autre. Le cadet mourut de la petite vérole à Versailles, le 25 novembre. La même maladie commençoit à prendre à l'aîné, qui en mourut aussi le 2 décembre. Le père et la mère pénétrés de douleur à la mort du premier, allèrent sur-le-champ en faire un sacrifice à la messe, et y communièrent l'un et l'autre; à la mort de l'autre ils eurent la même foi, le même courage, la même piété. Leur affliction fut extrême et ce ver rongeur dura le reste de leur vie : l'extérieur n'en changea point. M. de Beauvilliers continua ses fonctions ordinaires. Pour chez lui, il se donna relâche, et pendant quelques jours ne vit que sa plus étroite famille et ses plus intimes amis. Je ne connois point de sermon si touchant que la douleur et la résignation profonde de l'un et de l'autre. Leur sensibilité entière, sans rien prendre sur leur soumission et leur abandon à Dieu; un silence, un extérieur doux, apparemment tranquille, mais concentré et toujours quelques paroles de vie qui sanctifioient leurs larmes. Après les premiers temps, je détournois doucement la conversation quand M. de Beauvilliers me parloit de ses enfants; il s'en aperçut et me dit que je croyois bien faire pour détourner l'objet de la douleur, qu'il m'en remercioit, mais qu'il y avoit un si petit nombre de personnes à qui il se permît d'en parler, qu'il me prioit d'en continuer les discours quand il m'en parleroit, parce que cela le soulageoit, et qu'il ne le faisoit que quand il s'en sentoit pressé; je lui obéis, et très-souvent tête à tête il m'en parloit, et je vis en effet que de continuer avec lui là-dessus le soulageoit. Son gendre n'étoit pas tourné à lui donner de la consolation, il tenoit toujours sa femme à Paris, et toutes les autres filles de M. de Beauvilliers étoient religieuses. Je n'aurai que trop occasion de parler du duc de Mortemart.

Les jésuites cherchoient depuis longtemps à s'emparer de la cure de Brest, et d'en faire un bon bénéfice. Ils en trouvèrent la jointure, et ils ne la manquèrent pas; mais ils y trouvèrent aussi tous les habitants si opposés, qu'ils ne les purent gagner avec toutes leurs douces et fines industries. Ils se gardèrent bien de commettre leur affaire à aucun tribunal. Ils obtinrent une évocation pour être jugés devant le roi. Quel que fût leur crédit et le désir du roi de leur accorder toutes leurs demandes, il fut impossible de briser toute règle et toute équité devant eux. Le roi pourtant de son autorité leur accorda la cure, mais avec des modifications qui ne leur plurent pas, et qui ne consolèrent pas les habitants d'avoir de tels pasteurs malgré eux.

Les armées de Flandre et d'Allemagne étant séparées, Marsin et peu après Villars arrivèrent. Le maréchal de Villeroy fut le dernier ; il prit son temps de paroître la nuit de Noël pendant matines. Le roi lui fit une réception dont il fut d'autant plus content qu'elle fut plus publique, et qu'il avoit fait bien du brouhaha en entrant. Il s'occupa le reste de l'office à galantiser les dames, à recevoir les compliments de ce qu'il y avoit là de principal, les respects des autres, et à battre la mesure de la meilleure grâce du monde, avec une justesse que lui-même admiroit.

Surville, dont l'affaire en vieillissant ne devenoit pas meilleure, fut amené d'Arras à la Bastille, La Barre demeurant en pleine liberté.

Roquelaure eut peu après son retour une petite audience du roi pour se justifier de sa négligence à garder les lignes, de sa fuite et de tout le désordre qui s'en étoit suivi. Le roi épris de Mlle de Laval, fille d'honneur de Mme la Dauphine, la maria à Biran, fils de Roquelaure, duc à brevet, moyennant un autre brevet de duc pour lui. On n'oubliera guère le bon mot qui lui échappa en nombreuse compagnie à la naissance de sa fille aînée. « Mademoiselle, dit-il, soyez la bienvenue, je ne vous attendois pas sitôt. » En effet, elle ne s'étoit pas fait attendre. C'étoit un plaisant de profession, qui, avec force bas comique, en disoit quelquefois d'assez bonnes et jusque sur soi-même, comme on le voit ici. Le roi eut toujours de la considération et de la distinction pour Mme de Roquelaure, née aussi plus que personne que j'aie connu pour cheminer dans une cour. Il ne put enfin résister à ses peines sur la situation de son mari. On verra bientôt de quelle façon il fut tiré du service pour toujours. Elle n'apporta pas un écu en mariage dans une maison fort obérée. Son art et son crédit la rendirent une des plus solidement riches ; mais la beauté heureuse étoit sous Louis XIV la dot des dots, dont Mme de Soubise est bien un autre exemple.

Vers la fin de l'année Tessé maria son fils aîné à la fille de Bouchu, conseiller d'État, duquel j'ai parlé il n'y a pas longtemps. Ce fut le contraire de celui de Mme de Roquelaure, ni esprit, ni art, ni naissance, ni beauté, mais des écus sans nombre, et c'est ce qu'il falloit à Tessé.

Le duc de Duras en fit un plus assorti. Il épousa Mlle de Bournonville, dont tout le bien, qui étoit fort grand, étoit acquis par la mort de son père et de sa mère. Elle étoit à Paris dans un couvent ; la maréchale de Noailles l'avoit souvent chez elle à la cour pour les bals, où elle dansoit à ravir. Jamais personne ne représenta mieux la déesse de la Jeunesse. Elle en avoit tous les agréments et toute la gaieté. La maréchale en fit tellement comme de sa fille qu'elle la maria chez elle et y logea et nourrit les mariés. Qui l'auroit dit au maréchal de Duras qui haïssoit le maréchal de Noailles et qui le ménageoit si peu ?

Listenois épousa aussi vers le même temps une fille de la comtesse de Mailly ; ces deux mariages signés et déclarés les derniers jours de cette année ne furent célébrés que les premiers jours de la suivante. Mme du Maine depuis longtemps avoit secoué le joug de l'assiduité, de la complaisance et de tout ce qu'elle appeloit contrainte ; elle ne se soucioit ni du roi ni de M. le Prince qui n'auroit pas [été] bien reçu à contrarier où le roi ne pouvoit plus rien, qui étoit entré dans les raisons de M. du Maine. A la plus légère représentation il essuyoit toutes les hauteurs de l'inégalité du mariage, et souvent pour des riens, des humeurs et des vacarmes qui avec raison lui firent tout craindre pour sa tête. Il prit donc le parti de la laisser faire, et de se laisser ruiner en fêtes, en feux d'artifice, en bals et en comédies qu'elle se mit à jouer elle-même en plein public, et en habit de comédienne, presque tous les jours à Clagny, maison près Versailles et comme dedans, superbement bâtie pour Mme de Montespan qui l'avoit donnée à M. du Maine depuis qu'elle n'approchoit plus de la cour.

A la fin de l'année M. le duc de Berry fut délivré de ses gouverneurs. Jamais jeune homme ne fut si aise.

Enfin Montmélian, bloqué depuis si longtemps, se rendit le 12 décembre. On prit le bon parti aussitôt après de le faire sauter.

L'année finit et la suivante commença par un cruel fracas sur l'évêque de Metz. Jamais aventure si éclatante ni plus ridicule. Un enfant de chœur, qu'on dit après être chanoine de l'église de Metz, fils d'un chevau-léger de la garde, sortit fuyant et pleurant de l'appartement de M. de Metz où il étoit seul pendant que ses domestiques dînoient, et s'alla plaindre à sa mère d'avoir été fouetté cruellement par M. de Metz. De ce fouet fort indiscret et, s'il fut vrai, fort peu du métier d'un évêque, des gens charitables voulurent faire entendre pis, et le chapitre de la cathédrale à s'émouvoir et à instrumenter. Le chevau-léger accourut en poste à Versailles où il se jeta aux pieds du roi avec un placet, demandant justice et réparation. La maréchale de Rochefort m'envoya chercher partout, m'apprit l'aventure, et me pria de prévenir Chamillart, qui avoit Metz dans son département, et de ne rien oublier pour l'engager à servir efficacement M. de Metz dans une affaire si cruelle que ses ennemis lui suscitoient, et qui intéressoit l'honneur de toute sa famille. Je m'en acquittai sur-le-champ, et Chamillart, naturellement obligeant, s'y porta le mieux du monde. Il se fit donc ordonner par le roi d'écrire à l'intendant de Metz d'assoupir cette affaire, et de faire en sorte qu'il n'en fût plus parlé. Mais le cardinal de Coislin, averti à Orléans de ce fracas, qui étoit l'honneur, la piété et la pureté même, accourut dans l'instant qu'il l'apprit, et supplia le roi pour lui et pour son neveu que l'affaire fût éclaircie, qu'on punît ceux qui méritoient de l'être ; que, si c'étoit son neveu, il perdît son évêché et sa charge dont il étoit indigne ; mais qu'il étoit juste aussi, s'il étoit innocent, que la réparation de la calomnie fût publique, et proportionnée à la méchanceté qu'on lui avoit voulu faire. L'affaire dura depuis Noël, que le cardinal de Coislin arriva, jusqu'au 18 janvier, que le roi ordonna que le chevau-léger avec toute sa famille iroit demander pardon en public à M. de Metz chez lui, dans l'évêché, et que les registres du chapitre de la cathédrale seroient visités, et tout ce qui pouvoit y avoir été mis et qui pouvoit blesser M. de Metz entièrement tiré et ôté, tellement que ce vacarme, épouvantable d'abord, s'en alla bientôt en fumée.

Le rare est que M. de Metz s'étoit fait prêtre de concert avec son oncle, malgré et à l'insu de son père qui le vouloit marier, voyant le marquis de Coislin, son fils aîné (et il n'avoit que ces deux-là), impuissant plus que reconnu depuis son mariage. On crut donc que l'abbé de Coislin, qui avoit une petite abbaye et la survivance de son oncle, se sentant impuissant comme son frère, n'avoit pas voulu, comme lui, s'exposer au mariage, et que cette raison l'en avoit plus éloigné que la peur de mourir de faim, encore plus que son frère. La vérité est qu'il n'avoit que si peu de barbe, qu'on pouvoit dire qu'il n'en avoit point, et qu'encore que sa vie n'eût jamais été ni dévote ni bien mesurée, on n'avoit jamais pu attaquer ses mœurs. La suite de sa vie toujours singulière, parce qu'il l'étoit beaucoup, et qui a été infiniment réglée, appliquée à son diocèse jusqu'à sa mort arrivée en 1733, et tout éclatante des plus grandes et des meilleures œuvres en tout genre, et cachées et publiques, a magnifiquement démenti ou l'imprudence ou le guet-apens dont son oncle et lui pensèrent mourir de douleur, et dont la santé du premier ne s'est jamais bien rétablie.

CHAPITRE V.

Mon procès de Brissac. — Deux fortes difficultés à succéder à la dignité de Brissac. — Cossé reçu duc et pair de Brissac. — État et reprise de mon procès de Brissac. — Voyage à Rouen. — Singulière attention du roi. — Intimité de tout temps à jamais interrompue entre le duc d'Humières et moi. — Ingratitude de Brissac. — Course à Marly. — Service de La Vrillière. — Je gagne mon procès. — M. et Mme d'Hocqueville. — Fortunes nées de ce procès. — Anecdote sur l'abbé depuis cardinal de Polignac.

Je n'ai pas cru devoir interrompre le fil des événements de cette année par le récit d'un événement particulier à moi, qui pourroit même ne tenir ici aucune place, sans le rapport qui se trouvera des semences qui s'y jetèrent fort naturellement à des affaires plus importantes qui se développeront dans la suite. On a vu ci-devant (t. II, p. 231) les difficultés que le comte de Cossé rencontra à succéder à la dignité du duc de Brissac, son cousin germain et mon beau-frère[1] ; combien peu j'avois de raisons de famille de m'intéresser pour lui, avec qui, d'ailleurs, je n'avois aucune liaison, et que néanmoins l'intérêt de la continuation de nos dignités dans nos maisons et que leur durée ne dépendît pas du mauvais état d'une succession, de l'humeur des créanciers et de la fantaisie des hommes, me fit prendre l'intérêt de Cossé jusqu'à faire ma partie pour lui avec plusieurs des principaux pairs que j'excitai et que j'entraînai, contre un nombre d'autres, qui très-mal à propos touchés de gagner un rang

---

1. Ce passage, jusqu'à *d'un beau-frère qui avoit été le fléau de ma sœur*, est omis dans les précédentes éditions.

d'ancienneté (et Brissac est antérieur à moi) s'étoient unis pour l'extinction de cette pairie et m'avoient fait parler pour m'unir à eux, et qui furent arrêtés tout court par l'union contraire que j'avois faite aussitôt. Maintenant il faut dire qu'outre toutes les raisons de mécontentement que j'avois d'un beau-frère qui avoit été le fléau de ma sœur, au point que leur séparation ne put se faire que par l'intervention de M. le Prince le héros, qui se chargea des pièces pour les représenter si jamais M. de Brissac vouloit revenir contre cette séparation, et qui l'auroient mené personnellement bien loin, laquelle fut homologuée au parlement et constamment tenue, j'avois un procès contre mon beau-frère depuis la mort de ma sœur, et depuis la sienne avec ses représentants, où il s'agissoit de cinq cent mille livres. Ma sœur, morte en 1683, m'avoit fait son légataire universel. MM. de La Reynie et Fieubet, deux conseillers d'État si connus, exécuteurs de son testament, et M. Bignon, autre conseiller d'État aussi fort considéré, élu en justice mon tuteur pour cette succession pendant ma minorité, sans que pas un des trois eussent avec nous la moindre parenté. M. de Brissac, et après lui ses représentants, me demandoient cent mille écus. Je prétendois n'en rien devoir, et je leur demandois au contraire deux cent mille francs restant des six cent mille de la dot de ma sœur. Cette créance si privilégiée, si elle étoit déclarée bonne, étoit antérieure à tous les créanciers personnels de mon beau-frère, et faisoit porter à faux pour autant de leurs créances par la multitude qu'il y en avoit. M. de Cossé, qui ne pouvoit être duc qu'en vertu de son héritage, étoit donc obligé de les payer tous. Il me proposa de passer un acte par lequel il s'engageoit pour mes cinq cent mille livres, en son propre et privé nom, et sa femme avec lui, afin de me mettre hors d'intérêt quelque succès qu'eût mon procès. Je ne le voulus point quelque presse qu'il m'en fît, et ceux qui se mêloient de mes affaires.

Je considérai[1] que je le ruinois, non-seulement par un engagement si fort, au cas que je perdisse mon procès, mais que c'étoit un éveil que je donnerois si la chose venoit à être connue, comme il étoit difficile qu'elle ne le fût pas, et que beaucoup de créanciers périclitants forceroient Cossé à faire pour eux la même chose et l'épuiseroient entièrement. J'aimai donc mieux hasarder cinq cent mille livres au jugement qui interviendroit, que me les laisser assurer, quelque certaine qu'en fût l'assurance que Cossé m'en offroit, et par la force de l'acte, et par l'ancienneté de cette créance et son privilége. Cossé se trouva comblé d'une générosité si peu attendue; les maréchales de La Meilleraye et de Villeroy ne le furent pas moins. Je devins le chef de son conseil pour toutes ses démarches. Il étoit tous les matins chez moi, et mes gens d'affaires conduisoient les siens pas à pas. Ce ne fut pas sans peines et sans obstacles. Le maréchal de Villeroy lui en aplanit un qui eût ruiné tous nos soins : il lui rendit favorable le premier président Harlay, esclave de la faveur. Le maréchal en brilloit alors, et Harlay, de plus, se trouvoit flatté de sa parenté proche; la mère du premier maréchal de Villeroy, grand'mère de celui-ci, étoit Harlay, fille du célèbre Sancy.

Deux difficultés capitales étoient en ses mains, gouvernant comme il faisoit le parlement à baguette. La maréchale de Villeroy, sœur de mon beau-frère, et son héritière naturelle et nécessaire, avoit renoncé à sa succession en faveur de Cossé, leur cousin germain. Le maréchal de Villeroy l'y avoit autorisée, et fait renoncer aussi ses enfants. Mais il ne dépendoit pas de la faveur d'une héritière de faire un duc et pair. En acceptant la succession, la dignité demeuroit éteinte, parce qu'elle n'étoit pas pour les femelles; en y renonçant, Cossé qui étoit mâle, issu de l'impétrant, recueilloit la dignité avec la succession. Ainsi, la succession

---

[1]. Nouveau passage omis, jusqu'à *Cossé se trouva comblé*.

ne lui arrivant qu'au refus d'une femelle, on lui pouvoit objecter qu'il ne pouvoit recevoir que ce que la femelle auroit recueilli, en qui la dignité se seroit éteinte, par quoi il n'étoit recevable qu'aux biens non à la dignité, et c'est ce à quoi Cossé n'eût jamais pu parer si cette objection lui avoit été faite par gens qui eussent eu qualité pour la pouvoir faire, tels qu'étoient les pairs, surtout les postérieurs à l'érection de Brissac.

L'autre difficulté, dont le premier président fut le maître, avoit une autre épine plus fâcheuse encore, et qui, relevée par des pairs opposants, eût suffi seule pour éteindre la pairie; c'est que l'enregistrement fait par le parlement de la pairie de Brissac en exceptoit formellement les collatéraux exprimés dans les lettres; et Cossé, bien qu'issu de mâle en mâle de l'impétrant, son arrière-grand-père, étoit cadet, et partant collatéral. Harlay, partie adresse, partie autorité, glissa sur l'une et sur l'autre, et quand tout fut ajusté avec les créanciers, ce qui dura assez longtemps, prépara tout pour la réception au parlement de Cossé, comme duc et pair de Brissac, qui y prêta serment et prit séance sans aucune difficulté alors, 6 mai 1700. Ce ne fut pas sans de nouveaux remercîments de sa part et de toute sa famille, pleins de protestations publiques qu'il me devoit entièrement, et plus d'une fois, la dignité dont il venoit d'entrer en possession. Le roi n'avoit point voulu s'en mêler et avoit renvoyé cette affaire au parlement.

Cette grande affaire consommée, je ne craignis plus de lui causer d'embarras en reprenant mon procès que je n'avois interrompu que pour lui. Je l'avois gagné deux fois de suite au parlement de Rouen contre mon beau-frère, qui, remarié à la sœur de Vertamont, premier président au grand conseil, en avoit toute la parenté nombreuse au parlement de Paris; c'est ce qui avoit fait évoquer cette affaire en celui de Rouen. Il ne s'agissoit de rien de nouveau. La duchesse d'Aumont, qui, dans les dernières années de la vie de mon beau-frère, lui avoit prêté de l'argent, et dont la dette périclitoit, prétendoit, avec quelques autres créanciers aussi nouveaux, remettre ce même procès au jugement du parlement de Paris, comme chose à son égard toute neuve, n'étant pas encore créancière lors de mes arrêts, quoiqu'elle n'eût rien à alléguer qui n'eût été dit par mon beau-frère lors du premier arrêt que j'avois obtenu, et par ses créanciers avec lui lors du second. Il en fallut venir à un règlement de juges au conseil [1]. La duchesse d'Aumont, abusant de l'abattement des derniers temps de la vie du chancelier Boucherat, retarda tant qu'elle put, et vint à bout de faire nommer vingt-deux rapporteurs l'un après l'autre, qu'elle récusa tous vingt-deux, et que j'acceptai tous. Ce chancelier enfin nomma Méliant, fils de ce Méliant, parent et serviteur si particulier de M. de Luxembourg, et qui s'intrigua tant et si publiquement pour lui dans son procès de préséance contre nous. Ce rapporteur me déplut fort par cette raison; mais c'étoit le vingt-troisième, et il ne falloit pas donner lieu à Mme d'Aumont de chicaner sans fin. Nous sûmes, à n'en pas douter, qu'elle étoit sûre du succès au fond, en demeurant à la chambre des enquêtes, où ses causes étoient commises au parlement de Paris, et Menguy, rapporteur de toutes, et qui l'eût été de celle-ci, n'avoit pas été honteux de s'en expliquer tout haut. Moi aussi, j'espérois trouver une troisième fois la même justice au parlement de Rouen, que j'y avois rencontrée les deux premières. Ainsi de part et d'autre, nous fûmes en grand mouvement, et nous en étions là lorsque je commençai à presser ce jugement que la duchesse d'Aumont avoit tant éloigné, et qu'elle auroit laissé dormir toute sa vie.

Nous voilà donc aux sollicitations. Ma surprise, pour ne rien dire de plus, fut grande de trouver le nouveau duc de Brissac en mon chemin, après tout ce que j'avois fait pour

---

1. Voy. sur le conseil des parties et ses attributions, t. Ier, note II, p. 445.

lui et toutes ses protestations. Je m'en plaignis à la maréchale de Villeroy. Elle le blâma, mais, dans la suite, un si grand intérêt pour lui la séduisit à le servir de son crédit par cet amour démesuré qu'elle avoit pour sa maison, en me conservant toutefois la même amitié et cette même familiarité et liberté de commerce. Quoique je fusse peu ébloui d'autre chose que du mérite des maréchaux de Brissac, des exploits et des services du premier, de l'adresse, de la science de cour, des tortuosités, de la valeur et des actions du second, des changements de parti faits avec justesse du troisième, et nullement de rien qui les eût précédés, où en effet il n'y a pas à se prendre, l'amitié et la connoissance que j'avois de cette folie de maison de la maréchale me fit le lui pardonner et vivre avec elle à l'ordinaire. Ce qui me sembla le plus étrange fut la découverte que nous fîmes que ce que j'avois refusé Mme d'Aumont l'avoit exigé pour s'ôter du chemin de M. de Brissac sur sa dignité. Lui et sa femme s'étoient obligés à la dette de Mme d'Aumont, si elle venoit à la perdre, tellement que ce procès étoit moins le sien que celui de M. de Brissac.

Méliant, sollicité contre moi par toute sa famille, que j'avois peu ménagée lors du procès de M. de Luxembourg, examina le nôtre. Il étoit prévenu contre moi, il souhaitoit de plus que j'eusse tort et de pouvoir s'affermir dans l'opinion qu'il avoit prise d'avance. Le travail qu'il fit le désabusa, et l'équité l'emporta sur la volonté. Il fut même si indigné des chicanes qu'il y vit et de celles que Mme d'Aumont, le comptant à elle, ne lui dissimula pas qu'elle préparoit, qu'il se hâta de rapporter l'affaire, et cacha pour cela à sa famille la mort d'une sœur qu'il aimoit fort.

L'intérêt, qui amène la bassesse, avoit introduit depuis plusieurs années la coutume de se faire accompagner aux jugements des grands procès. Nous parûmes donc, de part et d'autre, à l'entrée des juges au conseil avec une nombreuse parenté. Je causois dans la pièce du conseil avec quelques juges, tandis que M. de Brissac étoit à la porte à les voir entrer. Il lui échappa quelque bêtise sur Mme de Mailly, la dame d'atours, et tous les Bouillon entre autres qui étoient avec nous, et bavardoit avec les juges qui entroient, avec affectation, pour empêcher Mme de Saint-Simon de leur parler. Quelque douce et modeste qu'elle fût, ce procédé lui déplut. Elle ne put s'empêcher de lui dire qu'elle étoit étonnée de le voir si vif contre moi. Il répondit avec quelque politesse que cinq cent mille livres de différence pour lui lui en faisoient une si grande qu'il ne falloit pas s'étonner s'il y étoit sensible. « Mais, monsieur, lui répliqua Mme de Saint-Simon d'une voix mesurée, mais avec hauteur, c'en étoit une bien plus grande d'être M. de Cossé, ou de vous trouver duc de Brissac. » Il fit la pirouette et disparut. Il traversa la cour et s'en alla chez Livry, où il y avoit toujours grand monde et grand jeu tout le jour. Il se mit à parler de son procès, qui étoit la nouvelle du jour. La Cour, qui jouoit, et qui avoit été capitaine des gardes de M. le maréchal de Lorges, lui demanda s'il n'avoit pas ouï dire que je l'avois fait duc et pair. La force de la vérité le lui fit avouer formellement. Là-dessus chacun lui tomba sur le corps. Pour fin, lui et Mme d'Aumont perdirent leur procès avec ignominie, c'est-à-dire avec amende et dépens, et l'affaire renvoyée à Rouen. On veut bien être ingrat, mais on ne veut pas en être soupçonné. La cour, qui en est pleine, cria fort contre Brissac et contre les chicanes de Mme d'Aumont, que nous n'avions pas laissé ignorer, et, depuis la maison royale, tous nous firent des félicitations.

Il y avoit déjà des années que tout étoit prêt à juger sans y avoir pu parvenir. M. d'Aumont alloit passer sept ou huit mois tous les ans à Boulogne, et tous les ans c'étoient des lettres d'État. Après sa mort, Mme d'Aumont, qui avoit fait en sorte d'y mettre son beau-fils en quelque intérêt, voulut user de même de ses lettres d'État. Il étoit extrêmement de ma connoissance, et n'avoit jamais eu lieu d'aimer ni d'estimer sa belle-mère. Il me donna sa parole qu'elle n'auroit point ses lettres d'État, et sur cette parole nous nous mîmes en état cette année-ci de faire juger ce procès à Rouen. J'y avois déjà été une fois qu'il fut appointé. Le Guerchois, avec qui ce procès m'avoit lié de jeunesse, y étoit venu avec moi. Son père y étoit mort procureur général en première réputation, et sa famille la plus proche y occupoit les premières places de la magistrature. M. de Bouillon, et tous les Bouillon qui se souvenoient de ce que j'avois fait dans leur procès de la coadjutorerie de Cluni, n'oublièrent rien pour me le rendre, et ils avoient grand crédit à Rouen. L'affaire, ce nous sembloit, alloit toute seule, nous ne songeâmes point à faire le voyage de Rouen. Tandis qu'on y travailloit à notre affaire, nous allâmes à la Ferté avec M. et Mme de Lauzun et bonne compagnie pour une quinzaine. Il n'y avoit pas huit jours que nous y étions, qu'on nous manda de Rouen que MM. de Brissac et d'Humières y étoient, et que tous nos amis nous conseilloient fort d'y aller. Nous partîmes donc sur-le-champ pour nous y rendre, et nous allâmes loger dans la belle maison d'Hocqueville, premier président de la cour des aides, qui avoit un frère président à mortier. La mère de Guerchois étoit leur sœur; j'avois eu occasion de faire des plaisirs considérables à plusieurs des principaux de ce parlement; ce fut donc, dans toute la ville, à qui nous festineroit le plus. Il fallut capituler pour dîner chez nous, parce que nous en voulions donner tous les jours à grand monde, et allions les soirs où nous étions retenus, et nous l'étions toujours et de huit jours d'avance. C'étoient des fêtes plutôt que des soupers. Chez moi, on s'y portoit. Je ne vis jamais gens si polis, si aimables, ni plus magnifiques et de meilleure compagnie. Le mal étoit que nous n'y dormions point, parce qu'il falloit courir la matinée de bonne heure pour notre affaire. MM. de Brissac et d'Humières s'étoient mis dans une hôtellerie et furent peu accueillis. Ils étoient venus en poste et sans équipage ; notre représentation plaisoit davantage.

Au bout de huit ou dix jours que nous fûmes là, je reçus une lettre de Pontchartrain, qui me mandoit que le roi avoit appris avec surprise que j'étois à Rouen, et l'avoit chargé de me demander de sa part pourquoi et pour combien j'y étois, tant il étoit attentif à ce que devenoient les gens marqués et qu'il avoit accoutumé de voir autour de lui, quoique sans aucune privance. Ma réponse ne fut pas difficile.

J'étois d'enfance ami intime du duc d'Humières à nous voir tous les jours. Ce procès ne fit pas la plus légère altération dans notre amitié et dans notre conduite. Nous nous cherchâmes dès que je fus à Rouen. Il venoit dîner chez moi, et comme j'eus fait entendre cette liaison, on le prioit à souper avec nous. Pour le Brissac, j'affichai son ingratitude, et je déclarai que je ne voulois ni le voir ni le rencontrer. Il en fut si accablé de honte et d'embarras, qu'il nous évita si bien qu'en effet nous ne le vîmes nulle part. Il m'en fit parler avec douleur, mais je tins ferme dans cette conduite avec lui, et il me revint qu'il convenoit partout de tout ce que j'avois fait pour lui. Au palais, qui fut le seul lieu où je le vis à l'entrée des juges, son air embarrassé avec moi, et, si je l'osois dire, respectueux, d'un homme qui ne me devoit que par ce que je l'avois fait, montroit à tout le monde le poids du personnage qu'il faisoit, et ce contraste de lui et de M. d'Humières avec moi étoit un spectacle pour la ville.

Ils étoient presque seuls au palais. Avec nous étoient une foule de gens et toutes les principales femmes, même celles de plusieurs de nos juges, presque toutes celles des présidents à mortier, ce qui nous surprit fort des femmes de nos juges. Le parlement eut la considération, c'est-à-dire la grand'chambre, de suspendre toute autre affaire pour juger la nôtre. Le rapport étoit déjà avancé, lorsqu'il fut suspendu par l'obstacle de tous le moins possible à prévoir. J'avois

passé une partie de l'après-dînée à la promenade avec
M. d'Humières. Il m'avoit semblé peiné et embarrassé avec
moi. Il y avoit du monde avec nous, qui m'empêcha de lui
demander ce qu'il avoit, et lui aussi, à ce qu'il m'a dit depuis, eut plusieurs fois la bouche ouverte pour me parler.
Je revins chez Mme de Saint-Simon, et nous nous disposions à nous en aller souper chez le président de Motteville,
lorsque nous fûmes avertis qu'il y avoit des lettres d'État qui
nous seroient signifiées le lendemain matin. Mon dessein
n'est pas d'ennuyer par le récit de ce qui n'intéresse que
moi ; mais il faut expliquer ce qui a trait à des choses plus
importantes qui se retrouveront. C'étoit le lundi au soir. Le
parlement de Rouen, dont les vacances ne sont pas réglées
aux mêmes temps que Paris, finissoit le samedi suivant. La
tournelle et le changement des présidents, tous là à mortier, et qui président tantôt à la grand'chambre, tantôt en
celle des enquêtes, nous donnoit, au parlement suivant, tous
juges nouveaux, ni instruits ni au fait de cette affaire, qu'il
auroit fallu recommencer comme toute neuve devant eux,
sans savoir encore quand les chicanes auroient fini. D'un
autre côté, le roi étoit à Marly, où il n'y avoit point d'exemple qu'il eût ouï parler d'aucune affaire de particuliers,
qu'elles se rapportassent ailleurs devant lui qu'aux conseils
de dépêches qui se tenoient de quinzaine en quinzaine, et
souvent plus rarement, ni que des lettres d'État et de gens
de cette considération fussent cassées sans communication,
ce qui emportoit encore d'autres longueurs.

M. d'Hocqueville et Mme de Saint-Simon me conseillèrent
d'aller à Marly, au lieu d'y envoyer un courrier et des lettres, comme je voulois faire, et de tenir ce voyage caché. Je
les crus. J'y arrivai à huit heures du matin le mardi 8 août.
Le chancelier et Chamillart me plaignirent, mais jugèrent le
remède impossible.

La Vrillière, qui avoit Boulogne dans son département, et
qui étoit celui par qui mon affaire devoit passer, s'offrit à

tout, au hasard d'être mal reçu du roi. Conseil pris, il me donna à dîner, dressa lui-même ma requête avec moi, et se proposa de demander le lendemain matin permission au roi de la rapporter à l'entrée du conseil d'État. Les deux ministres l'approuvèrent sans oser espérer de succès. J'allai instruire le duc de Beauvilliers de mon aventure et de mes mesures, qui envoya prier Torcy de venir chez lui pour que je l'instruisisse aussi sans me montrer, après quoi j'allai coucher à Versailles, et le lendemain matin y attendre La Vrillière chez lui. Il arriva sur le midi et m'apprit que les lettres d'État avoient été cassées de toutes les voix. Il dressa l'arrêt devant moi, me donna à dîner pendant lequel il fut mis au net. Il le signa. Je le portai au chancelier, qui étoit aussi venu dîner à Versailles, allant à Pontchartrain, et c'étoit merveille comme il avoit couché à Marly. Il me scella sur-le-champ mon arrêt, et je partis pour retourner à Rouen, où j'arrivai le jeudi à deux heures du matin, trois heures après un courrier par lequel j'y avois envoyé cette nouvelle peu espérée.

M. de Brissac s'en étoit allé, faisant confidence de sa joie de m'avoir remis à longs jours à tous les maîtres de poste de la route, qui, de surprise de me voir repasser sitôt, me le contèrent. J'eus encore un ordre du chancelier au parlement de passer outre au jugement, quoi qu'il pût arriver. Pontcarré, premier président, étoit de nos amis. Il n'avoit eu aucune opinion de mon voyage, qui lui avoit été confié, et fut fort aise d'en apprendre le succès. Il fit avertir les juges de s'assembler le samedi 11 août, dernier jour du parlement, de grand matin. Nous eûmes, dès quatre heures, un nombre infini d'hommes et de femmes chez nous pour nous accompagner au palais. Ce ne fut qu'alors que la cassation des lettres d'État fut signifiée. Le parlement étoit fort irrité de ces lettres d'État, après avoir tout suspendu pour notre affaire. Nous la gagnâmes tout d'une voix avec amende et dépens, et une acclamation qui fit retentir le palais et qui nous suivit par les rues. Le premier président, extrêmement pressé d'affaires domestiques, avoit bien voulu attendre le succès de mon voyage, quoiqu'il n'en espérât rien. Nous le fûmes remercier et notre ancien et nouveau rapporteur. Nous ne pûmes aborder notre rue, tant elle étoit pleine, et la foule étoit dans la maison. Le feu prit à la cuisine, et ce fut merveille qu'il fut éteint sans dommage, après avoir étrangement menacé et nous avoir converti notre joie en amertume. Il n'y eut que le maître de la maison qui ne s'en émut point, avec une fermeté admirable. Nous dînâmes pourtant en grande compagnie ; et, nos remercîments faits pendant trois ou quatre jours, ma mère s'en retourna à la Ferté, et nous allâmes, Mme de Saint-Simon et moi, voir la mer à Dieppe, puis à Cani, belle maison et belle terre de notre hôte, qui avoit fort désiré de nous y voir.

C'étoit de ces magistrats simples, droits, modestes, des anciens temps, généreux, capables d'amitié et de services, mais justes avant tout. Il étoit fort riche et sans enfants. Sa femme ne sortoit jamais de ce château. Elle étoit sœur de l'abbé Le Boults, mort aumônier du roi, grande, bien faite et avoit été longtemps extrêmement du monde. Comme elle avoit beaucoup d'esprit et un esprit aimable, aisé, gai, elle en avoit conservé toutes les grâces, les manières et la liberté, dans la plus haute dévotion et la vie la plus austère qu'elle menoit depuis plusieurs années, dans une solitude et une oraison presque continuelle, et toujours occupée de bonnes œuvres, et les plus pénibles et les plus pénitentes ; mais tout cela n'étoit que pour elle, on ne s'en apercevoit pas. Tous deux donnoient beaucoup aux pauvres et vivoient dans une grande intelligence. Ils étoient l'admiration de leur pays. Nous les quittâmes à regret pour nous en retourner nous reposer trois semaines à la Ferté, et de là à la cour.

Mme d'Aumont ne pouvoit comprendre le succès de son affaire, dont elle devint furieuse. Elle avoit escamoté d'autorité les lettres d'État à l'intendant de son beau-fils, qui de

Boulogne où il étoit les désavoua, et me le manda dès qu'il le sut, mais l'affaire déjà finie. Mme de Brissac, passant devant notre logis à Paris, y vit un feu que les domestiques que nous y avions laissés s'avisèrent d'allumer. Elle en fit demander la cause, et apprit par là l'événement de son procès. Son mari eut une telle honte, qu'il fut longtemps à m'éviter partout.

Cette affaire fit des fortunes que je dus à l'amitié de Chamillart. Il envoya Méliant intendant à Pau et de là à l'armée d'Espagne, où, par Mme des Ursins et par M. le duc d'Orléans, je lui procurai beaucoup d'agréments, et pendant la régence je lui obtins, et à Guerchois, à chacun une place de conseiller d'État. J'avois fait donner à ce dernier l'intendance d'Alençon, d'où il passa à celle de Franche-Comté. Son frère étoit capitaine aux gardes, et mouroit d'envie de se tirer d'une situation où on ne chemine point. Le roi s'étoit fait une règle de ne jamais laisser passer ceux de ce corps à des régiments. Chamillart voulut bien en parler au roi, et fut repoussé par deux différentes fois. Il m'en vit si affligé que, sans que je lui en parlasse plus, ni lui à moi, il hasarda une troisième tentative, et emporta le régiment de la vieille marine. Le Guerchois fit merveilles à la tête de ce corps. Il fut bientôt maréchal de camp, puis lieutenant général, très-distingué par sa capacité et fort employé. On a su par toute l'armée d'Italie que c'est à lui à qui fut dû le gain de la bataille de Parme, par la justesse de son coup d'œil, et la hardiesse avec laquelle, étant de jour, il prit sur lui de faire occuper des cassines et de changer la disposition déjà faite, qui fut le salut de cette action. Mais il y reçut une blessure dont il mourut quelque temps après, avec les regrets de toutes les troupes, de tous les généraux, de tout le pays, par la netteté de ses mains et son exacte discipline, et avec les miens très-sensibles.

La Vrillière, qui avoit la Guyenne dans son département, avoit eu des occasions de me faire des plaisirs sensibles sur mon gouvernement de Blaye. Son grand-père et son père étoient fort amis du mien. Ce dernier service couronna les autres, et lui valut la figure, unique dans le naufrage des secrétaires d'État, que celui-ci fit dans la régence. Cela se retrouvera en son lieu.

Avant que finir cette année, il faut ébaucher une anecdote dont la suite se retrouvera en son temps. L'abbé de Polignac, après ses aventures de Pologne et l'exil dont elles furent suivies, étoit enfin revenu sur l'eau. C'étoit un grand homme très-bien fait avec un beau visage, beaucoup d'esprit, surtout de grâces et de manières, toute sorte de savoir, avec le débit le plus agréable, la voix touchante, une éloquence douce, insinuante, mâle, des termes justes, des tours charmants, une expression particulière ; tout couloit de source, tout persuadoit. Personne n'avoit plus de belles-lettres ; ravissant à mettre les choses les plus abstraites à la portée commune, amusant en récits, et possédant l'écorce de tous les arts, de toutes les fabriques, de tous les métiers. Ce qui appartenoit au sien, au savoir et à la profession ecclésiastique, c'étoit où il étoit le moins versé. Il vouloit plaire au valet, à la servante, comme au maître et à la maîtresse. Il butoit toujours à toucher le cœur, l'esprit et les yeux. On se croyoit aisément de l'esprit et des connoissances dans sa conversation ; elle étoit en la proportion des personnes avec qui il s'entretenoit, et sa douceur et sa complaisance faisoient aimer sa personne et admirer ses talents ; d'ailleurs tout occupé de son ambition, sans amitié, sans reconnoissance, sans aucun sentiment que pour soi ; faux, dissipateur, sans choix sur les moyens d'arriver, sans retenue ni pour Dieu ni pour les hommes, mais avec des voiles et de la délicatesse qui lui faisoient des dupes ; galant surtout, plus par facilité, par coquetterie, par ambition que par débauche ; et si le cœur étoit faux et l'âme peu correcte, le jugement étoit nul, les mesures erronées et nulle justesse dans l'esprit, ce qui, avec les dehors les plus gracieux et les plus trompeurs, a toujours fait périr entre ses mains toutes les affaires qui lui ont été commises.

Avec une figure et des talents si propres à imposer, il étoit aidé par une naissance à laquelle les biens ne répondoient pas, ce qui écartoit l'envie et lui concilioit la faveur et les désirs. Les dames de la cour les plus aimables, celles d'un âge supérieur les plus considérables, les hommes les plus distingués par leurs places ou par leur considération, les personnes des deux sexes qui donnoient le plus le ton, il les avoit tous gagnés. Le cardinalat étoit de tout temps son grand point de vue. Deux fois il avoit entrepris une licence, deux fois il l'avoit abandonnée. Les bancs, le séminaire, l'apprentissage de l'épiscopat, toutes ces choses lui puoient, il n'avoit pu s'y captiver. Il lui falloit du grand, du vaste, des affaires, de l'intrigue. Celles du cardinal de Bouillon, auquel il s'étoit attaché, l'avoient fort écarté, et plus d'une fois, avoient pensé le perdre. Torcy, que pour ses vues il avoit toujours particulièrement cultivé, l'avoit sauvé plusieurs fois, et étoit toujours son ami intime, et depuis ce dernier retour, toute la fleur de la cour l'environnoit sans cesse, il y brilloit avec éclat, il en faisoit les délices. Le roi même s'étoit rendu à lui par M. du Maine, à la femme duquel il s'étoit livré. Il étoit de tous les voyages de Marly, et c'étoit à qui jouiroit de ses charmes. Il en avoit pour toutes sortes d'états, de personnes, d'esprit.

Avec tout le sien, il lui échappa une flatterie dont la misère fut relevée, et dont le mot est demeuré dans le souvenir et le mépris du courtisan. Il suivoit le roi dans ses jardins de Marly, la pluie vint; le roi lui fit une honnêteté sur son habit peu propre à la parer. « Ce n'est rien, sire, répondit-il; la pluie de Marly ne mouille point. » On en rit fort, et ce mot lui fut fort reproché.

Dans une situation si agréable, celle de Nangis qui étoit permanente, celle où il avoit vu Maulevrier un temps, excita son envie. Il chercha à participer au même bonheur; il prit les mêmes routes. Mme d'O, la maréchale de Cœuvres, devinrent ses amies, il chercha à se faire entendre et il fut entendu. Bientôt il affronta le danger des Suisses, les belles nuits, dans les jardins de Marly. Nangis en pâlit. Maulevrier, bien que hors de gamme, à son retour en augmenta de rage. L'abbé eut leur sort : tout fut aperçu ; on s'en parla tout bas, le silence d'ailleurs fort observé. Triompher de son âge ne lui suffit pas, il vouloit du plus solide. Les arts, les lettres, le savoir, les affaires qu'il avoit maniées, le faisoient aspirer à être reçu dans le cabinet de Mgr le duc de Bourgogne, dont il se promettoit tout s'il pouvoit y être admis.

Pour y aborder, il fallut gagner ceux qui en avoient la clef. C'étoit le duc de Beauvilliers qui, après l'éducation achevée, avoit conservé toute la confiance du jeune prince. Son ministère et sa charge occupoient tout son temps. Il n'étoit ni savant, ni homme de beaucoup de lettres, l'abbé n'étoit lié avec personne qui le fût avec lui, il ne put donc frapper là directement. Mais le duc de Chevreuse, en apparence moins occupé (et cet en apparence j'aurai bientôt lieu de l'expliquer), Chevreuse, dis-je, parut à l'abbé plus accessible. Il l'étoit par les lettres et les sciences, et une fois entamé, il étoit facile ; ce fut par là qu'il fut attaqué. Tourné d'abord dans le peu de moments qu'il paroissoit chez le roi en public, tenté par l'hameçon de quelque problème, ou de quelque question curieuse à approfondir, arrêté après aisément et longtemps dans la galerie, l'abbé de Polignac s'ouvrit la porte de son appartement si ordinairement fermée. En peu de temps, il charma M. de Chevreuse, il eut d'heureux hasards d'y voir arriver M. de Beauvilliers, il parut discret, retenu, fugitif. Peu à peu il se fit retenir en des moments de loisir. Chevreuse le vanta à son beau-frère ; l'abbé épioit tous les moments : les deux ducs n'étoient qu'un cœur et qu'une âme ; plaisant à l'un il plut à l'autre, et reçu chez le duc de Chevreuse, il le fut bientôt chez le duc de Beauvilliers.

C'étoient deux hommes uniquement occupés, n'osant dire noyés, dans leurs devoirs, et qui, au milieu de la cour où leurs places et leur faveur les rendoit des personnages, y vivoient comme dans un ermitage, dans la plus volontaire ignorance de ce qui se passoit autour d'eux. Charmés de l'abbé de Polignac, et n'en connoissant rien de plus, tous deux crurent faire un grand bien d'approcher un homme si agréablement instruit de Mgr le duc de Bourgogne, qui l'étoit tant lui-même, et si capable de s'amuser et de profiter encore dans des conversations telles que Polignac sauroit avoir avec lui. Le résoudre, le vouloir, l'exécuter, fut pour eux une même chose; et voilà l'abbé au comble de ses souhaits. Nous verrons dans quelque temps jusqu'où il se poussa avec le jeune prince; ce n'est pas encore le temps d'en parler, mais celui de revenir un peu sur nos pas.

Je vis tout le manége de Polignac autour de Chevreuse. Malheureusement pour moi, la charité ne me tenoit pas renfermé dans une bouteille comme les deux ducs. J'allai un soir à Marly, comme je faisois presque tous les jours, causer chez le duc de Beauvilliers tête à tête. Dès lors sa confiance dépassoit mon âge de bien loin, et j'étois à portée et même [dans] l'usage de lui parler de tout, et sur lui-même. Je lui dis donc ce que je remarquois depuis un temps de l'abbé de Polignac et du duc de Chevreuse; j'ajoutai qu'il n'y avoit pas deux autres hommes à la cour qui se convinssent moins que ces deux-là; que, excepté Torcy, tous les gens avec qui cet abbé avoit les plus grandes liaisons étoient pour eux de contrebande; qu'aussi n'étoit-ce que depuis peu que je voyois former et tout aussi naître cette liaison nouvelle; que M. de Chevreuse étoit la dupe de l'abbé, et qu'il n'étoit que le pont par lequel il se proposoit d'aller jusqu'à lui, de le charmer par son langage comme il faisoit Chevreuse par les choses savantes; que le but de tout cela n'étoit que de s'ouvrir par eux le cabinet de Mgr le duc de Bourgogne. Je m'y prenois trop tard; Beauvilliers étoit déjà séduit, mais il n'étoit pas encore en commerce bien direct, et par conséquent encore il n'étoit pas question dans son esprit de l'approcher du jeune prince. « Eh bien! me dit-il, où va ce raisonnement, et qu'en concluez-vous? — Ce que j'en conclus, lui dis-je, c'est que vous ne connoissez ni l'un ni l'autre ce que c'est que l'abbé de Polignac; vous serez tous deux ses dupes, vous l'introduirez auprès de Mgr le duc de Bourgogne, c'est tout ce qu'il veut de vous. — Mais quelle duperie y a-t-il à cela? me dit-il en m'interrompant, et si en effet ses conversations peuvent être utiles à Mgr le duc de Bourgogne, que peut-on mieux faire que de le mettre à portée d'en profiter? — Fort bien, lui dis-je, vous m'interrompez et suivez votre idée, et moi je vous prédis, qui le connois bien, que vous êtes les deux hommes de la cour qui lui convenez le moins, qui l'entraveriez le plus, et qu'une fois établi par vous auprès de Mgr le duc de Bourgogne, il le charmera comme une sirène enchanteresse, et vous même à qui je parle, qui, avec tant de raison, vous croyez si avant dans le cœur et dans l'esprit de votre pupille, il vous expulsera de l'un et de l'autre, et s'y établira sur vos ruines. » A ce mot, toute la physionomie du duc changea, il prit un air chagrin et me dit avec austérité : qu'il n'y avait plus moyen de m'entendre, que je passois le but démesurément, que j'avois trop mauvaise opinion de tout le monde, que ce que je prétendois lui prédire n'étoit ni dans l'idée de l'abbé, ni dans la possibilité des choses, et que, sans pousser la conversation plus loin, il me prioit de ne lui en plus parler. « Monsieur, lui répondis-je fâché aussi, vous serez obéi, mais vous éprouverez la vérité de ma prophétie, je vous promets de ne vous en dire jamais un mot. » Il demeura quelques moments froid et concentré; je parlai d'autre chose, il y prit et revint avec moi à son ordinaire. C'est ici qu'il faut s'arrêter jusqu'à un autre temps, et cependant commencer à voir les cruelles révolutions de l'année en laquelle nous allons entrer.

CHAPITRE VI.

1706. — Force bals à Marly tout l'hiver, et à Versailles. — Surville perd le régiment du roi, donné à du Barail. — Révolte de Valence et sédition à Saragosse. — Berwick prend Nice et retourne à Montpellier. — Bozelli décapité. — Mort de la princesse d'Isenghien. — Mort de Bellegarde; histoire singulière. — Mort de Ximénès. — Je suis choisi, sans y penser, pour l'ambassade de Rome, qui, par l'événement, n'eut point lieu. — Mort de la comtesse de La Mark. — Ma situation à la cour après ce choix pour Rome. — La Trémoille cardinal avec dix-neuf autres. — Abbé de Polignac auditeur de rote.

Je ne sais si les malheurs de l'année qui vient de finir, et les grandes choses qu'on méditoit pour celle-ci, persuadèrent au roi les plaisirs de l'hiver comme une politique qui donneroit courage à son royaume, et qui montreroit à ses ennemis le peu d'inquiétude que lui donnoient leurs prospérités. Quoi qu'il en soit, on fut surpris de lui voir déclarer, dès les premiers jours de cette année, qu'il y auroit des bals à Marly tous les voyages, et dès le premier de l'année jusqu'au carême, d'en nommer les hommes et les femmes pour y danser, et dire qu'il seroit bien aise qu'on en donnât sans préparatifs à Versailles à Mme la duchesse de Bourgogne. Aussi lui en donna-t-on beaucoup, et à Marly il y eut de temps en temps des mascarades. Un jour même le roi voulut que tout ce qui étoit à Marly de plus grave et de plus âgé se trouvât au bal, et masqué, hommes et femmes; et lui-même, pour ôter toute exception et tout embarras, y vint et y demeura toujours avec une robe de gaze par-dessus son habit; mais cette légèreté de mascarade ne fut que pour lui seul, le déguisement entier n'eut d'exception pour personne. M. et Mme de Beauvilliers l'étoient parfaitement. Qui dit ceux-là, à qui a connu la cour, dit plus que tout. J'eus le plaisir de les y voir et d'en rire tout bas avec eux. La cour de Saint-Germain fut toujours de ces bals, et le roi y fit danser des gens qui en avoient de beaucoup dépassé l'âge, comme le duc de Villeroy, M. de Monaco, et plusieurs autres. Pour le comte de Brionne et le chevalier de Sully, leur danse étoit si parfaite, qu'il n'y avoit point d'âge pour eux.

L'affaire de Surville avoit, comme je l'ai dit, changé de face par l'indiscrétion des siens. Le roi ne voulut plus juger cette affaire. Il la renvoya au tribunal naturel des maréchaux de France. Ils condamnèrent Surville à une année de prison, à compter du jour qu'il avoit été conduit à Arras, c'est-à-dire encore à huit mois de Bastille, et La Barre à rien. Le roi trouva le jugement trop doux, il cassa Surville et donna son régiment à du Barail, qui en étoit lieutenant-colonel, dès le lendemain de ce jugement, qui fut les premiers jours de cette année.

Le royaume de Valence et sa ville capitale se révoltèrent, entraînés par l'exemple des Catalans leurs voisins. Las Torrès y fut envoyé avec quinze escadrons et trois bataillons, qui étoit tout ce qu'il y avoit en Aragon, que Tessé remplaça par nos troupes venant d'Estramadure. Las Torrès fit tout ce qu'il put : il prit de petits lieux l'épée à la main ; il défit deux mille révoltés qui le poursuivirent quelque temps, parce qu'il étoit plus foible qu'eux, et ne fit quartier à aucun ; mais cela n'arrêta pas la révolte. Le maréchal de Tessé venoit de courir fortune à Saragosse, qui se souleva, courut aux armes et l'assiégea dans sa maison, pour trois paysans que le régiment de Sillery, qui passoit par la ville, emmenoit pour avoir assassiné un soldat où ils avoient couché. Le bagage fut pillé, les paysans sauvés, quarante grenadiers et trois de leurs officiers tués ou blessés. Tessé et ce qu'il avoit d'officiers principaux eurent peine à se sauver chez le vice-roi, et plus encore à pacifier cette affaire. Le pont de Saragosse étoit nécessaire pour les convois. Il fit revenir quelques troupes qui marchoient en Catalogne, et quitta promptement cette ville, où il ne se trouvoit pas en sûreté. Le vice-roi y étoit considéré : c'étoit le duc d'Arcos, le même qui vint en France pour avoir présenté un mémoire contre l'égalité réciproque des ducs et des grands. C'étoit un savant de mérite et de beaucoup d'esprit, mais comme tous ces seigneurs espagnols, à l'exception de cinq ou six, d'une ignorance à la guerre jusqu'à n'en avoir pas la moindre notion. Avec cela il voulut la faire et la gouverner en Aragon. Las Torrès, ne pouvant tenir à ses ordres étranges, ni lui faire rien comprendre, prit le parti de s'en aller à Madrid, où on prit celui d'y rappeler le duc d'Arcos, en lui laissant son titre de vice-roi, et le consolant des fonctions en le faisant conseiller d'État, c'est-à-dire ministre, médiocre emploi pour lors, mais jusqu'à l'avénement de Philippe V, le *non plus ultra* en Espagne. Je ne sais pourquoi ils avoient rappelé peu de temps auparavant Serclaës d'Aragon pour y envoyer Las Torrès en sa place.

Berwick, parti depuis quelque temps de Languedoc, faisoit le siége du château de Nice, et le prit en ce même temps, et tout de suite s'en retourna à Montpellier. Cette petite conquête fut un léger contre-poids aux affaires de Valence et d'Aragon.

Vaudemont s'étoit fort servi à maints usages d'un Milanois de condition, qui s'appeloit le comte Bozelli. Il étoit entré au service de France, et y avoit été quelque temps. C'étoit un homme de beaucoup d'esprit et de valeur, mais homme à tout faire, et un franc bandit. Les assassinats et toutes sortes de crimes ne lui coûtoient rien ; il se tiroit d'affaires à force d'intrigues. Je ne sais s'il étoit entré en quelqu'une qui pût embarrasser Vaudemont. Il avoit quitté le service de France, et faisoit des siennes dans ses terres et dans tout le pays. Vaudemont le fit avertir de prendre garde à lui, parce qu'il ne lui pardonneroit plus. Bozelli n'en tint compte et commit un assassinat. Vaudemont le fit traquer et prendre, et couper la tête fort peu de jours après. Il laissa un fils au service de France, aussi brave que lui, mais aussi honnête homme et aussi modeste et retenu que le père l'étoit peu. Il est lieutenant général et connu sous le nom du comte Scipion; il omet volontiers son nom de Bozelli.

M. d'Isenghien perdit sa femme de la petite vérole, dans ce mois de janvier. Elle étoit fille du prince de Fürstemberg, et ne laissa point d'enfants.

En même temps mourut le vieux Bellegarde, à quatre-vingt-dix-ans, qui avoit longtemps servi avec grande distinction. Il étoit officier général et commandeur de Saint-Louis; il avoit été très-bien fait et très-galant; il avoit été longtemps entretenu par la femme d'un des premiers magistrats du parlement par ses places et par sa réputation, qui s'en doutoit pour le moins, mais qui avoit ses raisons pour ne pas faire de bruit (on disoit qu'il étoit impuissant). Un beau matin sa femme, qui étoit une maîtresse commère, entre dans son cabinet suivie d'un petit garçon en jaquette. « Hé! ma femme, lui dit-il, qu'est-ce que ce petit enfant? — C'est votre fils, répond-elle résolûment, que je vous amène, et qui est bien joli. — Comment, mon fils! répliqua-t-il, vous savez bien que nous n'en avons point. — Et moi, reprit-elle, je sais fort bien que j'ai celui-là, et vous aussi. » Le pauvre homme, la voyant si résolue, se gratte la tête, fait ses réflexions assez courtes : « Bien, ma femme, lui dit-il, point de bruit, patience pour celui-là, mais sur parole que vous ne m'en ferez plus. » Elle le lui promit, et a tenu parole; mais toujours Bellegarde assidu dans le logis.

Voilà donc le petit garçon élevé dans la maison, la mère l'aimoit fort, le père point du tout; mais il étoit sage. Jamais ni lui ni elle ne l'ont appelé qu'Ibrahim. Ils avoient accoutumé leurs amis à ce nom de guerre. J'ai vu tout cela de fort près dans ma jeunesse. Ce magistrat étoit extrêmement des amis de mon père, et je voyois Ibrahim fort souvent, mais je n'en ai su l'histoire que depuis. Il voulut être de la profession de son véritable père; l'autre ne s'y opposa point du tout. Il est mort en Italie; je ne dirai ni où ni en quel grade, car il a laissé un fils très-honnête homme, et qui a rattrapé au parlement la même magistrature dans laquelle son prétendu grand-père étoit mort. Je n'ai pu m'empêcher de rapporter une si singulière histoire, dont tous les personnages m'ont été si connus.

Ximénès mourut aussi en ce même temps. C'étoit un Catalan qui n'avoit ni ne prétendoit aucune parenté avec les Ximénès du fameux cardinal, mais un homme d'un grand mérite, lieutenant général très-ancien et très-distingué, qui avoit le gouvernement de Maubeuge. Le roi lui avoit permis de faire passer à son fils le régiment Royal-Roussillon infanterie, qui étoit sur le pied étranger, et qui valoit beaucoup.

Il y avoit cinq ans que le cardinal de Janson étoit à Rome chargé des affaires du roi. Il les y avoit faites avec dignité, et beaucoup plus en digne François qu'en cardinal, cela ne plaisoit ni au pape ni à sa cour. Il étoit désagréablement avec l'un et point bien avec l'autre, qui veut tout voir ployer devant elle. Il avoit été considérablement malade, il pressoit depuis longtemps la liberté de revenir. A la fin, il l'obtint; mais nul cardinal qui pût le remplacer, et l'abbé de La Trémoille destiné, faute de tout autre, à être chargé des affaires à son départ. Cela força à penser à envoyer promptement un ambassadeur à Rome, dont il n'y en avoit point eu depuis le court et troisième voyage que le duc de Chaulnes y avoit si subitement fait à la mort d'Innocent XI pour l'élection de son successeur.

Dangeau et d'Antin, deux hommes d'espèce si différente,

mais dont l'ambition avoit le même but, y pensèrent tous deux dans l'espérance que ce grand emploi les élèveroit au duché-pairie : l'un porté par ses charges qui pour son argent en avoient fait non pas un seigneur, mais, comme a si plaisamment dit La Bruyère sur ses manières, un homme d'après un seigneur, par ses fades privances d'ancienneté avec le roi, le mérite d'une assiduité infatigable et d'une éternelle louange, celles de sa femme avec Mme de Maintenon qui l'aimoit; l'autre par sa naissance, parce qu'il étoit aux enfants du roi et de sa mère, par son esprit et sa capacité, par son manége et son intrigue. Dangeau y avoit pensé de plus loin, il s'étoit avisé de saisir des occasions de se faire connoître à quelques cardinaux. Il avoit été jusqu'à faire des présents au cardinal Ottoboni, et quelquefois à en recevoir des lettres et à s'en vanter avec complaisance. Tous deux étoient bien avec Torcy, qui ménageoit extrêmement Mme de Dangeau, devenue fort son amie. Mme de Bouzols, sa sœur, passoit sa vie avec Mme la Duchesse dans l'intimité de tout avec elle. Elle pouvoit beaucoup sur son frère. D'Antin, tout tourné à Mme la Duchesse, faisoit agir ce ressort auprès du ministre des affaires étrangères, et ne négligeoit rien d'ailleurs pour réussir.

Gualterio me parla de cette ambassade; il étoit tout françois, et il ne lui étoit pas indifférent de pouvoir compter sur l'amitié d'un ambassadeur de France à Rome. A trente ans que j'avois pour lors, je regardai cette idée comme une chimère, avec l'éloignement qu'avoit le roi des jeunes gens, surtout pour les employer dans les affaires. Callières aussi m'en parla après, je lui répondis dans la même pensée, et j'ajoutai les difficultés de réussir à Rome et de ne m'y pas ruiner, et celles, établi comme je l'étois, de parvenir à rien de plus par cette ambassade. Huit jours après que le nonce m'en eut parlé, je le vis entrer dans ma chambre un mardi, vers une heure après midi, les bras ouverts, la joie peinte sur son visage, qui m'embrasse, me serre, me prie de fermer ma porte, et même celle de mon antichambre, pour que personne n'y pût voir de sa livrée, puis me dit qu'il étoit au comble de sa joie, et que j'allois ambassadeur à Rome. Je le lui fis répéter par deux fois. Je n'en crus rien et lui dis que son désir lui faisoit prendre son idée pour réelle, et que cela étoit impossible. De joie et d'impatience, il me demande le secret, et m'apprend que Torcy, de chez qui il venoit, lui avoit confié qu'au conseil dont il sortoit la chose avoit été résolue, et arrêté qu'il ne me le diroit de la part du roi qu'après un autre conseil. Celui d'État s'étoit tenu ce jour-là extraordinairement, car c'étoit le jour de celui des finances, et ce même jour extraordinairement aussi le roi alloit à Marly. Si un des portraits de ma chambre m'eût parlé, ma surprise n'auroit pas été plus grande; Gualterio m'exhorta tant qu'il put à accepter; l'heure du dîner où il étoit prié nous sépara bientôt. Mme de Saint-Simon, à qui je le dis incontinent, n'en fut pas moins étonnée.

Nous envoyâmes prier Callières et Louville de venir sur-le-champ; nous nous consultâmes tous quatre. Ils furent d'avis que cela ne se pouvoit refuser. De là je fus trouver Chamillart, à qui je reprochai fort de ne m'avoir pas averti. Il sourit de ma colère et me dit que le roi avoit demandé le secret, et au reste me conseilla de toutes ses forces d'accepter. Il s'en alloit à l'Étang et nous à Marly, où il me dit que nous nous verrions le lendemain. J'allai de là faire la même sortie au chancelier, qui se moqua de moi, et me fit la même réponse que l'autre; pour de conseil, je n'en pus jamais tirer. Il s'en alloit à Pontchartrain, et me dit que nous nous verrions au retour. M. de Beauvilliers s'en étoit allé à Vaucresson au sortir du conseil, je le vis un moment à Marly, quand il y vint pour le conseil. Il me fit la même excuse que les autres. La question étoit de prendre mon parti avant que la proposition me fût faite, et je craignois à tout instant la visite de Torcy.

J'avoue que je fus flatté du choix pour une ambassade si considérable à mon âge, sans y avoir pensé et sans y avoir été porté par personne. Je n'avois pas la moindre liaison, pas même la plus légère connoissance avec Torcy; M. de Beauvilliers étoit trop mesuré pour m'avoir proposé sans savoir auparavant si l'emploi étoit compatible avec l'état de mes affaires; le chancelier n'en étoit pas à portée; Chamillart n'auroit pas fait cette démarche à mon insu, et d'ailleurs assez de travers avec Torcy, comme je le dirai dans la suite, il n'auroit pas hasardé de faire au roi une proposition du ministère d'autrui.

Depuis la mort du roi, Torcy et moi nous nous rapprochâmes, et l'amitié, comme je le rapporterai en son temps, se mit véritablement entre nous deux et a toujours depuis duré telle. Je lui demandai alors par quelle aventure j'avois été choisi pour Rome. Il me protesta qu'il n'en savoit autre chose, sinon qu'au conseil où je fus désigné, et au sortir duquel il le dit au nonce qui vint aussitôt m'en avertir, le roi, déjà résolu d'envoyer un ambassadeur à Rome, sur le retour accordé au cardinal de Janson et la répugnance extrême du pape de faire La Trémoille cardinal, le roi, dis-je, arrêta Torcy comme il alloit commencer la lecture des dépêches de Rome, et, fatigué des demandeurs qu'il voyoit tendre au duché et qu'il ne vouloit pas faire, dit aux ministres qu'il falloit choisir un ambassadeur pour Rome; qu'il vouloit un duc, et qu'il n'y avoit qu'à voir dans la liste sur qui il pourroit s'arrêter. Il prit un petit almanach et se mit à lire les noms, commençant par M. d'Uzès. Mon ancienneté le conduisit bientôt jusqu'à moi sans s'être arrêté entre-deux. A mon nom, il fit une pause, puis dit : « Mais que vous semble de celui-là? il est jeune, mais il est bon, » etc. Monseigneur, qui vouloit d'Antin, ne dit mot. Mgr le duc de Bourgogne appuya. Le chancelier et M. de Beauvilliers pareillement. Torcy loua leur avis, mais proposa de continuer à parcourir la liste. Chamillart opina qu'on n'y pouvoit trouver mieux. Le roi ferma son almanach, et conclut que ce n'étoit pas la peine d'aller plus loin ; qu'il s'arrêtoit à mon choix ; qu'il en ordonnoit le secret jusqu'à quelques jours qu'il me le feroit dire. La chose ne balança pas plus que cela, et ne dura pas au delà. Torcy lut ses dépêches, il n'en fut pas question davantage. Voilà tout ce que j'en ai su plus de dix ans après d'un homme vrai, et qui ne pouvoit plus avoir d'intérêt ni de raison de m'en rien déguiser.

Beauvilliers et Chamillart, chacun séparément, examinèrent mes dettes, mes revenus, la dépense de l'ambassade et ses appointements, les premiers sur des états que Mme de Saint-Simon leur fit apporter et qu'elle examina avec eux, les autres par estime. Tous deux conclurent à accepter : le duc, parce qu'après un sérieux examen, il se trouvoit que je pouvois suffire à cette ambassade sans me ruiner ; que, si je la refusois, jamais le roi ne me le pardonneroit, surtout ayant quitté le service ; ne me regarderoit plus que comme un paresseux qui ne voudroit rien faire ; s'attacheroit à me faire sentir son mécontentement par toutes sortes de dégoûts et par toutes sortes de refus en choses où j'aurois besoin de lui ; gâteroit plus mes affaires par là, et ma situation présente et future que ne pourroit faire quelque fâcheux succès que je pusse avoir dans l'ambassade. A ces raisons il ajoutoit ma liaison intime avec trois des quatre ministres d'État, qui de silence ou d'excuse protégeroient mes fautes et m'avertiroient, et qui le feroient hardiment, parce qu'étant tous trois mes amis, ils ne craindroient pas d'être relevés par aucun d'eux, comme cela leur arrivoit et les retenoit souvent ; que pour le quatrième, avec qui je n'avois aucune liaison, celle qui étoit entre ce ministre et lui étoit suffisante pour m'en pouvoir répondre, outre son caractère doux et rien moins que malfaisant ; enfin que ce choix s'étoit fait sans que j'eusse jamais pensé à cette ambassade, qui étoit une excuse générale pour moi et une raison particulière pour Torcy de ne me savoir nul mauvais gré de l'avoir eue. Toutes ces raisons étoient sans prévention et solides. Le chancelier fut du même avis, et ajouta qu'il n'y avoit point de milieu entre accepter ou me perdre. Chamillart allégua à peu près les mêmes raisons, après quoi il s'ouvrit franchement à Mme de Saint-Simon et à moi des siennes. Moins ébloui de l'éclat de ses places qu'attentif à l'établissement durable de sa famille, il songeoit à lui procurer de solides appuis. Elle ne lui offroit que le seul La Feuillade, que dans cette vue il tâchoit assidûment d'agrandir; mais il ne s'en contentoit pas. La jeunesse de son fils, à peine hors du collége, le poids de son double travail, l'incertitude des affaires, tout cela l'inquiétoit, et il ne pensoit qu'à trouver des sujets également capables d'élévation et de reconnoissance. Je lui avois paru de ceux-là, et, pour son intérêt propre, il me désiroit ambassadeur à Rome, pour me faire de ce grand emploi un échelon à d'autres dans lesquels je fusse en état de rendre à son fils, et peut-être à lui-même, si les choses changeoient, les plaisirs et les services que j'en aurois reçus, par une protection sûre et solide à mon tour. Il nous offrit sa bourse et son crédit sans mesure, et tout ce qui pouvoit dépendre de lui et de ses places.

Vaincu enfin, j'acceptai, c'est-à-dire j'en pris la résolution, et j'avoue que ce fut avec plaisir. Mme de Saint-Simon, plus sage et plus prudente, peinée aussi de quitter sa famille, demeura persuadée, mais peinée. Je ne puis me refuser au plaisir de raconter ici ce que ces trois ministres, et tous trois séparément, et tous trois sans que je leur en parlasse, me dirent sur une femme de vingt-sept ans, qu'elle avoit alors, mais qu'une longue habitude, et souvent d'affaires de cour et de famille (car c'étoient nos conseils pour tout), et en dernier lieu celle-ci, leur avoit bien fait connoître. Ils me conseillèrent tous trois, et tous trois avec force, de n'avoir rien de secret pour elle dans toutes les affaires de l'ambassade, de l'avoir au bout de ma table quand je lirois et ferois mes dépêches, et de la consulter sur tout avec déférence. J'ai rarement goûté aucun conseil avec tant de douceur, et je tiens le mérite égal de l'avoir mérité, et d'avoir toujours vécu depuis comme si elle l'eût ignoré; car elle le sut, et par moi, et après d'eux-mêmes.

Je n'eus pas lieu de le suivre à Rome, où je ne fus point, mais je l'avois exécuté d'avance depuis longtemps, et je continuai toute ma vie à ne lui rien cacher. Il faut encore me passer ce mot. Je ne trouvai jamais de conseil si sage, si judicieux, si utile, et j'avoue avec plaisir qu'elle m'a paré beaucoup de petits et de grands inconvénients. Je m'en suis aidé en tout sans réserve, et le secours que j'y ai trouvé a été infini pour ma conduite et pour les affaires, qui ne furent pas médiocres dans les derniers temps de la vie du roi et pendant toute la régence. C'est un bien doux et bien rare contraste de ces femmes inutiles ou qui gâtent tout, qu'on détourne les ambassadeurs de mener avec eux, et à qui on défend toujours de rien communiquer à leurs femmes, dont l'occupation est de faire la dépense et les honneurs, contraste encore plus grand de ces rares capables qui font sentir leur poids, d'avec la perfection d'un sens exquis et juste en tout, mais doux et tranquille, et qui, loin de faire apercevoir ce qu'il vaut, semble toujours l'ignorer soi-même avec une uniformité de toute la vie de modestie, d'agrément et de vertu.

Cependant mon choix pénétra et se dit peu à peu à l'oreille. Torcy ne me parloit point, je ne savois que répondre à mes amis; on me traînoit d'un conseil à l'autre; à la fin il devint public. Nous retournâmes à Versailles, nous revînmes à Marly, on ne s'en contraignoit plus. M. de Monaco m'offrit au bal de m'accommoder pour ce qui étoit resté à Rome des meubles et des équipages de son père; et quand nous dansions, Mme de Saint-Simon ou moi, nous entendions dire : « Voilà M. l'ambassadeur ou Mme l'ambassadrice qui danse. » Ce malaise me fit presser Torcy par Callières de finir de façon ou d'autre. Il sentoit l'indécence de la chose en elle-même et tout mon embarras, mais il n'osoit presser le roi. La raison de ces prolongations vint de quelque espérance de fléchir le pape sur l'abbé de La Trémoille, de presser la promotion de dix-neuf chapeaux vacants qui mettoit tout Rome en mouvement, et qui, par ce grand nombre, ne pouvoit plus guère se différer. Elle se différa pourtant, et il arriva que, sans avoir été déclaré, mon choix n'en fut pas moins public à Paris et à Rome. Mgr le duc de Bourgogne m'en fit un jour des honnêtetés à Marly, à la dérobée, quoique alors je ne fusse en aucune privance avec lui. Il trouvoit ces délais trop poussés, et sur ce que je lui répondis sur cet emploi avec modestie, il m'encouragea et me dit que je ne pouvois mieux commencer pour me former aux affaires et aux grandes places. Il ajouta qu'il étoit fort aise pour cela que je me fusse résolu de l'accepter, et par ce encore que le roi ne m'eût jamais pardonné le refus.

Tandis que j'étois ainsi en spectacle, la comtesse de La Marck mourut à Paris de la petite vérole. Elle étoit fille du duc de Rohan, comme je l'ai dit lors de son mariage. Elle étoit amie intime de Mme de Saint-Simon, et fort aussi de Mme de Lauzun, anciennes compagnes de couvent. C'étoit une grande femme très-bien faite, mais laide, avec un air noble et d'esprit qui accoutumoit à son visage. Elle avoit infiniment d'esprit, et elle l'avoit vaste, mâle, plein de vues, beaucoup de discernement, de justesse, de précision, un air simple et naturel, et une conversation charmante; fort sûre, un peu sèche, et un cœur excellent, qui lui coûta la vie par les extravagants contrastes de sa plus proche famille. C'étoit une personne que les vues, l'ambition, le courage et la dextérité auroient menée loin; aussi étoit-elle la bonne nièce de Mme de Soubise, qui l'aimoit passionnément. Son mérite la fit fort regretter. Mme de Saint-Simon la pleura amèrement, et j'en fus fort touché. Cinq ou six heures après avoir appris cette mort, il fallut aller danser,

Mme de Saint-Simon et sa sœur, avec les yeux gros et rouges, sans qu'aucune raison pût en excuser. Le roi connoissoit peu les lois de la nature et les mouvements du cœur. Il étendoit les siennes sur les choses d'État, et sur les amusements les plus frivoles, avec la même jalousie. Il fit venir et danser à Marly la duchesse de Duras, dans le premier deuil du maréchal de Duras. On a vu sur Madame, à la mort de Monsieur, combien les bienséances les plus respectées trouvèrent en lui peu de considération et de ménagement.

J'ai envie d'achever tout de suite cette trop longue histoire de mon ambassade de Rome, aussi bien la promotion des cardinaux vint-elle dans un temps trop vif et trop intéressant, pour faire scrupule de l'en déplacer. Je fus traîné de la sorte jusque vers la mi-avril; enfin je sus que mon sort seroit décidé au premier conseil. Nous étions à Marly et logés avec Chamillart dans le même pavillon, je le priai, en rentrant de ce conseil, d'entrer chez moi avant de monter chez lui, pour apprendre en particulier ce que j'allois devenir. Il vint donc dans la chambre de Mme de Saint-Simon, où nous l'attendions avec inquiétude. « Vous allez être bien aise, lui dit-il, et moi bien fâché; le roi n'envoie plus d'ambassadeur à Rome. Le pape à la fin s'est rendu à faire l'abbé de La Trémoille cardinal, il s'est en même temps résolu à faire la promotion que sa répugnance à l'y comprendre a tant retardée, et le nouveau cardinal sera chargé des affaires du roi sans ambassadeur. » Mme de Saint-Simon, en effet, fut ravie; il sembloit qu'elle pressentoit l'étrange discrédit où les affaires du roi alloient tomber en Italie, l'embarras et le désordre que les malheurs alloient mettre dans les finances, et la situation cruelle où toutes ces choses nous auroient réduits à Rome.

Les réflexions que j'avois eu un si long loisir de faire me consolèrent aisément d'un emploi qui m'avoit flatté; mais je ne me doutois pas du mal qu'il me feroit. D'Antin et Dan-

geau avoient été enragés de la préférence, et le maréchal
d'Huxelles encore, qui avoit voulu se faire prier, pour demander comme condition à être fait duc, et qui avoit été
laissé là fort brusquement. Ne pouvant faire pis pour couper
chemin à un jeune homme qu'ils voyoient pointer à leurs
dépens, et connoissant combien le roi étoit en garde contre
l'esprit et l'instruction, ils s'étoient mis à me louer là-
dessus outre mesure, en applaudissant au choix du roi,
devenu public à force de longueurs et de temps. M. et
Mme du Maine ne m'avoient point pardonné de n'avoir pu
m'attirer à Sceaux, et de m'avoir trouvé inébranlable à
toutes les avances qu'ils m'avoient prodiguées, comme je
l'ai marqué en leur temps. Je ne m'étois pas caché de ce que
je sentois du rang que les bâtards avoient usurpé. Me voir
pointer leur donna de la crainte et du dépit, et je n'ai pu
attribuer qu'à M. du Maine, si naturellement timide et malfaisant, l'aversion étrange de Mme de Maintenon pour moi,
dont je ne me doutai que dans les suites. Chamillart ne me
l'avoua qu'après la mort du roi, et en même temps qu'elle
étoit telle, qu'il en avoit eu des prises avec elle, et qu'elle
avoit été l'obstacle qui l'avoit empêché de me raccommoder
plus tôt avec le roi, ce qui est bien antérieur à ceci; que
poussée par lui, elle n'avoit pu rien alléguer de particulier
sur elle ni sur les siens, mais vaguement que j'étois glorieux, frondeur, et plein de vues, sans avoir pu jamais la
ramener, non pas même l'émousser; et qu'elle m'avoit rendu
auprès du roi beaucoup de mauvais offices. Ce bruit d'esprit et de lecture, de capacité et d'application, d'homme
enfin très-propre aux affaires, fut aisément porté au roi
par ces mêmes canaux de M. du Maine, en louanges empoisonnées, et de Mme de Maintenon plus à découvert. M. du
Maine, lié alors avec Mme la Duchesse qui l'étoit étroitement
avec d'Antin, avoit porté ce dernier. Il étoit piqué de n'avoir
pas réussi, il l'étoit d'ailleurs contre moi comme je viens de
le dire; il n'en fallut pas davantage. Ils mirent le roi si bien

en garde sur moi, qu'ils le conduisirent jusqu'à la crainte, pour l'éloigner davantage et plus sûrement, et bientôt après je m'aperçus d'un changement en lui, qui comme les langueurs ne put finir que par une dangereuse maladie, c'est-à-dire par une sorte de disgrâce dont je parvins à me relever, mais dont il ne s'agit pas encore.

La même impression sur moi fut donnée à Monseigneur. D'Antin pour cela n'eut que faire de personne, mais il trouva là-dessus Mlle de Lislebonne et Mme d'Espinoy à son point. Elles n'ignoroient pas mes sentiments ni ma conduite à l'égard du rang et des usurpations de leur maison. C'étoit leur endroit sensible. Elles menoient ce bon Monseigneur, qui prit sur moi toutes les opinions qu'il leur convint de lui donner, et Mme la Duchesse dès lors, et encore plus bientôt après, comme je le dirai en son lieu, y travailla avec la même affection. La Choin se laissa persuader et par elles ses meilleures amies, et par le maréchal d'Huxelles, qui la courtisoit fort, et par qui ce pauvre Monseigneur se persuada qu'il étoit la meilleure tête du royaume. Telle devint ma situation à la cour, de laquelle je ne tardai pas à m'apercevoir. Mais achevons ce qui regarde Rome, afin de n'avoir pas à y revenir, ni à couper des choses trop intéressantes, si je remettois à parler de la promotion des cardinaux au temps où elle fut faite, qui fut le 17 mai.

Elle fut de dix-neuf sujets. Le savant Casoni en fut porté par son érudition profonde et l'intégrité de sa vie; Corsini qui a depuis été pape; ce duc de Saxe-Zeitz dont il a été tant parlé; notre nonce Gualterio; l'abbé de La Trémoille; Fabroni, pour le malheur de l'Église; et Filipucci qui donna un rare exemple de modestie et de piété, en refusant le chapeau. C'étoit un savant jurisconsulte. En vain, le pape l'exhorta et lui donna du temps à réfléchir, il demeura constant dans son refus. Un autre eut son chapeau, et le vingtième demeura *in petto*. Conti, nonce en Portugal, et depuis pape, eut le chapeau que Filipucci avoit si constamment refusé.

Pendant ces longs délais du pape, Torcy avoit eu loisir de faire ses réflexions sur le brillant mais dangereux personnage que faisoit à la cour son ami l'abbé de Polignac. C'étoit merveilles que le roi l'ignorât encore. M. de Beauvilliers avoit plus d'une raison de le désirer hors d'ici. Torcy crut donc rendre un grand service à son ami de l'en tirer promptement, et tout d'un temps au roi et à bien d'autres. Il le proposa pour l'auditorat de rote[1]. Il y fut nommé et il reçut cet emploi comme un honnête exil, dont à la fin Torcy lui fit comprendre la nécessité et les avantages, vers lequel néanmoins il s'achemina tout le plus tard qu'il put.

CHAPITRE VII.

Mort du cardinal de Coislin et sa dépouille. — Trois cent mille livres sur Lyon au maréchal de Villeroy; sa puissance à Lyon. — Trois cent mille livres de brevet de retenue au grand prévôt; chanson facétieuse. — Quatre cent mille livres de brevet de retenue au premier écuyer. — Grâces pécuniaires chez Mme de Maintenon. — Exil de du Charmel et ses singuliers ressorts. — Piété de du Charmel.

Il se peut dire que l'affaire de M. de Metz mit son oncle au tombeau. Elle l'avoit fait arriver d'Orléans, contre sa coutume, à Noël, et cette triste affaire s'étoit terminée avec toutes sortes davantages pour M. de Metz; mais le cœur du cardinal de Coislin en avoit été flétri, et ne put reprendre son ressort. Il ne dura que six semaines depuis. Tout à la fin de janvier, il fut arrêté au lit, et il mourut la nuit du 3 au 4 février. C'étoit un assez petit homme, fort gros, qui

1. Voy., sur le tribunal romain appelé *la rote*, t. II, p. 833, note.

ressembloit assez à un curé de village, et dont l'habit ne promettoit pas mieux, même depuis qu'il fut cardinal. On a vu en différents endroits la pureté de mœurs et de vertu qu'il avoit inviolablement conservée depuis son enfance, quoique élevé à la cour et ayant passé sa vie au milieu du plus grand monde; combien il en fut toujours aimé, honoré, recherché dans tous les âges; son amour pour la résidence, sa continuelle sollicitude pastorale, et ses grandes aumônes. Il fut heureux en choix pour lui aider à gouverner et à instruire son diocèse, dont il étoit sans cesse occupé. Il y fit, entre autres, deux actions qui méritent de n'être pas oubliées.

Lorsque après la révocation [de l'édit] de Nantes on mit en tête au roi de convertir les huguenots à force de dragons et de tourments, on en envoya un régiment à Orléans, pour y être répandu dans le diocèse. M. d'Orléans, dès qu'il fut arrivé, en fit mettre tous les chevaux dans ses écuries, manda les officiers et leur dit qu'il ne vouloit pas qu'ils eussent d'autre table que la sienne; qu'il les prioit qu'aucun dragon ne sortît de la ville, qu'aucun ne fît le moindre désordre, et que, s'ils n'avoient pas assez de subsistance, il se chargeoit de la leur fournir; surtout qu'ils ne dissent pas un mot aux huguenots, et qu'ils ne logeassent chez pas un d'eux. Il vouloit être obéi et il le fut. Le séjour dura un mois et lui coûta bon, au bout duquel il fit en sorte que ce régiment sortît de son diocèse et qu'on n'y renvoyât plus de dragons. Cette conduite pleine de charité, si opposée à celle de presque tous les autres diocèses et des voisins de celui d'Orléans, gagna presque autant de huguenots que la barbarie qu'ils souffroient ailleurs. Ceux qui se convertirent le voulurent et l'exécutèrent de bonne foi, sans contrainte et sans espérance. Ils furent préalablement bien instruits, rien ne fut précipité, et aucun d'eux ne retourna à l'erreur. Outre la charité, la dépense et le crédit sur cette troupe, il falloit aussi du courage pour blâmer, quoique en silence, tout ce qui se passoit alors et que le roi affectionnoit si fort, par une conduite si opposée. La même bénédiction qui la suivit s'étendit encore jusqu'à empêcher le mauvais gré et pis qui en devoit naturellement résulter.

L'autre action, toute de charité aussi, fut moins publique et moins dangereuse, mais ne fut pas moins belle. Outre les aumônes publiques, qui de règle consumoient tout le revenu de l'évêché tous les ans, M. d'Orléans en faisoit quantité d'autres qu'il cachoit avec grand soin. Entre celles-là, il donnoit quatre cents livres de pension à un pauvre gentilhomme ruiné qui n'avoit ni femme ni enfants, et ce gentilhomme étoit presque toujours à sa table tant qu'il étoit à Orléans. Un matin les gens de M. d'Orléans trouvèrent deux fortes pièces d'argenterie de sa chambre disparues, et un d'eux s'étoit aperçu que ce gentilhomme avoit beaucoup tourné là autour. Ils dirent leur soupçon à leur maître qui ne le put croire, mais qui s'en douta sur ce que ce gentilhomme ne parut plus. Au bout de quelques jours il l'envoya querir, et tête à tête il lui fit avouer qu'il étoit le coupable. Alors M. d'Orléans lui dit qu'il falloit qu'il se fût trouvé étrangement pressé pour commettre une action de cette nature, et qu'il avoit grand sujet de se plaindre de son peu de confiance de ne lui avoir pas découvert son besoin. Il tira vingt louis de sa poche qu'il lui donna, le pria de venir manger chez lui à son ordinaire, et surtout d'oublier, comme il le faisoit, ce qu'il ne devoit jamais répéter. Il défendit bien à ses gens de parler de leur soupçon, et on n'a su ce trait que par le gentilhomme même, pénétré de confusion et de reconnoissance.

M. d'Orléans fut souvent et vivement pressé par ses amis de remettre son évêché, surtout depuis qu'il fut cardinal. Ils lui représentoient que, n'en ayant jamais rien touché, il ne s'apercevroit pas de cette perte du côté de l'intérêt, que de celui du travail ce lui seroit un grand soulagement, et que cela le délivreroit des disputes continuelles qu'il avoit avec le roi, et qui le fâchoient quelquefois sur la résidence. En effet, lorsque Mme la duchesse de Bourgogne approcha du terme d'accoucher du prince qui ne vécut qu'un an, et qui fut le premier enfant qu'elle eut, le roi envoya un courrier à M. d'Orléans avec une injonction très-expresse de sa main de venir sur-le-champ, et de demeurer à la cour jusqu'après les couches; à quoi il fallut obéir. Le roi, outre l'amitié, avoit pour lui un respect qui alloit à la dévotion. Il eut celle que l'enfant qui naîtroit ne fût pas ondoyé d'une autre main que la sienne; et le pauvre homme, qui étoit fort gras et grand sueur, ruisseloit dans l'antichambre, en camail et en rochet, avec une telle abondance que le parquet en étoit mouillé tout autour de lui.

Jamais il ne voulut entendre à remettre son évêché. Il convenoit de toutes les raisons qui lui étoient alléguées; mais il y objectoit qu'après tant d'années de travail dont il voyoit les fruits, il ne vouloit pas s'exposer de son vivant à voir ruiner une moisson si précieuse, des écoles si utiles, des curés si pieux, si appliqués, si instruits, ecclésiastiques excellents qui gouvernoient avec lui le diocèse, et d'autres, qui le conduisoient par différentes parties, qu'on chasseroit et qu'on tourmenteroit, et pour cela seul il demeura fermement évêque. On verra bientôt que ce fut une prophétie.

Toute la cour s'affligea de sa mort; le roi plus que personne, qui fit son éloge. Il manda le curé de Versailles, lui ordonna d'accompagner le corps jusque dans Orléans, et voulut qu'à Versailles et sur la route on lui rendît tous les honneurs possibles. Celui de l'accompagnement du curé n'avoit jamais été fait à personne.

On sut de ses valets de chambre, après sa mort, qu'il se macéroit habituellement par des instruments de pénitence, et qu'il se relevoit toutes les nuits et passoit à genoux une heure en oraison. Il reçut les sacrements avec une grande piété, et mourut comme il avoit vécu, la nuit suivante.

Dès le lendemain le roi manda par un courrier au cardinal de Janson qu'il lui donnoit sa charge. Ce fut pour lui un nouveau sujet d'empressement de retour, et au cardinal de Bouillon un nouveau coup de massue. M. de Metz, qui arriva pour l'extrémité de son oncle à qui il devoit tout, en parut le moins touché, et scandalisa fort toute la cour. Orléans fut donné à l'évêque d'Angers. Pelletier, son père, écrivit au roi, de sa retraite, pour le supplier de dispenser son fils de cette translation. Le roi, excité par Mme de Maintenon et par M. de Chartres, le voulut absolument; et Saint-Sulpice, qui avec sa grossièreté ordinaire regardoit ce diocèse comme fort infecté, mais qui n'osoit encore le dire, fit accepter M. d'Angers, dont son père fut très-affligé. Il parut que Dieu n'approuva pas ce choix, par la mort du translaté qui ne dura pas deux ans. La persécution étoit réservée à l'évêque d'Aire, frère d'Armenonville, qu'un coup de soleil avoit achevé d'hébéter, et qui n'en revint jamais bien dans le long temps qu'il vécut.

Le roi avoit donné au maréchal de Villeroy trois cent mille livres à prendre sur les octrois de Lyon, payables cinquante mille livres par an, en six années. Elles venoient de finir. Le même don lui fut renouvelé. On se repent quelquefois après d'avoir payé d'avance de méchants ouvriers. Alincourt, son grand-père, avoit eu la survivance du gouvernement de Lyon, Lyonnois, etc., de Mandelot, en épousant sa fille, sous Henri III. La Ligue avoit fait ce mariage entre Mandelot et le secrétaire d'État Villeroy, plus ardents ligueurs l'un que l'autre. De père en fils ce gouvernement étoit demeuré aux Villeroy. Alincourt, par son père et par la surprenante alliance que ce gouvernement lui fit faire avec le connétable de Lesdiguières et le maréchal de Créqui, s'étoit rendu le maître à Lyon. La faveur et la souplesse de son fils, le premier maréchal de Villeroy, l'y maintint, et plus encore le commandement en chef qu'y eut toute sa vie l'archevêque de Lyon, frère du maréchal qui s'y rendit le maître despotique de tout. La faveur de ce maréchal-ci, son neveu, n'eut qu'à maintenir ce qui étoit établi. Il disposoit donc seul de toutes les charges municipales de la ville; il nommoit le prévôt des marchands. L'intendant de Lyon n'a nulle inspection sur les revenus de la ville, qui sont immenses et peu connus dans leur étendue, parce qu'ils dépendent en partie du commerce qui s'y fait, qui est toujours un des plus grands du royaume. Le prévôt des marchands l'administre seul et n'en rend compte qu'au gouverneur tête à tête, lequel lui-même n'en rend compte à personne. Il est donc aisé de comprendre qu'avec une telle autorité c'est un Pérou, outre celle qui s'étend sur tout le reste, et qui rend la protection du gouverneur si continuellement nécessaire à tous ces gros négociants de Lyon, comme à tous les autres bourgeois de la ville, où tout depuis un si long temps [dépend] de la même autorité, tout est créature des gouverneurs, et rien ne se peut que par eux, qui influent jusque dans les affaires particulières de toutes les familles.

Aussi dînant un jour chez Dangeau avec le maréchal de Villeroy et beaucoup d'ambassadeurs et d'autres gens, car Dangeau aimoit à faire les honneurs de la cour et les faisoit fort bien et magnifiquement, il lui échappa une fatuité pour faire le grand seigneur, mais fort véritable. « Messieurs, dit-il à la compagnie, de tous nous autres gouverneurs de province, il n'y a que M. le maréchal qui ait conservé l'autorité dans la sienne. » Le rire me surprit. Mme de Dangeau, qui me regarda et qui plaisantoit la première des sottises de son mari, quoique vivant à merveille ensemble, ne put s'empêcher de sourire. Il avoit acheté le gouvernement de Touraine, et il ne vouloit pas que ces étrangers ignorassent qu'il étoit aussi gouverneur de province.

Le grand prévôt obtint trois cent mille livres de brevet de retenue sur sa charge pour son fils, qui épousa une Mlle du Hamel de Picardie, fort riche, et qui ne fut pas heureuse. Heudicourt, le fils, qui étoit une espèce de satyre fort méchant et fort mêlé dans les hautes intrigues galantes, fit dans la suite sur tous ces Monsoreau[1] une chanson si naïve, si fort d'après nature et si plaisante, que quelqu'un l'ayant dite à l'oreille au maréchal de Boufflers pendant la messe du roi où il avoit le bâton, il ne put s'empêcher d'éclater de rire. C'étoit l'homme de France le plus grave, le plus sérieux, le plus esclave de toute bienséance. Le roi se retourna de surprise, qui augmenta fort voyant le maréchal pâmé, à qui les larmes en tomboient des yeux. Rentré dans son cabinet, il l'appela et lui demanda ce qui l'avoit pu mettre en cet état, à la messe. Le maréchal lui dit la chanson. Voilà le roi plus pâmé que n'avoit été le maréchal, et qui fut plus de quinze jours sans pouvoir s'empêcher de rire de toute sa force sitôt que le grand prévôt ou un de ses enfants lui tomboit sous les yeux. La chanson courut fort et divertit extrêmement la cour et la ville.

Le premier écuyer obtint, quelques jours après, aussi un brevet de quatre cent mille livres sur sa charge. En même temps le roi répandit quelques grâces pécuniaires dans le domestique de Mme de Maintenon.

Je reçus en ce temps une véritable affliction par l'exil de M. du Charmel, avec qui depuis longtemps j'avois lié une vraie amitié, et que je voyois le plus souvent qu'il m'étoit possible dans sa retraite de l'Institution. Les ressorts de cet exil méritent de trouver place ici, et c'est une histoire qui demande des connoissances et des souvenirs pour être bien entendue. Il faut d'abord connoître le Charmel, se souvenir de ce que j'ai dit de lui sur sa vie à la cour, du grand monde, de gros jeu, et de la manière dont il se retira, de la bonté avec laquelle le roi lui parla alors, et de la dureté avec laquelle il lui répondit qu'il ne le verroit jamais. Il faut maintenant expliquer quel il fut dans sa retraite. Ce fut un homme à cilice, à pointes de fer, à toutes sortes d'instruments de continuelle pénitence. Jeûneur extrême et sobre

---

1. Nom de famille du grand prévôt.

d'ailleurs à l'excès, quoique naturellement grand mangeur, et d'une dureté générale sur lui-même impitoyable. Il passoit les carêmes à la Trappe, au réfectoire soir et matin à la portion des religieux, et sans manquer aucun de leurs offices du jour et de la nuit. Outre cela, longtemps en prière en quelque lieu qu'il fût; et le vendredi saint, à la Trappe, il passoit à genoux à terre, sans appui, sans livre, sans changer de posture, sans branler, depuis la fin des matines jusqu'à l'office, c'est-à-dire depuis quatre heures du matin jusqu'à dix; avec cela toujours gai et toujours libre et aisé. Il avoit une fidélité inflexible sur tout ce qu'il se proposoit. On ne sauroit moins d'esprit que couvroit un grand usage du monde et de la meilleure compagnie, mais que sa retraite avoit rouillé. Il s'étoit livré à Paris à beaucoup de bonnes œuvres, qui le faisoient un peu courir et se mêler de trop de choses. Au latin près qu'il avoit retenu du collége, il ne savoit rien du tout que ce que les lectures de piété lui avoient appris; et comme il étoit naturellement tourné à la dureté de l'austérité âpre, il le fut aisément du côté janséniste, et lia étroitement avec ce qu'il trouva de gens les plus marqués à ce coin. Il fut ami intime de M. Nicole, jusqu'à être un des exécuteurs de son testament. Il le fut peut-être plus encore de M. Boileau, élève de Port-Royal, que M. de Luynes avoit mis auprès du comte d'Albert et du chevalier de Luynes dans leur jeunesse, qui retinrent mal ses leçons.

C'est ce même Boileau que M. de Paris, depuis cardinal de Noailles, prit à l'archevêché et à sa table quand il devint archevêque de Paris, et qui fit contre lui, dans sa propre maison et vivant de son pain, cet étrange *Problème* dont j'ai parlé (t. II, p. 248), dont le prélat se prit aux jésuites, mais dont les brouillons originaux et plusieurs lettres à ce sujet, de la main de ce Boileau, furent trouvés dans l'abbaye d'Auvilé, avec ces autres, qui firent à l'archevêque de Reims une affaire si cruelle avec le roi que j'ai racontée (t. IV, p. 127). Ces originaux du *Problème*, trouvés par ce hasard, de la main de Boileau, furent envoyés au cardinal de Noailles. Les jésuites en triomphèrent, Boileau ne les put ni osa méconnoître. On a vu (t. II, p. 249) avec quelle bonté le cardinal de Noailles se défit de ce pernicieux hôte (qui n'avoit de pain que celui qu'il lui donnoit de sa propre table) en lui donnant un canonicat de Saint-Honoré qui lui fournit une très-honnête subsistance et un logement. Cette noire ingratitude ne se pouvoit excuser, non plus que la noirceur d'avoir si naturellement fait retomber ce cruel trait sur les jésuites, avec qui le cardinal de Noailles, évêque, archevêque et cardinal sans eux, et pensant fort différemment d'eux, ne fut jamais bien.

Le Charmel, qui voyoit souvent le cardinal de Noailles, et que le cardinal aimoit et distinguoit fort, cessa dans cet éclat de le voir, et continua avec Boileau le commerce et l'amitié la plus étroite. Le cardinal (je l'appelle ainsi sans distinction des temps où il ne l'étoit pas encore) en fut moins blessé que touché par amitié. Il fit parler au Charmel, le fit prier de le venir voir, l'obtint avec peine, lui parla lui-même. Tant d'avances furent inutiles; le Charmel s'aigrit de plus en plus. Les jansénistes, fâchés que le cardinal n'épousât pas toutes leurs idées, et qui de dépit s'étoient portés à cette étrange extrémité, avoient infatué leur prosélyte, qui ne put jamais apercevoir d'ingratitude, de crime, de trahison, de noirceur où ils étoient si évidents; et voilà où son peu d'esprit et de lumières, et un fol abandon de ce qu'il croyoit des saints, conduisirent un homme d'ailleurs si droit et si saint lui-même. Il faudroit prétendre porter les hommes au-dessus de toute humanité, pour se persuader que le cardinal de Noailles ne dût pas être très-sensible à la conduite du Charmel à son égard, surtout après celle qu'il avoit eue et avec Boileau et avec lui-même. Telle fut la faute inexcusable du Charmel à l'égard du cardinal de Noailles. Venons maintenant à celle qu'il fit dans la suite à l'égard du roi.

On a vu (t. IV, p. 282) sur Troisvilles, que le roi empêcha d'être de l'Académie, son dépit contre les gens retirés qui ne le voyoient point. J'ai réservé pour ce lieu-ci à dire que le même jour qu'il refusa Troisvilles, il s'alla promener à Marly, où il s'étendit amèrement sur cette matière. Il loua les solitaires de la campagne ; il s'étendit sur M. de Saint-Louis, sur ses actions sous ses yeux en la guerre de Hollande et ailleurs, sur la vie qu'il menoit à la Trappe, et dit qu'il ne trouvoit point mauvais que ceux-là ne vinssent pas de loin pour le voir ; retombant de là sur les gens retirés à Paris et aux environs, il loua Pelletier, Fieubet, le chevalier de Gesvres, qui le venoient voir une ou deux fois l'année, et qui valoient bien Troisvilles et le Charmel, sur qui il tomba fort, et répéta souvent qu'ils avoient plus de commerce d'intrigues et d'affaires qu'avant leur retraite, et que toute leur dévotion ils la mettoient à ne le point voir. Le duc de Tresmes, fort ami du Charmel, ricanoit jaune, et se mettoit tantôt sur un pied, tantôt sur un autre. Cavoye, autre ami du Charmel, se mit dans la conversation, et avec sa réputation et sa morgue, bavarda force sottes flatteries, et tomba sur son ami pour faire le bon valet. On ne devineroit jamais qui le défendit : un homme qui à peine l'avoit connu, un homme d'ailleurs fort courtisan, mais courtisan en homme qui se sent, qui a de la hauteur et de la dignité, qui connoissoit Cavoye pour ami particulier du Charmel, et qui fut indigné de ce qu'il entendoit. Ce fut Harcourt qui prit sa défense, si honnêtement et avec tant d'esprit que le roi cessa ce propos et se mit sur autre chose.

Cavoye pourtant fit apparemment ses réflexions. Harcourt l'avoit fait rentrer en lui-même. Il écrivit donc au Charmel ce qui s'étoit passé à Marly, mais non le personnage qu'il y avoit fait, et lui conseilla de lui écrire de manière qu'il pût dire au roi qu'il désiroit l'honneur de se présenter devant lui après tant d'années, sans oser le faire qu'il ne sût qu'il le trouveroit bon ; moyennant quoi, accordé, il ne lui en coûteroit qu'une course à Versailles d'une matinée, ou refusé, le roi n'auroit plus ce dépit contre lui. Le Charmel me montra cette lettre, si résolu de n'en faire aucun usage que je ne pus le persuader.

A quinze jours de là, en une autre promenade à Marly, le roi reprit, mais plus légèrement, la même matière des gens retirés qui ne le voyoient point, et tout de suite demanda à Cavoye ce que faisoit le Charmel et s'il y avoit longtemps qu'il n'avoit eu de ses nouvelles. Cavoye le manda dès le lendemain au Charmel, le pressa de suivre le conseil qu'il lui avoit donné la première fois, et lui fit sentir que cette récidive si marquée sur lui montroit évidemment qu'il s'étoit attendu à ouïr parler de lui sur son premier discours, et qu'il seroit fort blessé si ce second demeuroit inutile. Le Charmel me montra la lettre. Je lui dis qu'il n'y avoit ni à balancer ni un moment à perdre; qu'il l'avoit beau sur ce que le roi avoit dit sur lui à Cavoye de lui récrire qu'il s'en étoit cru oublié, que, puisqu'il étoit si heureux que le roi daignât encore se souvenir de lui, il prioit Cavoye de lui demander la permission qu'il pût aller lui embrasser les genoux, dans le vif souvenir de ses bontés passées, que c'étoit un désir auquel il ne pouvoit résister, etc. Je le pris par la religion, par le devoir et le respect d'un sujet à son roi, qui doit chercher à lui plaire et non pas à l'irriter ; que c'étoit un devoir étroit d'une part, et une sage précaution de l'autre, de saisir l'occasion de détourner l'orage auquel ses volontaires indiscrétions sur le jansénisme ne donnoient que trop d'ouverture, et de se faire de l'aigreur du roi si suivie un contre-poison et un bouclier par une conduite qui sûrement lui seroit agréable, et qu'il étoit visible qu'il demandoit de lui; qu'une seule matinée, aller et venir, y seroit non-seulement sagement et utilement employée, mais saintement, et qu'après tant d'années de retraite il ne devoit pas craindre une dissipation d'un moment qu'il n'avoit pas recherchée et qui devenoit si nécessaire. Jamais je ne pus l'y engager.

Il se contenta d'une lettre ostensible et d'une autre pour le roi. Tout cela fut très-médiocrement reçu.

La vérité est qu'il se craignit trop lui-même; il redouta une trop favorable réception. Après tant d'années de pénitence, il ne se sentit pas assez dépouillé d'un reste de complaisance de sa faveur et de ses agréments passés qui l'avoient tant dominé autrefois. Il avoit refusé Mme de Maintenon, il y avoit peu d'années, d'un commerce de bonnes œuvres qu'elle avoit voulu lier avec lui. Il appréhenda tout autre commerce qu'avec Dieu, pour qui il voulut réserver sa liberté entière, et peut-être y fut-il conduit par son esprit pour le purifier par une plus dure pénitence et qui ne seroit pas de son choix.

Revenons au cardinal de Noailles. L'année précédente, 1705, avoit été celle de la grande assemblée du clergé. Le cardinal de Noailles, qui y présida, crut en devoir profiter pour y faire régler divers points de morale et de discipline, quoique ces assemblées ne soient destinées qu'aux affaires temporelles du clergé; que ceux qui y sont députés n'aient point d'autres matières dans les procurations qu'ils y apportent de leurs commettants; et que la cour même soit ordinairement en garde contre tout ce qui s'y pourroit proposer qui ne concerneroit pas l'objet temporel de ces assemblées. Ce projet du cardinal n'étoit pas de lui seul. De plus, il avoit fallu le concerter d'avance avec quelques prélats principaux qui devoient être de l'assemblée, et convenir de la manière de le proposer par articles, et le faire passer peu à peu. Les jésuites, toujours à l'affût sur le cardinal de Noailles et sur tout ce qui pouvoit intéresser leur doctrine et leur morale, pénétrèrent ce projet, dans le secret duquel il se trouva quelque faux frère qui le leur donna tel qu'il devoit être proposé à l'assemblée. Le P. de La Chaise en parla au roi, qui, en ce temps-là aimoit fort le cardinal de Noailles, et qui s'éleva tellement contre cet avis de son confesseur, que La Chaise, homme sage et prudent, se tut tout court, sûr de n'y revenir que mieux dans la suite.

En effet, l'assemblée ouverte, il fut averti de point en point. Il annonça d'avance au roi la proposition qui s'alloit faire, et qui fut faite au jour qu'il l'avoit dit au roi. Il en fut de même de toutes les autres. Le roi en parla au cardinal de Noailles, qui ne s'arrêta point pour cela, résolu à faire ce qu'il crut être le bien, à quelque prix que ce fût. Les jésuites, outrés du peu de fruit qu'ils retiroient de la trahison qui avoit été faite au cardinal de Noailles, qui alloit toujours en avant dans l'assemblée sur la morale et la discipline, échauffèrent le roi par le P. de La Chaise, et procurèrent au cardinal toutes sortes de dégoûts. J'en étois informé par l'archevêque d'Arles, qui, député du second ordre dans une autre assemblée, s'étoit piqué sur ce qu'il ne trouva pas que le cardinal de Noailles lui marquât assez de considération, et qui, député du premier ordre en celle-ci, lui fut opposé en tout, et servit de tout son pouvoir sa haine, sa fortune et les jésuites tout à la fois, auxquels il n'avoit garde de n'être pas obséquieux en tout avec les vues et l'ambition qui le dévoroit.

Le cardinal de Noailles sortit donc de cette assemblée fort mal avec le roi, qui prit contre lui les plus forts soupçons du jansénisme, et qui, profondément ignorant sur ces matières, élevé dans le préjugé le plus extrême là-dessus, ne consulta jamais personne qui pût l'éclairer, et ne permit même jamais à personne d'ouvrir la bouche devant lui, qui pût lui donner la moindre lumière. Ainsi on avoit beau jeu à lui faire passer pour erreur et pour jansénisme tout ce qu'il étoit utile à ceux qui profitoient de ses ténèbres de lui faire passer pour tel, soit choses, soit gens; et ils avoient de plus usurpé cet incomparable avantage, que, choses et gens, donnés pour tels, demeuroient proscrits, sans examen, sans information et sans ressource.

Le cardinal de Noailles trempoit donc dans un état de

disgrâce intérieure qui, pour ne paroître pas au dehors et ne changer rien à ses audiences du roi de toutes les semaines, n'en étoit pas moins douloureux et embarrassant. Sa famille, à qui son crédit et sa place donnoient tant de lustre et de moyens, en étoit affligée. Mme de Maintenon, sur qui les jésuites n'avoient aucune prise, ne l'étoit pas moins. Nulle issue que quelque coup d'éclat contre les jansénistes qui ramenât le roi. Mais où le prendre? Le cardinal vouloit, avant tout, conserver la bonne morale et la discipline, il ne vouloit pas sacrifier ses amis. Cependant il étoit sans cesse pressé par Mme de Maintenon et par sa famille de chercher quelque chose à faire là-dessus, et lui-même en sentoit la nécessité, même pour l'utilité spirituelle, à laquelle on l'avoit rendu une pierre d'achoppement.

Vers le commencement de cette année, le P. Quesnel étoit fort pourchassé dans les Pays-Bas espagnols, où le roi avoit tout pouvoir. Ce fut merveilles qu'il put échapper de Bruxelles et se retirer en Hollande. Il alla et vint des gens de sa part à Paris. On en fut informé; on avertit le cardinal de Noailles que ces gens-là étoient en commerce avec le Charmel. Il les crut occupés à quelque ouvrage contre lui; la pique du *Problème* se renouvela. Il fut excité contre le Charmel par des gens qui s'en aperçurent et qui en espérèrent du mal pour l'un et de l'obscurcissement à la réputation de l'autre. Ils lui persuadèrent que le Charmel recéloit chez lui ces messagers; on mit des espions en campagne qui le certifièrent, et ces rapports aigrirent tout à fait le cardinal. Il faut avouer que, sur le jansénisme, jamais homme ne fut si indiscret que le Charmel. Il s'en faisoit une religion. On ne put jamais lui faire entendre raison là-dessus. Il n'y avoit guère de jours où sa conduite à cet égard ne fît trembler ses amis.

Nous étions à Marly. Pontchartrain m'apprit un matin que le roi lui venoit d'ordonner d'expédier une lettre de cachet pour exiler le Charmel en sa maison du Charmel, près Château-Thierry, avec défense d'en sortir; et que, l'ayant rappelé un peu après, il lui avoit commandé de la lui envoyer par un officier de la maréchaussée qui le fît et le vît partir dans les vingt-quatre heures, qui se tînt cependant auprès de lui, et qui rendît compte de tout ce qu'il auroit vu et entendu aussitôt après son départ. Pontchartrain, qui me savoit fort de ses amis, me demanda le secret jusqu'à ce que la chose fût répandue, et avoit voulu m'en avertir d'avance pour prévenir ce que la surprise et la colère eussent pu tirer de moi en l'apprenant par le monde. Le soir, à la musique, la comtesse de Mailly se vint mettre auprès de moi un peu après qu'elle fut commencée. Nos deux siéges se trouvèrent un peu écartés des autres. Elle me fit la même confidence, et dans la même vue, que m'avoit fait Pontchartrain. Je fis le surpris à cause du secret qu'il m'avoit demandé; mais je le devins tout de bon lorsqu'elle ajouta que c'étoit un coup du cardinal de Noailles, qui, le matin même, avoit dit au roi que le Charmel étoit un janséniste et un brouillon qui alloit tête levée par les maisons, exhortant les gens au jansénisme, qui avoit dit au P. de La Tour, général de l'Oratoire, que, maintenant qu'il étoit à la tête du parti, tout étoit perdu s'il mollissoit; qu'en un mot, c'étoit un homme qu'il falloit chasser de Paris, ce qui avoit été ordonné dans le moment; que ce qu'elle me disoit là, elle le savoit de bon lieu, puisque c'étoit de chez Mme de Maintenon. Elle étoit sa nièce, sa protégée et dame d'atours de Mme la duchesse de Bourgogne. Nous ne prolongeâmes point notre conversation pour qu'on ne remarquât point que nous parlions de quelque chose d'intéressant. C'étoit un mercredi 10 février, jour de l'audience réglée du cardinal de Noailles, et jour encore où Chamillart s'en alloit d'ordinaire à l'Étang jusqu'au samedi.

Le lendemain matin que je projetois d'y aller, le maréchal de Noailles me prit dans la ruelle du roi, comme nous l'attendions à sortir de son cabinet pour la promenade, me dit l'exil du Charmel, qu'il en avoit reçu une lettre sur laquelle il avoit essayé d'obtenir qu'il pût demeurer aux Camaldules de Gros-Bois¹, où il alloit un jour ou deux tous les mois, qu'il en avoit été refusé avec aigreur; s'étonna et se lamenta fort de ce coup imprévu, et me pressa d'en découvrir la cause par Pontchartrain qui avoit expédié la lettre de cachet. Je fus doublement piqué, sachant si sûrement ce que je savois, de la feinte du maréchal, et du panneau où étoit tombé mon pauvre ami en s'adressant à lui. Je répondis brusquement au maréchal qu'il étoit plus à portée que moi d'en être informé, puisque à la vie que menoit le Charmel, il ne pouvoit être question que de doctrine, laquelle étoit de la compétence de son frère, qui avoit longtemps vu le roi seul la veille, au matin, jour que cet ordre avoit été donné à ce qu'il m'apprenoit. Là-dessus le roi sortit de son cabinet. Nous nous quittâmes, et jamais depuis nous ne nous en sommes parlé.

Au partir de là j'allai dîner à l'Étang, et comme j'étois en toute intimité avec Chamillart, je lui contai avec dépit le malheur du Charmel qui venoit de devenir public. Il me dit qu'il le savoit. J'ajoutai qu'au moins je lui en apprendrois ce qu'il ne savoit pas; et je lui contai, sans nommer personne, ce que Mme de Mailly m'avoit dit, et la fausseté avec laquelle le maréchal de Noailles venoit de m'en parler. Je n'eus pas achevé que Chamillart si doux, si modéré, si tranquille, entra tout à coup en fureur. Nous étions dans son cabinet tête à tête. Il pesta, il frappa des pieds, il ne se possédoit pas. Je lui demandai à qui il en avoit. « Ce que j'ai? me répondit-il en frappant du poing sur la table, c'est qu'il n'y a plus de secret chez le roi. Ce que vous me contez là, le roi me le dit hier chez Mme de Maintenon mot pour mot, dans

---

1. Les camaldules, ordre monastique originaire d'Italie, tiraient leur nom de Camaldoli, solitude située au milieu des Apennins. Ils vinrent s'établir en France en 1626, et y fondèrent six maisons dont la plus considérable était près de Gros-Bois (Seine-et-Oise).

le même arrangement que vous me le dites, cinq ou six heures après avoir vu le cardinal de Noailles, et me défendit d'en parler à qui que ce soit. Je vois cependant que vous en êtes de point en point instruit; que puisque vous l'êtes, d'autres le peuvent être de même; et qu'il est bien douloureux à un honnête homme accoutumé aux plus importants secrets, d'être chargé de ceux qui se communiquent à d'autres, et de pouvoir ainsi être confondu avec ceux qui ne les gardent pas. » Là-dessus il me raconta que, la même chose lui étant arrivée une autre fois, il s'en fut aussitôt le dire au roi, et le supplier de ne le pas rendre responsable de ce dont il s'ouvriroit à d'autres qu'à lui, sur quoi le roi lui avoit avoué qu'il en avoit aussi fait part à une autre personne. J'approuvai sa colère, mais je le priai de ne se pas servir du même remède.

Plus certain encore, si faire se pouvoit, par le récit de Chamillart, d'où le coup étoit parti, j'en fis avertir le Charmel. Il étoit déjà parti. Il est difficile de comprendre avec combien d'humilité et de douceur cet homme, naturellement impétueux, reçut sa lettre de cachet et ce garde à vue, et avec quelle ponctualité il obéit. J'essayai divers moyens de le faire revenir, mais l'aigreur étoit trop grande. Le Charmel eût été bien aise de recouvrer sa liberté, mais il ne voulut pas y contribuer en rien, persuadé qu'il devoit se tenir fidèlement sous la main de Dieu dans une pénitence qu'il n'avoit pas choisie, dans un pardon effectif de ceux qui l'y avoient confiné, et dans une paix profonde. Beauvau, fils de sa sœur et son héritier, marié en Lorraine, et qui sous le nom de M. de Craon y a fait, lui et sa femme, une si énorme fortune, pointoit déjà dans cette faveur qui lui a valu tant de millions et de titres. Le duc de Lorraine s'offrit de s'intéresser pour le Charmel auprès du roi. Il l'en remercia et le supplia de le laisser dans l'état où Dieu l'avoit mis, et où il demeura le reste de sa vie qui dura encore longtemps. Nous verrons à sa fin combien tout adoucissement étoit impossible, et quel fut l'excès de la dureté que le roi exerça sur lui, et qui put être cause de sa mort.

CHAPITRE VIII.

Duc de Vendôme; ses mœurs; son caractère; sa conduite. — Albéroni; commencement de sa fortune. — Voyage triomphant de Vendôme à la cour. — Patente de maréchal général offerte et refusée par Vendôme. — Grand prieur; son caractère. — Berwick, fait maréchal de France à trente-cinq ans, retourne en Espagne. — Roquelaure va commander en Languedoc. — Le comte de Toulouse et le maréchal de Cœuvres à Toulon. — Petits exploits du duc de Noailles. — Tessé fait asseoir sa belle-fille en dupant les deux rois. — Mort de la reine douairière d'Angleterre. — Comte de Feversham. — Mort de Belesbat. — Mort de Polastron. — Catastrophe de Saint-Adon. — Querelle qui jette Mme de Barbezieux dans un couvent. — Mariage du comte de Rochechouart avec Mlle de Blainville. — Mariage du duc d'Uzès avec une fille de Bullion. — Mariage du prince de Tarente avec Mlle de La Fayette. — Origine des distinctions de M. de La Trémoille. — Ducs de Bouillon et d'Albret raccommodés. — Vingt mille livres de pension pendant la guerre au comte d'Évreux. — Victoire des Suédois.

La cour et Paris virent en ce temps-ci un spectacle vraiment prodigieux. M. de Vendôme n'étoit point parti d'Italie, depuis qu'il y avoit succédé au maréchal de Villeroy après l'affaire de Crémone. Ses combats tels quels, les places qu'il avoit prises, l'autorité qu'il avoit saisie, la réputation qu'il avoit usurpée, ses succès incompréhensibles dans l'esprit et dans la volonté du roi, la certitude de ses appuis, tout cela lui donna le désir de venir jouir à la cour d'une situation si brillante, et qui surpassoit de si loin tout ce qu'il avoit pu espérer. Mais avant de voir arriver un homme qui va prendre un ascendant si incroyable, et dont jusqu'ici je n'ai parlé qu'en passant, il est bon de le faire connoître davantage, et d'entrer même dans des détails qui ont de quoi surprendre, et qui le peindront d'après nature.

Il étoit d'une taille ordinaire pour la hauteur, un peu gros, mais vigoureux, fort et alerte ; un visage fort noble et l'air haut ; de la grâce naturelle dans le maintien et dans la parole ; beaucoup d'esprit naturel qu'il n'avoit jamais cultivé, une énonciation facile, soutenue d'une hardiesse naturelle, qui se tourna depuis en audace la plus effrénée ; beaucoup de connoissance du monde, de la cour, des personnages successifs, et sous une apparente incurie un soin et une adresse continuelle à en profiter en tout genre, surtout admirable courtisan, et qui sut tirer avantage jusque de ses plus grands vices, à l'abri du foible du roi pour sa naissance ; poli par art, mais avec un choix et une mesure avare ; insolent à l'excès dès qu'il crut le pouvoir oser impunément, et en même temps familier et populaire avec le commun, par une affectation qui voiloit sa vanité et le faisoit aimer du vulgaire ; au fond, l'orgueil même, et un orgueil qui vouloit tout, qui dévoroit tout. A mesure que son rang s'éleva et que sa faveur augmenta, sa hauteur, son peu de ménagement, son opiniâtreté jusqu'à l'entêtement, tout cela crût à proportion, jusqu'à se rendre inutile toute espèce d'avis, et se rendre inaccessible qu'à un nombre très-petit de familiers et à ses valets. La louange, puis l'admiration, enfin l'adoration furent le canal unique par lequel on put approcher ce demi-dieu, qui soutenoit des thèses ineptes sans que personne osât, non pas contredire, mais ne pas approuver.

Il connut et abusa plus que personne de la bassesse du François. Peu à peu il accoutuma les subalternes, puis de l'un à l'autre toute son armée, à ne l'appeler plus que Monseigneur et Votre Altesse. En moins de rien cette gangrène gagna jusqu'aux lieutenants généraux et aux gens les plus distingués, dont pas un, comme des moutons à l'exemple les uns des autres, n'osa plus lui parler autrement, et qui d'usage ayant passé en droit, y auroient hasardé l'insulte si quelqu'un d'eux se fût avisé de lui parler autrement.

Ce qui est prodigieux à qui a connu le roi, galant aux dames une si longue partie de sa vie, dévot l'autre, souvent avec importunité pour autrui, et dans toutes ces deux parties de sa vie plein d'une juste, mais d'une singulière horreur pour tous les habitants de Sodome, et jusqu'au moindre soupçon de ce vice, M. de Vendôme y fut plus salement plongé toute sa vie que personne, et si publiquement, que lui-même n'en faisoit pas plus de façon que de la plus légère et de la plus ordinaire galanterie, sans que le roi, qui l'avoit toujours su, l'eût jamais trouvé mauvais, ni qu'il en eût été moins bien avec lui. Ce scandale le suivit toute sa vie à la cour, à Anet, aux armées. Ses valets et des officiers subalternes satisfirent toujours cet horrible goût, étoient connus pour tels, et comme tels étoient courtisés des familiers de M. de Vendôme et de ce qui vouloit s'avancer auprès de lui. On a vu avec quelle audacieuse effronterie il fit publiquement le grand remède, par deux fois prit congé pour l'aller faire, qu'il fut le premier qui l'eût osé, et que sa santé devint la nouvelle de la cour, et avec quelle bassesse elle y entra, à l'exemple du roi, qui n'auroit pas pardonné à un fils de France ce qu'il ménagea avec une foiblesse si étrange et si marquée pour Vendôme.

Sa paresse étoit à un point qui ne se peut concevoir. Il a pensé être enlevé plus d'une fois pour s'être opiniâtré dans un logement plus commode, mais trop éloigné, et risqué les succès de ses campagnes, donné même des avantages considérables à l'ennemi, pour ne se pouvoir résoudre à quitter un camp où il se trouvoit logé à son aise. Il voyoit peu à l'armée par lui-même, il s'en fioit à ses familiers que très-souvent encore il n'en croyoit pas. Sa journée, dont il ne pouvoit troubler l'ordre ordinaire, ne lui permettoit guère de faire autrement. Sa saleté étoit extrême, il en tiroit vanité ; les sots le trouvoient un homme simple. Il étoit plein de chiens et de chiennes dans son lit qui y faisoient leurs petits à ses côtés. Lui-même ne s'y contraignoit de rien. Une de ses thèses étoit que tout le monde en usoit de même, mais n'avoit pas la bonne foi d'en convenir comme lui. Il le soutint un jour à Mme la princesse de Conti, la plus propre personne du monde et la plus recherchée dans sa propreté.

Il se levoit assez tard à l'armée, se mettoit sur sa chaise percée, y faisoit ses lettres, et y donnoit ses ordres du matin. Qui avoit affaire à lui, c'est-à-dire pour les officiers généraux et les gens distingués, c'étoit le temps de lui parler. Il avoit accoutumé l'armée à cette infamie. Là, il déjeunoit à fond, et souvent avec deux ou trois familiers, rendoit d'autant, soit en mangeant, soit en écoutant ou en donnant ses ordres, et toujours force spectateurs debout. (Il faut passer ces honteux détails pour le bien connoître.) Il rendoit beaucoup ; quand le bassin étoit plein à répandre, on le tiroit et on le passoit sous le nez de toute la compagnie pour l'aller vider, et souvent plus d'une fois. Les jours de barbe, le même bassin dans lequel il venoit de se soulager servoit à lui faire la barbe. C'étoit une simplicité de mœurs, selon lui, digne des premiers Romains, et qui condamnoit tout le faste et le superflu des autres. Tout cela fini, il s'habilloit, puis jouoit gros jeu au piquet ou à l'hombre, ou s'il falloit absolument monter à cheval pour quelque chose, c'en étoit le temps. L'ordre donné au retour, tout étoit fini chez lui. Il soupoit avec ses familiers largement ; il étoit grand mangeur, d'une gourmandise extraordinaire, ne se connoissoit à aucun mets, aimoit fort le poisson, et mieux le passé et souvent le puant que le bon. La table se prolongeoit en thèses, en disputes, et par-dessus tout, louanges, éloges, hommages toute la journée et de toutes parts.

Il n'auroit pardonné le moindre blâme à personne. Il vouloit passer pour le premier capitaine de son siècle, et parloit indécemment du prince Eugène et de tous les autres. La moindre contradiction eût été un crime. Le soldat et le bas officier l'adoroient pour sa familiarité avec eux, et la licence qu'il toléroit pour s'en gagner les cœurs, dont il se dédommageoit par une hauteur sans mesure avec tout ce qui étoit élevé en grade ou en naissance. Il traitoit à peu près de même ce qu'il y avoit de plus grand en Italie, qui avoit si souvent affaire à lui. C'est ce qui fit la fortune du fameux Albéroni.

Le duc de Parme eut à traiter avec M. de Vendôme; il lui envoya l'évêque de Parme, qui se trouva bien surpris d'être reçu par M. de Vendôme sur sa chaise percée, et plus encore de le voir se lever au milieu de la conférence et se torcher le cul devant lui. Il en fut si indigné que, toutefois sans mot dire, il s'en retourna à Parme sans finir ce qui l'avoit amené, et déclara à son maître qu'il n'y retourneroit de sa vie après ce qui lui étoit arrivé. Albéroni étoit fils d'un jardinier, qui, se sentant de l'esprit, avoit pris un petit collet pour, sous une figure d'abbé, aborder où son sarrau de toile eût été sans accès. Il étoit bouffon; il plut à M. de Parme comme un bas valet dont on s'amuse; en s'en amusant il lui trouva de l'esprit, et qu'il pouvoit n'être pas incapable d'affaires. Il ne crut pas que la chaise percée de M. de Vendôme demandât un autre envoyé, il le chargea d'aller continuer et finir ce que l'évêque de Parme avoit laissé à achever.

Albéroni, qui n'avoit point de morgue à garder et qui savoit très-bien quel étoit Vendôme, résolut de lui plaire à quelque prix que ce fût, pour venir à bout de sa commission au gré de son maître et de s'avancer par là auprès de lui. Il traita donc avec M. de Vendôme sur sa chaise percée, égaya son affaire par des plaisanteries qui firent d'autant mieux rire le général qu'il l'avoit préparé par force louanges et hommages. Vendôme en usa avec lui comme il avoit fait avec l'évêque, il se torcha le cul devant lui. A cette vue Albéroni s'écrie : *O culo di angelo!* et courut le baiser. Rien n'avança plus ses affaires que cette infâme bouffonnerie. M. de Parme qui dans sa position avoit plus d'une chose à traiter avec M. de Vendôme, voyant combien Albéroni y avoit heureusement commencé, se servit toujours de lui; et lui, prit à tâche de plaire aux principaux valets, de se familiariser avec tous, de prolonger ses voyages. Il fit à M. de Vendôme, qui aimoit les mets extraordinaires, des soupes au fromage et d'autres ragoûts étranges qu'il trouva excellents. Il voulut qu'Albéroni en mangeât avec lui, et de cette sorte, il se mit si bien avec lui, qu'espérant plus de fortune dans une maison de Bohèmes et de fantaisies qu'à la cour de son maître, où il se trouvoit de trop bas aloi, il fit en sorte de se faire débaucher d'avec lui, et de faire accroire à M. de Vendôme que l'admiration et l'attachement qu'il avoit conçu pour lui lui faisoit sacrifier tout ce qu'il pouvoit espérer de fortune à Parme. Ainsi il changea de maître; et bientôt après, sans cesser son métier de bouffon et de faiseur de potages et de ragoûts bizarres, il mit le nez dans les lettres de M. de Vendôme, réussit à son gré, devint son principal secrétaire, et celui à qui il confioit tout ce qu'il avoit de plus particulier et de plus secret. Cela déplut fort aux autres. La jalousie s'y mit au point que, s'étant querellés dans une marche, ...[1] le courut plus de mille pas à coups de bâton à la vue de toute l'armée. M. de Vendôme le trouva mauvais, mais ce fut tout; et Albéroni, qui n'étoit pas homme à quitter prise pour si peu de chose et en si beau chemin, s'en fit un mérite auprès de son maître, qui, le goûtant de plus en plus et lui confiant tout, le mit de toutes ses parties et sur le pied d'un ami de confiance plutôt que d'un domestique, à qui ses familiers, même les plus haut huppés de son armée, firent la cour.

On a vu ce que put sur le roi la naissance de M. de Ven-

---

1. Nom en blanc dans le manuscrit.

dôme ; le parti qu'il en sut tirer par M. du Maine, et de là par Mme de Maintenon, toujours en montant ; comment par là il se dévoua Chamillart ; et l'intérêt que Vaudemont et ses habiles nièces trouvèrent à se lier avec lui. Bien de tout temps avec Monseigneur par la chasse et par d'autres endroits de jeunesse ancienne, jusqu'à être dans l'intérieur de cette cour l'émule du prince de Conti ; cette émulation plut au roi qui haïssoit le prince, et qui, dès avant tout ce que nous venons de voir, avoit pris du goût et de la distinction pour Vendôme, qui l'avoit flatté par son goût pour la chasse, pour la campagne, par son assiduité près de lui, et par l'aversion de Paris surtout, où il n'alloit comme jamais. On a vu son art et son audace d'entretenir le roi de projets, d'entreprises, de petits combats de rien grossis, de vrais combats très-douteux, donnés comme décisifs, avec une hardiesse à l'épreuve du plus prompt démenti, en un mot, de courriers continuels dont le roi vouloit bien être la dupe et se persuader tout ce que vouloit Vendôme, appuyé et prôné si solidement dans le plus intérieur des cabinets et contredit de personne, avec la précaution qu'on a vu qu'il avoit prises sur les lettres d'Italie, et le silence profond, excepté pour l'exalter, que son poids et sa faveur avoit imprimé à son armée.

La situation où il la trouvoit et l'absence du prince Eugène, qui étoit à Vienne, lui parut une jointure favorable pour aller recueillir le fruit de ses travaux. Il eut permission de faire un tour à la cour et laisser son armée sous les ordres de Médavy, le plus ancien lieutenant général, parce que la politique de Vaudemont, ou l'orgueil de ne commander pas par l'absence d'un autre, lui en fit faire l'honnêteté à Médavy.

Vendôme arriva droit à Marly, où nous étions, le 12 février. Ce fut une rumeur épouvantable : les galopins, les porteurs de chaises, tous les valets de la cour quittèrent tout pour environner sa chaise de poste. A peine monté dans sa chambre tout y courut. Les princes du sang, si piqués de sa préférence sur eux à servir et de bien d'autres choses, y arrivèrent tout les premiers. On peut juger si les deux bâtards s'y firent attendre. Les ministres y accoururent, et tellement tout le courtisan, qu'il ne resta dans le salon que les dames. M. de Beauvilliers étoit à Vaucresson; et pour moi, je demeurai spectateur et n'allai point adorer l'idole.

Le roi, Monseigneur, l'envoyèrent chercher. Dès qu'il put être habillé parmi cette foule, il alla au salon, porté par elle plutôt qu'environné. Monseigneur fit cesser la musique où il étoit pour l'embrasser. Le roi, qui étoit chez Mme de Maintenon, travaillant avec Chamillart, l'envoya chercher encore, et sortit de la petite chambre où il travailloit dans le grand cabinet au-devant de lui, l'embrassa à diverses reprises, y resta quelque temps avec lui, puis lui dit qu'il le verroit le lendemain à loisir, il l'entretint en effet chez Mme de Maintenon plus de deux heures.

Chamillart, sous prétexte de travailler avec lui plus en repos à l'Étang, lui donna deux jours durant une fête superbe. A son exemple, Pontchartrain, Torcy, puis les seigneurs les plus distingués de la cour, crurent faire la leur d'en user de même. Chacun voulut s'y signaler; Vendôme retenu et couru de toutes parts n'y put suffire. On briguoit à lui donner des fêtes, on briguoit d'y être invité avec lui. Jamais triomphe n'égala le sien; chaque pas qu'il faisoit lui en procuroit un nouveau. Ce n'est point trop dire que tout disparut devant lui, princes du sang, ministres et les plus grands seigneurs, ou ne parut que pour le faire éclater bien loin au-dessus d'eux, et que le roi ne sembla demeurer roi que pour l'élever davantage.

Le peuple s'y joignit à Versailles et à Paris, où il voulut jouir d'un enthousiasme si étrange, sous prétexte d'aller à l'Opéra. Il y fut couru par les rues avec des acclamations; il fut affiché; tout fut retenu à l'Opéra d'avance; on s'y étouffoit partout, et les places y furent doublées comme aux premières représentations.

Vendôme, qui recevoit tous ces hommages avec une aisance extrême, étoit pourtant intérieurement surpris d'une folie si universelle. Quelque court qu'il eût résolu de rendre son séjour, il craignit que cette fougue ne pût durer. Pour se rendre plus rare, il pria le roi de trouver bon qu'il allât à Anet d'un Marly à l'autre, et ne fut que deux jours à Versailles, qu'il coupa encore d'une nuit à Meudon, dont il voulut bien gratifier Monseigneur. Vendôme ne fut pas plutôt à Anet avec fort peu de gens choisis, que de l'un à l'autre la cour devint déserte, et le château et le village d'Anet remplis jusqu'aux toits. Monseigneur y fut chasser, les princes du sang, les ministres; ce fut une mode dont chacun se piqua. Enflé d'une réception si prodigieuse et si soutenue, il traita à Anet toute cette foule de courtisans, et la bassesse fut telle qu'on le souffrit sans s'en plaindre comme une liberté de campagne, et qu'on ne cessa d'y courir. Le roi, si offensé d'être délaissé pour quelque occasion que ce fût, prenoit plaisir à la solitude de Versailles pour Anet, et demandoit aux uns s'ils y avoient été, aux autres quand ils iroient.

Tout montroit que de propos délibéré on avoit résolu d'élever Vendôme au rang des héros; il le sentit, il voulut en profiter. Il renouvela ses prétentions de commander aux maréchaux de France; on l'érigeoit en dieu Mars, comment l'en refuser? La patente de maréchal général lui fut donc sourdement accordée, et dressée pareille à celle de M. de Turenne, depuis lequel on n'en avoit point vu. Ce n'étoit ni le compte de M. de Vendôme ni celui de M. du Maine. La patente n'avoit été offerte que pour sauver ce que le roi n'avoit jamais voulu; elle n'avoit été acceptée qu'à faute de mieux et pour en faire un chausse-pied à la naissance. Vendôme proposa donc que ce motif y fût inséré de plus qu'en la patente de M. de Turenne. Je ne sais par où le maréchal de Villeroy en eut le vent, mais il le sut à temps d'en faire ses représentations au roi. Elles étoient pour lors encore conformes à son goût; le maréchal étoit en grande faveur, il l'emporta et il fut déclaré à M. de Vendôme qu'il ne seroit rien ajouté à sa patente, conforme en tout à celle de M. de Turenne. Il se piqua et n'en voulut plus. Le refus étoit singulièrement hardi; mais il connoissoit à qui il avoit affaire, et la force de ses appuis. Il avoit été opiniâtrément refusé de commander ceux d'entre les maréchaux de France qui ne l'étoient que depuis qu'il commandoit les armées; il n'avoit pas tenu aux ordres réitérés du roi que Tessé ne le lui eût fait éprouver, qui ne l'évita que par une volontaire adresse; de là à la patente qu'on lui offrit pour les commander tous, il y avoit plus loin qu'à parvenir de cette offre à ce qu'il prétendoit. On verra dans cette année même qu'il ne se trompa pas.

Son frère, quoique médiocrement bien avec lui, le fut trouver à Anet pour se remettre par lui en selle. Vendôme lui offrit de le présenter au roi, et de lui faire donner une pension de dix mille écus; mais l'insolent grand prieur ne voulut rien moins que de retourner commander une armée en Italie, acheva pourtant le voyage d'Anet fort mécontent et refusa tout, et quand son frère retourna à la cour s'en revint rager à Clichy.

Il avoit tous les vices de son frère. Sur la débauche il avoit de plus que lui d'être au poil et à la plume, et d'avoir l'avantage de ne s'être jamais couché le soir depuis trente ans que porté dans son lit ivre mort, coutume à laquelle il fut fidèle le reste de sa vie. Il n'avoit aucune partie de général; sa poltronnerie reconnue étoit soutenue d'une audace qui révoltoit; plus glorieux encore que son frère, il alloit à l'insolence, et pour cela même ne voyoit que des subalternes obscurs; menteur, escroc, fripon, voleur, comme on l'a vu sur les affaires de son frère, malhonnête homme jusque dans la moelle des os qu'il avoit perdus de vérole, suprêmement avantageux et singulièrement bas et flatteur aux gens dont il avoit besoin, et prêt à tout faire et à tout souffrir pour un écu, avec cela le plus désordonné et le plus grand dissipateur du monde. Il avoit beaucoup d'esprit et une figure parfaite en sa jeunesse, avec un visage autrefois singulièrement beau. En tout, la plus vile, la plus méprisable et en même temps la plus dangereuse créature qu'il fût possible.

Le projet de Barcelone occupoit fort alors. Tessé ne parut pas pouvoir suffire à tout. Il falloit une armée en Galice, et contenir, si on pouvoit, les Portugais pour vaquer plus à son aise à la partie de la Catalogne. Le triomphe de Mme des Ursins lui avoit fait passer le dépit qu'elle avoit eu contre le duc de Berwick de tout ce qu'il avoit mandé d'Orry, qui en triomphoit avec elle. Il falloit un chef contre le Portugal, Berwick en connoissoit exactement toute la frontière; cela les détermina à Madrid à le redemander avec des troupes de France pour ce côté-là. Le roi, en l'accordant, en prit occasion de combler sa fortune en faveur d'une naissance qu'il aimoit, de quelque pays qu'elle fût. Quoique Berwick n'eût pas encore trente-six ans, il lui envoya à Montpellier le bâton de maréchal de France avec l'ordre de s'en aller de là droit en Espagne.

En même temps, le roi, touché de la douleur des beaux yeux de Mme de Roquelaure, envoya son mari commander en Languedoc à la place de Berwick, au scandale de toute la France. Tout en même temps aussi le comte de Toulouse et le maréchal de Cœuvres s'en allèrent à Toulon préparer tout ce qui étoit nécessaire pour aller eux-mêmes favoriser par mer l'entreprise de Barcelone. Son importance leur fit espérer que Pontchartrain n'en useroit pas comme on a vu qu'il avoit fait l'année précédente. L'expérience leur apprit que la persévérance dans la résolution qu'il avoit prise lui avoit paru plus importante pour lui que de les laisser réussir à Barcelone.

Le duc de Noailles fit de petits exploits. Il pourchassa des miquelets, s'empara de Figuères que l'ennemi avoit abandonné, mit quelques troupes dans Roses dès que le blocus en fut levé, et nettoya fort aisément le Lampourdan. Il empêcha les ennemis de prendre Bascara, et leur prit et tua quelque monde, s'avança vers le Ter, et se rendit maître depuis Girone jusqu'à la mer. Ces faciles exécutions furent fort célébrées. Il étoit pressé d'agir en chef, et il avoit beau jeu contre quelque peu de milices, avant que les troupes destinées au siége de Barcelone arrivassent et Legal avec elles, auquel il devoit obéir, et servir après de maréchal de camp au siége.

Tessé n'étoit pas tellement occupé en Espagne qu'il ne songeât à ses affaires. Il fit un tour de son pays et dupa bel et bien le roi et le roi d'Espagne. Sans dire mot au dernier, il demanda au premier la permission de céder sa grandesse à son fils, chose sans aucun exemple en Espagne. Le roi, qui n'entretint jamais personne que pour ses affaires et par nécessité, ignoroit tout et ne s'en cachoit pas. Sur la demande de Tessé, et faite d'Espagne, il ne douta pas un moment que les grandesses ne se cédassent comme ici les duchés, et le permit. Quand Tessé eut ce qu'il vouloit du roi par la surprise qu'il lui avoit faite, il surprit de même le roi d'Espagne, en lui faisant accroire que le roi son grand-père s'étoit engagé de manière à ne pouvoir être dédit. Mme des Ursins tout à lui, comme on a vu avec étendue, le servit puissamment, et détermina le roi d'Espagne à ne pas chicaner et blesser, pour une bagatelle qui n'auroit point d'effet en Espagne, le roi son grand-père, dont il avoit tant de besoin. Il se rendit avec bien de la peine, mais par un décret qui la sentit et qui expliqua bien que c'étoit sans nulle conséquence, et qui exclut l'Espagne de l'effet, tellement que, si le comte de Tessé y eût été du vivant de son père, il n'y eût pas été traité autrement que tous les fils aînés des grands.

En ce même temps, c'est-à-dire vers la mi-février, la reine douairière d'Angleterre mourut en Portugal, où veuve sans enfants elle s'étoit retirée auprès du roi son frère, qui l'aimoit et la considéroit fort. Elle l'avoit toujours aussi été beaucoup en Angleterre, où on s'affligea fort de son départ. C'est celle avec qui le comte de Feversham, frère des maréchaux de Duras et de Lorges, étoit si bien qu'on ne douta pas qu'il ne l'eût épousée dans l'intervalle de la mort de Charles II et de son départ. Sa religion l'avoit établi en Angleterre, où il est mort sans enfants, mais riche par le mariage qu'il avoit fait. Il avoit été capitaine des gardes jusqu'à la révolution, grand chambellan de la reine jusqu'à son départ, général d'armée, et eut, en 1685, la jarretière du duc de Monmouth qu'il avoit défait et pris, et qui fut décapité. On donna part au roi de la mort de cette reine, et il en prit le deuil.

Belesbat mourut aussi. Son nom étoit Hurault. Sa mère étoit sœur de Brégy et belle-sœur de Mme de Brégy, dont j'ai fait une assez plaisante mention. La sœur de son père étoit cette Mme de Choisy, mère de l'abbé de Choisy, si avant dans le monde et si instruite de toutes les intrigues de la cour. Ces deux femmes avoient mis Belesbat à la cour et dans le monde. C'étoit une manière d'éléphant pour la figure, une espèce de bœuf pour l'esprit, qui s'étoit accoutumé à se croire courtisan, à suivre le roi dans tous ses voyages de guerre et de frontières, et à n'en être pas plus avancé pour cela. Ses pères étoient de robe; il ne fut ni robe ni épée, se fit assez moquer de lui, et ne laissoit pas quelquefois de lâcher des brutalités assez plaisantes. Il avoit fort accommodé le jardin de Belesbat, près de Fontainebleau, où les eaux et les bois sont admirables, et s'y étoit fort incommodé. Il mourut vieux, sans avoir été marié. Sa sœur étoit mère de Canillac, dont j'aurai maintes occasions de parler.

Polastron, ancien lieutenant général, mourut aussi. Il avoit un gouvernement et la grand'croix de Saint-Louis. Son frère étoit au duc Mazarin et avoit été gouverneur de son fils, gendre du maréchal de Duras. Cette famille est féconde en gouverneurs. Le fils de celui-là a été sous-gouverneur de Mgr le Dauphin, puis lieutenant général.

Saint-Adon, d'une famille de Paris, galant, fort dans le grand monde et dans le grand jeu, et capitaine aux gardes à force de lessives, avoit vendu sa compagnie, et n'osant plus se montrer, s'étoit retiré en Flandre, où l'électeur de Bavière, qui ramassoit tout, lui avoit donné une réforme de colonel de dragons. Il ne put s'empêcher de jouer ; il ne fut pas plus heureux qu'il l'avoit été en ce pays-ci. Il se tua un matin dans son lit. Tout le monde le plaignit : il étoit brave, de bon commerce, et fait, quoique de peu, pour la bonne compagnie.

Deux hommes fort querelleurs, quoique assez peu propres à quereller, eurent une violente prise au bal du Palais-Royal. M. le duc d'Orléans, qui survint au bruit, leur imposa et les accommoda sur-le-champ. Ils ne demandoient pas mieux l'un et l'autre. C'étoit le chevalier de Bouillon et d'Entragues, plus connu par son jeu et par être cousin germain de Mme la princesse de Conti que par ailleurs, neveu de cet abbé d'Entragues si extraordinaire, dont je crois avoir parlé. Tous deux prétendoient épouser Mme de Barbezieux. Encore le chevalier de Bouillon avoit un rang et une belle figure ; l'autre, de l'intrigue et de l'audace. L'éclat de cette affaire fit entrer la prétendue dans un couvent.

La duchesse douairière de Mortemart fit un mariage hardi dans sa famille. Elle prit pour le comte de Maure, son second fils, qui prit le nom de comte de Rochechouart, la fille unique de son frère Blainville, tué à Hochstedt. Elle étoit extrêmement riche ; mais sa mère étoit enfermée depuis longtemps folle à lier, et cette folie venoit de race et s'étoit plus ou moins manifestée dans toutes les générations. Sa grand'-mère étoit sœur de Châteauneuf. Leur frère aîné avoit couru les champs et les rues toute sa vie à Angoulême. L'archevêque de Bourges, leur autre frère, n'avoit jamais été bien sage; elle l'étoit encore moins. Elle avoit épousé un Rochechouart, qui s'appeloit M. de Tonnay-Charente, et le mal venoit de la mère, qui étoit Particelli, fille d'Émery, surintendant des finances, qui étoit femme du bonhomme La Vrillière, secrétaire d'État.

M. d'Uzès en fit un pareil. Il n'avoit plus d'enfants de sa première femme, fille de M. de Monaco. Il s'étoit ruiné dans l'obscurité de la crapule; il épousa une fille de Bouillon. Qui auroit pu imaginer alors que le frère de sa femme eût été chevalier de l'ordre avec lui en 1724?

Fort peu après, M. de La Trémoille maria son fils unique plus honnêtement avec Mlle de La Fayette du nom de Mottier, fort riche héritière. Elle avoit perdu père et mère qui étoit fille, et par l'événement, héritière de Marillac, doyen du conseil. Ce mariage étoit fait avec le fils aîné du duc de Beauvilliers lorsqu'il le perdit. La Fayette étoit mort maréchal de camp. Il étoit fils de cette Mme de La Fayette, célèbre par son esprit, si amie de M. le Prince le héros, de Mme de Longueville, de M. de La Rochefoucauld, et de toutes les personnes d'esprit et principales de son temps, et jusqu'à la fin de sa vie distinguée par son esprit. Lors du désordre des tabourets donnés dans la régence de la reine mère[1], puis ôtés, après rendus de façon ou d'autre, Mme de La Trémoille, qui voyoit MM. de Bouillon et de Turenne, ses frères, devenus princes par les troubles, essaya de faire prince aussi son mari. Ils avoient fait un grand mariage en 1648 par ces mêmes troubles, et par leur religion, du prince de Tarente leur fils, avec Amélie de Hesse, dont une sœur fut électrice palatine, mère de Madame; l'autre, reine de Danemark, filles de Guillaume V, landgrave de Hesse-Cassel, et d'une Hanau, cette guerrière illustre qui servit si

---

1. Ce fut en octobre 1649 que la noblesse se réunit pour s'opposer aux honneurs récemment accordés à plusieurs familles. Voy., pour les détails, notes à la fin du volume.

utilement et si constamment la France. La considération d'une belle-fille si distinguée lui fit accorder le tabouret, et encore à Mlle de La Trémoille, qui épousa depuis un duc de Saxe-Weimar. On donna aussi le *pour*[1] à M. de La Trémoille. J'ai expliqué ailleurs ce que c'est. De cette manière on contenta Mme de La Trémoille et ses frères, qui ne vouloient point multiplier la princerie qu'ils avoient obtenue, et on accorda à M. de La Trémoille une distinction fort grande, qui donne le tabouret à la femme de son fils aîné, et à sa fille aînée, sans aller au delà à aucun des cadets. On verra dans la suite la subtile escroquerie du prince de Talmont, et où elle en est demeurée.

Parlant des Bouillon, il faut dire ici qu'en ce même temps, le duc d'Albret, voyant la cour et la ville contre lui, et le roi contre sa coutume ayant pris parti, envoya son blanc-signé à M. de Bouillon pour terminer leur procès tout comme il lui plairoit. M. de Bouillon avoit pris congé du roi pour aller à Dijon, où ce procès avoit été renvoyé et alloit commencer ; cela remit la paix dans la famille, et raccommoda parfaitement le père avec le fils, mais non avec le roi, auprès duquel le père fit inutilement tout ce qu'il put pour raccommoder ce qu'il avoit gâté dans sa colère. Le roi, qui savoit gré au comte d'Évreux de s'être attaché au comte de Toulouse, lui donna vingt mille livres de pension pour tant que la guerre dureroit. Ce sont de ces grâces qu'un terme facilite, mais qui n'y demeurent guère bornées.

Rinschild, à la tête de douze mille Suédois, sans aucune artillerie, défit entièrement, le 12 février, Schulembourg, qui avoit vingt mille Saxons ou Moscovites et beaucoup de canon. La cavalerie de ce dernier lâcha pied d'abord, et abandonna vingt-deux pièces de canon, dont les Suédois se servirent. Schulembourg se mit à la tête des quinze mille hommes d'infanterie, qui fut enfoncée de façon qu'il n'en

---

1. Voy. t. II, p. 186.

resta pas mille. Schulembourg se sauva seul et blessé, tous les Moscovites tués, six mille prisonniers, dont cent cinquante officiers, le canon, le bagage, cent drapeaux ou étendards pris. Une si complète victoire ne coûta pas plus de mille hommes aux Suédois, et presque point d'officiers. Quel personnage eût fait en Europe ce jeune roi de Suède s'il eût pu se préserver des perfides conseils de son ministre Piper, et n'aller pas se détruire follement dans les déserts de Moscovie!

CHAPITRE IX.

Généraux des armées. — Du Bourg attaqué à Versailles. — Joyeux; son être; sa mort. — Du Mont; sa famille; son caractère. — Catastrophe curieuse de Maulevrier. — Départ de l'abbé de Polignac, etc. — Prince Emmanuel d'Elbœuf passe aux Impériaux et est pendu en effigie. — Langallerie, lieutenant général, puis Bonneval, brigadier, passent aux ennemis et sont pendus en effigie. — Vastes projets pour la campagne; réflexions. — Billet signé du roi à M. de Vendôme, qui s'engage à faire recevoir l'ordre de lui et obéir par un maréchal de France, en Italie seulement. — Cardinal de Médicis veut se marier de la main du roi; Mlle d'Armagnac le refuse. — Villars, maître de la Mutter et de la Lauter, prend Haguenau et délivre le fort Louis. — Le roi d'Espagne et Tessé devant Barcelone. — Berwick foible contre les Portugais. — Chavagnac ravage les Anglois aux îles de l'Amérique.

Le roi régla ses armées à peu près comme les années précédentes : M. de Vendôme en Italie, Tessé pour la Catalogne, alors en Espagne, Berwick pour la frontière de Portugal. Le maréchal de Villars en Alsace, Marsin sur la Moselle, et le maréchal de Villeroy en Flandre, avec chacun leurs officiers généraux.

Du Bourg, lieutenant général, destiné pour l'Alsace où il étoit directeur de la cavalerie, et depuis maréchal de France, étoit alors à Versailles. Il avoit fait casser un capitaine de cavalerie du régiment de Bourgogne. Cet officier l'attendit le 4 mars, au soir, à Versailles, comme il se retiroit chez lui, l'attaqua, le blessa légèrement de deux coups. Saint-Sernin qui passoit par là, se retirant aussi, les sépara. Le capitaine y laissa son chapeau, sa perruque et son épée, et s'enfuit tant qu'il put. Il s'appeloit Boile. Il fut rattrapé près de Fontainebleau. Du Bourg se jeta aux pieds du roi pour lui demander la grâce de cet officier sans la pouvoir obtenir, avec raison. Il fut condamné à un bannissement perpétuel que le roi commua en une prison de dix ans.

Le vieux Joyeux, premier valet de chambre de Monseigneur et gouverneur de Meudon, mourut bientôt après à Versailles dans une extrême vieillesse, sans avoir jamais été marié, et donna tout son bien, qui étoit considérable, aux enfants du feu bonhomme Bontems, son ancien ami et camarade. Ce Joyeux étoit une espèce toute singulière et très-dangereuse, avec qui Monseigneur se mesuroit fort, et avec qui sa cour intérieure étoit en grand ménagement et fort en contrainte. Il avoit été à la reine mère, puis au roi, et dans toutes les intrigues serviles de ses amours. Bel homme et fort bien fait, dansant mieux qu'homme de France, et avoit été de tous les ballets du roi avec les meilleurs danseurs. Le dos lui étoit resté fort plat, mais il s'étoit comme rompu par le bas; il faisoit une pointe, et Joyeux marchoit presque ployé en deux. Son vêtement étoit rare et toujours le même : grande perruque et grand rabat, habit brun fort ample, culottes très-larges, d'ailleurs bien chaussé. Il avoit de l'esprit beaucoup, et de cet esprit de cour et de remarque, de l'emportement, de la malignité, de l'entêtement, quelquefois serviable et bon homme par fantaisie. Le roi l'avoit mis auprès de Monseigneur comme un homme de confiance. Il ne faisoit pas bon lui déplaire. Monseigneur n'avoit osé lui refuser le gouvernement de Choisy, quand il l'eut, puis de Meudon, où il ordonnoit de tout comme d'abord Bontems faisoit à Marly. Il le traitoit bien et le ménageoit ; il s'en consola encore mieux. Joyeux avoit une bonne abbaye et je crois quelques prieurés.

Du Mont eut le gouvernement de Meudon. C'étoit un gentilhomme de bon lieu. Mon père, étant premier gentilhomme de la chambre et premier écuyer de Louis XIII, fit la petite fortune de son père, qui se trouva un homme de mérite et qui l'acheva. Il fut sous-gouverneur du roi, et mourut dans cet emploi fort estimé. La Bourlie, père de Guiscard, fut mis en sa place. Le roi prit son fils tout enfant encore, et en chargea le vieux Beringhen, premier écuyer, et dans la suite l'attacha à Monseigneur, duquel il commandoit toute l'écurie particulière, sous le premier écuyer du roi. C'étoit un grand homme, bien fait et de bonne mine, extrêmement court d'esprit, mais qui, né et élevé à la cour où il avoit passé sa vie, en savoit la routine et le manége, fort homme d'honneur et bienfaisant, mais avec des fantaisies et des manières comme les gens de fort peu d'esprit et gâtés par la faveur. Il posséda toujours toute celle de Monseigneur, sa plus intime confiance sur tous les chapitres ; gouvernoit sa bourse particulière et ordonnoit ses plaisirs ; fort honnête homme pourtant, et qui eut le sens de se maintenir toujours fort bien avec le roi. Avec toute cette enflure, il n'a jamais oublié ce que son père devoit au mien ; il le publioit, il lui rendoit toutes sortes de respects, et est toujours venu au-devant de moi pour tout et en tout, avec respect et amitié, et se piquant et s'honorant de l'une et de l'autre à mon égard, ce qui se trouvera curieusement dans la suite. Il fut malheureux en famille. Le comte de Brionne en usa avec un éclat qui l'obligea à confiner sa femme à la campagne pour toujours. Sa fille unique lui donna plus de consolation. Elle avait du mérite, et avoit épousé un homme fort riche et qu'on ne voyoit jamais, presque toujours en Normandie. Il s'appeloit M. de Flers, du séditieux nom de Pellevé. Avec Monseigneur, du Mont perdit tout ce qu'on peut perdre, et toutefois il conserva toujours de la considération par estime, et fut toujours bien traité du roi. Il obtint dans la régence la survivance de Meudon pour Pellevé, son petit-fils, qui avoit une compagnie de gendarmerie, et qui avoit de la valeur et de l'estime dans le monde. Il avoit épousé la fille de La Chaise, capitaine de la porte, neveu du P. de La Chaise. Du Mont n'eut pas la douleur de voir sa catastrophe. Il devint fou par intervalles; on ne put lui laisser Meudon où il se conduisoit avec toutes sortes d'extravagances. Cela acheva de lui tourner la tête; il finit enfin par s'aller noyer dans la Seine, vers le moulin de Javelle.

Une folie me conduit à une autre, pour ne pas interrompre des matières importantes et liées, en remettant de la rapporter au temps où elle arriva. Maulevrier, de retour d'Espagne, et débarquant à Marly où j'étois, et comme je l'ai dit, parce que sa femme étoit du voyage, y trouva la princesse des Ursins au plus brillant de son triomphe, et Mme de Maintenon également entêtée d'elle et impatiente de la renvoyer à Madrid. Le compagnon saisit la conjoncture. Il étoit chargé de mémoires de la reine d'Espagne et de Tessé. Il profita des premiers temps de la reconnoissance de Mme des Ursins qu'il avoit si bien servie, il la cultiva, il eut soin de la laisser apercevoir des privances qu'il surprit avec Mme la duchesse de Bourgogne, et qu'il s'étoit ménagées avant son voyage avec Mgr le duc de Bourgogne, qui lui avoit trouvé de l'esprit. Il ne négligea pas de les grossir aux yeux de son importante amie; à qui il avoit appris à Toulouse tant de choses secrètes et importantes qu'elle n'eut pas peine à croire sur sa parole plus encore qu'elle n'en voyait. Quelque nombre d'amis qu'elle laissât en ce pays-ci, elle ne fut pas indifférente à se bien assurer de celui-ci, qu'elle vit, et crut encore plus qu'il n'étoit, tenir par les liens les plus intimes.

Elle avoit plus d'une fois éprouvé la force de ceux-là, qui si souvent gouvernent les cours, les affaires et les succès. Les secrets réciproques qu'ils s'étoient confiés à Toulouse, ceux qu'il rapportoit d'Espagne les lièrent étroitement. Maulevrier s'en fit une clef de la chambre de Mme de Maintenon, si curieuse de l'intérieur de la cour d'Espagne, qu'elle alloit, comptoit-elle, gouverner plus que jamais par Mme des Ursins, à qui elle ne put refuser d'entretenir Maulevrier. Il fut donc admis chez elle tête à tête. Ces conversations se multiplièrent et se prolongèrent quelquefois plus de trois heures. Il eut soin de les nourrir par des lettres et par des mémoires. Mme de Maintenon, toujours éprise des nouvelles connoissances, avec un épanchement fort singulier, admira tout de Maulevrier, et fit goûter au roi ce qu'il lui envoyoit.

Maulevrier, revenu perdu, et subitement relevé de la sorte, commença à perdre terre, à mépriser les ministres, à faire peu de compte de ce que son beau-père lui mandoit. Les affaires qui lui passoient par les mains, des commerces secrets qu'il entretenoit en Espagne, lui donnèrent des occasions continuelles de particuliers avec Mgr et Mme la duchesse de Bourgogne, chacun séparément, à celle-ci de le ménager et à lui de tout prétendre. Nangis le désespéroit, l'abbé de Polignac aussi. Il ne prétendoit à rien moins qu'à toutes sortes de sacrifices, et il n'en pouvoit obtenir aucun. Sa femme, piquée contre lui, se mit à faire des avances à Nangis; celui-ci, pour se couvrir mieux, à y répondre. Maulevrier s'en aperçut. C'étoit trop lui en vouloir. Il connoissoit sa femme assez méchante pour la craindre. Tant de vifs mouvements du cœur et de l'esprit le transportèrent.

Un jour qu'il étoit chez lui, et qu'il y avoit apparemment quelque chose à raccommoder, la maréchale de Cœuvres le vint voir. Il lui ferma la porte de sa chambre, la barricada au dedans; et à travers la porte la querella jusqu'à lui chanter pouille une grosse heure entière qu'elle eut la patience d'y demeurer, sans avoir pu parvenir à le voir. De cette époque il se rendit rare à la cour et se tint fort à Paris. Il sortoit souvent seul à des heures bizarres, prenoit un fiacre loin de chez lui, se faisoit mener derrière les Chartreux et en d'autres lieux écartés. Là il mettoit pied à terre, s'avançoit seul, siffloit; tantôt un grison, sortant d'un coin, lui remettoit des paquets, tantôt ils lui étoient jetés d'une fenêtre, une autre fois il ramassoit une boîte, auprès d'une borne, qui se trouvoit remplie de dépêches. J'ai su dans le temps même ces mystérieux manéges par des gens qu'il eut quelquefois l'indiscrète vanité d'en rendre témoins. Il écrivoit après à Mme de Maintenon et à Mme la duchesse de Bourgogne, mais sur les fins presque uniquement à la dernière par l'entremise de Mme Cantin. Je sais gens, et M. de Lorges entre autres, à qui Maulevrier a extérieurement montré des bottes de ses lettres et des réponses, et lut entre autres une que Mme Cantin lui écrivoit, par laquelle elle tâchoit de l'apaiser sur Mme la duchesse de Bourgogne, et lui mandoit, de sa part, en termes les plus exprès et les plus forts, qu'il devoit toujours compter sur elle.

Il fit un dernier voyage à Versailles où il la vit en particulier et la querella cruellement. Il dîna ce jour-là chez Torcy, avec qui il étoit resté en mesures extérieures, et eut la folie de conter sa rage et sa conversation à l'abbé de Caumartin qu'il y trouva, qui étoit ami intime de Tessé et d'eux tous, et qui me la redit mot pour mot ensuite, et de là s'en alla à Paris. Là, déchiré de mille sortes de rages d'amour qui étoit venu à force de le faire, de jalousie, d'ambition, sa tête se troubla au point qu'il fallut appeler des médecins, et ne le laisser voir qu'aux personnes indispensables, et encore aux heures où il étoit le moins mal. Cent visions lui passoient par la tête. Tantôt, comme enragé, il ne parloit que d'Espagne, que de Mme la duchesse de Bourgogne, que de Nangis qu'il vouloit tuer, d'autres fois le faire assassiner. Tantôt plein de remords sur l'amitié de Mgr le duc de Bourgogne, à laquelle il manquoit si essentiellement, il faisoit des réflexions si curieuses à entendre qu'on n'osoit demeurer avec lui et qu'on le laissoit seul. D'autres fois doux, détaché du monde, plein des idées qui lui étoient restées de sa première éducation ecclésiastique, ce n'étoient que désirs de retraite et de pénitence. Alors il lui falloit un confesseur pour le remettre sur ses désespoirs de la miséricorde de Dieu. Souvent encore il se croyoit bien malade et prêt à mourir.

Le monde cependant, et jusqu'à ses plus proches, se persuadoient que tout cela n'étoit qu'un jeu; et dans l'espérance d'y mettre fin, ils lui déclarèrent qu'il passoit pour fou dans le monde, et qu'il lui importoit infiniment de sortir d'un état si bizarre et de se montrer. Ce fut le dernier coup qui l'accabla. Outré de fureur de sentir que cette opinion ruinoit sans ressource tous les desseins de son ambition, sa passion dominante, il se livra au désespoir. Quoique veillé avec un extrême soin par sa femme, par quelques amis très-particuliers et par ses domestiques, il fit si bien que le vendredi saint de cette année, il se déroba un moment d'eux tous sur les huit heures du matin, entra dans un passage derrière son appartement, ouvrit la fenêtre, se jeta dans la cour et s'y écrasa la tête contre le pavé. Telle fut la catastrophe d'un ambitieux à qui les plus folles et les plus dangereuses passions parvenues au comble renversèrent la tête et lui ôtèrent la vie, tragique victime de soi-même.

Mme la duchesse de Bourgogne apprit la nouvelle le même jour, à ténèbres, avec le roi et toute la cour. En public, elle ne témoigna pas s'en soucier; en particulier, elle donna quelque cours aux larmes. Ces larmes pouvoient être de pitié, mais ne furent pas si charitablement interprétées. On remarqua fort que, dès le samedi saint, Mme Cantin alla à Paris chez ce malheureux, où dès auparavant elle avoit fait divers voyages. Elle étoit tout à Tessé, le prétexte fut de Mme de Maulevrier, mais personne n'y prit, et on crut qu'il y avoit eu des raisons importantes pour ce voyage.

La douleur de la veuve ne lui ôta aucune liberté d'esprit. On ne douta pas qu'elle ne se fût saisie de tous les papiers avant de se jeter dans le couvent où elle passa sa première année. Elle y reçut une lettre de Mme la duchesse de Bourgogne, dont elle se para fort, et la visite des dames les plus avant auprès de cette princesse. Elle les reçut froidement, et Mme de La Vallière si mal, que d'amies intimes qu'elles étoient elles s'en brouillèrent.

Incontinent après Pâques nous fûmes à Marly, Mme de Maintenon y parut triste, embarrassée, sévère contre son ordinaire avec Mme la duchesse de Bourgogne. Elle la tint souvent et longtemps tête à tête, la princesse en sortoit toujours en larmes. On ne douta plus que Mme de Maintenon n'en eût appris enfin ce que chacun voyoit depuis longtemps. On soupçonna Maulevrier de s'être vengé par des papiers qu'il lui avoit envoyés sur les fins. On imagina même que Desmarets, cousin germain de Maulevrier, et qui s'étoit toujours mêlé de ses affaires domestiques, avoit été saisi de papiers importants, que, par le canal de Chamillart, il avoit fait passer à Mme de Maintenon et au roi même. J'étois ami particulier de toute ma vie de Desmarets, après mon père, comme je l'ai rapporté en son lieu, et à portée de tout avec lui. Je le pris un jour de conseil de finances que nous avions dîné ensemble chez Chamillart, et en nous promenant dans les jardins de Marly tête à tête je lui en demandai la vérité. Il m'avoua que Maulevrier l'avoit souvent entretenu de ses visions et de ses amours, et lui en avoit tant conté de toutes les sortes que, désespérant de l'en pouvoir déprendre, et ne doutant pas que la fin n'en fût fâcheuse, il lui avoit depuis fermé la bouche toutes les fois qu'il avoit voulu lui en parler. Il me dit que c'étoit lui qui avoit ordonné du scellé, qu'il ne doutoit pas qu'il n'y eût là bien des lettres et bien des papiers fort curieux; qu'il savoit que, peu avant sa mort,

Maulevrier en avoit brûlé beaucoup et mis d'autres en dépôt dont il n'avoit pas voulu se charger; qu'il ne doutoit pas que Mme de Maulevrier n'eût mis la main sur tout ce qui s'en étoit pu trouver; mais il me jura qu'il n'avoit eu à cet égard ni ordre ni rien de semblable, et qu'aussi il n'avoit rien trouvé.

Je fus bien aise d'être éclairci d'un fait si important. Comme il n'y avoit donc plus rien qui le fût là-dessus à l'égard de Desmarets, je contai cette conversation à la duchesse de Villeroy, à Mme de Lévi, à Mme de Nogaret, à Mme du Châtelet auprès desquelles nous étions logés, Mme de Saint-Simon et moi, lesquelles nous disoient aussi tout ce qu'elles découvroient. A l'empressement avec lequel Mme de Nogaret m'avoit pressé de confesser Desmarets, et sa joie de ce que je lui en rapportai, j'eus beaucoup de soupçon qu'elle ne l'avoit pas fait d'elle-même, et de l'inquiétude de Mme la duchesse de Bourgogne là-dessus. Cependant cette tristesse profonde, et ces yeux si souvent rouges de Mme la duchesse de Bourgogne, commencèrent à inquiéter Mgr le duc de Bourgogne. Peu s'en fallut qu'il n'aperçût plus qu'il n'étoit besoin. Mais l'amour est crédule; il prit aisément aux raisons qui lui en furent données. Les romancines s'épuisèrent ou du moins se ralentirent, la princesse comprit la nécessité de se montrer plus gaie. Nous ne laissâmes pas de douter longtemps si le roi n'avoit pas été instruit. Je me licenciai de traiter avec le duc de Beauvilliers cette matière en plein. Il n'en ignoroit pas le fond; il souffroit cruellement pour Mgr le duc de Bourgogne, et il trembloit sans cesse de le voir tomber dans l'horrible désespoir d'apprendre ce qui à la fin se sait presque toujours. M. de Beauvilliers n'avoit jamais estimé Maulevrier; il plaignit en bon chrétien sa fin funeste, mais il se sentit fort soulagé. Tessé, par d'autres raisons, ne le fut pas moins quand il apprit en Espagne qu'il étoit délivré d'un gendre si embarrassant. Il ne s'en cacha même pas assez.

Achevons tout d'un temps cette délicate matière. L'abbé de Polignac étoit pressé par Torcy de partir et ne s'y pouvoit résoudre, quoique cette aventure qui tenoit les yeux si ouverts sur lui le dût persuader, et une autre encore fort désagréable qu'il venoit d'avoir avec l'abbé de Caumartin, à propos du procès de M. de Bouillon avec son fils. A la fin pourtant il fallut prendre congé. On remarqua beaucoup que Mme la duchesse de Bourgogne lui souhaita un heureux voyage tout d'une autre façon qu'elle n'avoit accoutumé de congédier ceux qui prenoient congé d'elle. Peu de gens eurent foi à une migraine qui la tint tout ce même jour sur un lit de repos chez Mme de Maintenon, les fenêtres entièrement fermées, et qui ne finit que par beaucoup de larmes. Ce fut la première fois qu'elle ne fut pas épargnée. Madame, se promenant peu de jours après dans les jardins de Versailles, trouva, sur une balustrade et sur quelques piédestaux, deux vers aussi insolents qu'ils furent intelligibles, et Madame n'eut ni la bonté ni la discrétion de s'en taire. Tout le monde aimoit Mme la duchesse de Bourgogne ; ces vers firent moins de bruit, parce que chacun l'étouffa.

Le prince Emmanuel, frère du duc d'Elbœuf, après avoir fait bien des personnages différents et la plupart fort honteux, et tiré souvent du roi de l'argent et de la protection, étoit allé à Milan trouver sa sœur et Vaudemont son beau-frère. Il fit là son marché et passa à l'armée de l'empereur, où il eut un régiment. Le roi, qui en fut piqué, lui fit faire son procès comme on l'avoit fait au prince d'Auvergne, et comme lui, par arrêt du parlement, il fut pendu à la Grève en effigie.

Langallerie passa aussi au service de l'empereur. Son père fut tué à Fleurus, lieutenant général fort estimé. Le fils étoit brave et réglé, il étoit appliqué et bon officier, il étoit parvenu assez vite à être lieutenant général, il avoit toujours paru sage et modeste. Il servoit en Italie. Je ne sais ce qui lui tourna la tête; l'ambition le saisit. Il se piqua de quelque pillage qui lui fût reproché de la cour, tandis qu'il en voyoit faire sans cesse de bien plus considérables à d'autres à qui on ne disoit mot, parce qu'ils étoient plus appuyés. Il avoit épousé une vieille femme avec qui il ne vivoit point, dont il n'avoit point d'enfants, et qui avoit été gouvernante des filles d'honneur de Madame tant qu'elle en avoit eu. C'étoit pour le plus un très-simple gentilhomme et fort court d'esprit. Il s'en alla à Venise pendant l'inaction de l'hiver; il y fit son traité et en partit pour Vienne, avec le même grade militaire chez l'empereur qu'il avoit ici.

Ces deux passèrent aux ennemis en mars. Quinze jours après Langallerie, le chevalier de Bonneval, qui étoit aussi allé à Venise, en fit autant. C'étoit un cadet de fort bonne maison, avec beaucoup de talents pour la guerre, et beaucoup d'esprit fort orné de lecture, bien disant, éloquent avec du tour et de la grâce, fort gueux, fort dépensier, extrêmement débauché, grand escroc et qui se peut dire sans honneur ni conscience, fort pillard. Il avoit rudement vexé ces petits princes d'Italie que nous ménagions assez mal à propos, comme il y a bien paru depuis. Il avoit pris aussi assez d'argent des contributions; les plaintes des princes et des trésoriers lui attirèrent des lettres de Chamillart, qui lui voulut faire rendre gorge. Il avoit un régiment d'infanterie. Il y eut ordre de lui retenir tout ce qu'il pouvoit toucher, en attendant qu'on pût lui faire payer le reste. La misère et le dépit lui firent faire son traité; et, comme Langallerie, il partit de Venise pour Vienne, où le prince Eugène en fit son favori, et le fit avancer fort vite aux premiers grades, dont nous verrons qu'il eut tout lieu de se repentir. Fort peu après les avoir présentés à l'empereur et à sa cour; le prince Eugène partit de Vienne pour venir commander en Italie. Il les y mena tous deux avec lui, et ils y servirent sous ses ordres. Le roi leur fit aussi faire leur procès comme il venoit de le faire faire au prince d'Elbœuf, et tous deux, comme lui, représentèrent à la Grève en effigie. On verra en son temps leur diverse, mais incroyable catastrophe.

Les projets pour la campagne qui alloit commencer étoient dignes des années de la prospérité du roi et de ces temps heureux d'abondance d'hommes et d'argent, de ces ministres et de ces généraux qui par leur capacité donnoient la loi à l'Europe. Le roi voulut débuter par deux batailles, l'une en Italie, l'autre en Flandre; devancer l'assemblée de l'armée impériale sur le Rhin et renverser les lignes des ennemis; enfin, faire le siége de Barcelone et celui de Turin. L'épuisement de l'Espagne, celui où la France tomboit, répondoit peu à de si vastes idées. Chamillart, accablé sous le double ministère de Colbert et de Louvois, ressembloit peu à ces deux grands ministres, les généraux des armées aussi peu à M. le Prince, à M. de Turenne, et aux élèves de ces héros qui n'étoient plus. C'étoient des généraux de goût, de fantaisie, de faveur, de cabinet, à qui le roi croyoit donner, comme à ses ministres, la capacité avec la patente. Louvois, outré d'avoir eu à compter avec ces premiers généraux, se garda bien d'en former d'autres. Il n'en voulut que de souples et dont l'incapacité eût un continuel besoin de sa protection. Pour y parvenir, il éloigna le mérite et les talents, au lieu qu'on les recherchoit avant le comble de sa puissance. On tâchoit de les démêler de bonne heure dans les sujets; on les éprouvoit par des commandements à part pour sonder leurs forces; et, s'ils répondoient à ce qu'on en espéroit, on les poussoit. On leur faisoit faire des projets pour les former; quand ils étoient bons, on les chargeoit de leur exécution. On s'appliquoit à démêler la nature de leurs fautes. Il y en avoit qui ne se pardonnoient point, parce qu'elles venoient de manque de fond; pour les autres qui partoient de trop d'ardeur ou de surprise, on se souvenoit du grand mot de M. de Turenne : qu'il falloit avoir été battu pour devenir bon, et avoir fait des fautes pour se mieux instruire. Mais c'étoit des corps séparés ou des détachements, non des armées, qu'on hasardoit sous ceux qu'on essayoit de la sorte, qu'on grossissoit après, et qui devenoient enfin des armées, suivant qu'on les voyoit réussir. Par là une émulation, conséquemment une application générale, une formation continuelle de généraux et d'officiers généraux encore, qui, n'ayant pas assez de fond pour conduire une armée, en avoient assez pour y briller utilement en second et en troisième, et en sous-ordre quantité d'officiers particuliers sur qui rouloient souvent de moindres choses, mais avec lumière et succès. On les récompensoit à mesure par quelque grâce ou par un avancement. Personne n'y trouvoit à redire; et, dans l'espérance d'une occasion à se distinguer aussi, chacun se faisoit justice, et chacun ne cherchoit et ne songeoit qu'à s'appliquer, à apprendre et à bien faire. C'est ainsi qu'on formoit toujours des sujets, et qu'un commandant de bataillon d'alors en savoit plus que nos lieutenants généraux modernes. C'est ce que j'ai ouï souvent raconter et discuter à M. le maréchal de Lorges, déplorer la conduite substituée à celle-là, et prédire les malheurs qui en sont arrivés.

M. de Louvois, pour être pleinement le maître, mit dans la tête du roi l'ordre du tableau et les promotions, ce qui égala tout le monde, rendit l'application et le travail inutiles à tout avancement, qui ne fut dû qu'à l'ancienneté et aux années, avec toujours de rares exceptions pour ceux que M. de Louvois eut des raisons particulières de pousser. Il persuada encore au roi que c'étoit à lui-même à diriger ses armées de son cabinet. Cette flatterie ne servit qu'à le tromper pour les diriger, lui Louvois, à son gré, sous le nom du roi au détriment des affaires, dont les généraux en brassières n'eurent plus la disposition, ni la liberté de profiter d'aucune conjoncture qui se trouvoit échappée avant le retour du courrier dépêché pour en rendre compte et recevoir les ordres; tellement que le général, toujours arrêté, toujours en brassières, toujours dans la crainte, dans l'incertitude, dans l'attente des ordres de la cour à chaque pas, ne trouvoit encore nul soulagement dans ses officiers généraux, parvenus là par leur ancienneté sans avoir jamais été proprement que des subalternes, ni que rien eût roulé sur eux, et qui aussi, certains de ne monter qu'en leur rang d'ancienneté, ne s'étoient, pour le très-grand nombre, jamais donné la peine de chercher à rien apprendre. Aussi l'ignorance étoit telle dans presque tous, que le maréchal de camp venu de l'infanterie n'avoit pas la première notion de l'assiette ni de la disposition d'un fourrage; que celui venu de la cavalerie ne savoit ce que c'étoit qu'une tranchée ni rien qui eût rapport à une attaque de place, ni à une défense; que presque aucun ne savoit faire un camp, ni placer les gardes, ni conduire un convoi, ni mener un détachement; et les lieutenants généraux n'en savoient guère davantage, sinon quelque routine forcément apprise pendant qu'ils étoient maréchaux de camp.

Le luxe qui avoit inondé les armées, où on vouloit vivre aussi délicatement qu'à Paris, empêchoit les officiers généraux de vivre avec les officiers, de les connoître, d'en être connus; par conséquent, de savoir choisir et discerner pour des commandements qui demandent de la confiance en la capacité des gens. Nuls propos de guerre comme autrefois où on s'instruisoit par les récits et les dissertations réciproques, où il eût été honteux de parler et de se remplir d'autre chose, où les jeunes écoutoient les anciens, et où ceux-ci s'entretenoient de ce qu'ils avoient vu bien et mal faire, avec des raisons et des réflexions. Ceux d'aujourd'hui de tout âge ne pouvant parler de ce qu'ils ignorent, ne parlent que jeu, que femmes, les vieux que fourrages et qu'équipages, les officiers généraux épargnent ou vivent ensemble, le général ne voit que foule, en particulier ne fait qu'écrire, ce qui consume tout son temps en courriers, la plupart très-chers et encore plus inutiles; le soir il est abandonné à trois ou quatre hommes du détail, qui souvent ne savent pas le faire.

Le 11 mars M. de Vendôme eut à Versailles une fort
longue audience du roi dans son cabinet, où il prit congé
pour aller passer deux jours dans la maison de Crosat à
Clichy, et partir de là pour l'Italie. Il avoit [su] se retourner
par dégrés. Porté par l'intérêt de M. du Maine et par tout le
crédit de Mme de Maintenon, il avoit représenté au roi l'extrême dégoût qu'il avoit eu en Italie de la présence de Tessé;
que, puisqu'il avoit bien voulu lui donner la patente de maréchal général, telle que l'avoit eue M. de Turenne pour
commander tous les maréchaux de France, il lui demandoit
au moins la grâce de commander en Italie ceux qu'il y pourroit envoyer. Le roi, combattu dans son plus intérieur, épris
comme il l'étoit de M. de Vendôme, voulant qu'il donnât
bataille en arrivant, comptant sur lui pour protéger le siége
de Turin qui étoit résolu, ne voulut pas le renvoyer mécontent. Il se tint quitte à bon marché de la restriction que lui-
même proposoit à la grâce qu'il demandoit, et mis au large
sur ce qu'il ne parloit plus du motif de sa naissance. Chamillart eut donc ordre d'écrire de sa main un simple billet
à Vendôme que le roi signa de la sienne, par lequel le roi
lui promettoit qu'en cas que le bien de ses affaires l'obligeât
d'envoyer un maréchal de France en Italie, il ordonneroit à
ce maréchal de France de lui obéir et de prendre l'ordre de
lui, en Italie seulement, en considération des grands services qu'il lui avoit rendus en ce pays-là. Vendôme en fut
content, l'emporta avec lui, s'en vanta fort au point précis
de son départ, bien résolu à s'en faire un échelon à monter
à sa prétention de commander à tous les maréchaux de
France à la fin, sans patente, et par naissance. Cette première écorne les mortifia fort, et le maréchal de Villeroy
sur tous qui avoit paré le grand coup, dont celui-ci lui fit
avec raison prévoir et craindre le retour. Le roi ne recommanda rien davantage à Vendôme que de chercher les ennemis partout en arrivant et les combattre. M. de Vendôme
le lui promit, et on va voir qu'il tint parole.

Il s'alla embarquer à Antibes avec son frère sur deux galères du roi qui le portèrent à Gênes; d'où le grand prieur s'en alla à Rome, dans le dessein de se retirer, malgré l'épreuve qu'il en avoit déjà faite une fois qu'il n'avoit pu supporter, et M. de Vendôme joindre son armée.

Il y trouva tout en bon état, et ne laissa pas de faire courir le bruit qu'elle étoit si affoiblie et si en désordre, qu'il ne pouvoit rien entreprendre. L'absence du prince Eugène ne le pressoit pas moins que les ordres du roi. Revenclaw, en l'attendant, commandoit son armée. Vendôme assembla diligemment cinquante-huit bataillons et six mille chevaux à son quartier général, qui étoit Castiglione delle Stivere, et, le 19 avril, marcha de grand matin à Montechiaro, où les ennemis s'étoient fortifiés tout l'hiver, qu'ils abandonnèrent pourtant à son approche. Ils se retirèrent à Calcinato, où tous leurs quartiers s'étoient rassemblés. Vendôme, qui les suivit de fort près, les trouva en bataille sur la hauteur de Calcinato, les attaqua vivement et brusquement, et comme la partie n'étoit pas égale, car les ennemis n'étoient pas là plus de dix ou de onze mille hommes, il les battit et les défit en fort peu de temps, leur tua trois mille hommes, prit vingt drapeaux, dix pièces de canon, huit mille prisonniers, et parmi eux un colonel.

Le chevalier de Maulevrier apporta cette nouvelle avec un billet de huit lignes au roi, de sur le champ de bataille à midi. Deux jours après arriva Conches, aide de camp de M. de Vendôme, avec une longue dépêche du 20. L'après-midi du 19, Vendôme poursuivit sa victoire. De deux mille cinq cents hommes qui se retiroient, onze cents furent tués et le reste pris ; et avec ce reste, le comte de Falkenstein, officier général, trois colonels et plusieurs officiers moindres. Le nombre des prisonniers étoit, selon le rapport de Conches, de plus de deux mille cinq cents, outre cinq cents déserteurs. Il apporta vingt-quatre drapeaux et douze étendards. Nos troupes s'accommodèrent de douze cents habits neufs trouvés dans Calcinato ; il ne s'y rencontra rien autre chose. Les ennemis jetèrent six mille fusils que Vendôme fit rechercher en donnant un écu de la pièce. Le chevalier du Héron y fut tué, et ce fut une perte ; il étoit brigadier de dragons. Vendôme perdit peu de monde ; ce fut une déroute plutôt qu'un combat. Il marcha le 22 pour achever sa victoire, mais les ennemis se retirèrent le soir qu'il arriva sur eux, lui dérobèrent leur marche, et y surent si bien pourvoir que leur dernière arrière-garde ne put être entamée. Le prince Eugène étoit arrivé le lendemain du combat. Il rétablit si promptement les affaires que nous ne pûmes tirer aucun fruit de ce succès. On ne laissa pas d'abord d'en espérer tout, et d'élever M. de Vendôme aux nues. Ce qui avoit retardé le prince Eugène, c'est qu'il n'avoit jamais voulu partir qu'il n'eût vu ses recrues, ses renforts, et l'argent qu'il avoit demandé fort avancé vers l'Italie. Ces secours le joignirent peu après son arrivée, il s'en sut trop bien servir ; et M. de Vendôme, loin d'attaquer, ne fut occupé qu'à parer le reste du temps qu'il demeura en Italie.

Avant que de sortir d'Italie, il faut dire un mot de la démarche que le cardinal de Médicis fit auprès du roi. On a vu lors du séjour du roi d'Espagne à Naples combien ce cardinal avoit le cœur françois. Il n'avoit aucun ordre, il avoit été cardinal fort jeune, il étoit protecteur des affaires de France et d'Espagne, il voyoit le grand-duc son frère avançant en âge, brouillé avec la grande-duchesse, qui, depuis grand nombre d'années, s'étoit retirée en France pour toujours. De ce mariage, il n'y avoit eu que deux fils : l'aîné, Ferdinand, étoit mort sans avoir laissé d'enfants de la sœur de feu Mme la Dauphine ; Gaston, le cadet, étoit brouillé depuis longues années avec sa femme dont il n'avoit point d'enfants. C'étoit une sœur de la princesse de Bade, mère de la feue duchesse d'Orléans, les deux seuls restes de la maison de Saxe-Lauenbourg. La princesse de Toscane vivoit chez elle en Allemagne, et il n'étoit plus question de retour avec son mari. Il n'y avoit aucune autre postérité des grands-ducs. La branche de Médicis-Ottaïano établie dans le royaume étoit aînée de celle des grands-ducs, laquelle en étoit séparée longtemps avant d'avoir usurpé la souveraineté. Éloignement, aversion même de tout temps entre ces deux branches. Il n'en subsistoit plus d'autre des Médicis.

Le cardinal, quoique vieux, songea à rendre son chapeau, à continuer sa maison, s'il pouvoit, et à se marier. Il le voulut être de la main du roi et à une Françoise. Il lui en écrivit. Le roi, comme on l'a souvent vu, aimoit M. le Grand. Il n'avoit pas sur la Toscane les mêmes raisons, à l'égard de la maison de Lorraine, qu'il avoit eues pour Mantoue, à cause du Montferrat. Il se souvenoit toujours qu'il avoit empêché le comte de Toulouse d'épouser Mlle d'Armagnac, chassé Longepierre, qu'il avoit mis auprès de lui, pour avoir brassé cette affaire, et fait longuement sentir son indignation à Mlle d'Armagnac pour l'avoir poussée aussi loin qu'elle avoit pu. Il songea donc à dédommager M. le Grand par un mariage qui pouvoit faire sa fille grande-duchesse de Toscane. Il en parla à M. le Grand qui en fut comblé, mais le supplia de trouver bon qu'il consultât sa fille. Mlle d'Armagnac vivoit à la cour depuis son enfance, adorée de sa mère qui étoit la maîtresse de la famille et de son mari. Elle étoit dans la maison de la plus grande et de la plus brillante représentation de la cour; elle aimoit le jeu passionnément, on y jouoit jour et nuit le plus gros jeu du monde. Elle étoit encore belle comme le jour; elle étoit en maison libre et du plus grand abord, où on ne le lui avoit pas laissé ignorer. Elle ne put consentir à changer une vie si agréable et si aisée contre un pays étranger, austère, jaloux, avare, avec un mari vieux, qui lui laisseroit peu de liberté dans un pays où elle n'étoit guère en usage et où elle ne verroit personne que par audiences. Sa mère, qui ne s'en pouvoit passer, n'eut garde de la vouloir contraindre, et, dès qu'elle ne le voulut pas, le père fut du même avis. Il en fit sa cour, il dit au roi que sa fille préféroit l'honneur d'être sa sujette, et de vivre dans sa cour, aux plus grandes fortunes étrangères. Le roi lui en sut le meilleur gré du monde. Il ne trouva point d'autres partis françois à proposer au cardinal de Médicis, qui, à la fin, épousa une Guastalla, c'est-à-dire une Gonzague de branche cadette des ducs de Mantoue, qu'il rendit fort heureuse, mais dont il ne laissa point d'enfants.

Marsin avoit fait un projet pour forcer les lignes des ennemis avant que les Impériaux eussent assemblé leur armée sur le Rhin. Il fut approuvé; il partit secrètement de Marly le 18 avril, sans avoir pris congé de personne. En même temps, tous les officiers généraux et particuliers destinés sur le Rhin eurent ordre de partir et de n'en rien dire, et le 21 avril, Villars partit aussi secrètement de Marly. Ces deux maréchaux s'abouchèrent à Phalsbourg et marchèrent chacun de leur côté. A leur approche, les ennemis abandonnèrent leurs lignes de la Mutter qu'on vouloit attaquer, et on ne vit de leurs troupes que sept ou huit cents chevaux que le fils du comte du Bourg poussa vigoureusement et qui prirent la fuite. Ils y perdirent une centaine d'hommes, et du Bourg fils deux ou trois seulement. Leur gros repassa le Rhin après avoir jeté quelque monde dans Haguenau. Cette expédition si heureuse et si facile délivra le fort Louis, dont la garnison fut relevée, et la place renouvelée de tout en munitions de guerre et de bouche, et les postes d'alentour qui la bloquoient pris.

Le comte de Frise, gouverneur de Landau, se retira très-précipitamment de Bischweiller, où il laissa de grands magasins et même sa vaisselle d'argent, abandonna Lauterbourg où Villars mit des troupes, et fut maître par là de la Lauter comme il venoit de l'être de la Mutter. Peri prit Haguenau et deux mille hommes qui étoient dedans prisonniers de guerre, soixante pièces de canon, cinq cents milliers de poudre, et grande quantité de farine et d'avoine. Tout ce dépôt étoit destiné à faire le siége de Phalsbourg. Villars s'étendit tout à son aise, et n'oublia pas les contributions jusque dans la plaine de Mayence.

Le roi d'Espagne étoit parti à la fin de février dans le dessein de réduire le royaume de Valence; mais sur les ordres du roi, pour ne différer pas le siége de Barcelone, il changea sa marche et arriva le 3 devant Barcelone, où il trouva Legal arrivé de la veille avec toutes les troupes françoises, et tous nos bâtiments qui débarquoient tout ce qu'il falloit pour le siége; d'autres bâtiments portèrent toute la garnison de Girone dans Barcelone avec toutes sortes de rafraîchissements, où plus de dix mille hommes animés de la présence de l'archiduc prirent les armes et se joignirent à la garnison. La tranchée fut ouverte la nuit du 5 au 6, par le marquis d'Ayetone, mais le canon ne tira que le 12, encore fort foiblement. Le duc de Noailles, qui devoit y servir de maréchal de camp, tomba malade de la petite vérole qui fut très-heureuse, et qui acheva de le guérir de tous ses maux. Lappara, ingénieur principal, et le chef des autres depuis l'élévation de Vauban au bâton, étoit chargé de ce siége, et y fut tué le 15 avril en allant reconnoître des ouvrages qu'il vouloit faire attaquer.

On prétendit qu'on fit une grande faute d'avoir attaqué par le mont Joui; que cette fortification séparée de celle de la ville seroit tombée avec la ville, au lieu que sa prise n'influoit point sur celle de la place. Quoi qu'il en soit, ce mont Joui dura le double de ce qu'on avoit cru, consuma beaucoup de nos munitions et coûta bien d'honnêtes gens, et Lappara même, qui y fut tué et qui fut mal remplacé. Les troupes qui faisoient le siége étoient peu nombreuses; leur fatigue étoit continuelle; il n'y avoit de repos que de trois nuits l'une, et fort souvent beaucoup moins. Les petits combats y étoient continuels avec les miquelets qui troubloient les convois, et qui assiégeoient tellement les assiégeants qu'il n'y avoit pas de sûreté à cent pas du camp, qui étoit exposé à des alarmes continuelles. Nuls rafraîchissements de France ni d'Espagne, tout à l'étroit pour tout. Les sorties étoient très-fortes. Les habitants y secondoient la garnison, les moines étoient armés, et combattoient comme contre des Turcs et des hérétiques. Pendant ces sorties, le camp étoit attaqué par dehors, et c'étoit tout ce que les assiégeants pouvoient faire que de soutenir ces doubles attaques à la fois, par la vigueur des assiégés et le nombre et l'importunité des miquelets.

Tessé envoya son fils porter la nouvelle que les ennemis avoient le 25 avril abandonné le mont Joui, lequel en fut fait maréchal de camp. La garnison sortit ensemble en plein jour, et entra dans Barcelone sans presque aucune perte. Cifuentès, qui avoit quantité de barques à la côte, en faisoit toujours entrer quelques-unes dans la place aux dépens de quelques autres qu'il perdoit, et les avenues de l'armée du roi d'Espagne furent bientôt si resserrées par les miquelets qu'on ne vécut plus au siége que par la mer. Le comte de Toulouse et le maréchal de Cœuvres sous lui y commandoient une médiocre flotte arrivée assez tard, et mettoient rarement pied à terre sans découcher de dessus leurs bords, et Tessé avoit sous le roi d'Espagne le commandement de tout ce qui regardoit la terre.

Berwick étoit arrivé tout au commencement d'avril en Estrémadure, où il avoit vingt-six bataillons et quarante escadrons. Les Portugais, et ce que l'archiduc leur avoit laissé, étoient bien plus nombreux, et firent contenance d'assiéger Badajoz avec quarante-cinq bataillons et cinquante-trois escadrons, où le marquis de Richebourg commandoit avec douze bataillons. Ils tirèrent du côté d'Alcantara, et se présentèrent en chemin au duc de Berwick, qui, avec quarante escadrons qu'il avoit, n'osa leur prêter le collet. Ils continuèrent leur chemin et prirent Alcantara, après une courte et molle défense (très-mauvaise place à la vérité), et dix bataillons espagnols qui étoient dedans prisonniers de guerre.

Chavagnac, avec quatre vaisseaux du roi, ravagea cependant toute l'île de Saint-Christophe en Amérique, dont les Anglois étoient les maîtres, y ruina tout, en emmena huit cents nègres, puis avec Iberville, qui le joignit au rendez-vous qu'il lui avoit donné, prit aux Anglois toute la petite île de Nièves, en détruisit les forts, les habitations, les sucreries, firent le dégât partout, emmenèrent les principaux habitants pour otages, prirent trente vaisseaux marchands, dont quelques-uns percés pour trente-six pièces de canon, emmenèrent sept mille nègres et firent un grand butin. Le gouverneur et le major de l'île furent tués. Il n'en coûta à nos deux capitaines que quelques soldats et un enseigne de vaisseau. Ils n'avoient pour cette expédition que douze cents soldats et treize cents flibustiers. Le chevalier de Nangis apporta cette nouvelle.

CHAPITRE X.

Électeurs de Cologne et de Bavière au ban de l'empire. — Siége de Turin résolu, et La Feuillade, singulièrement confirmé à le faire, arrive devant la place. — Villeroy part avec ordre de combattre, non avant, mais dès que Marsin l'auroit joint. — Pique de Villeroy, qui n'attend point Marsin et choisit mal son terrain. — Dispositions de Villeroy. — Bataille de Ramillies. — Course de Chamillart en Flandre. — Bonté du roi pour Villeroy excessive. — Folie plus excessive de Villeroy. — Villeroy rappelé; Vendôme choisi en sa place. — M. le duc d'Orléans en Italie. — Disgrâce du maréchal de Villeroy.

L'empereur mit enfin au commencement de mai les électeurs de Cologne et de Bavière au ban de l'empire avec autant de solennité que de violence et d'injustice, pour une guerre qui ne regardoit uniquement que la maison d'Autriche, et point du tout l'empire. Mais l'Allemagne étoit subjuguée depuis Charles-Quint, et quoique ses successeurs à l'empire n'eussent pas la moitié des États et de la puissance qu'il possédoit, ils surent bien soutenir l'autorité qu'il leur avoit acquise. La proscription du palatin en fut un exemple éclatant. Cet empereur-ci, soutenu de toute l'Europe et maître de la Bavière, n'eut garde de faire moins. Parmi ces hauteurs, il venoit de voir sa maison de plaisance de Laxenbourg, à deux lieues de Vienne, brûlée par les mécontents, et des Alleurs que le roi tenoit auprès de Ragotzi l'assuroit de leurs forces et de leur éloignement pour tout accommodement avec l'empereur. Quoiqu'on eût lieu de s'attendre depuis longtemps à ce ban de l'empire, il ne laissa pas d'étonner et de porter un grand coup pour l'autorité de l'empereur, et pour l'embarras de sortir ces princes d'affaires à la paix.

Tout ce qui s'étoit fait l'année précédente pour former le siége de Turin, qui, prêt à se faire, n'eut pas lieu, rendit pour cette année tous les préparatifs fort prompts. Le dépit si juste contre le duc de Savoie, le succès de Calcinato tout récent et tout grossi, les espérances qu'on concevoit de ses suites, l'extrême désir de dépouiller M. de Savoie, et de le réduire en l'état du feu duc Charles IV de Lorraine, affectionnoient le roi à ce projet. Chamillart, plus sage que le monde ne l'a cru, en sentit le poids et en fut effrayé pour son gendre auquel il étoit destiné. Il voulut encore tout bien examiner avec Vauban en présence du roi. Puisqu'il avoit fait la faute autrefois de le prêter à M. de Savoie pour fortifier, ou plutôt pour perfectionner Turin, il étoit bien naturel de le choisir pour en faire le siége. Vauban, toujours le même, proposa son projet d'attaque, et les raisons de ce projet; il détailla ce qu'il croyoit nécessaire pour réussir; il offroit, en lui fournissant ce qu'il demandoit, de se charger du siége, mais du siége uniquement, pourvu qu'il y fût le maître, et de rien au delà, parce qu'il déclara avec franchise qu'il ne s'entendoit point à la guerre de campagne, ni à commander une armée. Ce qu'il demanda se trouva monter en toutes sortes de choses à bien plus qu'il ne fut possible de lui fournir. Là-dessus, il avertit le roi bien fermement, devant son ministre, chez Mme de Maintenon, que Turin ne se prendroit pas à moins; et (ce qui est incroyable, avec la juste confiance du roi en Vauban, fondée sur une si longue expérience, avec le silence et l'embarras de Chamillart), sur ce refus de Vauban comme n'y pouvant réussir, la commission en fut sur-le-champ donnée ou plutôt confirmée à La Feuillade. Quel parallèle entre ces deux hommes! et quel champ aux réflexions! Et peut-on s'empêcher de reconnoître que, lorsque Dieu veut châtier, il commence par aveugler? C'est ce qui se retrouve sans cesse dans le cours de cette guerre, mais c'est aussi ce qui ne saute nulle part aux yeux si fortement qu'ici.

Voilà donc La Feuillade non plus général par accidents amenés, non plus général en peinture, mais général d'une armée sur laquelle toute l'Europe fixa les yeux et trouva son sort attaché. Troupes d'élite autant que la possibilité les put grossir, officiers choisis, munitions en abondance, artillerie formidable, trésors d'argent, désir et exécution, identité de choses, en un mot le gendre bien-aimé d'un tout-puissant ministre des finances et de la guerre, qui mettoit en lui toutes ses complaisances, toutes ses espérances, l'appui et le salut de sa famille, on peut juger qu'on fut jusqu'à l'impossible de toutes parts pour le mettre en état de faire une conquête si capitale pour l'État, et si importante à leur fortune particulière. Tout fut donc très-promptement disposé. La Feuillade arriva devant Turin le 13 mai, et se mit à faire ses lignes et ses ponts. Tardif, à faute de mieux, fut son premier ingénieur. Il n'avoit fait que de petits siéges en Bavière. Ainsi cette forte besogne roula tout entière sur deux novices fort ignorants, et par cela même fort entêtés. Laissons-les s'établir.

Le roi n'avoit rien tant recommandé au maréchal de Villeroy que de ne rien oublier pour ouvrir la campagne par une bataille. Il commençoit à sentir le poids de la guerre; il avoit dès lors envie de la terminer, mais il vouloit donner la paix et non la recevoir. Il espéroit tout de ses généraux et de ses troupes; les succès d'Italie et du Rhin sembloient lui répondre de ceux de ses autres entreprises : il aimoit assez Villeroy pour vouloir qu'il cueillît des lauriers. Il partit à la mi-avril pour retourner en Flandre, et depuis son départ jusqu'à l'assemblée de son armée, le roi le pressa sans cesse d'exécuter ce qu'il lui avoit si expressément ordonné.

Le génie court et superbe de Villeroy se piqua de ces ordres si réitérés. Il se figura que le roi doutoit de son courage puisqu'il jugeoit nécessaire de l'aiguillonner si fort; il résolut de tout hasarder pour le satisfaire, et lui montrer qu'il ne méritoit pas de si durs soupçons. En même temps que le roi vouloit une bataille en Flandre, il se vouloit mettre en état de la gagner. Dès que les lignes du Rhin furent prises et le fort Louis dégagé, le roi envoya ordre à Marsin de prendre dix-huit bataillons et vingt escadrons de son armée, laissant le reste à Villars, et de venir sur la Moselle où il trouveroit vingt autres escadrons et de marcher avec le tout en Flandre joindre le maréchal de Villeroy; et à celui-ci de ne rien entreprendre avant cette jonction faite. Cette défense fut réitérée au maréchal de Villeroy par quatre courriers de suite coup sur coup, sur ce que ses réponses montroient que, piqué de toutes les instances qui lui avoient été redoublées pour donner promptement une bataille, il la vouloit brusquer sans attendre ce secours. J'insiste ici sur ce point, parce qu'il fut celui de la division mortelle d'entre le maréchal et Chamillart, et que ce dernier me montra les lettres originales du roi et de lui au maréchal, et les réponses de ce dernier depuis l'ouverture de la campagne, et quelques-unes même dès auparavant. Mais il ne s'agit pas encore de cette querelle.

Villeroy donc poussa sa pointe malgré les ordres d'attendre Marsin. Marlborough avoit passé la mer de bonne heure, toutes ses troupes ne l'avoient pas joint. Villeroy en avoit plus que lui. Cette raison lui donna de la confiance, il ne douta point du succès; il n'en voulut partager l'honneur avec personne, non-seulement avec Marsin et les troupes qu'il lui amenoit, mais avec l'électeur même, qui pourtant commandoit l'armée et que le maréchal avoit laissé à Bruxelles sans lui faire part de son dessein. Il s'avança donc, le 21 mai, vers l'endroit où l'année précédente Roquelaure avoit laissé percer nos lignes. Sur l'avis de la marche et de l'approche de Marlborough, il fit un mouvement pour l'attendre, puis, le 24 au matin, jour de la Pentecôte, un second pour se poster dans un terrain où feu M. de Luxembourg n'avoit jamais voulu s'exposer à combattre. Lui-même en avoit été témoin, mais son sort et celui de la France étoit qu'il l'oubliât. Il le manda par un courrier avant de prendre ce poste. M. le duc d'Orléans prédit à qui le voulut entendre qu'il y seroit battu s'il y tentoit ou y souffroit une action; que M. de Luxembourg n'avoit jamais voulu s'y commettre; et que sur le lieu même il lui en avoit expliqué et montré les raisons que ce prince rendit fort bien. Il ne fut que trop bon prophète.

Villeroy mit donc la maison du roi et deux brigades de cavalerie de suite entre les villages de Taviers et de Ramillies. Taviers couvroit le flanc de la maison du roi. Sa situation étoit sur un penchant près de la Méhaigne qui formoit un marais derrière, et dans ce village il mit le comte de La Mothe avec six bataillons de l'électeur et trois régiments de dragons. Il établit dans celui de Ramillies vingt-quatre pièces de canon soutenues de vingt bataillons, qui le furent ensuite d'un plus grand corps d'infanterie. Il en prit le sur-

plus pour occuper le terrain qui s'étendoit vers le village de
Neuféglise, laissa la droite de sa seconde ligne dans son
ordre naturel, et porta son aile gauche devant un marais
très-difficile qui s'étendoit au delà de cette aile, laquelle se
trouvoit à peu près en ligne avec la droite. Comme il achevoit ses dispositions, l'électeur à peine averti arriva au
grand galop de Bruxelles. Il avoit grand lieu de se plaindre,
et peut-être encore de blâmer ce qui se faisoit; mais il n'étoit
pas temps. Il n'y avoit que celui d'achever ce qui étoit commencé ; à quoi il se prêta sans humeur et de bonne grâce en
attendant un autre loisir.

Il étoit deux heures après midi quand l'armée ennemie,
arrivée en bel ordre en présence, commença à essuyer le
canon de Ramillies. Il obligea leurs troupes à faire halte
pour attendre le leur qui, fort promptement après, se
trouva en batterie. La canonnade dura bien une heure. Ils
marchèrent ensuite à Taviers avec du canon. Ils y trouvèrent moins de résistance qu'à leur droite, ils s'en rendirent maîtres. Dès ce moment, ils firent marcher leur
cavalerie. Ils s'étoient aperçus fort à temps que le marais
qui couvroit notre gauche empêcheroit les deux ailes des
deux armées de se pouvoir joindre. Ils avoient fait couler
toute la leur derrière leur centre, en avoient formé plusieurs
lignes les unes sur les autres, mais sans confusion, derrière
leur gauche, eurent ainsi toute la cavalerie de leur armée
vis-à-vis notre droite et en état de s'en servir, tandis que
toute la moitié de la nôtre demeura inutile dans un poste
où elle ne pouvoit rien faire. Elle avoit vu toute celle des
ennemis disparoître de devant elle entièrement; ce mouvement, qui devoit lui servir d'exemple, ne l'ébranla point.
Gassion qui la commandoit, comme l'ancien lieutenant
général de notre gauche, s'en tourmenta fort, mais sans
succès. Il lui étoit ordonné de ne bouger de là sans ordre;
il eut beau envoyer des aides de camp, nul ordre ne lui
parvint.

Guiscard, l'ancien lieutenant général de la droite, la fit ébranler au mouvement des ennemis. La maison du roi et la première ligne de la cavalerie de cette aile fit une charge vigoureuse. Les escadrons rouges de la maison du roi percèrent trois lignes de cavalerie qui s'ouvrirent, tandis que leur droite emporta la première ligne. Les rouges gagnèrent plus de cinq cents pas de terrain. Ils chargèrent encore tout de suite avec succès des escadrons qui les vouloient prendre en flanc. Ils se rallièrent après en faisant demi-tour à droite, et en chargèrent encore six autres. Ils trouvèrent après une quatrième ligne devant eux, et furent en même temps pris par derrière. Cette aventure étoit arrivée plus tôt à eux qu'à leur droite, qui ne put ainsi leur donner de secours. Le même malheur étoit arrivé à leur gauche. Les ennemis qui avoient là ligne sur ligne ne firent partout que s'ouvrir pour laisser engager la nôtre bien avant, et se refermer ensuite et la prendre par devant et par derrière. Plus de protection du village de Taviers, dont les ennemis, comme je l'ai dit, s'étoient rendus maîtres, et se servoient au contraire de notre canon sur nous, et le village de Ramillies trop éloigné. Ce fut donc pour nos troupes à repasser, qui put, un petit marais dont le milieu étoit difficile, et dont chacun ne se seroit tiré sans un peloton d'infanterie qui, de soi-même et sans ordre, se détacha, se posta sur le bord, et protégea de son feu ceux qui purent repasser.

Le désordre et l'inégalité de cette charge donna lieu à de grands inconvénients et à diverses plaintes fâcheuses. Ce qui demeura ensemble ou se rallia de la maison du roi demeura en bataille derrière le village de Ramillies. Le feu y fut prodigieux. Nos troupes pénétrèrent jusqu'au centre des ennemis; mais leur grand nombre les rechassa bien vite; et, dans ce désordre, ils emportèrent le village de Ramillies, et eurent tout le canon que nous y avions mis. Le duc de Guiche, à la tête du régiment des gardes, s'y défendit quatre heures durant, et y fit des prodiges. La seconde ligne de cavalerie de la droite, presque toute bavaroise ou wallone, avoit refusé tout net au duc de Villeroy et à Sousternon, lieutenants généraux, de soutenir la première, et demeura sans rien faire. Toute notre gauche resta inutile, le nez dans ce marais, et personne vis-à-vis d'elle, sans branler de ce poste; notre droite, tout à fait rompue, le centre enfoncé, et l'infanterie qui avoit presque toute combattu, rebutée. L'électeur se porta partout avec une grande valeur. Le maréchal de Villeroy couroit éperdu et ne savoit remédier à ce qui coup sur coup arrivoit de sinistre. Il montra de la valeur, mais ce fut tout. On n'en doutoit pas, ni qu'il fût en lui d'y mettre autre chose. Il ne fut donc plus question que de se retirer.

La retraite commença dans un grand ordre; mais bientôt la nuit survint qui mit la confusion. La cavalerie de la gauche rompit l'infanterie, en pressant trop sa marche qui dura toute la nuit. Le défilé de Judoigne se trouva tellement engorgé des gros bagages et de quelques menus, et de ce qu'on avoit pu retirer d'artillerie, que tout y fut pris. Enfin l'armée arriva à Louvain; mais on ne se crut en sûreté qu'après avoir passé le canal de Wilworde, sans néanmoins que les ennemis eussent suivi de trop près.

Bruxelles, dont Bagnols et Bergheyck étoient sortis à temps avec le trésor et les blessés qu'on avoit pu transporter, fut le premier fruit de la victoire. Plusieurs personnes considérables en sortirent en même temps; beaucoup davantage y demeurèrent. Anvers, Malines et Louvain ne tardèrent pas à prêter, comme Bruxelles, serment à l'archiduc. Ce ne fut que le commencement du retour des Pays-Bas espagnols à la maison d'Autriche.

Une action qui eut de si grandes et de si rapides suites ne coûta pas quatre mille hommes, mais une grande dispersion qui revint presque toute et en fort peu de temps rejoindre chacun son corps. M. de Soubise y perdit un de ses fils cadets qui étoit dans les gens d'armes, et Gouffier.

D'Aubigny, colonel de dragons, Bernière, major du régiment des gardes et major général de l'armée, milord Clare, maréchal de camp, Bar, brigadier de cavalerie, homme d'un singulier mérite et fort de mes amis, furent tués; quelques blessés et beaucoup de prisonniers de marque que Marlborough traita avec une politesse infinie, et permit à beaucoup de revenir sur-le-champ pour trois mois sur leur parole.

Le roi n'apprit ce désastre que le mercredi, 26 mai, à son réveil. On admira la platitude du maréchal de Villeroy, qui, par le même courrier, écrivit à Dangeau merveilles de son fils, et que sa blessure à la tête d'un coup de sabre ne seroit rien. Il oublia tout le reste. J'étois à Versailles; jamais on ne vit un tel trouble ni une pareille consternation. Ce qui y mit le comble fut que, ne sachant rien qu'en gros, on fut six jours sans courrier. La poste même fut arrêtée. Les jours sembloient des années dans l'ignorance du détail et des suites d'une si malheureuse bataille, et dans l'inquiétude de chacun pour ses proches et pour ses amis. Le roi fut réduit à demander des nouvelles aux uns et aux autres sans que personne lui en pût apprendre. Poussé à bout d'un silence si opiniâtre, il prit le parti d'envoyer Chamillart en Flandre, pour avoir par lui au moins sûrement des nouvelles, et pour qu'il lui rapportât l'état de l'armée, des progrès des ennemis, et le résultat des délibérations qui seroient prises entre l'électeur, le maréchal de Villeroy et lui. Le dimanche, 30 mai, Chamillart sortant de travailler avec le roi, sur les cinq heures, qui alloit après se promener à Trianon, monta en chaise de poste, disant qu'il s'en alloit à l'Étang, où j'avois dîné avec sa femme et ses filles, et s'en alla tout de suite à Lille. Ce fut un autre étonnement fort grand à la cour que la disparition d'un homme chargé tout à la fois des finances et de la guerre, et de tous les ordres divers, continuels et prompts à donner dans une si fâcheuse conjoncture.

Chamillart ne surprit pas moins l'armée. Il la trouva autour de Courtrai, où le maréchal de Villeroy l'alla trouver dès qu'il l'y sut arrivé; et dès lors on s'aperçut de quelque refroidissement entre eux. Le ministre fut le lendemain voir l'électeur, qui le reçut en prince malheureux et qui sentoit ses besoins. Villeroy fut peu en tiers. Le tête-à-tête dura trois heures, d'où Chamillart retourna à Courtrai. Le lendemain, il revit encore l'électeur seul, mais moins longtemps. Retournant de là à Courtrai, Villeroy fit peu de chemin avec lui, puis tourna bride à son quartier. Chamillart entretint force officiers généraux et particuliers.

Chamillart, qui de Flandre avoit presque tous les jours dépêché des courriers au roi, arriva à Versailles sur les huit heures du soir du vendredi, 4 juin, et alla tout droit trouver le roi chez Mme de Maintenon, où il lui rendit compte de son voyage jusqu'à son souper. On sut donc enfin qu'après quelques marches précipitées l'armée se trouvant sous Gand, l'électeur avoit insisté à l'y faire demeurer et à garder le grand Escaut; que le maréchal de Villeroy s'y étoit fort opposé; qu'il avoit consenti avec grand'peine à un conseil de guerre, où le comte de La Mothe avoit librement appuyé l'avis de l'électeur, quoique le maréchal, en proposant d'abord le fait, eût opiné hautement en général qui vouloit contraindre les voix, qui toutes aussi, par la crainte qu'ils en conçurent, s'étoient rangées à son avis. L'électeur en fit, en public et en particulier, des plaintes amères, cria contre un si grand découragement, protesta sur un si mauvais parti à prendre et sur ses funestes suites, mais il ne voulut pas user du pouvoir qu'il avoit de s'en faire croire, dans l'appréhension des retours d'une cour dont les malheurs communs le rendoient encore plus dépendant.

Gand fut donc abandonné. On revint sous Menin, on abandonna la campagne, on sépara toute l'infanterie et beaucoup de cavalerie dans les places avec des officiers généraux, on distribua le reste dans la châtellenie de Lille et des environs. De cette manière, à l'exception de Namur, Mons et fort peu d'autres places, tous les Pays-Bas espagnols furent perdus, et une partie des nôtres même. Jamais rapidité ne fut comparable à celle-là. Les ennemis en furent aussi étonnés que nous. La douleur s'en augmenta chaque jour par le retour de tout ce qui rejoignoit et qu'on croyoit perdu.

Mais ce qui le fut entièrement et qui perdit tout le reste, ce fut la tête du maréchal de Villeroy. Rien ne la put remettre, personne ne le put rassurer. Il ne voyoit et n'entendoit plus, il ne voyoit qu'ennemis, que périls, que défaites, de sûreté nulle part. Son fils et Sousternon, qui avoit fort sa confiance, mais à qui il s'étoit bien gardé de confier son projet, l'avoient pénétré la surveille de la bataille. Ils l'avoient conjuré de ne s'y pas commettre, ils se portèrent jusqu'à se mettre à genoux et embrasser les siens; il demeura inflexible. Outré du sinistre succès d'un projet conçu par lui seul et qu'il avoit exécuté contre l'avis de ce peu qui l'avoit éventé, désespéré du remords de n'avoir pas attendu Marsin et ses troupes, nonobstant les ordres si réitérés qu'il en avoit, la tête lui tourna tout à fait. Il fut incapable d'écouter personne; également entêté devant et après; et fit de son autorité, de la crainte de sa faveur, une plaie à l'État, qui, très-large et très-funeste dès lors, le mit bientôt après à deux doigts de sa perte. Jamais de bataille où la perte ait été plus légère, jamais aucune dont les rapides suites aient été plus prodigieuses.

Quelque tranquillement au dehors que le roi soutînt ce malheur, il le sentit en entier dans toutes ses parties. Il fut sensible à tout le mal qui se débita de ses gardes du corps, et se plaignit d'eux assez aigrement, touché de leur honneur, peut-être encore de sa sûreté. Il manda de l'armée Darignon, leur aide-major, homme de rien et vendu à la fortune. Des guerriers de cour rendirent de bons témoignages d'eux, qui ne persuadèrent personne. Cela ne veut pas dire qu'on eût raison de mal parler des gardes du corps ; mais, bien que ces témoignages eurent peu d'autorité, le roi les saisit avec tant de joie qu'il fit mander aux gardes, et qu'il envoya par les salles, les assurer qu'il étoit éclairci et fort content d'eux. Le monde le fut peu de cette espèce de réparation. Quoi qu'il en ait été dans une action si mal conduite, ils s'étoient auparavant distingués si fort, et ont toujours depuis si constamment fait des prodiges de valeur dans toutes les actions où ils se sont trouvés, qu'ils se sont acquis un nom qui a donné de l'émulation à toutes les troupes, et à celles des ennemis, de leur propre aveu, une jalousie et une crainte qui les a couverts de gloire.

Ce triste revers portoit sur le seul maréchal de Villeroy, à plomb. Le projet peu sensé et moins digéré, communiqué à personne et caché même à l'électeur quoique généralissime, l'exécution déplorable et un terrain proscrit en sa présence par M. de Luxembourg, les suites immenses uniquement dues au renversement de sa tête et à son opiniâtreté, sa précipitation et sa formelle désobéissance de n'attendre pas la jonction si prochaine des troupes que lui amenoit Marsin, le cri public de l'armée qui avoit perdu tout respect et toute mesure à son égard, le juste mécontentement de l'électeur sur tant de points si capitaux, firent enfin comprendre au roi qu'il étoit temps que la faveur cédât à la fortune. Un général d'armée de l'empereur en eût bien sûrement perdu la tête par le conseil aulique de guerre ; il ne tint qu'à celui-ci d'être mieux que jamais. Le roi le plaignit, le défendit, lui écrivit de sa main qu'il étoit trop malheureux à la guerre ; qu'il lui conseilloit et lui demandoit, comme à son ami, de lui mander sa démission du commandement de l'armée ; qu'il vouloit qu'il parût que ce n'étoit que sur ses instances qu'il l'en déchargeoit ; qu'il le verroit auprès de lui avec plus d'amitié que jamais ; et qu'il pouvoit s'assurer du gré et du compte qu'il lui tiendroit d'un sacrifice qui lui coûtoit autant ou plus qu'à lui-même, mais que la situation présente rendoit nécessaire, et qui ne seroit connu que de lui; tandis qu'il lui promettoit qu'il n'y auroit personne qui ne demeurât persuadé, à la manière dont cela se passeroit et dont il le traiteroit, que c'étoit lui, maréchal, qui l'avoit forcé de lui mander la permission de quitter le commandement de l'armée et de revenir à sa cour.

A qui n'a pas vu ces faits ils peuvent paroître incroyables. Mais outre les minutes que Chamillart m'a fait voir des lettres signées du roi, envoyées au maréchal, toutes plus pressantes et plus tendres les unes que les autres, de ce même style, pour vaincre sa résistance, c'est que je l'ai su encore de gens à qui le roi, à la fin outré, s'en est amèrement plaint.

Villeroy, par cette première lettre de la main du roi, ne sentit qu'une faveur étonnante dans la situation où il se trouvoit, et cette faveur l'aveugla. Il crut se maintenir en tenant ferme, et qu'avec une amitié si singulière et si particulièrement témoignée, telle que le roi n'en auroit pu user mieux avec son propre frère, jamais il ne se résoudroit à l'arracher de son emploi malgré lui. Il répondit donc au roi, après force propos de courtisan comblé, qu'il n'étoit point faux, qu'il n'étoit ni blessé ni malade, qu'il étoit malheureux, mais qu'il croyoit n'avoir point failli, qu'il ne pouvoit demander sa démission sous aucun prétexte véritable, ni se déshonorer en se déclarant soi-même, par cette démarche, incapable et indigne du commandement de ses armées dont il l'avoit honoré, et faire en même temps la plus grande injure à son choix.

Cette première réponse fâcha le roi sans l'irriter. Il condescendit, avec sa première amitié, à l'état douloureux d'un homme à qui on demande la démission d'un si grand emploi, dans les circonstances fâcheuses où il se trouvoit. Il redoubla, tripla, quadrupla toujours en même style, et ne reçut que les mêmes réponses. Par la dernière, toujours comptant sur ce qui l'avoit séduit d'abord, il manda arrogamment au roi qu'il étoit maître de lui ôter le commandement de l'armée et de faire de lui tout ce qu'il lui plairoit, qu'il obéiroit avec soumission et sans se plaindre, mais qu'il n'attendît pas de lui qu'il en fût jamais de moitié. La résolution étoit prise, dès la première lettre, de le faire revenir, mais en couvrant ce retour de sa demande instante. A cette dernière, le roi se piqua et perdit patience et espérance de ramener un homme si fort égaré.

Pendant cette espèce de négociation de bonté avec lui, le roi avoit dépêché à M. de Vendôme pour lui proposer de venir commander l'armée de Flandre. Il lui étoit fatal de réparer les malheurs du maréchal de Villeroy, au moins d'être choisi pour cela. C'est ce qui, après l'affaire de Crémone, l'avoit mis à la tête de l'armée d'Italie. Vendôme, avec toutes ses thèses étranges, ses entêtements et ses appuis, sentoit alors toute la difficulté de réussir à Turin et de soutenir les affaires en Italie. Le prince Eugène et ses renforts de troupes arrivés aussitôt après le combat de Calcinato y avoient entièrement changé la face et le théâtre de la guerre. Vendôme, de victorieux et d'entreprenant, étoit réduit à la défensive; et au milieu de tous ses tons avantageux s'en trouvoit fort embarrassé. Il regarda donc comme une délivrance la proposition qui lui étoit faite de quitter l'Italie. Il y laissoit, non pas à l'égard du pays ni des Impériaux, mais à l'égard de la cour et de ce qui s'appelle en France le monde, une réputation non entamée, qui lui avoit fait goûter, presque comme aux héros de l'ancienne Rome, tous les honneurs du triomphe au voyage qu'il venoit de faire à la cour et à Paris. Il fut comblé de joie de n'avoir point à la commettre, et de se tirer de la presse du beau-père et du gendre sur tout ce qu'il prévoyoit de Turin. Il se trouva flatté d'être regardé comme le réparateur, et à son aise en même temps sur l'emploi auquel il étoit appelé. Tout étoit regardé comme perdu en Flandre; ce qu'il n'y pourroit soutenir ni réparer tomberoit sur celui qui y avoit tout perdu, et pour peu qu'il y pût faire seroit relevé comme des prodiges. En même temps il sut donner comme un sacrifice ce qu'il considéroit comme son salut; et goûté et soutenu comme il l'étoit, ce prétendu sacrifice fut reçu comme un sacrifice très-réel, dont le roi lui sut le plus grand gré du monde.

Tandis que toutes ces résolutions s'acheminoient dans le plus profond secret, il en fallut prendre une en même temps sur le choix d'un général en Italie. Chamillart, extrêmement en peine des malheurs accablants qui accompagnoient son ministère, sentit ce que pouvoit la présence d'un prince du sang dans une armée de François. Il avoit déjà proposé le prince de Conti pour l'envoyer en Flandre. Il se vouloit concilier ces princes, et avec eux le public, en lui montrant que, uniquement touché du bien des affaires, il proposoit lui-même ce que ses prédécesseurs avoient le plus craint et éloigné. Il trouva l'opposition du roi si grande pour le prince de Conti, à qui il avoit peut-être encore moins pardonné son mérite et l'amour et l'estime universelle, par jalousie pour M. du Maine, que son voyage de Hongrie, que, le choix du roi fait de M. de Vendôme, il n'osa plus parler du prince de Conti pour l'Italie. Il craignit, avec raison, les fougues impétueuses de l'humeur farouche et continuelle de M. le Duc. Il proposa donc M. le duc d'Orléans comme celui dont le rang et l'aînesse ôtoient aux princes du sang tout sujet de se plaindre de la préférence. Le roi, jusqu'alors si éloigné de donner ses armées à commander à ceux de son sang, pour ne les pas trop agrandir, et plus encore par rapport à M. du Maine qu'il ne sentoit que trop douloureusement n'y être pas propre, mais pressé par la nécessité et par le poids accablant des conjonctures, se laissa vaincre à son ministre favori qui avoit eu soin de mettre Mme de Maintenon de son côté.

M. le duc d'Orléans, ni aucun des princes du sang, ne songeoit à servir. Ils en avoient perdu toute espérance depuis longtemps, et personne même ne pensoit à eux. Tout le monde étoit imbu de l'extrême répugnance du roi là-dessus, lorsque, le mardi 22 juin, à Marly, le roi, ayant donné le bonsoir à tout ce qui étoit dans son cabinet tous les soirs après son souper, rappela M. le duc d'Orléans qui sortoit avec les autres, et le retint seul un gros quart d'heure. Je m'étois, ce soir-là, amusé dans le salon, où la rumeur fut tout à coup grande de la nouveauté qui se passoit. On ne fut pas longtemps dans l'ignorance. M. le duc d'Orléans, sortant d'avec le roi, passa dans le salon pour aller chez Madame, y revint un moment après, et y apprit qu'il alloit commander l'armée d'Italie, que M. de Vendôme l'y attendroit et reviendroit incontinent après prendre le commandement de celle de Flandre, dont le maréchal de Villeroy étoit rappelé.

Le même soir, le roi à son coucher, où depuis sa longue goutte il n'y avoit plus que les entrées grandes et secondes, tout piqué qu'il étoit contre l'inflexibilité du maréchal de Villeroy, eut la bonté de dire qu'il lui avoit si instamment demandé son retour, qu'il n'avoit pu le lui refuser. C'étoit une dernière planche que le reste de son amitié lui tendoit encore après le naufrage. Il eut la folie de la repousser. C'est ce qui enfin fit sa disgrâce, comme je le dirai en un autre temps pour ne pas interrompre des choses plus intéressantes. Il eut ordre de revenir sur-le-champ. Puis le roi changea sa lettre et lui ordonna d'attendre M. de Vendôme en Flandre, où les ennemis prirent Ostende et Nieuport fort promptement; sur quoi le maréchal de Vauban fut envoyé à Dunkerque commander à tout ce côté-là de la Flandre maritime.

CHAPITRE XI.

Comte de Toulouse de retour à Versailles, et sa flotte à Toulon. — Levée du siége de Barcelone. — Le roi d'Espagne gagne Pampelune par le pays de Foix, puis Madrid. — Tessé revient à la cour. — Duc de Noailles fait lieutenant général seul, et commande en chef en Roussillon. — La reine d'Espagne, etc., à Burgos. — Le roi d'Espagne joint Berwick de sa personne. — Dispersion de sa cour. — Ses ennemis maîtres de Madrid. — Tessé salue le roi. — Vaset remet au roi les pierreries du roi et de la reine d'Espagne. — Zèle des évêques d'Espagne et des peuples. — Évêque de Murcie. — Madrid au pouvoir du roi d'Espagne, qui y rentre, et la reine. — Les ennemis chassés des Castilles. — Comte d'Oropesa passe à l'archiduc. — Patriarche des Indes arrêté y passant avec le comte et la comtesse de Lémos. — Soulagement du palais. — Contades fait major du régiment des gardes; son extraction; son caractère. — Cent cinquante mille livres à M. de Soubise, et la nomination de son fils au cardinalat déclarée. — Mort du chevalier de Courcelles et sa parenté. — Mort de Montchevreuil. — Mort de Bourlemont. — Mort de Mlle de Foix. — Mort de Brou, évêque d'Amiens; son caractère. — Mort de l'abbé Testu; son caractère; personnage singulier. — Mort de Rhodes; son caractère. — Mort de la mère du maréchal de Villars; son caractère. — Mort de Mme de Gacé. — Mort de la princesse de Tingry. — Mort de la duchesse Max. de Bavière. — Mort de Congis et sa dépouille. — Mort de Laubanie et sa dépouille. — Mort de la duchesse de Montbazon; son extraction; son caractère. — Mort de Mme de Polignac; son caractère; ses aventures. — Trait étrange du Bordage.

Le soir même du jour que le roi avoit appris à son réveil la cruelle nouvelle de la bataille de Ramillies, M. le comte de Toulouse arriva à Versailles, et fut trouver le roi chez Mme de Maintenon, où il demeura fort longtemps avec lui, ayant laissé le maréchal de Cœuvres pour quelques jours encore à Toulon. Il s'étoit tenu mouillé devant Barcelone jusqu'au 8 mai. Les frégates d'avis qu'il avoit envoyées aux nouvelles de la flotte ennemie lui rapportèrent qu'elle approchoit, forte au moins de quarante-cinq vaisseaux de guerre. Notre amiral, grâce aux bons soins de Pontchartrain, n'en avoit pas une bastante pour les attendre. Lui et le maréchal de Cœuvres eurent, avant partir, une longue conférence avec le maréchal de Tessé et Puységur, et tout au soir levèrent les ancres. Ils rentrèrent le 11 mai à Toulon.

Le départ de notre flotte et l'arrivée de celle des ennemis à Barcelone y changea fort la face de toutes les choses. Les assiégés reprirent une vigueur nouvelle, les assiégeants rencontrèrent toutes sortes de nouveaux obstacles. Tessé, voyant l'impossibilité de continuer le siége et toute la difficulté de la retraite en le levant, persuada au roi d'Espagne de faire entrer le duc de Noailles dans toutes les délibérations qu'il avoit à prendre là-dessus. Noailles étoit tout nouveau maréchal de camp. Il n'avoit jamais fait quatre campagnes; sa longue maladie l'avoit retenu les étés à la cour, et la petite vérole dont il avoit été attaqué en arrivant devant Barcelone, et de laquelle il ne faisoit que sortir, l'avoit empêché de servir de maréchal de camp à ce siége, et assez longtemps même de savoir ce qu'il s'y passoit, mais il étoit neveu de Mme de Maintenon, et comme tel bon garant pour Tessé. Tous les embarras où l'on étoit furent donc discutés en sa présence. Il se trouva que les ingénieurs étoient si lents et si ignorants, qu'il n'y avoit aucun fond à faire sur eux, et que par la vénalité que le roi avoit mise dans l'artillerie depuis quelque temps, comme je l'ai dit en son lieu, non-seulement ces officiers vénaux n'y entendoient rien du tout, mais avoient perdu sans cesse en ce siége, et perdoient encore tout leur temps à remuer inutilement leur artillerie, et à placer mal leurs batteries, pour se mettre dans la nécessité de les changer, parce que de ces mouvements de canon résultoit un droit pécuniaire qu'ils étoient bien aises de multiplier. L'armée assiégée par dehors, et depuis longtemps uniquement nourrie par la mer, n'avoit plus cette ressource depuis la retraite de notre flotte et l'arrivée de celle des Anglois, et nulle autre d'ailleurs pour la subsistance journalière. Toutes ces raisons persuadèrent enfin le roi d'Espagne de la nécessité de lever le siége, quelque résistance qu'il y eût apportée jusqu'alors.

Après cela il fallut délibérer de la manière de l'exécuter et du lieu où l'armée se tourneroit. On convint encore qu'il n'y avoit nul moyen de se retirer par la Catalogne, pleine de révoltés qui tenoient la campagne, soutenus de tous ceux du royaume de Valence qui tenoient les places, et à travers cette cruelle multitude de miquelets qui les assiégeoient. Il fut donc résolu qu'on prendroit le chemin de la frontière de France, et que là, on délibéreroit de nouveau, quand on seroit en sûreté vers le Roussillon, de ce qu'on deviendroit.

On leva donc le siége la nuit du 10 au 11 mai, après quatorze jours de tranchée ouverte, et on abandonna cent pièces d'artillerie, cent cinquante milliers de poudre, trente mille sacs de farine, vingt mille de sevade[1], quinze mille de grain, et un grand nombre de bombes, de boulets et d'outils. L'armée fut huit jours durant harcelée par les miquelets en queue et en flanc de montagne en montagne. Le duc de Noailles, dont l'équipage avoit été constamment respecté par eux pendant le siége et dans cette retraite, parce qu'ils aimoient son père pour les avoir bien traités et avoir sauvé la vie à un de leurs principaux chefs, s'avisa de les appeler pour leur parler. A son nom, les principaux descendirent des montagnes et vinrent à lui. Il en obtint qu'ils n'inquiéteroient plus l'armée, qu'ils ne tireroient plus sur les troupes, à condition qu'on ne les brûleroit point. Cela fut exécuté fidèlement de part et d'autre, et de ce moment l'armée acheva sa marche en tranquillité, qui fut encore de trois jours, où elle auroit beaucoup souffert de ces cruelles guêpes.

1. Orge.

L'armée n'en pouvoit plus ; elle perdit presque tous ses traîneurs et tous les maraudeurs dans cette retraite, en sorte qu'avec le siége il en coûta bien quatre mille hommes. Sa volonté néanmoins fut toujours si grande, que, malgré tant d'obstacles, elle auroit pris Barcelone, sans ceux de notre artillerie et de nos ingénieurs.

Arrivés à la tour de Montgris, il fut question de ce que deviendroit le roi d'Espagne. Quelques-uns vouloient qu'il attendît en France le dénoûment d'une si fâcheuse affaire, et d'autres que, se trouvant dans cette nécessité, il poussât jusqu'à Versailles. Le duc de Noailles, à ce qu'il m'a dit, et que je ne garantis pas, ouvrit un avis tout contraire, et qui fut le salut du roi d'Espagne : il soutint que cette retraite en France, ou ce voyage à la cour perdroit un temps précieux, et seroit sinistrement interprété ; que les ennemis des deux couronnes le prendroient pour une abdication, et ce qui en Espagne restoit affectionné, pour un manque de courage et pour un abandon d'eux et de soi-même : que, quelque peu de suite, de moyens, de ressources qu'il restât au roi d'Espagne, il devoit percer par les montagnes du pays de Foix droit à Fontarabie, de là joindre à tous risques la reine et son parti, se présenter à ses peuples, tenter cette voie unique pour réchauffer leur courage, leur fidélité, leur zèle, faire des troupes de tout, pénétrer en Espagne, et jusque dans Madrid, sans quoi il n'y avoit plus d'espérance par les efforts que les ennemis alloient faire pour s'établir par toute l'Espagne et dans la capitale même.

La résolution en fut heureusement prise. L'armée s'arrêta en Roussillon ; et tandis que le roi d'Espagne s'en alla à Toulouse et par le pays de Foix gagner Pau, puis Fontarabie, avec deux régiments de dragons pour son escorte, quelques grands d'Espagne qu'il avoit avec lui, et le duc de Noailles qui voulut l'accompagner jusqu'à Fontarabie, le marquis de Brancas fut dépêché au roi pour lui rendre compte de tout, recevoir ses ordres, et les porter à Pau au roi d'Espagne. Brancas arriva le 28 mai à Versailles, sur le soir, et vit en arrivant le roi chez Mme de Maintenon, où Chamillart le mena.

Il y avoit longtemps que le roi s'attendoit à cette triste nouvelle ; il approuva le parti qui avoit été pris, donna au roi d'Espagne trente bataillons et vingt escadrons qu'il avoit ramenés du siége en Roussillon, et tous les officiers généraux qui y servoient, donna permission à Tessé de revenir, fit le duc de Noailles lieutenant général seul, et le destina à commander en chef en Roussillon, à son retour d'avec le roi d'Espagne. C'est ainsi que le duc de Noailles, au quart de sa troisième ou quatrième campagne pour le plus, escalada rapidement tous les grades en neveu favori de Mme de Maintenon. On en avoit bien fait autant pour le gendre bien-aimé de Chamillart ; mais La Feuillade étoit l'ancien du duc de Noailles de près de vingt ans. Tessé eut l'honneur d'avoir prêté l'épaule à tous les deux. On a vu en son temps ce qu'il fit pour La Feuillade ; ici il ne vouloit point retourner en Espagne, où il voyoit tout perdu. Il aimoit mieux en laisser tout le poids à Berwick, qui étoit sur les lieux, et il en savoit trop pour ne pas faire place au duc de Noailles en Roussillon. Il fit le malade comme il l'avoit su faire en Savoie et en Italie, s'amusa, prit quelques jours des eaux à Balaruc, et regagna la cour.

En même temps que Brancas, longtemps depuis maréchal de France, fut dépêché à Versailles, le roi d'Espagne envoya le duc d'Havré à la reine d'Espagne, que ce seigneur trouva encore à Madrid, où elle avoit été laissée régente, et de Pau le roi d'Espagne s'en alla en poste à cheval à Pampelune, et non à Fontarabie, suivi du connétable de Castille son majordome-major, duc de Medina-Sidonia, âgé lors de plus de soixante ans, son grand écuyer, du duc d'Ossone, capitaine de ses gardes, et de peu de valets, et y arriva le 1er juin aux acclamations du peuple. Il en partit le 2 vers Madrid. Le roi apprit le 14 juin par un courrier du duc de Noailles que le roi d'Espagne y étoit arrivé aux plus grandes acclamations de joie, et le duc de Noailles à sa suite, qui s'en revint aussitôt après droit en Roussillon.

Berwick étoit cependant dans une étrange presse à la tête d'une poignée de troupes mal en ordre vis-à-vis l'armée portugaise devant laquelle il ne pouvoit se présenter, qui prenoit tout ce qu'il lui plaisoit, alloit librement où elle vouloit, et le faisoit reculer et se retirer partout. Il se tenoit néanmoins toujours à portée d'elle, faisant mine de lui disputer les gorges et les rivières, et ralentissant ses mouvements et ses progrès autant que la capacité pouvoit suppléer aux forces. Tout son art et ses chicanes ne purent empêcher les Portugais de tourner sur Madrid et de s'en approcher. La reine en sortit avec ses enfants et sa suite, le 18 juin, pour aller à Burgos, sur le chemin de Pampelune. Le roi en partit, le 21, pour s'aller mettre à la tête de la petite armée de Berwick. Amelot le suivit, et les conseils suivirent la reine. Quantité de grands s'en allèrent sur leurs terres, le cardinal Portocarrero à Tolède, laissant la plus grande consternation dans Madrid, dont, incontinent après, les Portugais se rendirent les maîtres. Ils n'y trouvèrent aucun grand ni aucun membre des conseils. Le roi d'Espagne et Berwick tournèrent vers Burgos, où les vingt escadrons et les trente bataillons françois du siège de Barcelone les devoient rejoindre. Quelques grands le joignirent, d'autres allèrent trouver la reine à Burgos. Six semaines et plus se passèrent dans ces extrémités, pendant lesquelles la reine confia toutes les pierreries du roi son mari et les siennes à Vaset, ce valet françois dont j'ai parlé, et l'envoya les porter en France. Il arriva à Versailles en même temps que le maréchal de Tessé. Vaset les remit au roi, et parmi elles cette fameuse perle en poire appelée la *Pérégrine*, qui, pour sa forme, son poids, son eau parfaite et sa grosseur, est sans prix et sans comparaison avec aucune qu'on ait jamais vue.

Enfin les troupes françoises arrivèrent en Espagne et

joignirent le roi et Berwick tout à la fin de juillet. L'archiduc se tenoit cependant à Saragosse, et laissoit faire ses armées.

Les évêques d'Espagne s'étoient signalés entre tous à lever des troupes à leurs dépens, et à donner au roi des sommes très-considérables. L'évêque de Murcie fit plus qu'aucun, qui avoit été simple curé de village avec tant de réputation et de vertu, que le roi d'Espagne l'avoit élevé à cet épiscopat, d'où il donna l'exemple à tous les autres. Le cardinal Portocarrero, quoique si justement mécontent, donna beaucoup et continua toujours de signaler son attachement. Celui des prélats fut très-important au roi. Ils s'appliquèrent à envoyer des prédicateurs choisis dans tous les lieux de leurs diocèses affermir les peuples dans leur fidélité et leur zèle, qui aussi en donnèrent les plus grandes marques et les plus utiles.

Berwick, renforcé de vingt escadrons et de trente bataillons françois, changea toute la face de cette guerre. Il se présenta à l'armée ennemie avec le roi d'Espagne : il chercha partout à la combattre. A son tour, elle se tint sur la défensive et recula partout. Partout elle fut poussée et perdit les lieux qu'elle avoit pris ou occupés. Les peuples armés par toute la Castille reprirent vigueur, et, sans troupes avec eux, firent rebrousser l'archiduc qui venoit joindre son armée. Ils reprirent Ségovie, où les Portugais avoient laissé cinq cents hommes en garnison, qui sortit du château à condition de se retirer en Portugal par le chemin qui lui fut prescrit, et de ne servir de six mois contre le roi d'Espagne. Ce prince, alors au large, envoya Mejorada avec cinq cents chevaux à Madrid, d'où les Portugais s'étoient éloignés. Il y fut reçu avec les plus grandes acclamations, et peu à peu les ennemis se trouvèrent chassés de toute la Castille. Le roi d'Espagne rentra dans Madrid à la fin de septembre, la reine incontinent, avec les plus grandes marques de joie.

Pendant ce temps-là Berwick poursuivoit l'armée de l'archiduc qui se retiroit devant lui de lieu en lieu. Il prit Cuença, mais Malaga et l'île de Majorque demeurèrent encore à l'archiduc, à qui ils s'étoient donnés dans cette prospérité de ses affaires. Le comte d'Oropesa, président du conseil de Castille, que le roi d'Espagne avoit trouvé exilé depuis deux ans à son arrivée en Espagne, et qu'il y avoit toujours laissé, alla, en ce même temps de prospérité, trouver l'archiduc avec toute sa famille. Le patriarche des Indes fut arrêté avec le comte et la comtesse de Lémos qui y alloient aussi ensemble. Mme des Ursins, retournée avec la reine à Madrid, profita de l'occasion de soulager le palais de trois cents femmes qui avoient ou refusé de la suivre, ou dont les parents avoient montré leur attachement pour l'archiduc. Tel fut l'étrange succès du siége mal entrepris de Barcelone, et la rapidité avec laquelle il pensa renverser Philippe V de son trône, qui avec la même célérité y fut reporté par son courage, l'affection de la Castille, la sagesse et la capacité de Berwick et les secours si prompts du roi son grand-père. Il ne falloit pas couper ce grand événement par des choses moins intéressantes, auxquelles il faut retourner présentement.

Le roi disposa assez promptement des emplois que la bataille de Ramillies avoit fait vaquer. Contades, dont il sera mention dans la suite, fut fait major du régiment des gardes. C'étoit un gentilhomme d'Anjou dont le père étoit connu du roi par plusieurs présents de chiennes couchantes fort belles et fort bien dressées. Le fils, assez bien fait, d'un visage agréable, eut le langage de la cour et celui des dames, auxquelles il plut beaucoup. Il fut galant, mais souvent pour sa fortune; il s'attacha extrêmement au duc de Guiche qui lui valut cet emploi qu'il fit très-bien et fort noblement. Il sut se tenir en sa place avec tout le monde, plaire aux courtisans, aux généraux, ne se mettre mal avec personne, cultiver les maris dont il l'étoit par leurs femmes, et toutefois cheminer honnêtement et vivre recherché à Paris, à la cour, aux armées, de la meilleure, de la plus utile et de la plus brillante compagnie, se soutenir encore en toutes sortes de temps et de changements dans la même situation, être dans la confiance de ceux qui gouvernoient et qui commandoient; et le miracle de tout cela, c'est qu'il avoit fort peu d'esprit, et qu'il ne sut jamais faire une lettre.

M. de Soubise eut cinquante mille écus pour lui sur ce qui vaqua dans les gens d'armes, y compris la charge du fils qu'il y avoit perdu, et déclara à Marly, le 12 juin, la nomination de son fils au cardinalat dont les beaux yeux de Mme de Soubise avoient tiré parole du roi il y avoit déjà quelque temps.

Plusieurs personnes moururent en ce même temps :

Le chevalier de Courcelles, lieutenant général, qui servoit à Luxembourg et qui s'étoit distingué à la guerre; il s'appeloit Champlais, d'une noblesse fort commune; sa grand'mère étoit sœur du premier maréchal de Villeroy; elle avoit épousé en premières noces le vicomte de Tallard, du nom de Bonne, du feu connétable de Lesdiguières; la fille unique de ce mariage fut mère du maréchal de Tallard. En secondes noces elle épousa Courcelles, lieutenant général d'artillerie, et fit fort parler d'elle par des galanteries éclatantes auxquelles on n'étoit pas accoutumé en ce temps-là, et qui la brouillèrent avec toute sa famille. Elle mourut en 1688, dans une grande vieillesse, et avoit beaucoup d'esprit.

Montchevreuil, dont j'ai parlé si souvent qu'il ne me reste plus rien à en dire; il mourut à Saint-Germain. Mornay son fils avoit la survivance de ce gouvernement et de la capitainerie.

Bourlemont, du nom d'Anglure; il étoit lieutenant général, avoit fort servi autrefois, et s'étoit brouillé avec M. de Louvois qui lui rasa, de pique, Stenay dont il étoit gouverneur. C'étoit un très-galant homme, ami de mon père, qui avoit, je ne sais comment tonnelé, marié sa fille unique à

Chamarande, qui étoit à la vérité très-laide, mais avec beaucoup de mérite et de vertu. Il étoit fort vieux. Son frère étoit mort archevêque de Bordeaux.

Une vieille Mlle de Foix, tante paternelle du duc de Foix, fort riche et de beaucoup d'esprit, à ce que j'ai ouï dire à M. de Lauzun, qui en hérita en partie; elle n'avoit jamais voulu sortir de ses terres, où elle vivoit en grande dame et avec des hauteurs qu'on passoit à l'âge et à la coutume, et qui ne seroient de mise aujourd'hui.

L'évêque d'Amiens, qui étoit Brou, d'une famille de Paris, et fort distingué dans le clergé par ses mœurs, sa piété, le gouvernement de son diocèse, sa science, sa capacité en affaires du clergé, son attachement aux maximes du royaume et à la bonne morale, avec beaucoup de sagesse et de discernement; il avoit été aumônier du roi, et avoit toujours conservé les grâces du monde. Il étoit fort considéré de la bonne compagnie et recherché de ce qu'il y avoit de meilleur. Ami intime du grand évêque de Meaux et de ce qu'il y avoit de plus réglé et de plus éclairé dans l'épiscopat. Il étoit oncle paternel de la femme du président de Mesmes, depuis premier président. Son évêché y perdit tout et fut donné à une barbe sale de Saint-Sulpice.

L'abbé Testu, qui étoit un homme fort singulier, mêlé toute sa vie dans la meilleure compagnie de la ville et de la cour, et de fort bonne compagnie lui-même; il ne bougeoit autrefois de l'hôtel d'Albret, où il s'étoit lié intimement avec Mme de Montespan, qu'il voyoit tant qu'il vouloit dans sa plus grande faveur, et à qui il disoit tout ce qu'il lui plaisoit; il s'y lia de même avec Mme Scarron; il la voyoit dans ses ténèbres avec les enfants du roi et de Mme de Montespan qu'elle élevoit; il la vit toujours et toutes les fois qu'il voulut depuis le prodige de sa fortune; ils s'écrivirent toute leur vie souvent, et il avoit un vrai crédit auprès d'elle; il étoit ami de tout ce qui l'approchoit le plus, et en grand commerce surtout avec M. de Richelieu et sa femme, dame d'honneur, et avec Mme d'Heudicourt et Mme de Montchevreuil. Il avoit une infinité d'amis considérables dans tous les états, ne se contraignoit pour pas un, pas même pour Mme de Maintenon ; ne l'avoit pas qui vouloit. C'est un des premiers hommes qui aient fait connoître ce qu'on appelle des vapeurs ; il en étoit désolé, avec un tic qui à tous les moments lui démontoit tout le visage. Il primoit partout, on en rioit, mais on le laissoit faire. Il étoit très-bon ami et serviable, il a fait sous la cheminée beaucoup de grands plaisirs, et avancé et fait même des fortunes ; avec cela simple, sans ambition, sans intérêt, bon homme et honnête homme, mais fort vif, fort dangereux, et fort difficile à pardonner, et même à ne pas poursuivre quiconque l'avoit heurté. Il étoit grand, maigre et blond, et à quatre-vingts ans, il se faisoit verser peu à peu une aiguière d'eau à la glace sur sa tête pelée, sans qu'il en tombât goutte à terre, et cela lui arrivoit souvent depuis beaucoup d'années ; il a fort servi l'archevêque d'Arles, depuis cardinal de Mailly, et grand nombre d'autres, rompu le cou aussi à quelques-uns. Ce fut une perte pour ses amis, et une encore pour la société. C'étoit en tout un homme fort considéré et recherché jusqu'au bout.

M. de Rhodes, le dernier de ce nom de Pot si ancien, si distingué, et qui eut un collier de la Toison d'or en la première promotion que Philippe le Bon fit à l'institution de cet ordre ; il avoit été grand maître des cérémonies comme ses pères pour qui Henri III fit cette charge. Fort de la cour et du grand monde, extrêmement galant, et avec grand bruit, qui fit chasser Mlle de Tonnerre de la chambre des filles de Mme la Dauphine. Il avoit bien servi et eut toujours beaucoup d'amis ; c'étoit un grand homme fort bien fait, avec beaucoup d'esprit et fort orné, mais un esprit trop libre qui n'étoit pas fait pour la cour de Louis XIV. Aussi s'en dégoûta-t-il et se retira-t-il à Paris, en espèce de philosophe, où il épousa une Simiane, veuve d'un autre

Simiane, dont il ne laissa qu'une fille qui n'eut point d'enfants du prince d'Isenghien, de laquelle on a vu la mort, il n'y a pas longtemps. Rhodes mourut avant la vieillesse, mais rongé de la goutte depuis fort longtemps. C'est de lui et des Gesvres qu'on a dit que l'ouvrage valoit mieux que l'ouvrier.

Le maréchal de Villars perdit en ce même temps sa mère, tante paternelle du feu maréchal de Bellefonds. C'étoit une petite vieille ratatinée, tout esprit et sans corps, qui avoit passé sa vie dans la meilleure compagnie, et qui y vécut avec toute sa tête et sa santé jusqu'à sa mort à quatre-vingt-cinq ou six ans. Elle étoit salée, plaisante, méchante; elle s'émerveilloit plus que personne de l'énorme fortune de son fils; elle le connoissoit, et lui recommandoit toujours de beaucoup parler de lui au roi, et jamais à personne; elle avoit beau se contraindre, le peu de cas qu'elle faisoit de lui perçoit; elle avoit des apophthegmes incomparables, et ne sembloit pas y toucher.

Gacé, depuis le maréchal de Matignon, perdit sa femme qui passoit sa vie fort renfermée chez elle; elle étoit fort vertueuse, horriblement laide, riche, et Bertelot, sœur de Plénœuf, de qui j'aurai lieu de parler. Qui auroit cru qu'un nom si vil eût fait dans la suite la fortune des deux fils qu'elle laissa?

La vieille Tingry les suivit de près à Versailles, où elle ne sortoit presque plus de sa chambre. J'ai expliqué qui elle étoit et sa singulière histoire à propos du procès de M. de Luxembourg. Elle vécut longtemps fort délaissée, et dans de grands scrupules sur ses vœux, et d'avoir changé son voile contre un tabouret.

La veuve sans enfants du duc Max. de Bavière, sœur de M. de Bouillon, ne survécut presque pas son mari, de la mort duquel j'ai parlé, il n'y a pas longtemps, et sans enfants, comme je l'ai dit.

Congis, ancien capitaine aux gardes, espèce d'officier

général hébété, et en qui il n'y avoit jamais eu grand chose, mourut employé à la Rochelle sous le maréchal de Chamilly. Il avoit le gouvernement et capitainerie des Tuileries et son fils la survivance. Il valoit encore moins que son père. Le roi voulut qu'il en accommodât Catelan pour peu de chose, qu'il voulut dédommager de la Muette et du bois de Boulogne, donnés à Armenonville, et à son fils, comme je l'ai dit lorsque le comte de Toulouse acheta Rambouillet.

Laubanie ne jouit pas longtemps de la gloire d'avoir si bien défendu Landau et de la récompense qu'il en avoit eue. Sa grand'croix de Saint-Louis fut donnée à Maupertuis, lieutenant général et capitaine des mousquetaires gris. Comme il n'étoit pas commandeur, cette grâce passa pour une distinction très-particulière. Les capitaines de mousquetaires étoient bien éloignés alors de penser à être chevaliers de l'ordre.

La duchesse de Montbazon, mère du prince de Guéméné, femme du duc de Montbazon, mort fou, enfermé à Liége, belle-sœur du chevalier de Rohan, qui eut la tête coupée devant la Bastille à la fin de 1674, belle-fille de la belle et célèbre Montbazon qu'on a vue avoir commencé par son obscur tabouret d'abord la princerie des Rohan et du frère de la fameuse duchesse de Chevreuse, de la seconde duchesse de Luynes, et de M. de Soubise. La duchesse de Montbazon étoit fille posthume, unique du second mariage du premier maréchal de Schomberg, et de la seconde fille de M. de La Guiche, grand maître de l'artillerie, ainsi nièce de la duchesse d'Angoulême; elle étoit sœur de père du second maréchal de Schomberg qui fut duc et pair d'Halluyn, par son mariage, et de cette sainte et illustre duchesse de Liancourt, à laquelle elle ressembla si peu. La vie de cette duchesse de Montbazon fut obscure, et ses mœurs et sa tête fort mal timbrée avoient beaucoup fait parler d'elle. Elle avoit soixante-seize ans; elle s'avisa de faire exécuteur de son testament le duc de La Rochefoucauld, avec qui elle n'avoit jamais eu grand commerce, et qui se mêloit fort à peine de ses propres affaires. Il avait épousé la petite-fille, héritière de la duchesse de Liancourt, sa sœur.

Mme de Polignac, seul reste de la maison de Rambures avec Mme de Caderousse sa sœur. Elle avoit été fille d'honneur de Mme la Dauphine, et depuis son mariage, chassée de la cour pour avoir été trop bien avec Monseigneur; et M. de Créqui hors du royaume pour avoir été trop bien avec elle dans le temps qu'il étoit leur confident. Elle s'en consola à Paris où, avec un mari qui eut toujours pour elle des égards jusqu'au ridicule, et pour qui elle n'en eut jamais le plus léger, elle mena une vie fort libre, et joua tant qu'elle put le plus gros jeu du monde. Elle eut à la fin permission de se montrer à la cour, où elle ne parut que très-rarement et des instants. Le Bordage, à qui la paresse et la passion du jeu avoient fait quitter promptement le service, étoit de toutes les parties chez elle, et partout où elle alloit. Il en devint passionné, quoique fort accusé de n'avoir pas de quoi l'être. C'étoit une créature d'esprit et de boutades, qui ne se mettoit en peine de rien que de se divertir, de ne se contraindre sur quoi que ce fût, et de suivre toutes ses fantaisies. Elle joua tant et si bien, qu'elle se ruina sans ressource, et que, ne pouvant plus vivre ni peut-être se montrer à Paris, elle s'en alla au Puy dans les terres de son mari. La tristesse et l'ennui (quelques-uns l'ont accusée d'un peu d'aide) l'y firent tomber bientôt fort malade. Dès que le Bordage l'apprit, il y courut, et presque aussitôt après son arrivée il fut témoin de sa triste mort. Il en fut si outré de douleur, qu'il avala tout ce qu'il fallut d'opium pour le tuer, se jeta dans sa voiture, et ordonna qu'on le menât droit chez lui en Bretagne. Il n'eut pas fait grand chemin, que l'opium opéra. Ses valets, sur le soir, s'en aperçurent qu'il étoit comme mort et tout près de passer. Leur surprise et quelque manége qu'ils avoient vu leur fit deviner ce que ce pouvoit être. Dans l'incertitude, ils le secouèrent et lui firent avaler du vinaigre tant qu'ils purent, puis tout ce qu'ils purent trouver de spiritueux, et avec beaucoup de peine et de temps le réchappèrent. Il le trouva si mauvais dès qu'il put être revenu à soi, qu'ils le veillèrent de bien près de peur de récidive, et, malgré lui, le ramenèrent à Paris où ils avertirent ses amis et des médecins. Cette aventure fit grand bruit, et plut extrêmement aux dames. Il fut longtemps sans se pouvoir consoler, et les médecins sans le pouvoir guérir. Il languit ainsi plus d'une année, et reprit après son jeu et sa vie accoutumée. Le singulier est qu'à plus de soixante-dix ans il la mène encore sans avoir été un moment incommodé depuis.

CHAPITRE XII.

Baguettes du parlement baissées à Dijon chez M. le Prince. — Baronnies de Languedoc réelles, non personnelles. — Deux cent mille livres de brevet de retenue à Bullion. — Cardinal de Janson arrivé de Rome. — Mariage de des Forts avec la fille de Bâville. — Foucault cède à son fils l'intendance de Caen. — Fortune de l'abbé de La Bourlie en Angleterre. — Galanterie du roi à Marlborough. — Verbaum arrêté allant aux ennemis. — Faux sauniers. — Orry à Paris; ne retourne plus en Espagne; frise la corde de près; puis président à mortier au parlement de Metz. — La reine douairière d'Espagne conduite de Tolède à Bayonne. — Mort de Fontaine-Martel et sa dépouille. — Caractère, conduite, extraction et dégoût de Saint-Pierre. — Ma façon d'être avec M. le duc d'Orléans. — Mlle de Sery fait légitimer le fils qu'elle avoit de M. le duc d'Orléans, et se fait appeler Mme la comtesse d'Argenton par lettres patentes. — Curiosités sur l'avenir très-singulières.

Le roi jugea au conseil de dépêches deux affaires assez singulières; la première qui tenoit fort au cœur à M. le

Prince entre lui et le parlement de Dijon, qui venant le saluer à son arrivée, pour tenir les états de Bourgogne, faisoit marcher ses huissiers avec leurs baguettes hautes dans le logis de M. le Prince, qui, de son côté, prétendoit que, représentant le roi dans la province dont il étoit gouverneur, les baguettes des huissiers du parlement ne pouvoient entrer chez lui que baissées. Cela fut ordonné ainsi, dont ce parlement fut fort mortifié.

L'autre paroissoit tout à fait sans fondement. Mérinville, dont le père étoit le seul lieutenant général de Provence, et qui fut chevalier de l'ordre en 1661, avoit été forcé par la ruine de ses affaires de vendre à Samuel Bernard, le plus fameux et le plus riche banquier de l'Europe, sa terre de Rieux qui est une des baronnies des états de Languedoc. Ces états ne voulurent pas souffrir que Bernard prît aucune séance dans leur assemblée, comme n'étant pas noble par lui-même, et incapable, par conséquent, de jouir du droit de la terre qu'il avoit acquise. Sur cela, Mérinville prétendit demeurer baron des états de Languedoc sans terre, comme étant une dignité personnelle. Il fut jugé qu'elle étoit réelle, attachée à la terre, et Mérinville évincé avec elle de la qualité de baron, et de tout droit de séance, et d'en exercer aucune fonction, sans que pour cela l'incapacité personnelle de l'acquéreur fût relevée. Son fils vient enfin de la racheter, malgré les enfants de Bernard, qui ont été condamnés par arrêt de la lui rendre pour le prix consigné.

Bullion eut en même temps deux cent mille livres sur son gouvernement du Maine et du Perche. Il étoit déjà assez étrange que son frère eût eu l'agrément de l'acheter, et que celui-ci l'eût eu après sa mort, sans donner à un homme si riche un brevet de retenue qui assuroit presque ce gouvernement à sa famille après lui.

Le cardinal de Janson arriva de Rome. Le roi lui fit mille amitiés qu'il méritoit bien, et lui fit prêter, le lendemain 14 juillet, le serment de grand aumônier de France.

Des Forts, que nous verrons plus d'une fois figurer en premier en finance, fils unique de Pelletier qui avoit les fortifications, et qui lui avoit donné sa place d'intendant des finances, épousa à Montpellier la fille de Bâville. Les Lamoignon crurent faire un grand honneur à la fortune des Pelletier par cette alliance, qui parurent les croire sur leur parole. On a vu, il n'y a pas longtemps, sur le premier président Lamoignon, père de Bâville et du président à mortier, combien il y avoit peu qu'ils avoient quitté la plaidoirie et le barreau, où ils n'étoient pas même anciens, pour entrer dans la magistrature.

Foucault, conseiller d'État, obtint la rare permission du roi de quitter à son fils l'intendance de Caen, auquel on verra faire en son temps des personnages dangereux et extravagants en France et en Espagne. Sans une raison de cette nature, je ne m'amuserois pas à gâter mon papier de ces bagatelles. Foucault, grand médailliste, étoit fort protégé du P. de La Chaise, qui l'étoit aussi.

On sut que les Anglois avoient fait l'abbé de La Bourlie lieutenant général dans leurs troupes, avec six mille livres de pension, et vingt-quatre mille livres pour son équipage, et qu'ils l'avoient sur leur flotte avec Cavalier, qui, à la fin, après avoir rôdé en France depuis sa soumission et son accommodement, s'étoit donné à eux. J'ai avancé, quoique de fort peu, quelques-unes de ces petites choses pour ne les pas oublier et pour n'en pas interrompre de plus intéressantes, qu'il faut maintenant raconter après avoir achevé encore quelques bagatelles.

Le roi fut si content du procédé du duc de Marlborough, à l'égard de tous nos prisonniers, qu'il permit à sa prière que Vanbauze, qui avoit Reims pour prison, allât pour trois mois chez lui à Orange. On a vu en son lieu que ce lieutenant général, et grand et bon partisan, avoit été pris en Italie. On étoit fort mécontent de sa conduite et de ses discours, et le roi, qui eut peine à consentir à ce congé, le fit valoir à Marlborough. En même temps Verbaum, premier ingénieur du roi d'Espagne, fut mis dans la citadelle de Valenciennes, comme il alloit se rendre au camp des ennemis. On prit aussi quantité de faux sauniers en divers endroits du royaume, qui marchoient armés par troupes, et trouvoient partout protection pour cette contrebande. On en envoya quantité aux îles d'Amérique.

Orry étoit arrivé à Versailles et y avoit suivi Vaset et les pierreries d'Espagne de fort près. C'étoit pour solliciter des secours d'argent dans cette extrémité des affaires. Il vit longtemps le roi dans son cabinet le 15 juillet. Mais dans les six semaines qu'il demeura ici sur le pied de retourner en Espagne, Amelot et le duc de Berwick mandèrent que la commotion y étoit si générale et si grande contre lui, qu'il seroit fort nuisible de l'y renvoyer. En effet ses hauteurs, sa dureté, sa brutalité, sa grossièreté, le mensonge continuel dont, en toutes sortes d'affaires, il faisoit une profession ouverte, l'avoient rendu si odieux que personne ne vouloit plus traiter avec lui. Il en avoit usé avec Amelot comme il avoit fait avec Puységur, et son effronterie avoit si peu de bornes que le duc de Berwick m'a conté que ce qu'il lui promettoit pour le lendemain, et quelquefois pour deux heures après, ne s'exécutoit point, et qu'il nioit de l'avoir promis, tellement que Berwick, qui ne le voyoit jamais que pour affaires indispensables, prit enfin le parti de lui porter chaque demande sur du papier et de lui faire écrire et signer au bas sa réponse. Avec cela encore il manquoit de parole. On lui rapportoit le papier, il ne pouvoit plus nier, mais faisoit la gambade et répondoit qu'il n'avoit pu résister au maréchal, sachant bien qu'il ne pourroit exécuter ce qu'il promettoit. Avec cette conduite, tout périssoit, excepté sa bourse.

Quand il fut résolu qu'il ne retourneroit point, il fut question de lui faire rendre compte de deux millions comptants qu'il avoit touchés ici dans ces six semaines pour le payement des troupes en Espagne. Ce compte fut tel que le roi le voulut faire pendre. Il en fut à deux doigts. Mme de Maintenon, qui sentit combien cette catastrophe porteroit sur la protection que Mme des Ursins ne cessoit de lui donner, et sur l'intime liaison toujours subsistante entre eux, détourna le coup par Chamillart, et fit si bien dans la suite, toujours pour couvrir et soutenir Mme des Ursins, qu'on lui donna pour le décrasser et le réhabiliter une charge de président à mortier au parlement de Metz, qu'il garda pour ces mêmes raisons, mais qu'il n'exerça point, parce qu'il ne savoit mot de lois ni de jurisprudence. Il a laissé deux fils qui sont sa vive image. Qui croiroit qu'en titre et en effet on les ait rendus les arbitres et les maîtres des finances du roi et de la fortune de tous ses sujets?

Ce fut un coup hardi à Amelot, avec qui Orry étoit fort brouillé, d'avoir empêché son retour. Mais la conduite, la capacité et la réputation de ces deux hommes étoient si diamétralement opposées, l'un en vénération et en amour à toute l'Espagne et aux troupes, l'autre en dernière horreur, que Mme des Ursins n'osa se fâcher pour cette fois, n'en vécut pas moins bien avec Amelot et avec Berwick, alors tous deux si nécessaires, ne put pas même leur en savoir un trop mauvais gré, et se rabattit à sauver son ami de la corde, pour sauver sa propre réputation à elle-même.

Avant de rentrer à Madrid, et dès que le roi d'Espagne s'en revit le maître, il jugea à propos de se délivrer de la reine douairière d'Espagne, dont la conduite avoit été plus que suspecte dans tous les temps. Le roi, par la considération de la mémoire de Charles II qui l'avoit appelé à sa couronne par son testament, et duquel elle étoit veuve, n'avoit pas voulu lui faire éprouver les rigueurs de la retraite dans un monastère sans y voir personne et sans en sortir, qui est la destinée que l'usage d'Espagne impose aux reines veuves, lorsqu'un fils sur le trône ne les en dispense pas par son autorité. Celle-ci n'avoit point d'enfants. Elle étoit sœur de l'impératrice veuve de l'empereur Léopold, et mère de l'empereur Joseph et de l'archiduc. On a vu combien, du vivant et dans les fins de Charles II, cette princesse étoit active pour les intérêts de l'empereur, et intimement unie avec tous les seigneurs espagnols attachés particulièrement à la maison d'Autriche. Philippe V, qui avoit raison de ne la pas laisser à Madrid, lui donna le choix d'une autre demeure. Elle désira d'aller à Tolède dans le beau palais que Charles-Quint y avoit rétabli, et dont les superbes restes font déplorer l'incendie qui le détruisit à la retraite des troupes de l'archiduc de cette ville, un peu après ce temps-ci. La conduite de la reine douairière n'avoit pas démenti son inclination pendant cette dernière prospérité de l'archiduc son neveu, tellement qu'une des premières choses que le roi d'Espagne jugea à propos de faire aussitôt son espèce de rétablissement fut de l'éloigner tout à fait. Il chargea donc le duc d'Ossone, l'un de ses capitaines des gardes qui l'avoit toujours suivi, de prendre cinq cents chevaux, d'aller à Tolède, de voir en arrivant la reine douairière, de lui dire que le roi d'Espagne la trouvoit là trop proche des armées pour y demeurer tranquillement, et qu'il souhaitoit que, sans aucun délai, elle allât trouver la reine à Burgos. La reine douairière parut fort affligée et fort interdite de ce compliment, chercha des excuses et des délais, mais le duc d'Ossone mêla si bien la fermeté avec le respect qu'il ne lui donna que vingt-quatre heures, au bout desquelles il la fit partir avec tout ce qu'elle avoit là autour d'elle, et au lieu de Burgos, la fit conduire à Vittoria. Pendant ce voyage, on avoit dépêché au roi pour avoir ses ordres sur le lieu de la frontière et de France où on la mèneroit. Pau fut choisi pour la commodité et l'agrément du château et des jardins; mais la reine douairière, informée enfin du lieu où elle alloit, demanda Bayonne par préférence et l'obtint. Le duc de Grammont qui y étoit lui céda sa maison et la reçut avec toutes sortes d'honneurs. Elle y a passé plus de trente ans. J'aurai occasion de parler d'elle dans la suite.

Fontaine-Martel étoit mort, mangé de goutte, ne laissant qu'une fille encore enfant. Il étoit frère d'Arcy, dont j'ai parlé, qui avoit été gouverneur de M. le duc d'Orléans, et qui avoit valu à Fontaine-Martel la place de premier écuyer de Mme la duchesse d'Orléans. Elle étoit obsédée des Saint-Pierre, et par eux toujours aigrie sur celle des Suisses qu'avoit eue Nancré. Ils firent tant auprès d'elle qu'elle se fit une véritable affaire d'obtenir cette place de son premier écuyer pour Saint-Pierre, et M. le duc d'Orléans la lui donna pour avoir repos, à condition que Saint-Pierre ne se présenteroit pas devant lui. Quelque déshonorante que fût cette condition, Saint-Pierre et sa femme n'étoient pas gens à lâcher prise. La place étoit utile et pleine de commodités, elle honoroit fort Saint-Pierre, elle lui donnoit un état de consistance qu'il n'avoit pas; il la reçut donc avec avidité et tint des propos et une conduite à l'égard de M. le duc d'Orléans plus qu'indécents.

C'étoit un petit noble tout au plus, de basse Normandie, qui ne s'étoit jamais assis devant la vieille duchesse de Ventadour, mère de la maréchale de Duras, quand il alloit lui faire sa cour à Sainte-Marie dont il étoit voisin. Pour achever, il n'y eut manéges qu'il ne fît, et chose qu'il ne mît en œuvre pour faire aller sa femme à Marly, et par conséquent pour la faire manger, et entrer dans les carrosses. Mme la duchesse d'Orléans le voulut prendre au point d'honneur, à cause de la charge. On allégua l'exemple de Mme de Fontaine-Martel qui y avoit été admise sans difficulté. Le roi tint bon toute sa vie, car ils ne se lassèrent point d'y prétendre. Il répondit que, quand le premier écuyer de Mme la duchesse d'Orléans seroit un homme de qualité comme l'étoit Fontaine-Martel, il savoit la différence des domestiques des petits-fils de France d'avec ceux des princes du sang; mais que, pour un premier écuyer tel que Saint-Pierre, il étoit étonné que cela se pût imaginer, moins encore proposer. Il n'y eut peut-être que les deux dernières années de la vie du roi tout au plus que, rebutés cent et cent fois, ils se le tinrent pour dit.

La Saint-Pierre se fourroit partout, divertissoit le monde et soi-même tant qu'elle pouvoit, avec un air étourdi, mais point du tout méchante ni glorieuse. Le mari étoit un faux Caton, bien glorieux, bien présomptueux, bien insolent, jusqu'à ne prendre pas la peine de voir le roi, de dépit de Marly, quoique ne bougeant de Versailles, méchant et dangereux avec force souterrains, et un froid silencieux et indifférent copié sur d'O, mais avec beaucoup d'esprit. Son nom étoit Castel. Les trois tantes paternelles du maréchal de Bellefonds avoient épousé en 1642 [la première] un Castel; la seconde un Cadot, qui sont les Sebeville; la troisième fut mère du maréchal de Villars. Voilà une parenté médiocre. On sait en Normandie quels sont les Gigault; mais le surprenant est que la mère de ces trois femmes étoit Aux Épaules, bonne et ancienne maison éteinte, dont étoit aussi la mère de la duchesse de Ventadour, mère de la maréchale de Duras, qui n'en rabattoit rien pour cela avec les Saint-Pierre.

S'il n'est pas temps encore de parler du personnel de M. le duc d'Orléans, je ne puis différer de dire de quelle façon j'étois avec lui depuis que j'étois entré dans son commerce, de la façon dont je l'ai raconté en son lieu. L'amitié et la confiance pour moi étoit entière, j'y répondis toujours avec le plus sincère attachement. Je le voyois presque toutes les après-dînées à Versailles, seul dans son entre-sol. Il me faisoit des reproches quand le hasard rendoit mes visites plus rares, et il me permettoit de lui en parler en toute liberté. Aucun chapitre ne nous échappoit, il se répandoit sur tous avec moi, et il trouvoit bon que je ne lui cachasse rien sur lui-même. Je ne le voyois qu'à Versailles et à Marly, c'est-à-dire à la cour, et jamais à Paris. Outre que je n'y étois presque point, et que, quand j'y allois pour y coucher une nuit, et rarement deux, c'étoit pour des devoirs ou des affaires; ses compagnies, ses parties, la vie qu'il menoit à

Paris ne me convenoit point. Je m'étois mis tout d'abord sur le pied de n'avoir aucun commerce avec personne du Palais-Royal, ni de ses compagnies de plaisir, ni avec ses maîtresses. Je n'en voulus pas avoir davantage avec Mme la duchesse d'Orléans que je ne voyois jamais qu'aux occasions de cérémonie et de devoirs indispensables, fort rares, et une minute, et je ne me mêlai jamais de quoi que ce fût de leurs maisons. Je crus toujours qu'une autre conduite là-dessus me seroit fort importune, et ne me mèneroit qu'à des tracasseries, de sorte que je n'en voulus jamais entendre parler.

Le soir même qu'il fut déclaré général pour l'Italie, je le suivis du salon chez lui, où nous causâmes longtemps tous deux. Il m'apprit qu'on avoit dépêché à Marsin, en Flandre, où il étoit encore avec ce qu'il avoit amené au maréchal de Villeroy, qui ne l'avoit pas attendu pour sa bataille, ordre de se porter sur-le-champ de sa personne sur le Rhin y prendre le commandement de l'armée, et en même temps à Villars d'en partir, et de sa personne aller par la Suisse à l'armée d'Italie, qu'il commanderoit sous lui, d'où M. de Vendôme ne devoit point partir qu'ils ne fussent arrivés l'un et l'autre, et n'eussent conféré avec lui, et qu'il n'étoit général qu'à condition, pour ce commandement, de ne rien faire que de l'avis du maréchal, et quoi que ce soit au contraire, dont le roi en le nommant venoit d'exiger sa parole. Il en sentit moins le poids que la joie de se voir arrivé à ce qu'il avoit tant désiré toute sa vie, et sans l'avoir demandé, et lorsque depuis si longtemps il ne l'espéroit plus et n'y songeoit plus. M. le prince de Conti se contraignit, et fit fort bien le soir dans le salon. Mme la Duchesse, qui y jouoit, ne prit pas la peine de quitter ni d'aller à M. le duc d'Orléans : elle lui cria, comme il passoit à portée, qu'elle lui faisoit son compliment, d'un air piqué. Il passa sans répondre. M. le Duc n'étoit pas encore de retour des états de Bourgogne. Les jours suivants, M. le duc d'Orléans voulut que j'entrasse avec lui en beaucoup de choses. Je crus ne pourvoir lui rendre un meilleur service, à Chamillart et aux affaires, que de lui bien et nettement dire l'obligation qu'il avoit à Chamillart de le faire servir; de lui bien faire entendre que, quelle que fût sa disproportion d'avec lui, un ministre demeuroit toujours le maître, et faisoit enrager les plus grands princes quand il vouloit; que l'honneur, la reconnoissance, l'intérêt de sa gloire et de ce qu'il alloit manier, exigeoit entre eux un concert, une union, une franchise entière sur tout, une exclusion de tout genre de fripons, qui, pour pêcher en eau trouble et pour leurs intérêts particuliers, voudroient semer de la défiance et les éloigner l'un de l'autre. Je lui représentai qu'il ne pouvoit douter de Chamillart, du caractère droit et vrai dont il étoit, qui l'ayant mis à la tête d'une puissante armée, ne tenant qu'à lui de le laisser oisif comme il étoit, n'oublieroit rien pour se maintenir dans la bienveillance qu'il devoit se promettre de ce service; qu'une réflexion si naturelle le devoit continuellement tenir en garde contre ceux qui, sûrement ou jaloux ou ennemis de l'un et de l'autre, voudroient lui grossir les soupçons, les mécontentements, le chagrin, qui pouvoient naître avec le temps par le manquement involontaire de beaucoup de choses, qui ne se faisoit que trop sentir en beaucoup d'occasions partout. Il reçut avec amitié et avec plaisir ces considérations, m'expliqua fort au long ses instructions et ses ordres, et m'ordonna de lui écrire souvent et librement sur lui-même.

Il étoit depuis longtemps amoureux de Mlle de Sery. C'étoit une jeune fille de condition, sans aucun bien, jolie, piquante, d'un air vif, mutin, capricieux et plaisant. Cet air ne tenoit que trop ce qu'il promettoit. Mme de Ventadour, dont elle étoit parente, l'avoit mise fille d'honneur auprès de Madame; là elle devint grosse, et eut un fils de M. d'Orléans. Cet éclat la fit sortir de chez Madame. M. le duc d'Orléans s'attacha à elle de plus en plus. Elle étoit impérieuse et le lui fit sentir; il n'en étoit que plus amoureux et plus soumis. Elle disposoit de beaucoup de choses au Palais-Royal, cela lui fit une petite cour et des amis; et Mme de Ventadour, avec toute sa dévotion de repentie et ses vues, ne cessa point d'être en commerce étroit avec elle, et ne s'en cachoit pas. Elle fut bien conseillée. Elle saisit ce moment brillant de M. le duc d'Orléans pour faire reconnoître et légitimer le fils qu'elle en avoit, aujourd'hui par la régence de son père devenu grand prieur de France, général des galères, et grand d'Espagne, avec des abbayes. Mais Mlle de Sery ne se contenta pas de cette légitimation. Elle trouva indécent d'être publiquement mère et de s'appeler mademoiselle. Nul exemple pour lui donner le nom de Madame; c'étoit un honneur réservé aux filles de France, aux filles duchesses femelles, et depuis l'invention de Louis XIII que j'ai rapportée en son lieu, pour Mlle d'Hautefort, aux filles dames d'atours. Ces obstacles n'arrêtèrent ni la maîtresse ni son amant. Il lui fit don de la terre d'Argenton, et força la complaisance du roi, quoique avec beaucoup de peine d'accorder des lettres patentes portant permission à Mlle de Sery de prendre le nom de madame et de comtesse d'Argenton. Cela étoit inouï. On craignit les difficultés de l'enregistrement. M. le duc d'Orléans, prêt à partir et accablé d'affaires, alla lui-même chez le premier président et chez le procureur général, et l'enregistrement fut fait. Son choix pour l'Italie avoit été reçu avec le plus grand applaudissement de la ville et de la cour. Cette nouveauté ralentit cette joie et fit fort crier; mais un homme bien amoureux ne pense qu'à satisfaire sa maîtresse et à lui tout sacrifier.

Tout se conçut, se fit et se consomma à cet égard sans que lui et moi nous nous en dissions un seul mot. Je fus fâché de la chose, et qu'il eût terni un départ si brillant par une singularité si bruyante et si déplacée. Mais ce fut tout, et je me fus fidèle à ce que je m'étois proposé, dès le moment que je rentrai en commerce avec lui, de ne lui parler jamais de sa maison, de son domestique ni de ses maîtresses. Il se doutoit bien que je n'approuverois pas ce qu'il faisoit pour celle-là; il se garda bien de m'en ouvrir la bouche en aucun temps.

Mais voici une chose qu'il me raconta dans le salon de Marly, dans un coin où nous causions tête à tête, un jour que, sur le point de son départ pour l'Italie, il arrivoit de Paris, dont la singularité vérifiée par des événements qui ne se pouvoient prévoir alors m'engage à ne la pas omettre. Il étoit curieux de toutes sortes d'arts et de sciences, et, avec infiniment d'esprit, avoit eu toute sa vie la foiblesse si commune à la cour des enfants d'Henri II, que Catherine de Médicis avoit entre autres maux apportée d'Italie. Il avoit tant qu'il avoit pu cherché à voir le diable, sans y avoir pu parvenir, à ce qu'il m'a souvent dit, et à voir des choses extraordinaires, et savoir l'avenir. La Sery avoit une petite fille chez elle de huit ou neuf ans, qui y étoit née et n'en étoit jamais sortie, et qui avoit l'ignorance et la simplicité de cet âge et de cette éducation. Entre autres fripons de curiosités cachées, dont M. le duc d'Orléans avoit beaucoup vu en sa vie, on lui en produisit un, chez sa maîtresse, qui prétendit faire voir dans un verre rempli d'eau tout ce qu'on voudroit savoir. Il demanda quelqu'un de jeune et d'innocent pour y regarder, et cette petite fille s'y trouva propre. Ils s'amusèrent donc à vouloir savoir ce qui se passoit alors même dans des lieux éloignés, et la petite fille voyoit, et rendoit ce qu'elle voyoit à mesure. Cet homme prononçoit tout bas quelque chose sur ce verre rempli d'eau, et aussitôt on y regardoit avec succès.

Les duperies que M. le duc d'Orléans avoit souvent essuyées l'engagèrent à une épreuve qui pût le rassurer. Il ordonna tout bas à un de ses gens, à l'oreille, d'aller sur-le-champ à quatre pas de là, chez Mme de Nancré, de bien examiner qui y étoit, ce qui s'y faisoit, la position et l'ameublement de la chambre, et la situation de tout ce qui s'y passoit, et, sans perdre un moment ni parler à personne, de le lui venir dire à l'oreille. En un tourne-main la commission fut exécutée, sans que personne s'aperçût de ce que c'étoit, et la petite fille toujours dans la chambre. Dès que M. le duc d'Orléans fut instruit, il dit à la petite fille de regarder dans le verre qui étoit chez Mme de Nancré et ce qu'il s'y passoit. Aussitôt elle leur raconta mot pour mot tout ce qu'y avoit vu celui que M. le duc d'Orléans y avoit envoyé. La description des visages, des figures, des vêtements, des gens qui y étoient, leur situation dans la chambre, les gens qui jouoient à deux tables différentes, ceux qui regardoient ou qui causoient assis ou debout, la disposition des meubles, en un mot tout. Dans l'instant M. le duc d'Orléans y envoya Nancré, qui rapporta avoir tout trouvé comme la petite fille l'avoit dit, et comme le valet qui y avoit été d'abord l'avoit rapporté à l'oreille de M. le duc d'Orléans.

Il ne me parloit guère de ces choses-là, parce que je prenois la liberté de lui en faire honte. Je pris celle de le pouiller à ce récit et de lui dire ce que je crus le pouvoir détourner d'ajouter foi et de s'amuser à ces prestiges, dans un temps surtout où il devoit avoir l'esprit occupé de tant de grandes choses. « Ce n'est pas tout, me dit-il; et je ne vous ai conté cela que pour venir au reste; » et tout de suite me conta que, encouragé par l'exactitude de ce que la petite fille avoit vu de la chambre de Mme de Nancré, il avoit voulu voir quelque chose de plus important, et ce qui se passerait à la mort du roi, mais sans en rechercher le temps qui ne se pouvoit voir dans ce verre. Il le demanda donc tout de suite à la petite fille, qui n'avoit jamais ouï parler de Versailles, ni vu personne que lui de la cour. Elle regarda et leur expliqua longuement tout ce qu'elle voyoit. Elle fit avec justesse la description de la chambre du roi à Versailles, et de l'ameublement qui s'y trouva en effet à sa mort. Elle le dépeignit parfaitement dans son lit, et ce qui étoit debout auprès du lit ou dans la chambre, un petit enfant avec l'ordre tenu par Mme de Ventadour, sur laquelle elle s'écria parce qu'elle l'avoit vue chez Mlle de Sery. Elle leur fit connoître Mme de Maintenon, la figure singulière de Fagon, Madame, Mme la duchesse d'Orléans, Mme la Duchesse, Mme la princesse de Conti; elle s'écria sur M. le duc d'Orléans : en un mot, elle leur fit connoître ce qu'elle voyoit là de princes et de domestiques, seigneurs ou valets. Quand elle eut tout dit, M. le duc d'Orléans, surpris qu'elle ne leur eût point fait connoître Monseigneur, Mgr le duc de Bourgogne, Mme la duchesse de Bourgogne, ni M. le duc de Berry, lui demanda si elle ne voyoit point des figures de telle et telle façon. Elle répondit constamment que non, et répéta celles qu'elle voyoit. C'est ce que M. le duc d'Orléans ne pouvoit comprendre et dont il s'étonna fort avec moi, et en rechercha vainement la raison. L'événement l'expliqua. On étoit lors en 1706. Tous quatre étoient alors pleins de vie et de santé, et tous quatre étoient morts avant le roi. Ce fut la même chose de M. le Prince, de M. le Duc et de M. le prince de Conti qu'elle ne vit point, et vit les enfants des deux derniers, M. du Maine, les siens, et M. le comte de Toulouse. Mais jusqu'à l'événement cela demeura dans l'obscurité.

Cette curiosité achevée, M. le duc d'Orléans voulut savoir ce qu'il deviendroit. Alors ce ne fut plus dans le verre. L'homme qui étoit là lui offrit de le lui montrer comme peint sur la muraille de la chambre, pourvu qu'il n'eût point de peur de s'y voir; et au bout d'un quart d'heure de quelques simagrées devant eux tous, la figure de M. le duc d'Orléans, vêtu comme il l'étoit alors et dans sa grandeur naturelle, parut tout à coup sur la muraille comme en peinture, avec une couronne fermée sur la tête. Elle n'étoit ni de France, ni d'Espagne, ni d'Angleterre, ni impériale. M. le duc d'Orléans, qui la considéra de tous ses yeux, ne put jamais la deviner; il n'en avoit jamais vu de semblable.

Elle n'avoit que quatre cercles, et rien au sommet. Cette couronne lui couvroit la tête.

De l'obscurité précédente et de celle-ci, je pris occasion de lui remontrer la vanité de ces sortes de curiosités, les justes tromperies du diable que Dieu permet pour punir des curiosités qu'il défend, le néant et les ténèbres qui en résultent au lieu de la lumière et de la satisfaction qu'on y recherche. Il étoit assurément alors bien éloigné d'être régent du royaume et de l'imaginer. C'étoit peut-être ce que cette couronne singulière lui annonçoit. Tout cela s'étoit passé à Paris chez sa maîtresse, en présence de leur plus étroit intrinsèque, la veille du jour qu'il me le raconta, et je l'ai trouvé si extraordinaire que je lui ai donné place ici, non pour l'approuver, mais pour le rendre.

CHAPITRE XIII.

Marsin, au refus de Villars, va commander l'armée d'Italie sous M. le duc d'Orléans, qui part pour l'Italie. — Mmes de Savoie, et incontinent après M. de Savoie, sortis de Turin, défendu par le comte de Thun. — Folles courses de La Feuillade après le duc de Savoie. — Duc d'Orléans passe au siége, dont il est peu content. — Mauvaise conduite de La Feuillade, fort haï. — Duc d'Orléans joint Vendôme et n'en peut rien tirer. — Vendôme à Versailles. — Vendôme part pour Flandre, avec une lettre du roi, pour donner l'ordre et commander à tous les maréchaux de France. — Villeroy à Versailles sans avoir vu Vendôme, et ne voit point Chamillart, avec qui il se brouille, et tombe en disgrâce. — Guiscard, sans lettre de service, retiré chez lui; seul sans nouvelles lettres de service. — Puységur à Versailles et en Flandre. — Traitement des ducs en pays étrangers. — Usurpations de rang de l'électeur de Bavière. — — Traitements entre lui et M. de Vendôme. — Villars, quoique affoibli, prend l'île du Marquisat, où Streff est tué. — Caraman assiégé dans Menin, et le rend. — Jolie action du chevalier du

Rosel. — Ath pris par les ennemis. — Séparation des armées en Flandre. — Le roi, amusé sur le voyage de Fontainebleau, ne le fait point cette année. — Kercado, maréchal de camp, tué. — Talon, Polastron, Rose, colonels, morts en Italie, et le prince de Maubec colonel de cavalerie.

On sut bientôt le changement qui regardoit le commandement de l'armée d'Italie sous M. le duc d'Orléans. Villars n'en voulut point tâter : il ne s'accommoda point de prendre l'ordre de M. de Vendôme, et aussi peu d'être sous un jeune prince. Il étoit parvenu aux richesses et aux plus grands honneurs. Sans balancer, il leur remit le marché à la main, et répondit tout net que le roi étoit le maître de lui ôter le commandement de l'armée du Rhin, le maître de l'employer et de ne l'employer pas, mais que d'aller en Italie il ne pouvoit s'y résoudre, et qu'il supplioit le roi de l'en dispenser. Un autre que l'heureux Villars eût été perdu. De lui ou des conjonctures, tout fut trouvé bon. Le même courrier lui fut renvoyé avec ordre de demeurer à la tête de son armée, et un autre à Marsin portant, dès qu'il y seroit arrivé (et qu'on ne savoit où prendre par les chemins), de s'en aller en Italie par la Suisse, au lieu de Villars. Le roi exigea de M. le duc d'Orléans la même parole à l'égard de celui-ci qu'il lui avoit fait donner pour l'autre. Il l'entretint longtemps à Marly, le mercredi matin, 30 juin. M. le duc d'Orléans prit congé et s'en alla à Paris, d'où il partit le lendemain avec vingt-huit chevaux et cinq chaises pour arriver en trois jours à Lyon, et pousser de là, sans s'arrêter, en Italie.

Mmes de Savoie sortirent de bonne heure de Turin et se retirèrent à Coni. M. de Savoie reçut assez mal les offres de sûreté pour tous les lieux où elles voudroient aller, que La Feuillade lui envoya faire de la part du roi. Il répondit sèchement qu'elles étoient bien où elles étoient. Lui-même quitta Turin à la fin de juin. Il en laissa le commandement au comte de Thun, qui ne s'en acquitta que trop bien, et qui longtemps depuis a été gouverneur du Milanois. M. de Savoie emmena toute sa cour, ses équipages et ses trois mille chevaux, et n'y en laissa que cinq cents et vingt hussards. Il se mit à courir le pays dans l'opinion que La Feuillade le suivroit et se distrairoit du siége pour tâcher de le prendre. C'est en effet ce qui arriva. Il laissa le commandement du siége à son ami Chamarande, qui fut sa dupe toute sa vie, et se mit aux champs. Il alla s'amuser devant Quérasque, et envoya d'Estaing prendre Asti qui, depuis la méprise de son secrétaire, étoit demeuré aux ennemis, et où lui-même avoit échoué, comme on l'a vu ci-devant.

Avec ces détachements, il ne restoit que quarante bataillons devant Turin, qui y fatiguoient fort et y avançoient fort peu. On prit prisonniers dans Mondovi le prince de Carignan, ce fameux muet, et toute sa famille; et sur sa parole, on les conduisit à Raconis, sa maison de plaisance, où il demanda une garde à La Feuillade. En même temps Mmes de Savoie, qui de Coni étoient allées à Oneille, se retirèrent à Savone. La Feuillade, lassé de perdre son temps à courre après du vent, revint au siége et lâcha Aubeterre aux trousses de M. de Savoie, qui, pour ralentir le siége, se montroit de loin, puis se cachoit et changeoit continuellement de retraite et de route. Il pensa pourtant plus d'une fois y être attrapé, et cependant menoit une vie errante, misérable et périlleuse. Aubeterre battit son arrière-garde et prit un fils du comte de Soissons, un capitaine des gardes de M. de Savoie et une vingtaine d'officiers. Là-dessus La Feuillade, follement buté à la capture de M. de Savoie, et qui n'en vouloit pas laisser l'honneur à un autre, quitta encore le siége et se remit après; mais M. de Savoie se moquoit de lui. Ce prince ne laissa pas de se trouver longtemps dans les plus fâcheuses extrémités qu'il soutint avec un grand art et un grand courage. Cette conduite de La Feuillade harassa toute sa cavalerie, et mit à bout son infanterie, par tous les divers détachements qu'il en fit à droite et à gauche, et par la fatigue trop redoublée de celle qui restoit au siége. C'étoit une étrange folie que voler le papillon aux dépens de l'objet si principal de prendre Turin, et si pressé qu'une heure étoit précieuse dans la crainte de l'arrivée du prince Eugène, à qui ces lenteurs donnèrent tout le temps qui lui fut nécessaire ; et la négligence, la paresse, l'opiniâtreté, l'incurie de M. de Vendôme pour un pays qu'il alloit quitter, toutes les facilités dont il sut bien profiter pour passer le Pô malgré lui, et lui donner le second tome de M. de Staremberg, et par le même chemin qu'il vint au secours de M. de Savoie, quoique fort arriéré, et toutes les rivières gardées, les passa et devança M. de Vendôme qui revenoit de cette belle course de Trente, et arriva à temps de sauver M. de Savoie, comme je l'ai marqué en son temps.

On avoit beau presser le siége par des courriers redoublés, le temps perdu ne se pouvoit regagner ; et Chamillart fut obligé de mander à son gendre le mauvais effet de ses courses par monts et par vaux après un fantôme qui ne se montroit que pour le séduire et qui lui échappoit toujours. Personne n'osoit dire un mot de ce qu'il pensoit à La Feuillade. Dreux, son beau-frère, y fut si mal reçu qu'il ne s'y commit plus, et il s'en brouilla avec Chamarande qui, comptant sur l'âge, l'expérience et l'ancienne amitié, s'étoit hasardé de lui dire tête à tête sa pensée avec grande mesure ; sa sagesse et sa douceur évita l'éclat et le dehors, mais on s'aperçut bientôt du refroidissement qui ne se raccommoda plus. Le pauvre Chamarande y perdit son fils à la tête du régiment de la reine que lui-même avoit eu avant lui.

M. le duc d'Orléans passa au siége. La Feuillade le reçut magnifiquement et lui montra tous les travaux. Il le mena aux attaques et lui fit tout voir. Le prince ne fut content de rien. Il trouva qu'on n'attaquoit point par où il auroit voulu, et fut en cela de même avis que Catinat qui connoissoit si bien Turin, que Vauban qui l'avoit fortifié, que Phélypeaux qui y avoit demeuré des années, et tous trois sans s'être concertés. Il ne le fut pas davantage des travaux, et il trouva le siége fort peu avancé. Il ménagea pourtant fort La Feuillade, mais il ne crut pas lui devoir sacrifier le succès. Il fit donc changer et ordonna le changement de beaucoup de choses; mais, dès qu'il fut parti, La Feuillade remit tout, de son autorité, en son premier état, continua de pousser sa pointe, et toujours sans consulter qui que ce fût, depuis le commencement jusqu'à la fin. Sa conduite impérieuse, le peu d'accès qu'il donnoit auprès de lui, sa hauteur avec les officiers, même généraux, et ses propos durs avec l'audace d'un étourdi qui compte éblouir par sa valeur et tout permis au gendre du tout-puissant ministre, le firent détester de toute son armée, et mirent les officiers généraux et particuliers en humeur et en usage de s'en tenir exactement et avec précision à leur fait et à leur devoir, sans se soucier de la besogne ni daigner remédier, ni rien faire, sur quoi que ce fût, à rien, quelque nécessité qu'ils y vissent, par pique, par dégoût, et par la crainte aussi qu'on leur demandât de quoi ils se mêloient. Avec un tel général, qui avoit mal enfourné, qui manquoit par l'impossibilité de ce que Vauban avoit cru nécessaire, et secouru de la sorte, ce n'étoit pas de quoi prendre Turin. On prit de temps en temps quelques ouvrages extérieurs, dont les nouvelles venues par des courriers étoient bien vantées à la cour et faisoient sans cesse tout espérer. Mais nos mines alloient si mal, que La Feuillade s'en plaignoit lui-même par ses lettres, et l'artillerie y étoit servie avec les mêmes défauts et par les mêmes raisons qu'elle l'avoit été à Barcelone, et que j'ai expliquées sur ce siége-là.

M. le duc d'Orléans joignit M. de Vendôme sur le Mincio, le 17 juillet, avec lequel il conféra tant qu'il put, non pas à beaucoup près tant qu'il voulut, moins encore autant qu'il étoit nécessaire. Le prétendu héros venoit de faire des fautes irréparables. Le prince Eugène venoit de passer le Pô presque devant lui ; on ignoroit ce que seroient devenus douze de nos bataillons postés au delà du Pô, près de l'endroit où il avoit passé ; il avoit pris tous les bateaux que nous avions sur ce fleuve, et il falloit pourtant en faire un pont pour passer l'armée et suivre les ennemis. Vendôme craignit donc que ses fautes ne fussent aperçues. Il vouloit que son successeur en demeurât chargé. D'autre part il attendoit Marsin. Son orgueil le retenoit pour le plaisir de donner l'ordre à un maréchal de France, et jouir du billet du roi qu'il avoit obtenu. En cette situation, impatient, fuyant les conférences, les abrégeant quand il ne pouvoit les éviter, il ne put éviter le perçant des yeux du prince qui s'appliquoit à pénétrer l'état d'une besogne qui devenoit sienne et qui désormais intéressoit son honneur. Il acheva sur les lieux de découvrir à revers tout ce qu'il avoit déjà aperçu en éloignement, et y ajouta beaucoup d'autres connoissances qu'il ne dissimula point, quoique avec modestie, et sur lesquelles Vendôme ne put rien alléguer de bon ni même d'apparent. Enfin Marsan arriva, et, sa dignité flétrie, Vendôme partit sans délai.

Aussitôt après, M. d'Orléans tenta un petit combat avec Médavy par un autre côté, qui auroit déconcerté la marche des ennemis, et qui eût infailliblement réussi, si Goïto ne se fût pas misérablement rendu au moment que Marsin y alloit lui-même pour le dégager. L'affaire manquée, M. d'Orléans alla en poste rejoindre M. de Vendôme, arrêté, de concert avec lui, à Mantoue, pour y donner des ordres dont ils étoient convenus. Cette course fut pour lui proposer de faire descendre un pont à Crémone, qu'à son insu il avoit commandé et fait rassembler. Il n'y avoit que peu de troupes ennemies qui eussent encore passé le Pô. Malgré les plus opiniâtres assurances de Vendôme, leur armée avoit rendu inutiles les obstacles qu'il avoit cru mettre à toutes les rivières. Elles les avoient passées, et même le canal Blanc pour gagner le Piémont. En vain M. d'Orléans voulut-il persuader cette vérité à M. de Vendôme, et qu'ils passeroient le Pô avec la même facilité; Vendôme, plus ferme que jamais, n'y voulut jamais entendre. Il savoit bien que tant qu'il étoit en Italie, il y étoit le maître, et qu'à l'ordre près qu'il recevoit du prince, celui-ci étoit engagé au roi de ne décider de rien.

Comme ils en étoient sur cette dispute, il leur arriva des nouvelles d'un parti qu'ils avoient sur les ennemis. Elles portoient qu'un petit parti ennemi avoit passé le Pô. Là-dessus Vendôme s'écrie que pour cinq ou six coquins ce n'étoit pas merveilles. Comme il triomphoit ainsi, autres nouvelles, coup sur coup, du même partisan, qui mandoit que toute l'armée avoit passé. Vendôme, qui venoit d'assurer qu'elle ne s'y hasarderoit pas, paya de son effronterie ordinaire, et avec un air également gai et libre, et ce front qui ne rougissoit de rien : « Eh bien! dit-il, ils sont passés, je n'y puis que faire; ils ont bien d'autres obstacles à surmonter avant de se rendre en Piémont. » Et tout de suite se tournant à M. le duc d'Orléans : « Vos ordres, lui dit-il, monsieur, car je n'ai plus que faire ici, et je pars demain matin. » Il tint parole. M. d'Orléans, confus pour Vendôme, ne voulut pas ajouter les reproches à ceux de la chose même. Il se contenta de lui dire que, puisqu'il l'avoit si opiniâtrément jeté dans cet extrême inconvénient, en soutenant toujours ce passage impossible et le laissant ouvert, il devoit bien au moins l'aider à s'en tirer avant que s'en aller. A force de persécution il accorda vingt-quatre heures, qui furent employées à visiter des postes et à donner divers ordres. Les vingt-quatre heures expirées, rien ne put retenir Vendôme. Il s'en fut au plus vite, laissant au duc d'Orléans à soutenir tout le poids de ses lourdes fautes. Toute l'armée en étoit témoin, et plusieurs officiers généraux de ce qui se venoit de passer en dernier lieu. M. d'Orléans, qui connoissoit le terrain, se garda bien de tomber sur Vendôme dans ses dépêches, mais il ne pallia point aussi la situation critique dans laquelle il le laissoit. Il attendit à Mantoue La Feuillade pour s'aboucher avec lui sur les partis et les mesures à prendre, et les troupes qu'il pourroit lui envoyer de son siége.

Vendôme arriva le samedi dernier juillet à Versailles. Il salua le roi à la descente de son carrosse. Il fut reçu en héros réparateur; il suivit le roi chez Mme de Maintenon, où il demeura longtemps avec lui et Chamillart. Il y vanta le bon état où il avoit laissé toutes choses en Italie avec une audace sans pareille, et assura que le prince Eugène ne pourroit jamais secourir Turin. Le dimanche il fut voir Monseigneur à Meudon, et travailla après longtemps chez Chamillart. Le lundi 2 août, M. de Vendôme fut longtemps seul avec le roi dans son cabinet. Il en reçut une lettre de sa main, portant ordre à tous les maréchaux de France de prendre l'ordre de lui, et de lui obéir partout. C'est où M. du Maine et lui en vouloient venir sans patente, et où ils arrivèrent enfin par degrés, contre le goût et la volonté du roi; et de cette sorte sans patente, M. de Vendôme, quoique sans mention de sa naissance, fut mis en parfait niveau avec les princes du sang. Il prit congé transporté d'aise, s'en alla coucher à Clichy, d'où il partit le lendemain pour Valenciennes. Le maréchal de Villeroy, qui s'étoit tenu fort obscurément à Saint-Amand, reçut en même temps son congé, et partit aussitôt pour revenir. Il ne vit ni ne rencontra M. de Vendôme.

Ce retour fut bien différent de ceux de toutes les précédentes années. Il arriva à Versailles le vendredi 6 août, et vit le roi chez Mme de Maintenon; cela fut court et sec. Il obtint sans peine de différer quelques jours à prendre le bâton, sur ce que son équipage n'étoit pas arrivé, et qu'il avoit beaucoup d'affaires. Il étoit dans son quartier de capitaine des gardes. Il s'en retourna promptement à Paris, ne vit point Chamillart, et acheva de gâter ses affaires par se plaindre hautement de lui. Ce n'étoit plus le temps où le langage, les grands airs et les secouements de perruque passoient pour des raisons, la faveur qui soutenoit ce vide étoit passée. Chamillart n'étoit pas cause qu'il eût formellement désobéi aux ordres réitérés de ne se commettre à rien avant la jonction de Marsin; ce n'étoit pas lui qui lui avoit fait choisir un si étrange terrain pour combattre et si connu pour tel; qui lui avoit fait faire une disposition si étrange; qui lui avoit tourné la tête ensuite, et qui lui avoit fait abandonner toute la Flandre par une terreur panique, que rien ne put rassurer, pour quatre mille hommes perdus en tout et pour tout à Ramillies. Ses clameurs ne furent écoutées que de quelques amis particuliers par compassion plus que par persuasion. Personne ne se voulut brouiller avec Chamillart pour un général en disgrâce en si lourde faute.

Villeroy, déchu de sa faveur et du commandement des armées, perdit toute l'écorce qui l'avoit fait briller, et ne montra plus que le tuf. L'abattement, l'embarras succéda aux grands airs et aux sons des grands mots. Son quartier lui fut pesant à achever. Le roi ne lui parloit que pour donner l'ordre et pour des choses de sa charge. Il pesoit au roi, il le sentoit, et plus encore que chacun s'en apercevoit. Il n'osoit ouvrir la bouche, il ne fournissoit plus à la conversation, il ne tenoit plus le dé. Son humiliation étoit marquée dans toute sa contenance; ce n'étoit plus qu'un vieux ballon vidé, dont tout l'air qui l'enfloit étoit sorti. Dès que son quartier fut fini, il s'en alla à Paris et à Villeroy, et jusqu'à ce qu'il recommençât l'année suivante, on le vit très-rarement et très-courtement à la cour, où le roi ne lui disoit pas un mot. Mme de Maintenon en eut pitié, mais ce fut tout jusqu'au temps où elle crut en avoir affaire. Il la voyoit pourtant chez elle quand il venoit à Versailles; cette petite distinction le soutenoit à ras de terre.

Il n'est pas temps de s'étendre davantage sur ce roi de théâtre. Il eut un autre dégoût. Guiscard étoit son protégé; il étoit beau-frère de Langlée, qui ne bougeoit à la cour de chez M. le Grand, et chez qui le maréchal de Villeroy et la meilleure compagnie étoit tous les jours à Paris en fêtes et au plus gros jeu du monde. Par le changement de général, il fallut à tous les officiers généraux de nouvelles lettres de service; Guiscard, premier lieutenant général de l'armée de Flandre, fut le seul qui n'en eut point. On prétendoit que la tête lui avoit tourné à Ramillies et depuis, comme au maréchal. Cette disgrâce porta à plomb sur ce dernier, qui, ne pouvant se justifier ni se soutenir lui-même, ne put être d'aucun secours à son ami. Guiscard, se voyant sans emploi à l'armée, prit le parti de s'en venir chez lui à Magny, terre qu'il avoit achetée en Picardie de la succession du duc de Chaulnes, qu'il avoit fort ajustée, et à qui il avoit fait donner le nom de Guiscard. Il y fut plusieurs mois solitaire, et obtint enfin une audience du roi, pour laquelle il arriva de chez lui. Elle fut courte et sèche, et tout aussitôt il retourna d'où il étoit venu, où il demeura encore fort longtemps.

Le roi avoit fait revenir Puységur d'Espagne, où il s'accommodoit médiocrement du droit et du sec d'un général qu'il avoit vu longtemps lui faire presque sa cour en Flandre, tandis qu'il faisoit tout dans l'armée sous M. de Luxembourg. Le roi l'entretint longtemps et le renvoya en Flandre.

M. de Vendôme, en partant de Paris pour Valenciennes, avoit écrit à l'électeur de Bavière qu'il attendroit là ses ordres pour l'aller trouver où il lui manderoit. Le roi étoit convenu avec lui de la manière dont il vivroit avec M. de Vendôme, duquel la naissance lui étoit plus chère que les rangs de son royaume.

Les généraux en chef des armées du roi, lorsqu'ils étoient maréchaux de France et qu'ils avoient vu des électeurs ou leur avoient écrit, ne leur avoient jamais dit ni écrit que *monsieur*. Ils avoient eu la main chez eux et un siége égal, leur avoient donné l'*altesse électorale* et reçu l'*excellence*. Villars n'en sut pas tant et vécut avec l'électeur de Bavière comme s'il n'eût pas été maréchal de France : de la cour on ne songea pas à l'en avertir. Marsin, après lui, en usa de même ; Tallard aussi, pour le peu de temps qu'il y fut. Le mal venoit de plus loin. Boufflers en Flandre avoit tout gâté le premier : non-seulement il étoit maréchal de France et général d'armée, mais il étoit duc. Jamais avant lui aucun duc n'avoit vécu avec les électeurs qu'en égalité entière. La main, siéges égaux, service égal à table, la main chez eux et partout les mêmes honneurs. Le *monseigneur* à dire et à écrire jamais imaginé, *altesse électorale* rarement, *excellence* de même.

Ces faits ne sont pas douteux ; on en voit des restes dans les *Voyages* de Montconis, qui conduisit le duc de Chevreuse, fils du duc de Luynes en quelques-uns. Il remarque cette égalité parfaite à Heidelberg ; qu'à la vérité l'électeur palatin se tint au lit se prétextant malade, apparemment pour éviter la main ; mais il donna à dîner dans son lit au duc de Chevreuse, traité et servi comme l'électeur, les mêmes honneurs militaires et civils qu'à l'électeur à son arrivée et dans tout le traitement de son séjour, et le prince électoral lui faisant les honneurs partout à la place de son père. Ces *Voyages* où cela est bien exprimé sont entre les mains de tout le monde. Il remarque aussi que le peu des autres électeurs dans les États desquels ils passèrent y firent rendre au duc de Chevreuse toutes sortes d'honneurs, mais s'absentèrent, en sorte qu'avec des prétextes et des excuses, ils évitèrent de le voir. Il n'y avoit que la main qui les tînt, et ne faisoient point de difficulté sur le reste.

Celle de la main étoit nouvelle, j'en expliquerai la raison dans un moment. Le duc de Rohan-Chabot, qui fut depuis gendre de M. de Vardes, alla voyager fort jeune. Sur le point de partir, M. de Lyonne, ministre et secrétaire d'État des affaires étrangères, lui envoya un compliment d'excuse, et le prier de passer chez lui. M. de Rohan y fut. M. de Lyonne lui dit que le roi ne le vouloit pas laisser partir sans une instruction sur sa conduite à l'égard des princes chez lesquels il passeroit, et qu'il s'étonnoit que lui, ou les personnes qui le conduisoient, n'y eussent pas songé eux-mêmes. Il l'avoit faite, et la lui remit signée de lui. Elle portoit ordre du roi de ne voir aucun électeur qu'avec la main, et l'égalité entière pour toutes sortes d'honneurs chez eux, à plus forte raison tous les autres princes, excepté le seul duc de Savoie, duquel il prétendroit toutes les mêmes choses que des électeurs, excepté la main. C'étoit une déférence nouvelle, que le roi voulut bien accorder aux alliances si proches, et à la réputation de tête couronnée, dont ses ambassadeurs obtinrent une grande partie du rang, et l'eurent enfin entier partout bien des années avant la personne de leur maître. En effet, le duc de Rohan eut tout à Turin sans ménagement et sans la moindre difficulté, excepté la main ; en tout le reste, égalité entière de siége, du traitement et du service à table, et de tous les autres honneurs. Il commença par l'Italie. La vérité est que les électeurs évitèrent de le voir comme ils firent pour M. de Chevreuse. Ils étoient en prétention et en usage de précéder les ducs de Savoie; ils ne voulurent pas être moins distingués que lui, et c'est ce qui forma leur difficulté de continuer à donner la main aux ducs. M. de Savoie, plusieurs années avant qu'être roi de Sicile, et enfin de Sardaigne, par la paix d'Utrecht, passa un carnaval à Venise, où se trouva aussi l'électeur de Bavière, père de celui-ci, qui le précéda toujours. M. de Savoie en voulut faire difficulté d'abord, il en obtint le réciproque d'*altesse royale* pour l'*altesse électorale*, que l'électeur ne lui avoit pas voulu accorder, et avec cette bagatelle se trouva partout avec l'électeur, et lui céda partout. Dès lors pourtant les ambassadeurs de Savoie avoient partout le rang d'ambassadeurs de tête couronnée.

Pour revenir donc à ce dont ces remarques nécessaires m'ont écarté, la légèreté françoise, et le peu d'état que les ministres postérieurs du roi lui avoient appris à faire des rangs de son royaume, et l'ignorance où les plus intéressés sont en possession de vivre là-dessus, fit que ces maréchaux, et Boufflers même duc, laissèrent prendre à l'électeur de Bavière tout ce qu'il voulut, et sans y songer le traitèrent de *monseigneur* comme ses sujets faisoient, et à leur exemple fort sottement nos troupes. Le maréchal de Villeroy, aussi léger qu'eux, mais plus instruit, n'avoit pas songé à la manière dont ils vivoient avec l'électeur ; quand il eut à y vivre lui-même, et qu'il fut arrivé, il se trouva étrangement scandalisé. Il dépêcha un courrier au roi, qui fit visiter les dépêches anciennes et les registres. Il trouva que le maréchal de Villeroy avoit raison, mais en même temps, embarrassé d'un changement si marqué après l'exemple des autres, il se persuada que le temps où l'électeur venoit de perdre ses États par sa fidélité dans son alliance n'étoit pas celui de mortifier son usurpation sur son rang. Il sacrifia celui des ducs et des généraux de ses armées, maréchaux de France, à cette idée de générosité, et Villeroy eut ordre de ne rien prétendre et de ne rien innover. Pour Vendôme, M. du Maine y prit d'autant plus garde, qu'il le vouloit à toutes mains distinguer de tout ce qui n'étoit pas prince du sang. Le roi fit donc convenir l'électeur que Vendôme ne lui diroit et ne lui écriroit que *monsieur*, et que partout leurs siéges seroient égaux, que Vendôme prendroit toujours l'ordre de lui. Tout le reste fut abandonné, en sorte que Vendôme même eut beaucoup moins que n'avoient les ducs avec les électeurs avant l'usurpation de l'électeur de Bavière, et la sottise et l'ignorance de ceux sur lesquels il la fit. Il ne donna point d'*altesse* à Vendôme, lequel aussi ne voulut point d'*excellence*, et donna toujours l'*altesse électorale*. Nous verrons dans peu jusqu'à quel point cet abandon du rang des ducs avec les électeurs porta sur la dignité du roi même et de sa couronne.

On fit venir en Flandre un gros détachement de l'armée du maréchal de Villars, qui le trouva fort mauvais, fit raser

les lignes de la Lauter, et raccommoder celles de la Mutter.
Il se plaignit de la foiblesse où on le laissoit, et qu'il arrivoit
tous les jours de nouvelles troupes au prince Louis de Bade.
Il ne laissa pas de s'emparer de l'île dite du Marquisat, au
delà du fort Louis, et d'y établir un pont qui communique
du fort à l'île. Streff, maréchal de camp fort estimé, fit et
lui proposa ce projet. Il y fut tué sur un bateau où il voulut
être, quoique le maréchal s'y opposât, parce que cette attaque se faisoit avec trop peu de troupes pour un maréchal
de camp; ce fut grand dommage. On y perdit près de deux
cents hommes, et les ennemis beaucoup plus.

Caraman avoit été mis dans Menin pour le défendre, avec
douze bataillons de vieilles troupes, deux nouveaux, et un
régiment de dragons, la plupart à pied. Spaar, maréchal de
camp, mort depuis sénateur de Suède, et fort bon officier
général, y étoit sous lui, et pour brigadier Beuzeval, capitaine suisse, qui a depuis négocié avec réputation en Pologne et dans le nord longtemps, y épousa une parente de la
reine, et est mort longtemps depuis lieutenant général et
colonel du régiment des gardes suisses, homme à deux
mains, d'esprit, de manége et de tête. Beully, qui avoit été
dans la gendarmerie et qui avoit acheté ce gouvernement de
la famille de Pracontal, y étoit avec eux, et sous eux, tout
gouverneur qu'il étoit; malgré ce dégoût, il y demeura et y
fit fort bien. Ils tinrent trois semaines de tranchée ouverte, obtinrent une très-honorable capitulation, sortirent
le 25 août, et furent conduits à Douai. M. de Vendôme voulut rassembler son armée, mais il ne tarda pas à la remettre
comme avoit fait le maréchal de Villeroy. Il se tint cependant à Lille, puis à Saint-Amand sous prétexte de prendre
des eaux. Il sut que Marlborough avoit projeté un grand
fourrage auprès de Tournai. Vendôme en avertit le chevalier
du Rosel, qui étoit à Tournai. En effet, le 16 août, huit mille
hommes bordèrent un ruisseau qui tombe dans l'Escaut, et
s'appelle Chin, qu'il fit passer à douze cents chevaux. Du

Rosel sortit aussitôt avec neuf escadrons de carabiniers et quatre-vingts dragons, passa à la tête du ruisseau hors du feu de cette infanterie, battit les douze cents chevaux qui étoient en diverses troupes, en tua deux cents, en prit deux cent cinquante, emmena à Tournai quatre cents chevaux de ce fourrage, et parmi les prisonniers Cadogan, favori de Marlborough et lors brigadier de cavalerie, qui, pour favoriser la retraite de ce général qui se trouvoit s'être trop avancé, fit ferme tant qu'il put avec cinquante dragons à la tête d'un pont. M. de Vendôme renvoya aussitôt Cadogan au duc de Marlborough galamment sur sa parole. L'action de du Rosel fut vive et bien entendue, mais ce fut aussi à quoi se bornèrent les exploits du nouveau général, qui, loin de réparer ou de soutenir les affaires de Flandre, y vit de ses places promener les ennemis de tous côtés, et prendre ce qui fut à leur convenance. Ils finirent par le siége d'Ath, qu'ils prirent le 3 octobre, et les cinq bataillons qui étoient dedans prisonniers de guerre après trois semaines de tranchée ouverte, et dix jours après, les armées se séparèrent en Flandre, et la campagne finit.

Le roi comptoit sur le voyage de Fontainebleau. Mme la duchesse de Bourgogne étoit grosse et y devoit aller en bateau. Ce voyage déplaisoit fort aux médecins, et bien autant à Chamillart, fort court et fort pressé de dépenses indispensables, qui regrettoit avec raison celle de ce voyage qui étoit toujours grande. Mme de Maintenon, pressée de ces deux côtés, résolut d'amuser le roi, de retarder le voyage, enfin à l'extrémité de le rompre. Sur les fins la plupart des gens instruits comprirent qu'il étoit rompu. Le roi ne s'en doutoit pas le moins du monde. Il avoit été reculé à deux reprises; il devoit partir de Meudon; il alla voir de ce lieu l'église nouvelle des Invalides qui fut fort admirée, où le cardinal de Noailles officia devant lui, et donna ensuite à dîner à Mgr le duc de Bourgogne, qui alla faire ses prières à Notre-Dame et à Sainte-Geneviève, et voir ensuite la Sorbonne où il fut reçu par l'archevêque de Reims, proviseur. Le lendemain de cette visite de l'église des Invalides, Clément, soutenu de Fagon, déclara au roi que Mme la duchesse de Bourgogne ne pouvoit aller à Fontainebleau sans se mettre en plus évident hasard. Cela fâcha fort le roi, il disputa, les autres étoient bien instruits, il n'y gagna rien. Avec dépit il décida qu'au lieu d'aller le lendemain à Fontainebleau, il retourneroit à Versailles, que Monseigneur et Mme la princesse de Conti iroient à Fontainebleau, que lui-même y feroit un voyage de trois semaines, et parut chagrin quelques jours. On le laissa se repaître de ce voyage de trois semaines, on le recula, et enfin on le rompit comme on avoit fait le grand, mais sous prétexte que ce n'étoit pas la peine pour si peu. Il n'y eut donc que Monseigneur qui vit Fontainebleau cette année, et sa petite cour, où M. le duc de Berry le fut voir et chasser. Ils n'osèrent y demeurer longtemps et s'en revinrent auprès du roi.

Kercado, maréchal de camp, fut tué devant Turin. Polastron, fils du lieutenant général, dont j'ai parlé de la mort naguère, et qui étoit colonel de la couronne, Talon, fils et père des deux présidents à mortier, et Rose, tous deux colonels, y moururent. Ce dernier étoit petit-fils de Rose, secrétaire du cabinet, dont j'ai parlé en son lieu, et laissa plus d'un million à sa sœur, femme de Portail, mort longtemps depuis premier président. Pluveaux, maître de la garde-robe de M. le duc d'Orléans, y mourut aussi de maladie peu de jours après, et quantité de subalternes et d'anciens et bons officiers qui menoient les corps. Le prince de Maubec, fils du prince d'Harcourt qui depuis un an avoit un régiment de cavalerie, mourut aussi à Guastalla; il n'étoit point marié.

CHAPITRE XIV.

M. le duc d'Orléans, sous la tutelle de Marsin, empêché par lui d'arrêter le prince Eugène au Taner. — Chiffres. — Armée de M. le duc d'Orléans à Turin. — Mauvais état du siége et des lignes. — Conduite pernicieuse de La Feuillade. — M. le duc d'Orléans empêché par Marsin de disputer la Doire, puis de sortir des lignes et d'y combattre. — Conseil de guerre déplorable. — M. le duc d'Orléans cesse de donner l'ordre et de se mêler de rien. — Cause secrète de ces contrastes. — Dernier refus de Marsin. — M. le duc d'Orléans, à la prière des soldats, reprend le commandement sur le point de la bataille. — Étrange abusement de Marsin. — Triple désobéissance et opposition formelle de La Feuillade à M. le duc d'Orléans. — Bataille de Turin. — Belle action de Le Guerchois lâchement abandonné. — M. le duc d'Orléans veut faire retirer l'armée en Italie. — Frémissement des officiers généraux, qui, par leurs ruses, leur audace, leur désobéissance, le forcent enfin à la retraite en France. — Motif d'une si étrange conduite. — La nouvelle de la bataille portée au roi. — Désordre de la retraite sans aucuns ennemis. — Chaîne des causes du désastre devant Turin et de ses suites. — Mort de Marsin prisonnier; son extraction, son caractère. — La Feuillade, de négligence ou de dessein, prive M. le duc d'Orléans de la communication avec l'Italie par Ivrée. — Prises de La Feuillade avec Albergotti. — Désespoir feint ou vrai de La Feuillade. — Origine de l'amitié de M. le duc d'Orléans pour Besons, qui le demande. — Besons le joint venant des côtes de Normandie.

M. le duc d'Orléans, abandonné à lui-même par M. de Vendôme, et ce qui fut bien pis, à la tutelle du maréchal de Marsin, laissa un corps à Médavy pour donner ordre aux convois et à toutes choses, subordonné au prince de Vaudemont qui ne bougeoit de Milan, rassembla tout ce qui étoit séparé de son armée, envoya demander par deux fois un corps de cavalerie à La Feuillade, qu'il eut grand'peine à obtenir. Après avoir observé les ennemis quelques jours, il résolut de se poster entre Alexandrie et Valence pour leur empêcher le passage du Taner[1], ou les réduire à un combat. Ce passage étoit le seul par lequel ils pussent pénétrer. Ne le point tenter, c'étoit abandonner le secours de Turin; le vouloir forcer, c'étoit s'exposer à un combat si désavantageux qu'il y avoit une espèce d'évidence qu'ils n'y pourroient jamais réussir.

Le prince le proposa au maréchal et ne le put persuader. D'en donner la raison, c'est à quoi il ne faut pas prétendre, puisque Marsin n'en allégua pas même d'apparente. Il étoit maîtrisé par La Feuillade qui désiroit ardemment de se voir rapproché par l'armée. Marsin ne songeoit qu'à satisfaire le gendre du tout-puissant ministre et à lui plaire. Tous deux ne voyoient pas qu'empêcher le secours de Turin, c'étoit tout faire, même pour le succès personnel de ce gendre fatal.

Tandis que le prince et le maréchal en étoient sur cette dispute, un courrier du prince Eugène à l'empereur fut enlevé par un de nos partis, et ses dépêches étoient en chiffres, comme on peut bien le juger. Le prince eut beau feuilleter les siens, il n'en trouva point de semblables. Marsin, venu de Flandre par l'Alsace et la Suisse, n'avoit garde d'en avoir. On envoya à Vaudemont qui manda n'avoir point ce chiffre. Il fallut donc dépêcher un courrier au roi qui se trouva l'avoir oublié au fond d'une cassette. Le courrier le rapporta, mais quand? Le soir même de la bataille de Turin. Les dépêches déchiffrées à Versailles et rapportées avec le chiffre du roi contenoient un grand raisonnement du prince Eugène à l'empereur, précisément le même que celui que M. le duc d'Orléans avoit fait à Marsin. Il se terminoit à déclarer que si ce prince se postoit où il l'avoit si opiniâtrément proposé à Marsin, il étoit extravagant, c'étoit le terme de la lettre,

---

1. Le Tanaro, affluent du Pô.

de tenter ce passage, impraticable de passer le Taner ailleurs, qu'ainsi il se trouveroit réduit à se résoudre à tout sur la perte de Turin qu'il ne pourroit empêcher après avoir fait tout le possible, et à la supporter sans y ajouter celle de l'armée impériale, inévitable, et par cela même inutile pour sauver Turin, en essayant follement de forcer un passage inattaquable. Telle fut la justification ou plutôt l'éloge de M. le duc d'Orléans par le prince Eugène à l'empereur dans une dépêche la plus secrète, que le roi et son ministre virent de la première main, puisque, faute de chiffre, elle leur avoit été envoyée pour la déchiffrer. Tel fut le désespoir que le roi et son ministre durent ressentir d'avoir donné de si fatales brassières à un prince qui en avoit si peu besoin, et encore de si mauvaises.

Marsin donc n'ayant pu être persuadé, ce fut au duc d'Orléans à céder, peu à peu à s'approcher de Turin et à joindre l'armée du siége. Il y arriva le 28 août au soir. La Feuillade, désormais sous deux maîtres présents, sembloit devoir devenir plus docile; mais devenu si rapidement général en chef, et d'une si importante armée, il ne songea qu'à se conserver l'effective autorité. Il n'avoit besoin que de Marsin, sans lequel il n'ignoroit pas que le prince ne pouvoit rien. Avec celui-ci il n'eût pas trouvé son compte. Sa fortune ne dépendoit pas de Chamillart, il n'avoit d'objet que le succès d'où dépendoit sa gloire, et s'il eût été le maître, rien ne l'eût détourné de ce double objet. La Feuillade se tourna donc uniquement à se saisir du maréchal, et il prit sur lui un ascendant si fort qu'à l'ordre près qu'il donnoit après l'avoir reçu du prince, tout le reste demeura visiblement à La Feuillade, au grand malheur de la France.

Le but commun étoit bien de prendre Turin, mais la manière d'y parvenir et les moyens formèrent des contestations sans nombre. M. le duc d'Orléans fut d'abord justement scandalisé que La Feuillade eût changé tout ce qu'il avoit réformé et ordonné à son passage au siége, allant joindre M. de Vendôme. Cela lui parut si essentiel pour le succès qu'il le fit rétablir, quoique avec douceur et modestie. En effet, avec le chemin couvert pris, il se pouvoit dire qu'il ne trouva aucun progrès au siége. La Feuillade avoit perdu des contre-gardes et d'autres ouvrages qu'il avoit pris, et qui avoient coûté plusieurs ingénieurs et beaucoup de monde. Rien n'avançoit, et de plus, on ne savoit par où s'y prendre pour avancer. La Feuillade, devenu de mauvaise humeur de son peu de succès, s'étoit rendu inabordable, et s'étoit acquis une telle haine des officiers généraux et particuliers, qu'ils ne se soucioient plus, pas un, des événements. M. le duc d'Orléans reconnut les postes et les travaux du siége; il visita les lignes et le terrain par où le prince Eugène pouvoit venir et tenter le secours. Il fut mal content de tout ce qu'il remarqua au siége, il trouva les lignes mauvaises, très-imparfaites, très-vastes et très-mal gardées.

Il recevoit cependant des avis de toutes parts que l'armée impériale s'avançoit, résolue de tenter le secours. Il voulut marcher à elle et se saisir des passages de la Doire pour y faire à la vérité moins sûrement et moins bien qu'à ceux du Taner, mais mieux au moins que dans des lignes si étendues, si mal faites et si impossibles à garder partout. Il trouva la même opposition pour la Doire qu'il avoit éprouvée pour le Taner. Marsin prétendit qu'en s'éloignant du siége, on pourroit jeter de la poudre dans la place qui en manquoit, dont on ne pouvoit douter parce qu'on avoit trouvé plusieurs peaux de bouc qui en étoient pleines nageant sur le Pô, qu'on y avoit prises, et qui y avoient été jetées dans l'espérance que le courant de l'eau les porteroit aux assiégés. Le fait étoit vrai, mais la réponse aisée. Ce que craignoit Marsin étoit incertain, et il ne l'étoit pas que ces poudres jetées dans la place n'en différeroient que peu la prise et ne la pourroient empêcher si le prince Eugène l'étoit de la secourir. Cette évidence de raisons fut inutile ; jamais Marsin ne se laissa entamer.

Les ennemis s'approchant toujours, le prince pressa le maréchal de sortir des lignes telles que je les ai décrites, et qui ne se pouvoient garder, de présenter la bataille au prince Eugène, avec tous les avantages qui se trouveroient perdus dans des lignes nouvellement tracées, point achevées, et d'une étendue qui ne se pouvoit garder. Le prince Eugène marchoit depuis longtemps par des pays si ruinés, que son armée n'en pouvoit plus ; qu'il étoit impossible qu'il pût subsister vis-à-vis de la nôtre sans laisser périr la sienne de misère ; qu'il ne hasarderoit peut-être pas de l'exposer en rase campagne à l'impétuosité françoise, et en ce cas, qu'il abandonneroit le secours de Turin, qui tomberoit après nécessairement ; que, s'il donnoit la bataille, rien n'étoit plus différent pour des François que la donner aussi de leur côté, d'attaquer et de se manier en terrain libre, ou de ne faire que se défendre derrière de mauvaises lignes qui seroient percées de tous les côtés ; de plus, si les troupes harassées du prince Eugène étoient battues, elles se trouveroient sans retraite entre notre armée et la Savoie, dont nous étions maîtres, ayant été obligées à faire ce grand tour, parce que tout l'autre côté étoit inaccessible.

Marsin, gourmandé par La Feuillade, répondit que toutes ces raisons étoient véritables, mais que le parti proposé par le prince ne se pouvoit prendre qu'en fortifiant l'armée des quarante-six bataillons qu'Albergotti avoit sur la hauteur des Capucins, par où la place pourroit alors recevoir quelques secours. Cela étoit vrai, et vrai encore, que rien de plus inutile qu'une armée sur cette hauteur à rien faire qu'à la garder de petites tentatives, à quoi peu de bataillons auroient suffi, et qui cependant avoit porté un grand affoiblissement au reste des troupes du siége. A cette raison du maréchal la réponse étoit la même qu'à celle des poudres. Ce secours à jeter par la hauteur des Capucins dégarnie étoit incertain, il ne pouvoit être grand, il ne pouvoit être préparé ni appuyé d'aucunes troupes, et si, avec ce secours, le prince Eugène se trouvoit réduit à n'oser combattre ou être battu, Turin étoit sans ressource, et avec ce peu de secours jeté par les Capucins, étoit pris à l'aise quinze jours plus tôt ou plus tard.

Cette dispute s'échauffa tellement que Marsin consentit à un conseil de guerre où tous les lieutenants généraux furent appelés. La matière y fut débattue. Mais La Feuillade, gendre favori du ministre arbitre de la fortune de tout homme de guerre, et Marsin, dépositaire, disoit-on, du secret, n'avoient garde de n'être pas suivis. Le seul d'Estaing parla en homme d'un courage libre (M. le duc d'Orléans ne l'oublia jamais), et seul aussi y acquit de l'honneur. Albergotti, Italien raffiné, prévit la honte et l'orage, et se tint à son poste sous prétexte de l'éloignement. Tous les autres opinèrent servilement, de sorte que ce remède rendit le mal incurable. M. le duc d'Orléans protesta devant tous des malheurs qui en alloient arriver, déclara que, n'étant maître de rien, il n'étoit pas juste qu'il essuyât l'affront que la nation alloit recevoir, et le sien particulier encore, demanda sa chaise de poste, et à l'instant voulut quitter l'armée. Marsin, La Feuillade et les plus distingués de ce conseil de guerre, mirent tout en œuvre pour l'arrêter. Revenu enfin de ce premier mouvement, content peut-être d'avoir marqué sa fermeté jusqu'à ce point, et si fortement manifesté combien peu l'événement imminent lui pouvoit être imputé, il consentit à demeurer. Mais en même temps il s'expliqua qu'il ne se mêleroit plus du tout du commandement de l'armée, jusque-là même qu'il refusa de donner l'ordre et qu'il renvoya tout à Marsin, à La Feuillade et à quiconque en voudroit prendre le soin. Il l'exécuta de la sorte, sans pouvoir être ramené. Le fin d'une opiniâtreté si funeste étoit la folle espérance, uniquement fondée sur la grandeur du désir, que le prince Eugène n'oseroit attaquer les lignes; que, se retirant ainsi, Turin seroit pris, non par l'armée du duc d'Orléans, non par sa victoire, non par son fait, mais par le siége et les lignes dont La Feuillade avoit eu la direction comme général, et par conséquent n'en partageroit la gloire avec personne. Tel est le vrai fait, qui, soutenu de captieuses raisons, et soutenu de tout le feu d'une bouillante et puissante jeunesse, asservit Marsin et finit par égorger la France. Tel fut l'état des choses pendant les trois derniers jours de ce siége désastreux. Le duc d'Orléans, dépossédé par lui-même, souvent chez soi, quelquefois se promenant, écrivit fortement au roi contre le maréchal, en lui rendant un compte exact de toutes choses, fit lire sa lettre à Marsin, la lui laissa, et le chargea de l'envoyer par le premier courrier qu'il dépêcheroit, n'en voulant plus envoyer lui-même, comme n'étant plus rien dans l'armée.

La nuit du 6 au 7, qui fut le jour de la bataille, quoiqu'il ne se mêlât plus de quoi que ce fût, il ne laissa pas d'être réveillé par un billet qu'on lui apporta d'un partisan qui lui mandoit que le prince Eugène attaquoit le château de Pianezze pour y passer la Doire, qu'il étoit assuré qu'il marcheroit aussitôt après à lui pour l'attaquer. Malgré son dépit et sa résolution, le prince se lève, s'habille à la hâte, va lui-même chez Marsin qui dormoit tranquillement dans son lit, l'éveille, lui montre le billet qu'il venoit de recevoir, lui propose de marcher aux ennemis à l'heure même, de les attaquer, de profiter de leur surprise et d'un ruisseau difficile qu'ils avoient à passer, s'il les trouvoit déjà maîtres du château de Pianezze et en marche pour venir sur lui. La supputation du temps et du chemin n'étoit pas douteuse. Saint-Nectaire, longtemps depuis chevalier de l'ordre, et fort entendu à la guerre, arriva en ce moment de dehors chez Marsin. Il confirma l'avis du partisan et appuya l'avis du prince; mais il étoit résolu dans les décrets éternels que la France seroit frappée au cœur ce jour même.

Le maréchal fut inébranlable, tout ce qui alloit à sortir des lignes étoit proscrit par la raison secrète que j'en ai expliquée. Il maintint que l'avis étoit faux, que le prince Eugène ne pouvoit arriver si promptement sur eux, et conseilla à M. le duc d'Orléans de s'aller reposer sans avoir jamais voulu donner aucun ordre. Le prince, plus piqué et plus dégoûté que jamais, se retira chez lui, bien résolu de tout abandonner aux aveugles et aux sourds qui ne vouloient rien voir ni entendre.

Peu après qu'il fut rentré dans sa chambre, les avis vinrent de toutes parts de l'approche du prince Eugène. Il ne s'en ébranla point. D'Estaing et quelques autres officiers généraux qui vinrent chez lui le forcèrent malgré lui de monter à cheval. Il s'avança négligemment au petit pas le long de la tête du camp. Tout ce qui se passoit depuis quelques jours avoit fait trop de bruit pour que toute l'armée n'en fût pas instruite, jusqu'aux soldats. Son rang, la justesse et la fermeté de ses avis, dont les vieux soldats ne sont pas incapables d'être quelquefois bons juges, ce que plusieurs d'entre eux se souvenoient de lui avoir vu faire à Leuze, à Steinkerque, à Neerwinden, les faisoit murmurer de ce qu'il ne vouloit plus commander l'armée. Comme il passoit donc de la sorte à la tête des camps, un soldat de Piémont l'appela par son nom, et lui demanda s'il leur refuseroit son épée. Ce mot fit plus que n'avoient pu les officiers généraux qui l'avoient été tirer de chez lui. Il répondit au soldat qu'il la lui demandoit de trop bonne grâce pour en être refusé, et mettant à l'instant à ses pieds tant de mécontentements si vifs et si justes, il ne pensa plus qu'à secourir Marsin et La Feuillade malgré eux-mêmes.

Mais il n'étoit plus possible de sortir des lignes, quand bien même ils y auroient consenti. L'armée ennemie commençoit à paroître, et s'avança si diligemment, que le temps manqua pour achever les dispositions. Marsin, plus mort que vif, voyant ses espérances trompées, abîmé dans les réflexions, qui n'étoient plus de saison, parut comme un homme condamné, incapable de donner aucun ordre à propos. Les vides étoient grands dans les lignes. M. le duc d'Orléans envoya chercher les quarante-six bataillons d'Albergotti, qui, sur cette hauteur des Capucins, demeuroient également éloignés et inutiles contre la place et contre le prince Eugène. Mais La Feuillade, bien plus craint et obéi que le prince, avoit défendu à Albergotti de bouger, et il ne bougea malgré les ordres réitérés de M. le duc d'Orléans. Il y renvoya encore les chercher; en même temps La Feuillade leur envoya défendre de marcher, et ils ne bougèrent encore. Cependant le duc d'Orléans, pour remplir un peu les intervalles de la première ligne si dégarnie, y mêla des escadrons avec les bataillons, et la fortifia en affoiblissant sa seconde ligne, comptant toujours que les quarante-six bataillons d'Albergotti alloient arriver. En attendant, il envoya hâter d'autres troupes un peu éloignées de passer un petit pont et de venir à lui garnir les lignes. Mais La Feuillade encore poussé de je ne sais quel démon, et qui sut cet ordre, s'en alla lui-même se mettre sur ce petit pont et les arrêter. La désobéissance fut telle que M. le duc d'Orléans, ayant lui-même commandé à un officier qui menoit un escadron du régiment d'Anjou de le faire marcher, il le refusa, sur quoi le prince lui balafra le visage et le fit dire au roi.

L'attaque, commencée sur les dix heures du matin, fut poussée avec une incroyable vigueur et soutenue d'abord de même. Langallerie, qui avoit fort servi le prince Eugène dans la marche, ne lui fut pas moins utile dans l'action. Il perça le premier par des intervalles que le petit nombre de nos troupes laissoit ouverts. Le prince Eugène y courut avec des troupes; d'autres intervalles où on ne put suffire donnèrent entrée à d'autres troupes. Marsin, vers le milieu du combat, reçut un coup qui lui perça le bas-ventre et lui cassa les reins; [il fut] pris en même temps et conduit en une cassine éloignée. La Feuillade couroit éperdu partout, s'ar-

rachant les cheveux et incapable de donner aucun ordre. Le
duc d'Orléans les donna tous, mais fort mal obéi. Il fit des
merveilles, toujours dans le plus grand feu avec un sang-
froid qui voyoit tout, qui distinguoit tout, qui le conduisoit
partout où il avoit le plus à remédier et à soutenir par son
exemple qui animoit les officiers et les soldats. Blessé d'abord
assez légèrement vers la hanche, ensuite près du poignet
dangereusement et très-douloureusement, il fut inébranlable. Voyant que tout commençoit à s'ébranler, il appeloit
les officiers par leur nom, animoit les soldats de la voix, et
mena lui-même les escadrons et les bataillons à la charge.
Vaincu enfin par la douleur, et affoibli par le sang qu'il
perdoit, il fut contraint de se retirer un peu pour se faire
panser. A peine en donna-t-il le temps, et retourna où le feu
étoit le plus vif. Mais le terrain, l'ordre, la discipline, tout
sembloit de concert pour confondre les François.

Trois fois Le Guerchois, avec sa brigade de la vieille marine, avoit repoussé les ennemis avec beaucoup de carnage,
encloué leur canon, et trois fois réparé la bataille, lorsque,
affoibli par tout ce qu'il avoit perdu d'officiers et de soldats,
il manda à la brigade voisine qui le devoit soutenir de
s'avancer pour faire front avec la sienne, et l'empêcher
d'être débordé par un plus grand nombre de bataillons frais
qu'il voyoit venir à lui pour la quatrième fois. Cette brigade
et son brigadier, desquels il faut ensevelir la mémoire, le
refusèrent tout net.

Ce fut le dernier moment du peu d'ordre qu'il y eut en
cette bataille. Tout ce qui suivit ne fut que trouble, confusion, débandement, fuite, déconfiture. Ce qu'il y eut de
plus horrible, c'est que les officiers généraux et de tout caractère, j'en excepte bien peu, plus en peine de leur équipage et de la bourse qu'ils avoient faite par leur pillage,
l'augmentèrent plus qu'ils ne s'y opposèrent, et furent pis
qu'inutiles.

M. le duc d'Orléans, convaincu enfin qu'il étoit désormais

impossible de rétablir cette malheureuse journée, se tourna à y laisser le moins qu'il se pourroit. Il retira son artillerie légère, ses munitions, tout ce qui étoit au siége et aux travaux les plus avancés, songea à tout avec une si grande présence d'esprit que rien ne lui échappa. Enfin, ramassant autour de lui ce qu'il put d'officiers généraux, il leur exposa courtement, mais avec justesse, qu'il n'étoit plus temps que de penser à la retraite, et à prendre le chemin d'Italie, que par ce parti ils y demeureroient maîtres, enfermeroient l'armée victorieuse autour de Turin, lui empêcheroient tout retour en Italie, la feroient périr dans un pays entièrement ruiné et désolé, dans l'impossibilité d'y subsister et d'en sortir, encore moins de s'y réparer, tandis que l'armée du roi, lui fermant la communication de tout secours, se trouveroit dans un pays abondant où ils seroient les plus forts, à portée de tout et de tout entreprendre avec temps et loisir.

Cette proposition effaroucha au dernier point des esprits peu rassurés, et qui espéroient au moins ce fruit de leur désastre, qu'il leur procureroit le retour si désiré en France, pour y porter leur argent, dont ils s'étoient gorgés à toutes mains en Italie. La Feuillade, à qui tant de raisons devoient fermer la bouche, se mit si bien à combattre cet avis, que le prince, poussé à bout d'une effronterie si soutenue, lui imposa [silence] et fit parler les autres. D'Estaing fut encore le seul qui appuya l'avis de l'Italie. Le débat tint du désordre de la journée, et de l'abattement où la blessure de M. le duc d'Orléans l'avoit mis. Il le finit en leur disant que le temps ni le lieu n'étoient pas susceptibles d'une plus longue dispute; que las enfin d'avoir eu tant de raison et si peu de créance, il s'en vouloit faire croire à son tour maintenant qu'il étoit libre, et donna l'ordre de marcher au pont et de se retirer en Italie. Il n'en pouvoit plus. Son corps et son esprit s'épuisoient également. Après avoir marché quelque temps, il se jeta dans sa chaise de poste. Il continua ainsi la marche, et traversa le Pô sur le pont, entendant derrière lui des officiers généraux qui murmuroient tout haut du parti qu'il prenoit, désespérés de se revoir en Italie, et sans communication avec la France qui leur tenoit si fort au cœur. Ce bruit alla même si loin, surtout de l'un d'entre eux, que le duc d'Orléans, trop justement irrité, ne put s'empêcher de passer sa tête par la portière, de lui reprocher sa maîtresse par son nom, et de lui dire que, pour ce qu'il faisoit à la guerre, il feroit mieux de rester avec elle; cette sortie fit taire chacun.

Mais il étoit arrêté que l'esprit d'erreur et de vertige déferoit seul notre armée et sauveroit les alliés. Comme on débouchoit le pont, du côté d'Italie, d'Arennes, major général et officier général, vint à toute bride devers la tête du corps d'Albergotti. Il présenta un officier à M. le duc d'Orléans, lui dit que les ennemis occupoient les passages par où il étoit indispensable de passer. Sur les questions du prince, l'officier l'assura que ce poste étoit bien retranché, occupé par le régiment de la Croix-Blanche, dont entre autres il avoit bien reconnu les drapeaux, et qu'il se croyoit sûr aussi d'y avoir reconnu la personne de M. le duc de Savoie. Malgré un rapport si positif, le prince, en trop juste défiance après tout ce qu'il avoit vu et entendu sur ce parti d'Italie, voulut qu'on continuât la marche, quitte à revenir si les passages se trouvoient occupés de manière à ne pouvoir forcer et passer. On continua, et en attendant on envoya les reconnoître. Les officiers généraux n'en voulurent pas être les dupes. Le chemin vers nos Alpes étoit sans danger. Ils le firent prendre, et depuis continuer, à ce qu'on avoit de vivres et de munitions, tellement qu'après une demi-journée de marche, et des rapports des passages fort équivoques, on avertit M. le duc d'Orléans qu'il n'avoit ni vivres ni munitions, qui, ayant pris et continué la route du côté de France, lui rendoit celle d'Italie impossible, que d'ailleurs on lui maintenoit toujours fermée par les ennemis. La rage et le désespoir de tant de criminelles désobéissances, pour ne pas dire de trahisons redoublées, jointes à la douleur de sa blessure et à la foiblesse où il se trouvoit, le firent retomber au fond de sa chaise, et dire qu'on allât donc où on voudroit et qu'on ne lui en parlât plus.

Telle est l'histoire de la catastrophe d'Italie. On sut depuis que tout le rapport de cet officier, mené par d'Arennes, étoit entièrement controuvé; qu'il n'y avoit personne dans aucun passage pour disputer celui d'Italie, pas même le moindre obstacle, et pour combler les regrets, l'avantage que Médavy remporta deux jours après, par lequel, en arrivant, M. le duc d'Orléans se fût trouvé maître absolu de toute la Lombardie, et d'acculer sans ressource le prince Eugène entre lui et la Savoie que nous tenions. C'est ce qui combla la douleur de ce prince en arrivant à Oulx, au milieu des Alpes, où il étoit en sûreté entre ses quartiers, ne pouvant passer outre par l'état de sa blessure.

Saint-Léger, un des premiers valets de chambre de M. le duc d'Orléans, dépêché au roi avec cette cruelle nouvelle, arriva à Versailles, le mardi 14 septembre, avant le lever du roi, et annonça Nancré avec le détail.

L'armée, dans ce subit retour, marcha donc à colonne renversée sur Pignerol. Ce changement de disposition fit que quantité d'équipages qui, sans le savoir, se trouvèrent à l'arrière-garde, furent pillés ou perdus la nuit dans la montagne. Albergotti, dont, comme on l'a vu, les troupes n'avoient pas combattu, fut chargé de cette arrière-garde, et la fit très-bien nonobstant la nuit et la longueur de la queue, l'embarras des défilés continuels et la confusion de la nuit. Du côté des ennemis il n'eut pas la moindre inquiétude.

Comblés d'une joie d'autant plus grande qu'elle étoit moins espérée, ils se contentèrent de leurs succès qu'ils avoient encore peine à croire. Leur armée n'en pouvoit plus. Elle n'eut donc garde de songer à troubler la retraite. On a vu que l'artillerie, les munitions et tout ce qui étoit dans les postes les plus avancés du siége avoit été entièrement retiré, sans aucun obstacle. On a su positivement depuis que le prince Eugène avoit tout à fait pris le parti de cesser l'attaque et de faire sa retraite, si Le Guerchois eût soutenu la quatrième et dernière charge dont j'ai parlé, à laquelle il succomba et fut pris par l'insigne lâcheté du brigadier et de la brigade qui refusa de le secourir. On sut encore que Turin n'avoit pas pour plus de quatre jours de poudre. Enfin rien ne manqua pour les transporter de la joie la plus complète, et nous de la plus cuisante douleur.

Il ne fallut pas moins qu'un enchaînement de miracles pour produire un si grand effet, dont un seul manqué, et lequel de tous que ce pût être, emportoit la ruine de l'entreprise. Vendôme, comme on l'a vu, en eut le premier déshonneur, que Marsin consomma et que La Feuillade combla. Le siége mal enfourné pour les attaques, languissamment poussé par les folles courses de La Feuillade; les rivières et le Pô passés par la négligence de Vendôme; l'obstacle du Taner, qui étoit invincible, méprisé par Marsin, pour le faux intérêt de La Feuillade; la folie de se mettre dans des lignes mal faites, imparfaites, la plupart à peine tracées et d'une étendue à ne les pouvoir garder; l'opiniâtreté de ne vouloir pas aller au-devant des ennemis, sur ce château de Pianezze, harassés et qu'on y auroit surpris dans l'embarras de passer un ruisseau difficile; le servile succès de ce conseil de guerre; l'inutilité de quarante-six bataillons, c'est-à-dire d'une armée entière, et pour le siége, et pour la garde des lignes, et pour le combat; la triple désobéissance de La Feuillade pour arrêter ces troupes aux Capucins, malgré deux ordres exprès de M. le duc d'Orléans, et la troisième d'avoir arrêté d'autres troupes sur ce petit pont, que ce prince avoit envoyé chercher en diligence pour garnir ses lignes; l'insigne confiance de Marsin, et son opiniâtreté jusqu'à l'instant de l'arrivée du prince Eugène, tout cela conduit par le seul intérêt de La Feuillade de ne partager pas sa conquête avec M. le duc d'Orléans, et la crainte de Marsin, subjugué par le gendre, de déplaire au beau-père; enfin, pour dernier coup, la lâcheté si punissable de ce refus de secours à Le Guerchois et à sa brigade, qui fut le dernier assommoir qui détermina la victoire d'une part, le désordre et la fuite de l'autre; voilà la chaîne de tant d'incroyables miracles pour la délivrance de Turin.

Après, pour la retraite : la révolte, l'intérêt lâche et pécuniaire des officiers généraux; la supposition de d'Arennes ou de son officier; l'envoi clandestin des vivres et des munitions par les Alpes, pour rendre toute autre retraite impossible; un concert continuel de mauvaise foi, de désobéissance, pour ne pas dire de trahison; ce sont d'autres miracles qui sauvèrent l'Italie, Turin dans les suites, et l'armée victorieuse qui seroit périe avec la place faute d'issue, de vivres et de secours. A tout cela, qui peut méconnoître la main de Dieu toute-puissante, mais qui peut douter du crime de ceux de nos François qui en ont été les agents?

Marsin, gagnant cette cassine éloignée où il fut conduit, demanda une seule fois si M. le duc d'Orléans étoit tué. Arrivé là avec un aide de camp et deux ou trois domestiques, il envoya chercher un confesseur, dicta quelque chose sur ses affaires, mit dans un paquet pour M. le duc d'Orléans la lettre que ce prince avoit écrite au roi contre lui, et qu'il lui avoit lue et confiée pour l'envoyer lui-même, ne voulut plus ouïr parler que de Dieu, et mourut dans la nuit. On trouva parmi ses papiers des misères innombrables, et un amas de vœux plus que surprenants, un désordre immense dans ses affaires, et des dettes que six fois plus de bien qu'il n'en avoit n'eût jamais payées.

C'étoit un extrêmement petit homme, grand parleur, plus grand courtisan, ou plutôt grand valet, tout occupé de sa fortune, sans toutefois être malhonnête homme, dévot à la flamande, plutôt bas et complimenteur à l'excès que poli, cultivant avec un soin qui l'absorboit tous ceux qui pouvoient le servir ou lui nuire, esprit futile, léger, de peu de fond, de peu de jugement, de peu de capacité, dont tout l'art et le mérite alloit à plaire. Il étoit moins que rien, du pays de Liége. Son père, qui étoit capitaine, s'avança de bonne heure au service de France, y épousa une Balzac, suivit le parti de M. le Prince dont il fut estimé, changea aisément de parti selon son intérêt, se donna aux Espagnols, courtisa si bien Charles II lorsqu'il étoit à Bruxelles, qu'il en eut la Jarretière, au scandale des Anglois, et parvint à tout dans le militaire au service d'Espagne, dans lequel il mourut d'assez bonne heure. Il ne laissa que ce fils que sa mère éleva en France et l'y attacha. On a vu sa fortune et sa catastrophe. Il n'étoit point marié et point vieux.

Dans une si cruelle retraite, l'armée manqua de pain, qui fut le comble de ses malheurs. M. le duc d'Orléans, bien qu'outré de corps et d'esprit, étoit le seul qui songeât à tout et qui n'étoit soulagé par personne. Il s'arrêta pour attendre la queue de ses troupes et leur fournir du pain. Dès qu'il y en eut de cuit, il en fit prendre à un gros détachement avec lequel il ordonna à Vibraye de s'aller saisir du château de Bar, passage unique qui conservoit la communication et le retour en Italie par Ivrée. La Feuillade, qui s'étoit chargé de ce détail, voulut aller avec le détachement, le retarda à partir de deux jours, et n'oublia qu'à lui faire prendre le pain qui lui étoit destiné. Il fallut donc s'arrêter dès le second jour pour en envoyer querir. Il est difficile de comprendre le dépit de M. le duc d'Orléans, qui étoit dans son lit et qui comptoit le détachement bien loin, d'apprendre ce retardement et cet oubli du pain qui l'arrêtoit encore, et la promptitude avec laquelle il y remédia. Le pain arrivé, le détachement continua sa route, mais il ne marcha pas longtemps sans être averti que les ennemis s'étoient emparés du château et du passage, de manière à n'en pouvoir être dépostés, et qu'ils l'avoient prévenu de vingt heures, tellement que ce fut au retardement de la Feuillade et à son incroyable négligence sur ce pain que ce dernier malheur fut encore dû. La Feuillade n'eut donc de parti à prendre que celui de retourner sur ses pas.

Peu de jours avant la bataille, il avoit fort maltraité Albergotti, qui s'étoit licencié sur la lenteur du siège, à n'approuver pas les courses du général après le duc de Savoie. Quelques gens se mirent entre-deux. Dès le lendemain, l'Italien, fort en peine sur Chamillart, alla chez son gendre le prier d'oublier ce qui s'étoit passé la veille.

La Feuillade, arrivant de ce beau détachement à Oulx, y trouva M. le duc d'Orléans dans un état périlleux, qui le devint bien davantage par tous les soins qu'il se donnoit à reposer, assurer, nourrir et raccommoder ses troupes avec des peines et des dépenses extrêmes, par le peu de secours qu'il recevoit de la cour, ne respirant que de rentrer en Italie. La Feuillade se trouvant dans la chambre de M. le duc d'Orléans avec Albergotti et d'autres, ce prince, de nouveau outré du succès de ce détachement, ne put s'empêcher de leur reprocher à tous deux leur désobéissance à demeurer sur la hauteur des Capucins. Tous deux voulurent répondre; mais M. le duc d'Orléans, qui n'avoit pu retenir cette plainte, et le reproche trop véritable qu'ils étoient cause de la perte de la bataille, et qui se sentoit assez ému pour se craindre soi-même à la réplique, les pria qu'il n'en fût pas parlé davantage. Sassenage et le peu d'autres qui se trouvèrent à la ruelle du lit les en écartèrent, et les poussèrent grommelant l'un contre l'autre, et dont la voix s'élevoit à mesure qu'ils s'éloignoient du lit. Ils n'étoient pas au bout de la chambre qu'Albergotti dit assez vivement à La Feuillade que c'étoit lui seul que ce reproche du prince pouvoit regarder, puisque lui n'avoit fait qu'obéir à ses ordres de lui La Feuillade; sur quoi celui-ci lui répondit net que cela n'étoit pas vrai, le poussa en même temps et mit la main à l'épée. Albergotti, rougissant de colère, marmotta entre ses dents et recula deux pas. Sassenage, Saint-Frémont et quelques autres se jetèrent entre-deux, les tirèrent hors de la chambre, et leur demandèrent s'ils savoient en quel lieu ils étoient, et si la tête leur avoit tourné. M. le duc d'Orléans, de dedans ses rideaux, ou n'entendit pas, ou n'en fit jamais semblant. Chacun emmena son homme, fort en peine de ce qui arriveroit après, mais il ne se passa rien entre eux en aucun temps. La valeur d'Albergotti ne fut jamais douteuse, mais il étoit Italien, et La Feuillade étoit le gendre bien-aimé de Chamillart, qui ne laissa pas, quoique fort brave aussi, d'être fort aise que l'autre se montrât si bonne personne. Cette aventure ne laissa pas de leur faire grand tort à tous deux, non sur la valeur, car leurs preuves étoient faites et complètes, mais sur l'honneur : à l'un d'avoir osé démentir une vérité trop connue à toute l'armée, et qui en avoit été la perte dans le temps de la bataille ; à l'autre de l'avoir avalé et digéré si doux.

Cependant La Feuillade, hors de soi de tant d'affreuses sottises entassées, dépêche un courrier à Chamillart, lui envoie la démission de son gouvernement de Dauphiné, et lui mande qu'il est indigne de son estime, des grâces du roi et de voir le jour ; le lendemain, obtient permission de M. le duc d'Orléans de s'en aller à Antibes profiter de l'occasion de quelques bâtiments qui passoient à Gênes, pour se rendre de là auprès de Médavy, et là, servant sous ses ordres et se mettant à tout, se rendre digne qu'on oubliât ses fautes. Chamillart, toujours également affolé de son gendre, lui renvoya son courrier et sa démission qu'il s'étoit bien gardé de montrer, le caressa par sa réponse, l'encouragea et lui remit la cervelle. Ceux qui surent cette désespérade, ne doutèrent pas qu'elle ne fût un jeu pour faire pitié à son beau-père et au roi même, qu'il comptoit bien qu'il ne sauroit rien de sa démission, au moins qu'à coup sûr pour lui. En même temps, M. le duc d'Orléans reçut des réponses et des ordres favorables à son désir de repasser en

Italie. Il étoit tenu à Chamillart, étoit content d'avoir humilié La Feuillade, à la vérité content à bon marché. Il lui envoya un courrier pour lui apprendre les ordres qu'il venoit de recevoir, l'empêcher de s'embarquer et le faire revenir à Briançon, où il alloit dès qu'il pourroit être transporté, et repasser avec l'armée, plutôt que s'en aller seul et devant par Gênes. La Feuillade, ravi de se voir moins mal avec ce prince qu'il n'avoit lieu de le croire, ne se le fit pas dire deux fois et s'en alla à Briançon.

Ce fut où Besons joignit M. le duc d'Orléans. Il avoit commandé sous lui la réserve, puis avoit été mis par le roi auprès de lui lorsqu'il avoit commandé la cavalerie. M. le duc d'Orléans avoit pris de l'estime et de l'amitié pour lui. Il servoit cette année sur les côtes de Normandie, parce que sa santé ne lui avoit pas permis mieux. M. le duc d'Orléans le demanda au roi qui le lui accorda, et Besons en meilleure santé et flatté de ce souvenir, l'alla trouver le plus tôt qu'il lui fut possible.

CHAPITRE XV.

Promptitude incroyable avec laquelle j'apprends les malheurs devant Turin. — Nancré apporte le détail de la bataille de Turin. — Mort de Murcé de ses blessures ; fadaises sur lui par rapport à Mme de Maintenon. — Victoire de Médavy en Italie sur le prince de Hesse, depuis roi de Suède. — Médavy chevalier de l'ordre ; autres récompenses. — Mmes de Nancré et d'Argenton à Grenoble. — On ne pense plus à repasser en Italie, qui se perd. — M. le duc d'Orléans à Versailles. — Ce qu'il pense de La Feuillade et de ses officiers généraux. — La Feuillade perdu et rappelé. — La Feuillade et le cardinal Le Camus. — La Feuillade salue le roi ; très-mal reçu. — Électeur de Cologne incognito à Paris et à Versailles. — Mort de

Saint-Pouange. — Chamillart grand trésorier de l'ordre. — Mort de Mme de Barbezieux. — Mort de Boisfranc. — Survivance de Maréchal à son fils; alarme des survivanciers. — Mme de La Chaise à Marly, en absence de Mme la duchesse de Bourgogne et de Madame. — Dispute entre le duc de Tresmes et M. de La Rochefoucauld pour le chapeau du roi. — Piété de Mgr le duc de Bourgogne. — Le roi de Suède, victorieux en Saxe, y dicte la paix au roi Auguste. — Sa glorieuse situation et sa lourde faute. — Patkul et sa catastrophe. — Stanislas reconnu roi par la France; mécontents et leurs progrès. — Mariage arrêté de l'archiduc avec une princesse de Wolfenbüttel. — Facilité des princes protestants à se faire catholiques pour des avantages, et sa véritable cause. — Succès et séparation des armées en Espagne. — Secours d'argent à l'archiduc. — Conférences refusées par les alliés sur la paix. — Villars et le duc de Noailles de retour. — Le roi entretient le prince de Rohan sur la bataille de Ramillies. — Surville et La Barre accommodés, le premier demeurant perdu. — Mme de Châtillon; sa famille, son caractère, sa conduite; quitte Madame et y demeure. — Mariage du fils de Livry avec une fille du feu prince Robert; grâces du roi à cette occasion. — M. de Beauvilliers cède son duché, etc., à son frère, et le marie à la fille unique de feu Besmaux. — Conduite admirable de la duchesse de Beauvilliers. — Bergheyck à Versailles; son caractère et sa fortune. — Vendôme de retour. — Grand prieur à Gênes. — Ridicule de Mme de Maintenon sur Courcillon.

J'étois allé passer un mois à la Ferté, j'y recevois les nouvelles d'Italie que M. le duc d'Orléans me faisoit envoyer avec soin, et des lettres de sa main quand il ne vouloit pas que ce qu'il me mandoit passât par d'autres. J'étois donc pleinement instruit des malheurs qui s'y préparoient, et fort inquiet, lorsqu'un gentilhomme arrivant de Rouen chez son frère, tout auprès de chez moi, y vint comme nous nous promenions Mme de Saint-Simon et moi dans le parc avec du monde, et nous raconta le désastre de Turin avec les circonstances exactes sur M. le duc d'Orléans, sur le maréchal de Marsin, et sur tout le reste, telles que le roi les apprit trois jours après seulement, par le courrier qui en porta la nouvelle (et moi, quatre jours, par mes lettres de la cour et de Paris), sans que nous ayons jamais pu comprendre comment il étoit possible que cette triste nouvelle eût été portée avec une si extrême diligence, pour ne pas dire incroyable, sans que ce getilhomme nous le voulût dire, sinon d'en fortement appuyer la certitude, et sans que nous l'ayons jamais revu depuis, car il mourut fort tôt après. Je fus vivement touché de ce malheur arrivé entre les mains de M. le duc d'Orléans, quoiqu'elles en fussent parfaitement innocentes. La fièvre me prit, je m'en allai à Paris, sans m'arrêter à Versailles pour éviter l'empire de sa faculté.

Nancré, dépêché avec le détail, y arriva presque en même temps. Quoique je ne le connusse point du tout, je lui envoyai dire que j'étais hors d'état de l'aller trouver et que je le priois de venir chez moi. Il y vint aussitôt. Il avoit ordre de me voir; nous fûmes deux bonnes heures tête à tête. Il m'apprit que le roi rendoit une pleine justice à son neveu, et me pressa de lui écrire sans nul ménagement, je n'en eus pas besoin. Le public équitable, la cour même, malgré ses jalousies, décernèrent des lauriers à sa défaite, et l'élevèrent d'autant plus que la fortune l'avoit voulu abaisser. Ce fait est aussi mémorable que singulier, et je ne crois pas qu'il y ait d'exemple de tant et de si unanimes louanges dans un malheur aussi complet. Tout le cri tomba sur Marsin, et nonobstant Chamillart, sur La Feuillade.

Quoique les ennemis, contents de leurs succès, ne se fussent opposés à rien de la retraite, il est pourtant vrai que le gros canon de batterie ne put être emmené. L'abbé de Grancey, premier aumônier de M. le duc d'Orléans, médiocre pauvre, mais fort brave et fort bon homme, fut tué à deux pas derrière lui, sur quoi le comte de Roucy disoit que ce prêtre abbé mourroit de joie s'il pouvoit savoir qu'il a été tué. Villiers et La Bretonnière, maréchaux de camp, Bonelles, fils de Bullion, colonel d'infanterie, Kercado, mestre de camp du Dauphin-étranger[1], très-bon sujet,

---

1. Le régiment *Dauphin-étranger* était composé d'étrangers, comme le Royal-Allemand, le Royal-Pologne, etc.

et à qui j'avois vendu ma compagnie, lui jeune cornette dans le même régiment, et assez d'officiers y furent tués; et Murcé, lieutenant général, mourut de ses blessures, prisonnier à Turin. On n'y perdit pas plus de quinze cents hommes, mais beaucoup de blessés et de prisonniers.

Murcé étoit frère de Mme de Caylus, aussi disgracié de corps et d'esprit que sa sœur avoit l'un et l'autre charmants. Il étoit donc fils de Vilette, lieutenant général de mer, cousin germain de Mme de Maintenon, et tous sous sa protection la plus particulière. Celui-ci étoit brave, et point mauvais officier, mais gauche, bête, inepte au dernier point. Il avoit avec nous, en Allemagne, un jeune valet qui le suivoit toujours, qu'il appeloit Marcassin, et qui se moquoit de lui à cœur de journée. C'étoit l'année que Mme la duchesse de Bourgogne vint en France. Il arriva à Murcé trois grands malheurs dont il se plaignit amèrement à toute l'armée : son cheval isabelle étoit mort, Marcassin l'avoit quitté, et sa femme n'étoit point femme d'honneur, il vouloit dire dame du palais. Marivault et Montgon le faisoient valoir; c'étoit une farce continuelle de le voir avec eux, leurs questions, leur moqueuse admiration, leurs panneaux et ses sottises. Il avoit épousé la fille du lieutenant général de Chaumont en Bassigny; il l'avoit menée à Strasbourg, où il avoit été employé l'hiver [comme] brigadier; elle étoit laide, sotte et dévote à merveilles; il n'y avoit qu'un ménage de gâté. Elle faisoit ses dévotions fort souvent, et la veille vouloit coucher seule. Murcé s'en plaignoit et rendoit compte à tout le monde du calendrier de sa femme. Il prioit à manger chez lui par grades; et un homme de grade différent des conviés qui s'y présentoit quelquefois pour s'en divertir étoit sûrement éconduit, et Murcé lui en disoit la raison. Tant de fadaises, et d'un Murcé, pourront surprendre ici, mais voici pourquoi je les ai mises. Murcé étoit une espèce de La Feuillade de Mme de Maintenon. Elle le croyoit un homme merveilleux; il lui rendoit compte des choses et des personnes de l'armée, elle le consultoit sur ce qu'il pensoit qu'on devoit exécuter. Il montroit souvent de ses lettres qui marquoient en effet une confiance qui faisoit pitié. Il étoit craint et ménagé, et il a souvent servi et nui à bien des gens ; de là on peut juger à qui on avoit affaire, et en grande partie de ce qu'étoit Mme de Maintenon.

Le 9 septembre, c'est-à-dire le surlendemain de la bataille de Turin, Médavy marcha avec neuf mille hommes au secours de Castiglione delle Stivere, que le prince héréditaire de Hesse-Cassel assiégeoit avec douze mille hommes, lequel a depuis été roi de Suède. Il laissa huit cents hommes dans la ville qu'il avoit prise, leva ses quartiers de devant le château, et vint au-devant de Médavy dans une belle plaine, qui de son côté marcha aussi à lui. Notre cavalerie, débordée par celle des ennemis, fut d'abord un peu en désordre ; il fut augmenté par la fuite que prirent quatre régiments d'infanterie de Milanois et de Napolitains ; Sebert, qui commandoit une brigade en seconde ligne, alla les remplacer sans attendre d'ordre. Médavy fit mettre l'épée à la main à toute son infanterie ; elle essuya toute la décharge de l'infanterie ennemie, la chargea ensuite et la défit entièrement. La cavalerie ennemie, voyant l'infanterie défaite, s'enfuit. On leur tua deux mille hommes, on leur en prit quinze cents, tout leur canon et beaucoup d'étendards et de drapeaux. Médavy y perdit aussi du monde, le chevalier de Verac, Grammont de Franche-Comté, Renepont, du Cheilar, tous quatre mestres de camp, et d'Hérouville, colonel d'infanterie, blessé à mort. Outre ces prisonniers, on eut les huit cents hommes laissés dans la ville. Médavy fit passer le Mincio au prince de Hesse, et le poursuivit jusqu'à l'Agide ; il lui tua encore du monde, prit des traîneurs dans cette poursuite, et reprit Goïto. Ce fut un étrange contraste avec Turin, et un grand renouvellement de douleur sur la retraite en France au lieu de l'avoir faite en Italie. Médavy en fut fait sur-le-champ chevalier de l'ordre ; Saint-Pater et

Dilon, ses deux maréchaux de camp, lieutenants généraux; Grancey, son frère, qui avoit apporté la nouvelle, maréchal de camp; et Sebret, qui apporta le détail, brigadier.

Sur ce succès, Vaudemont rassembla ce qu'il avoit de troupes, manda à Médavy de le venir joindre avec les siennes, fit mine de vouloir défendre le Tésin, s'en fit fête par un courrier, et manda que c'étoit pour conserver la ville de Milan, qui prétend avoir droit de se rendre sans blâme à quiconque a passé cette rivière. Vaudemont ajoutoit qu'il avoit voulu envoyer Colmenero rendre compte de toutes choses, mais qui s'étoit trouvé mal sur le point de partir. Colmenero n'avoit garde de venir. Il avoit été gouverneur du château de Milan, l'étoit d'Alexandrie alors, et ami intime de Vaudemont. Vendôme l'avoit fort vanté au roi; c'étoit un bon officier, mais dont l'âme étoit de la trempe de celle de Vaudemont, et qui le montra bien dans la suite. Toutes ces fanfaronnades de Vaudemont ne servirent qu'à amuser le roi, qui ne se lassa jamais d'en être la dupe.

Le prince Eugène, entré dans Turin, et M. de Savoie au comble de sa joie la plus inespérée de se revoir dans Turin, ne s'amusèrent point aux réjouissances. Ils ne pensèrent qu'à profiter d'un succès inouï; ils reprirent rapidement toutes les places du Piémont et toutes celles de Lombardie que nous occupions. Le château de Casal fut leur dernière conquête. Vaudemont et Médavy, retirés dans Mantoue, ne purent empêcher ces fruits de la bataille de Turin, et de la retraite de l'armée en France. Elle étoit pourtant encore de quatre-vingt-quinze bataillons, en bon état ceux qui venoient de Lombardie, mais ceux du siége fort délabrés; six régiments de dragons, mais à pied; et à l'égard de la cavalerie, quatre à cinq mille chevaux.

Jamais bataille ne coûta moins de soldats que celle de Turin, jamais de retraite plus tranquille de la part des ennemis ni laissée plus à choix, jamais suites plus affreuses ni plus rapides. Ramillies, avec une perte légère, coûta les

Pays-Bas espagnols et partie de ceux du roi, par la terreur et le tournoiement de tête du seul maréchal de Villeroy, et celle de Turin coûta toute l'Italie par l'ambition de La Feuillade, la servitude de Marsin, l'avarice, des ruses, les désobéissances des officiers généraux contre M. le duc d'Orléans, qui seul voulut et s'opiniâtra à trois reprises à se retirer en Italie, ce qui étoit libre, aisé et d'une suite victorieuse à réparer, plus que le malheur qui venoit d'arriver, vaincu par l'artifice et le concert de La Feuillade et des officiers généraux, pour n'en rien dire de plus, dont l'audace et les moyens furent aidés par l'épuisement et les souffrances de la blessure de M. le duc d'Orléans. On assembla fort diligemment mille mulets en Provence et en Languedoc pour M. le duc d'Orléans; on lui envoya de l'argent, des chevaux, des armes, huit mille tentes.

Nancré retourné vers M. le duc d'Orléans, qui avoit été extrêmement mal de sa blessure, la nouvelle Mme d'Argenton et Mme de Nancré, veuve sans enfants du père de celui dont je viens de parler, et dans l'intimité la plus étroite avec lui, s'en allèrent ensemble chacune dans une chaise de poste le plus secrètement qu'elles purent à Lyon, et de là se cacher dans une hôtellerie à Grenoble. M. le duc d'Orléans n'y étoit pas encore arrivé. Il sut en chemin cette équipée, il en fut très-fâché, et leur manda qu'il ne les verroit point, et de s'en retourner. Être arrivées de Paris à Grenoble et s'en retourner bredouille étoit chose fort éloignée de leur résolution, elles l'attendirent. Savoir sa maîtresse si près de soi et lui tenir rigueur, l'amour ne le put jamais permettre. Sur les sept ou huit heures du soir, les affaires du jour vidées et la représentation finie, il ferma ses portes, s'enfonça dans son appartement, et par les derrières d'un escalier dérobé arrivèrent les femelles, et soupèrent avec lui et deux ou trois de leurs plus familiers. Cela dura ainsi cinq ou six jours, au bout desquels il les renvoya, et repartirent. Ce voyage ridicule fit grand bruit. Le public en murmura, fâché véritablement de cette tache sur sa gloire personnelle; les envieux, ravis de pouvoir rompre le silence qu'ils avoient été forcés de garder, parmi lesquels M. le Duc et Mme la Duchesse se signalèrent. Quelque résolution que j'eusse prise de ne lui parler jamais de ses maîtresses, il m'avoit écrit avec trop d'ouverture, dès que sa blessure le lui avoit permis, pour qu'il me le fût de demeurer dans le silence quand tout crioit si haut. Il reçut ma lettre en même temps qu'une autre que Chamillart lui écrivit de la part du roi, qui par ménagement n'avoit pas voulu le faire lui-même, pour lui conseiller de renvoyer ces femmes et l'avertir du mauvais effet de leur voyage. Toutes deux ne furent reçues qu'après leur départ, lequel en fut toute la réponse.

M. le duc d'Orléans visita ses troupes le plus qu'il put dans leurs quartiers, quoique mal rétabli encore, et y répandit avec choix beaucoup d'argent. Il travailla fort à examiner ce qui étoit possible pour rentrer en Italie, et envoya Besons bien instruit des moyens et des difficultés pour en rendre compte au roi, et recevoir ses ordres. Le fruit de ce voyage fut de ne plus songer à faire repasser l'armée de M. le duc d'Orléans en Italie, au moins jusqu'au printemps. Besons demeura, et un simple courrier porta cette résolution finale à M. le duc d'Orléans, qui, malgré toutes les difficultés qu'il y voyoit lui-même, ne laissa pas d'en être fort touché. Pendant ce temps-là l'Italie s'en alloit par pièces. Chivas, la ville de Casal, Pavie, Pizzighettone, Alexandrie, etc., s'étoient rendues au duc de Savoie ou au prince Eugène, qui étoit dans Milan déclaré gouverneur général du Milanois, et qui bientôt après fut maître des châteaux de Milan, de Casal et de Tortone.

On envoya les quartiers d'hiver pour l'armée de M. le duc d'Orléans, et ce prince arriva à Versailles le lundi 8 novembre, sur la fin du dîner du roi, qui avoit pris médecine, et dînoit dans son lit à deux heures et demie, comme il faisoit toujours les jours qu'il la prenoit. On ne peut être mieux reçu du roi qu'il le fut, et de tout le monde. Il fut voir Monseigneur aussitôt après à Meudon, et soupa avec le roi à l'ordinaire.

Dès qu'il fut ce jour-là même débarrassé du plus gros, j'allai chez lui. Nancré me saisit en y entrant, et, sans me donner un instant, se mit à se disculper d'avoir conseillé et machiné ce misérable voyage de ces deux femmes. Il suivit M. le duc d'Orléans, qui me menoit dans son entre-sol, et voulut encore s'en laver devant moi en sa présence. Je le croyois trop sensé pour l'avoir fait, mais le monde n'en avoit pas jugé de même. Ce fut alors que M. le duc d'Orléans me remercia avec effusion de cœur de la franchise avec laquelle je lui avois écrit sur ce voyage. Il m'avoua que fâché d'abord, puis tenté les sachant en même lieu que lui, il avoit succombé avec les précautions que j'ai rapportées. « Et voilà, monsieur, lui répondis-je, la sottise, en l'interrompant. — Il est vrai, me répliqua-t-il, mais qui est-ce qui n'en fait jamais ? »

Nancré sortit, et, la porte fermée, nous entrâmes bien avant en matière. Je le mis au fait des choses de la cour qui le regardoient, et de l'état présent du reste que les lettres, bien que chiffrées, n'avoient pu comporter. Lui ensuite me parla en gros des choses principales d'Italie, parce que, réciproquement affamés, nous ne pouvions encore tomber aux détails que nous discutâmes depuis. Il me fit une étrange peinture des officiers généraux de son armée, telle en tous points que j'ai tâché de la rendre, mais plus affreuse encore, et des malheurs, pour en parler sobrement, qui, entassés les uns sur les autres, avoient causé tous ceux de Turin. Il me représenta La Feuillade comme un jeune homme impérieux, enivré de présomption et d'ambition sans mesure, détesté des officiers généraux et particuliers, des troupes et du pays; plein d'esprit, de valeur, de fantaisies et de vues, qui voyant beaucoup d'abord étoit incapable aussi de rien voir au delà de ce premier coup d'œil, de souffrir aucun avis de personne bien loin de se rendre jamais sur rien, par conséquent incapable d'apprendre jamais d'autrui, et fort peu de soi-même, parce que l'action chez lui précédoit toujours la réflexion; brillant sans nulle solidité, dangereux à l'excès à la tête de quelque chose, se piquant surtout de savoir mieux toutes choses que les gens du métier. Ce prince ajouta qu'il le croyoit perdu, de la manière dont le roi lui en avoit parlé, et dont il lui paroissoit qu'il le connoissoit. Il me dit qu'il avoit fait son possible pour pallier ses fautes, encore qu'elles fussent énormes, et telles que je les ai expliquées, et qu'il ne se fût pas mis en état de le mériter, mais qu'il avoit cru devoir rendre ce change à son beau-père; que le roi l'avoit même grondé de l'avoir trop excusé, et que cet article était le seul sur lequel il lui eût parlé d'un air aigre et sévère. Il ajouta qu'il avoit laissé La Feuillade en Dauphiné, dans l'espérance que ses lettres, soutenues de ses bons offices à son arrivée, lui en conserveroient le commandement; que Chamillart, qui n'osoit trop en parler au roi, l'avoit prié d'y insister, mais qu'il n'avoit osé aller trop avant là-dessus, après ce que le roi lui avoit dit, de manière qu'il étoit persuadé que La Feuillade alloit être rappelé. Diverses autres conversations semblables m'instruisirent à fond, et je ne laissai pas de l'être aussi par quelques-uns des officiers généraux et particuliers, à leur arrivée de cette armée.

Il faut achever tout de suite ce qui la regarde. On ne fut pas longtemps à quitter toute pensée de retour en Italie. On ne songea plus qu'à une défensive nécessaire vers les Alpes, et à grossir l'armée d'Espagne de ce qui se tireroit de celle-ci pour essayer d'y recouvrer quelque supériorité. Peu de jours après ce retour, La Feuillade reçut ordre de revenir, et Giraudan, lieutenant général, de commander en sa place en Savoie et en Dauphiné, avec deux maréchaux de camp sous lui, Valière à Chambéry, et Muret à Fénestrelle. Quelque peu d'apparence qu'il y eût à le laisser à Grenoble, cet ordre lui fut si amer, que pour n'omettre aucune sorte de sottise, de folie et d'audace, il se mit dans la tête de le faire révoquer, dépêcha courriers sur courriers à son beau-père, et s'y cramponna quinze jours durant, jusque-là que le roi [fut] outré de cette lenteur à lui obéir; et Chamillart, dans le dernier embarras, ne savoit plus que devenir. Enfin un dernier courrier qu'il lui dépêcha le fit partir, au grand contentement de la ville et de la province, dont il n'avoit pas acquis les cœurs. Dès en y arrivant la première fois, il s'étoit brouillé avec le cardinal Le Camus, qui, sur une mascarade assez étrange qu'il donna, fut sur le point de l'excommunier dans toutes les formes solennelles. Il fallut des ordres réitérés du roi pour l'en empêcher, et à La Feuillade de se conduire d'une autre sorte.

Il fut plusieurs jours à Paris sans oser venir à Versailles. Chamillart obtint enfin du roi la permission pour lui de le saluer, et même chez Mme de Maintenon, pour éviter la réception publique, et par un reste de traitement de général d'armée, desquels il arriva le dernier, le lundi 13 de décembre. Chamillart, allant travailler avec le roi chez Mme de Maintenon, l'y mena. Sitôt que le roi le vit entrer avec son gendre en laisse, il se leva, alla à la porte, et, sans leur donner le temps de prononcer un mot, dit à La Feuillade d'un air plus que sérieux : « Monsieur, nous sommes bien malheureux tous deux; » et dans l'instant tourna le dos. La Feuillade, de dedans la porte qu'il n'avoit pas eu loisir de dépasser, ressortit sur-le-champ, sans avoir osé dire un seul mot. Jamais depuis le roi ne lui parla; il fut longtemps même à permettre à Monseigneur de le mener à Meudon, et à souffrir qu'il allât à Marly à cause de sa femme. On remarquoit qu'il détourna toujours les yeux de dessus lui. Telle fut la chute de ce Phaéthon. Il vit bien qu'il n'avoit plus d'espérance; il vendit ses équipages, et dit assez publiquement, oubliant apparemment qu'il avoit voulu aller sous Médavy, et ce qu'il avoit dit et écrit là-dessus, qu'après avoir commandé les armées, il ne pouvoit plus servir en ligne de lieutenant général; et toutefois dans cet état de disgrâce, il n'y eut sorte de moyens qu'il ne tentât, de bassesses qu'il ne fît pour se raccrocher. Il eut celle de se plaindre de son sort et de faire son apologie à chacun qui ne s'en soucioit guère, et après s'être fait envier et craindre, il se fit mépriser sans faire pitié. Je ne crois pas qu'il y ait eu de plus folle tête, ni de plus radicalement malhonnête homme jusque dans les moelles des os. Retournons maintenant à ce qui est demeuré en arrière pour ne pas interrompre le récit de toute cette catastrophe d'Italie, qui suivit de bien près celle de Barcelone et de Flandre.

La fantaisie avoit pris à l'électeur de Cologne d'aller voyager à Rome. Il n'avoit plus d'États à lui où se tenir; il aimoit mieux se promener que le séjour de nos villes de Flandre. Il arriva donc à Paris, au milieu de septembre, tout à fait incognito, et logea chez son envoyé. Dix ou douze jours après, il alla dîner chez Torcy, à Versailles, puis attendre l'heure de son audience dans l'appartement de M. le comte de Toulouse. Il ne voulut point être accompagné de l'introducteur des ambassadeurs. Torcy le mena dans le cabinet du roi par les derrières, suivi des trois ou quatre de sa suite les plus principaux. Les courtisans ayant les entrées, qui voulurent, étoient dans le cabinet avec Monseigneur et Mgrs ses fils. Le roi, toujours debout et découvert, le reçut avec toutes les grâces imaginables, et en lui nommant ces trois princes, ajouta : « Voilà votre beau-frère, vos neveux et moi, qui suis votre proche parent ; vous êtes ici dans votre famille. » Après un peu de conversation, il le mena par la galerie chez Mme la duchesse de Bourgogne, qui le reçut debout, et qu'il ne salua point, à cause de la présence du roi devant qui elle ne baise personne. Il fut ensuite chez Madame, qui s'avança au-devant de lui dans sa chambre. Elle le baisa et causa fort longtemps avec lui en allemand. Il vit après Mme la duchesse d'Orléans dans son lit, qui le baisa. La visite fut courte. Il ne s'assit nulle part. De là il alla faire un tour dans les jardins, et partit de chez Torcy pour s'en retourner à Paris. Huit jours après, il vint de Paris entendre la messe du roi dans une autre travée de la tribune, et le vit après seul dans son cabinet, avant le conseil. Il se promena dans les jardins jusqu'au dîner chez Torcy. Il vit ensuite Mme la duchesse de Bourgogne, qui étoit au lit. Mgr le duc de Bourgogne s'y trouva, et, contre l'ordinaire de ces sortes de visites, la conversation fut vive et soutenue, toujours debout l'un et l'autre. Peu de jours après, il vit encore le roi dans son cabinet, se promena dans les jardins, s'amusa dans le cabinet des médailles, dîna chez M. de Beauvilliers, et s'en retourna à Paris. La semaine suivante, il revint voir le roi dans son cabinet avant le conseil. Le maréchal de Boufflers lui donna à dîner, d'où il alla chez Mme la duchesse de Bourgogne, et y eut une longue conférence avec Mgr le duc de Bourgogne, debout, en un coin de la chambre. Avant de retourner à Paris, il fut voir M. le duc de Berry.

De ce voyage, il changea son dessein d'aller à Rome, où, pour son rang avec les cardinaux et sa personne, dans la situation où il étoit avec l'empereur, et nos troupes hors d'Italie, au corps de Médavy près, il n'auroit pu être que fort indécemment. Le roi lui prêta pour une nuit l'appartement du duc de Grammont, qui étoit à Bayonne. Torcy, chez qui il avoit dîné à Paris, le mena voir Trianon et lui donna à souper à Versailles, puis le mena par le petit degré droit dans le cabinet du roi, où il le trouva sortant de table avec ce qui de sa famille y étoit à ces heures-là, privance qui n'avoit jamais encore été accordée à personne, et dont il fut fort touché. Le roi lui dit qu'il vouloit qu'il le vît au milieu de sa famille, où il n'étoit point étranger, et dans son particulier. Il avoit à son cou une croix de diamants très-belle pendue à un ruban couleur de feu, qu'avant souper Torcy lui avoit présentée de la part du roi. Il prétendoit pouvoir porter l'habit des cardinaux, comme archichancelier de l'empire pour l'Allemagne. Il étoit vêtu de court, en noir, souvent avec une calotte rouge, quelquefois noire. Les bas varioient de même. Il étoit blond, avec une fort grosse perruque et assez longue, cruellement laid, fort bossu par derrière, un peu par devant, mais point du tout embarrassé de sa personne ni de son discours. Il prit tout à fait bien avec le roi, qui, le lendemain, le vit en particulier après la messe. Après, il suivit le roi à la chasse. L'électeur y étoit dans une calèche avec un de sa suite, le premier écuyer et Torcy. Il retomba après à Marly, où il prit congé du roi pour retourner en Flandre. Il alla voir l'électeur de Bavière à Mons, et revint s'établir à Lille. Il avoit, quelques jours auparavant, dîné à Meudon avec Monseigneur, qui seul eut un fauteuil, et l'électeur vis-à-vis de lui avec M. le prince de Conti au milieu des dames.

La mort de Saint-Pouange arriva tout à propos pour donner le plaisir au roi de marquer que la disgrâce du gendre n'influoit point sur le beau-père. J'ai assez parlé ailleurs de Saint-Pouange pour n'avoir rien à y ajouter. Il étoit grand trésorier de l'ordre; le roi décora Chamillart de cette charge.

Mme de Barbezieux mourut à Paris après une longue infirmité et fort jeune. Ses malheurs n'avoient point cessé depuis son éclat avec son mari, dont la mort ne put là remettre dans le monde. Elle ne laissa que deux filles, toutes deux mortes fort jeunes : l'une duchesse d'Harcourt qui a laissé des enfants; l'autre, troisième femme de M. de Bouillon, père de celui d'aujourd'hui. Elle laissa un fils unique, mort bientôt après, de sorte que la duchesse d'Harcourt hérita presque de tout, et leur grand-père d'Alègre de fort peu de chose.

Le vieux Boisfranc mourut aussi à quatre-vingt-sept ou quatre-vingt-huit ans. Il étoit beau-père du duc de Tresmes, avec qui il demeuroit. J'ai dit ailleurs ce que c'étoit que ce riche financier.

Le roi donna à Maréchal la survivance de sa charge de premier chirurgien pour son fils qui travailloit dans les hôpitaux de l'armée de Flandre. C'étoit un paresseux qui ne promettoit pas d'approcher de son père. Le roi qui le sentoit ne put s'empêcher de dire à ses valets que si le fils ne se rendoit pas bien capable, cela ne l'empêcheroit pas de prendre un autre chirurgien s'il perdoit le père. Cette parole qui fut bientôt sue fit grand'peur à tous les survivanciers, à pas un desquels il n'est pourtant arrivé malheur, excepté à quelques secrétaires d'État, et comme je l'ai dit, au fils de Congis pour les Tuileries.

Il eut une complaisance pour le P. de La Chaise tout à fait marquée. Ce père, qui étoit gentilhomme, vouloit être homme de qualité. Son frère, d'écuyer de l'archevêque de Lyon, puis de commandant son équipage de chasse, étoit devenu capitaine des gardes de la porte du roi par le confesseur, et son fils avoit eu sa charge après lui. Il avoit épousé une du Gué-Bagnols, riche, d'une famille de robe de Paris. Le P. de La Chaise se mouroit de douleur de ne pouvoir obtenir qu'elle allât à Marly, et le roi, malgré son foible pour lui, ne se pouvoit résoudre à faire manger sa nièce avec Mme la duchesse de Bourgogne, et à la faire entrer dans ses carrosses. Il arriva cette année que le roi voulant aller faire la Saint-Hubert à Marly, la grossesse de Mme la duchesse de Bourgogne l'empêcha de pouvoir être du voyage, qui, à cause de cela, ne fut que du mercredi au samedi, et qu'en même temps Madame se trouva si enrhumée qu'elle n'y put aller. Le roi trouva que c'étoit là son vrai ballot, qu'il ne trouveroit de longtemps, et le saisit. Il nomma donc Mme de La Chaise pour Marly, à qui, par conséquent, cela n'acquit aucun droit pour manger ni pour les carrosses, et qui aussi n'y fut jamais admise. Mais cette délicatesse n'étoit pas aperçue de tous, au lieu qu'aller à Marly se sut partout. Le P. de

La Chaise fut ravi. Cette adresse fut un nouveau crève-cœur pour Saint-Pierre, dont la femme ne put même en cette sorte parvenir à aller à Marly, et un peu de dépit à Mme la duchesse d'Orléans de pouvoir moins pour la femme de son premier écuyer si hautement portée par elle que le P. de La Chaise pour sa nièce.

Ce Marly produisit une querelle assez ridicule. Il faisoit une pluie qui n'empêcha pas le roi de voir planter dans ses jardins. Son chapeau en fut percé, il en fallut un autre. Le duc d'Aumont étoit en année, le duc de Tresmes servoit pour lui. Le portemanteau [1] du roi lui donna le chapeau, il le présenta au roi. M. de La Rochefoucauld étoit présent. Cela se fit en un clin d'œil. Le voilà aux champs, quoique ami du duc de Tresmes. Il avoit empiété sur sa charge, il y alloit de son honneur. Tout étoit perdu. On eut grand'peine à les raccommoder. Leurs rangs, ils laissent tout usurper à chacun, personne n'ose dire mot; et pour un chapeau présenté, tout est en furie et en vacarme. On n'oseroit dire que voilà des valets.

Pendant ce même Marly, Mgr le duc de Bourgogne cessa d'aller à la musique, quoiqu'il l'aimât fort, et vendit les pierreries qu'il avoit eues de feu Mme la Dauphine (et il en avoit beaucoup) dont il fit donner tout l'argent aux pauvres. Il n'alloit plus à la comédie depuis quelque temps.

Le roi de Suède triomphant en Pologne, où il avoit fait un roi à son gré, écarté les Moscovites et réduit l'électeur de Saxe à une abdication dans toutes les formes, mena son armée en Saxe, dont outre la subsistance il tira des trésors. Dresde, Leipsick, toute la Saxe subit le joug; la souveraine

---

1. Dans l'ancienne monarchie, il y avait douze officiers *portemanteaux* attachés à la maison du roi. Leurs fonctions consistaient à garder le chapeau, les gants, la canne et l'épée du roi et à les lui présenter lorsqu'il les demandait. Un de ces officiers suivait toujours le roi à la chasse avec un portemanteau garni de linge, tel que chemises, mouchoirs, etc.

se retira à Bayreuth chez son père. La paix signée en secret, le roi Auguste, forcé par le reste de son parti en Pologne à qui il n'avoit osé l'avouer, attaqua un corps de Suédois commandé par le général Mardefeld, fort inférieur, qu'il défit. Mardefeld y perdit trois mille hommes, et se retira en Silésie, dont l'empereur n'osa se fâcher. Là-dessus le roi de Suède éclata comme contre un manque de foi insigne. C'est ce qui lui fit imposer au roi Auguste les conditions les plus humiliantes, et achever de ruiner ses pays par tout ce qu'il en exigea. Il dicta la paix par laquelle, outre beaucoup d'autres détails, il le fit consentir à abandonner tout ce qu'il lui restoit de partis, et la Pologne avec la Lithuanie à Stanislas, à en quitter le titre et ne porter plus que celui de roi-électeur, de souffrir toute l'armée suédoise en Saxe aux dépens du pays jusqu'au mois de mai, c'est-à-dire six grands mois encore, de livrer ce qu'il avoit en Saxe de troupes moscovites et de renoncer à toute alliance avec le czar, de remettre en liberté les deux Sobieski, fils du feu roi de Pologne, enfin de lui envoyer pieds et poings liés le général Patkul, auquel incontinent après il fit couper publiquement la tête.

Ce Patkul étoit passé en Pologne sur ce que, étant député à Stockholm de la noblesse de Livonie poussée à bout par la chambre des révisions qui ruina la Suède sous le précédent règne et en anéantit l'ancienne noblesse, et dont les exactions, et ceux qui les exerçoient étoient encore plus insupportables, il avoit parlé avec tant de liberté qu'il avoit été obligé de s'enfuir. C'étoit un homme de tête, de ressource et de grand courage, qui étoit fort suivi et fort accrédité dans son pays, lequel étoit outré contre la Suède, et plus encore contre ses ministres. Patkul, n'espérant plus de sûreté sous cette domination, ne songea qu'à se venger de la Suède. Il persuada au roi Auguste d'entrer en Livonie et d'y appeler les Moscovites. Le succès répondit à ce qu'il s'en étoit proposé. Aucun général ennemi ne nuisit plus que lui aux Suédois. Il en encourut une haine si personnelle que le roi de Suède ne voulut point de paix qu'avec une condition expresse qu'il lui seroit livré. Il le fut, il lui en coûta la vie sur un échafaud, et au roi de Suède un obscurcissement à sa gloire. Elle lui avoit dressé un tribunal en Saxe qui imposa des lois à tout le Nord, à une partie très-vaste de l'Allemagne, à l'empereur même, qui n'osa lui rien refuser et à qui il demanda des restitutions et d'autres choses fort dures. Il étoit en posture d'être le dictateur de l'Europe et de faire faire la paix à son gré sur la succession d'Espagne; toutes les puissances en guerre avoient recours à lui. Il étoit mieux avec la France et plus enclin à elle qu'à pas une des autres, qui toutes, malgré leurs succès contre la France, le craignirent ainsi placé en Allemagne, au point d'en passer par tout ce qu'il eût voulu plutôt que de risquer de l'y voir avancer avec son armée et se déclarer contre elles. Les plus grands rois sont malheureux. Piper étoit son unique ministre qui l'avoit toujours suivi; il avoit toute sa confiance. Tout occupé de troupes, de subsistances, de guerre, il ne donnoit aux affaires d'État qu'une attention superficielle, emporté par cette passion de héros et par l'amour de la vengeance. L'empereur et l'Angleterre gagnèrent Piper à force d'argent et d'autres promesses. Piper vendu de la sorte, se servit de ces deux passions de son maître pour le tirer de Saxe et le faire courir après le czar pour le détrôner comme il avoit fait le roi Auguste. Rien ne le put détourner d'une si hasardeuse folie. L'objet et le péril qui y étoit attaché furent pour lui un double attrait. Piper l'y nourrit et l'y précipita. Le traître y périt dans les cachots des Moscovites; et son maître, qui ne s'en sauva que par des miracles, et qui en fit depuis du plus grand courage de cœur et d'esprit, ne fit que palpiter depuis, et ne figura plus en Europe, comme on le verra en son temps.

Bonac, qui étoit à Dantzick chargé des affaires du roi en Pologne, eut ordre d'aller reconnoître et complimenter de sa part le nouveau roi Stanislas, qui fut reconnu de l'empereur et de presque toute l'Europe. Cromstrom, envoyé de Suède, avoit donné part au roi, de la part du roi de Suède et de celle du roi Stanislas dont il avoit reçu une lettre de créance, de son avénement à la couronne de Pologne et de l'abdication du roi Auguste, électeur de Saxe.

Les mécontents inquiétoient toujours extrêmement l'empereur qu'ils pensèrent prendre à la chasse, à deux lieues de Vienne, où ils brûlèrent des villages. Ils avoient pris Gratz, qui fut repris sur eux, sans qu'ils fissent pour cela une diversion moins embarrassante. Ils finirent l'année par battre le général Heusler et lui tuer quatre mille hommes.

Le mariage de l'archiduc fut arrêté à la fin d'octobre avec la princesse de Wolfenbüttel, de même maison que l'impératrice régnante lors, et que le duc d'Hanovre, depuis roi d'Angleterre. Elle étoit luthérienne, et on l'instruisit pour embrasser la religion catholique. Les protestants croient que les catholiques se sauvent dans leur religion; ils l'ont avoué longtemps, et ne l'ont nié depuis que pour se dérober à la force de l'argument qui s'en tire contre eux. Quand je dis protestants, j'entends luthériens et calvinistes. C'est cette persuasion qu'ils conservent qui les rend faciles à embrasser et à faire embrasser la religion catholique à leurs enfants, quand ils y trouvent des avantages, principalement pour des mariages qui ne se pourroient pas faire autrement; et la raison contraire fait qu'il n'y a point d'exemple d'aucun prince catholique qui se soit fait protestant, ni qui l'ait souffert à ses enfants, pour quelque mariage ou quelque autre avantage que ç'ait pu être.

La campagne finit en Espagne, après beaucoup de petites places rendues ou emportées, par la prise de Carthagène. La garnison, qui n'étoit que d'un régiment de cavalerie et un d'infanterie, avec trois mille paysans armés, sous un maréchal de camp espagnol, se rendit au duc de Berwick prisonnière de guerre, et la vie sauve seulement aux bourgeois. Il s'y trouva soixante-quinze pièces de canon, dont trente de fonte et trois mortiers. Bey prit quelques jours après Alcantara par escalade, sur une garnison aussi nombreuse que ses troupes, dont il ne perdit que trois ou quatre soldats. Il trouva tout le canon qu'on y avoit perdu. Après ces exploits, les armées se séparèrent et entrèrent en quartier d'hiver. Presque toutes ces conquêtes furent rançonnées, et valurent beaucoup d'argent comptant au roi d'Espagne. Peterborough, qui voltigeoit souvent d'Angleterre en Espagne, en Italie, en Portugal et par toute l'Europe, porta en ce même temps un secours de cent cinquante mille pistoles à l'archiduc dans le royaume de Valence, des contributions que le prince Eugène venoit de tirer du Milanois et des pays voisins. Le roi, en ce même temps, fit entrer le duc d'Albe dans son cabinet après sa messe avant le conseil. Il lui dit qu'il avoit cru devoir faire proposer des conférences aux ennemis pour établir une bonne paix; qu'ils les avoient refusées; qu'ainsi il ne falloit plus songer qu'à la guerre, et l'espérer plus heureuse la campagne prochaine qu'elle ne l'avoit été celle-ci. Le duc d'Albe, qui, dans la situation d'alors, craignoit fort ces conférences, sortit du cabinet du roi extrêmement soulagé.

Ce qu'il y avoit d'Impériaux à Hagenbach sous Thungen ayant repassé le Rhin à la mi-novembre, Villars sépara son armée pour entrer en quartiers d'hiver. Il fit un tour sur la Sarre pour en visiter les places, et arriva à la cour les premiers jours de décembre. Le duc de Noailles revint en même temps de Roussillon.

Le prince de Rohan étant arrivé des premiers de Flandre, le roi l'entretint longtemps dans son cabinet sur la bataille de Ramillies et ses suites. On ne put attribuer cette confiance qu'à sa qualité de fils de Mme de Soubise. Il s'y étoit comporté avec valeur; mais c'étoit un homme à qui il n'en falloit pas demander davantage. Il savoit moins de guerre que de cour, où avec un esprit fort médiocre il avoit merveilleusement profité des leçons de son habile mère.

Surville étoit sorti de la Bastille à la fin du temps que les maréchaux de France avoient ordonné, et le roi avoit mandé au duc de Guiche de ramener La Barre de l'armée avec lui. Il le lui présenta en arrivant, et tout de suite le roi le fit entrer dans son cabinet. Là, il lui dit qu'il avoit eu un démêlé avec Surville, où il n'avoit aucun tort; que Surville avoit été puni; que lui étoit un vieil officier dont la réputation étoit établie depuis fort longtemps; qu'ainsi il lui demandoit, comme à son ami, qu'il lui sacrifiât son ressentiment, et si cela ne suffisoit pas, comme roi et comme son maître; mais qu'il croyoit qu'il aimeroit mieux s'en tenir à la première partie, et qu'il désiroit qu'il le fît de bonne grâce, lorsqu'ils seroient accommodés par les maréchaux de France. On peut juger quelle fut la réponse et la conduite de La Barre à un discours aussi rare dans la bouche d'un grand roi, et à un petit particulier de sa sorte. Les maréchaux de France les accommodèrent huit jours après, mais Surville demeura perdu.

Mme de Châtillon, dame d'atours de Madame, demanda à se retirer. Elle conserva mille écus de deux mille qu'elle avoit, ses logements du Palais-Royal et de Versailles, et une place de dame de Madame, comme la maréchale de Clérembault et la comtesse de Beuvron en avoient eu depuis la mort de Monsieur. Elle étoit sœur cadette de la duchesse d'Aumont, et se piquèrent toute leur vie d'une union intime : toutes deux du nom de Brouilly, filles du marquis de Piennes, chevalier de l'ordre en 1661, mort gouverneur de Pignerol en 1676, n'ayant laissé que ces deux filles d'une Godet des Marais, ce qui, dans la faveur de M. de Chartres, Godet des Marais aussi et leur oncle, leur servit fort auprès de Mme de Maintenon. C'étoient deux fort grandes personnes, les mieux faites de la cour; Mme d'Aumont plus belle, Mme de Châtillon, sans beauté, bien plus aimable;

toutes deux mariées par amour. M. de Châtillon, qui étoit l'homme de France le mieux fait, et dont la figure fit sa fortune chez Monsieur, en obtint, malgré Madame, cette place de dame d'atours quand Mme de Durasfort mourut, qui l'avoit été lorsque Mme de Gordon la quitta, qui l'avoit été auparavant de feu Madame; et pour tout accommoder, le roi permit que Madame eût une seconde dame d'atours, laquelle vouloit opiniâtrément Mme de Châteauthiers, une de ses filles d'honneur, que cette place fit appeler madame. L'amour ne dura que peu d'années entre M. et Mme de Châtillon. Ils se brouillèrent et se séparèrent avec éclat, et quoique dans la nécessité de passer leur vie dans les mêmes lieux par leurs charges, et de se rencontrer tous les jours, ils ne se raccommodèrent jamais. Mme de Châtillon n'avoit jamais été trop bien avec Madame. Elle étoit extrêmement du grand monde et importunée de l'assiduité. Avec un esprit médiocre, elle prétendoit en avoir beaucoup, et devenoit ridicule en étalant du bien-dire et de l'écorce de science tant qu'elle pouvoit; flatteuse, moqueuse et méchante. Elle et sa sœur étoient bien avec Monseigneur et fort des amies de Mme la princesse de Conti de tout temps. Jamais on ne vit un plus beau couple ni de si grand air que M. et Mme de Châtillon.

Livry, qui avoit quatre cent mille livres de brevet de retenue sur sa charge de premier maître d'hôtel du roi, en eut soixante mille livres d'augmentation et la survivance de capitainerie de Livry pour son fils en le mariant à la fille du feu président Robert. Desmarets, grand fauconnier, avoit épousé l'autre. Ce président Robert, qui l'étoit de la chambre des comptes, étoit fort proche parent de M. de Louvois, longtemps intendant d'armée, homme d'esprit, capable et d'honneur, mais qui aimoit tant son plaisir que M. de Louvois n'en put rien faire. C'étoit le plus gros et le plus noble joueur du monde, et l'homme de sa sorte le plus mêlé avec la meilleure compagnie. Il étoit mort il y avoit longtemps.

M. de Beauvilliers avoit deux frères du second mariage de son père, qu'il avoit élevés avec ses enfants, et qui étoient tous quatre à peu près de même âge. L'aîné voulut être d'Église, et y voulut persévérer lorsque les deux fils de M. de Beauvilliers moururent. Le cadet étoit à Malte pour faire ses caravanes; M. de Beauvilliers, qui n'avoit plus que lui, l'en fit revenir pour en faire désormais son fils unique. Il arriva; M. et Mme de Beauvilliers conjointement lui firent de grandes donations, et M. de Beauvilliers lui céda son duché, lui fit prendre le nom de duc de Saint-Aignan et le maria à la fille unique de Besmaux, extrêmement riche. Sa mère étoit fille de Villacerf, son père étoit mort jeune. Besmaux, père de celui-là, étoit un gentilhomme gascon qui avoit été capitaine des gardes du cardinal Mazarin, et depuis très-longtemps gouverneur de la Bastille, où il s'étoit extrêmement enrichi. Il avoit toujours conservé de la considération du roi et de la confiance personnelle. Avant qu'être riche, il avoit marié sa fille à Saumery, sous-gouverneur des princes, par la protection et le choix de M. de Beauvilliers. C'est celle dont j'ai parlé à l'occasion de M. de Duras. Sa nièce, héritière sans père ni mère et le vieux Besmaux mort il y avoit longtemps, dépendoit de sa tante paternelle et de Villacerf, premier maître d'hôtel de Mme la duchesse de Bourgogne, son oncle maternel.

Le mariage fut donc bientôt fait. M. et Mme de Beauvilliers les prirent chez eux à Versailles comme leurs enfants; Mme de Beauvilliers les traita de même. La conduite toujours suivie qu'elle eut avec eux fut le chef-d'œuvre de l'amitié conjugale. Elle se livra à cette éducation avec un courage héroïque. Je l'ai vue bien des fois, étant seul avec elle les soirs, les envoyer chercher sur le point que le plus court et le plus intime particulier alloit arriver pour souper, que les grosses larmes lui tomboient des yeux, m'avouer ce que lui coûtoit le souvenir de la mort de ses enfants, renouvelé à tous moments par le fils et la belle-fille postiches;

puis recogner ses larmes pour qu'on ne s'en aperçût point, eux surtout, me les louer, dire que ce n'étoit pas leur faute si elle avoit perdu ses enfants ; que, si ce n'étoit pas une ressource pour elle, c'en étoit toujours une pour M. de Beauvilliers, ce qui étoit tout pour elle ; et dès qu'ils arrivoient, leur faire cent caresses et toutes les amitiés possibles. Elle les traita toute sa vie comme ses véritables enfants et les mieux aimés, avec un intérêt en eux et des soins qui ne se peuvent exprimer ; M. de Beauvilliers de même. Toutes ces dispositions se firent de concert avec M. de Mortemart et Mme sa mère, pour ne préjudicier point aux droits de sa femme, fille de M. et de Mme de Beauvilliers, qu'ils ne conservèrent que trop scrupuleusement.

Bergheyck arriva de Flandre sur la fin de novembre. Chamillart le logea, le défraya et le présenta le soir au roi, chez Mme de Maintenon. D'abord baron, puis comte (à dire vrai, ni l'un ni l'autre qu'à la mode de nos ministres), c'étoit un homme de Flandre et de meilleure famille qu'ils ne sont d'ordinaire, qui avoit travaillé dans les finances des Pays-Bas sur la fin de Charles II, que l'électeur de Bavière y trouva fort employé, et qu'il y continua à la mort du roi d'Espagne. Sa capacité et sa droiture donna confiance en lui ; sa fidélité et son zèle y répondirent, avec beaucoup d'esprit, de sens, de lumière, de justesse, une grande facilité de travail et d'abord, beaucoup de douceur avec tout le monde et dans la manière de gouverner, une grande modestie, un entier désintéressement et beaucoup de vues. Il se pouvoit dire un homme très-rare, et qui avoit une connoissance parfaite non-seulement des finances, mais de toutes les affaires des Pays-Bas, et de tout ce qui y étoit et pouvoit y être employé ; avec tous ces talents grand travailleur et fort appliqué, et qui avoit une exactitude et une simplicité en tout singulière. Il fut bientôt mis au timon des affaires de ces pays-là pour l'Espagne.

C'étoit un homme qui ne s'avançoit jamais, qui ne parloit

jamais aussi contre sa pensée, mais ferme dans ses avis, et qui les mettoit en tout leur jour, obéissant après qu'il avoit dit toutes ses raisons, tout comme s'il les eût suivies et non pas des ordres contraires ou différents de ce qu'il avoit cru et exposé comme meilleur. Il fut longtemps en première place. Il vécut plusieurs années content et retiré depuis l'avoir quittée, et ne se mêlant plus de rien; fort homme de bien, point du tout riche, et n'ayant jamais rien fait pour sa famille. On auroit tiré de lui de grands et d'utiles services si on l'avoit toujours cru, surtout sur les fins, et qu'on s'en fût servi jusqu'au bout de sa longue et intègre vie. Il fut peu à Versailles et point à Paris, travailla fort avec Chamillart, et vit le roi en particulier avec lui et tête à tête. Chamillart l'aimoit fort et tous nos ministres et nos généraux, et le roi le traitoit avec amitié et distinction. Il ne paroissoit point en public dans les divers voyages qu'il fit à la cour. Même dans sa retraite il conserva beaucoup de considération en Flandre, où il fut universellement aimé, estimé, honoré et regretté. Ce sont de ces trésors que les rois savent rarement connoître, et dont il est plus rare encore qu'ils ne se dégoûtent pas. Ses voyages ici étoient rares et toujours fort courts.

M. de Vendôme, après avoir visité les places maritimes de Flandre et tout ce voisinage de la mer, arriva à Versailles les premiers jours de décembre, et entretint le roi longtemps. Il fut bien reçu parce qu'il étoit M. de Vendôme, mais la différence fut entière d'avec ses deux derniers retours. Ce restaurateur n'avoit rien redressé en Flandre, il y avoit laissé faire aux ennemis tout ce qu'ils avoient voulu. On ne revenoit point d'Italie et on revenoit de Flandre. Ceux qui en arrivoient n'avoient point reconnu le héros auquel ils s'étoient attendus : ils n'y avoient trouvé que hauteur démesurée, propos en tout genre qui l'étoient encore plus, mais qui ne tenoient rien, une paresse qui alloit jusqu'à l'incurie, une débauche qui étonnoit les moins retenus. Réunis avec ceux qui revenoient d'Italie, ils ne se trouvèrent pas de différents avis. Le masque tomba ; mais comme le roi, toujours prévenu et voulant encore plus l'être donnoit le ton à tous, que les appuis de Vendôme étoient connus et craints, et que le nombre des sots et des gens bas est toujours le plus grand, Vendôme, déchu de tout en effet, demeura toujours héros en titre. Son frère ne fut pas longtemps à Rome sans s'y ennuyer. Il n'y trouva ni complaisance ni considération ; ses prétentions de rang l'écartèrent et le séparèrent ; sa réputation, secondée de la vie qu'il y mena et dont il ne pouvoit et n'eût même daigné se défaire, le fit mépriser. Il s'en alla à Gênes où il espéra être mieux reçu et vivre plus à son aise.

Je me garderois bien de barbouiller ce papier de l'opération de la fistule que Maréchal fit à Courcillon, fils unique de Dangeau, en sa maison de la ville à Versailles, sans l'extrême ridicule dont elle fut accompagnée. Courcillon étoit un jeune homme fort brave, qui avoit un des régiments du feu cardinal de Fürstemberg qui valoit fort gros. Il avoit beaucoup d'esprit et même orné, mais tout tourné à la plaisanterie, à bons mots, à méchanceté, à impiété, à la plus sale débauche, dont cette opération passa publiquement pour être le fruit.

Sa mère dont j'ai parlé à l'occasion de son mariage, étoit dans la privance de Mme de Maintenon la plus étroite ; toutes deux seules de la cour et de Paris ignoroient la vie de Courcillon. Mme de Dangeau, qui l'aimoit passionnément, étoit fort affligée et avoit peine à le quitter des moments. Mme de Maintenon entra dans sa peine, et se mit à aller tous les jours lui tenir compagnie au chevet du lit de Courcillon, jusqu'à l'heure que le roi alloit chez elle, et très-souvent dès le matin y dîner. Mme d'Heudicourt, autre intime de Mme de Maintenon et dont j'ai parlé aussi, y fut admise pour les amuser, et presque point d'autres. Courcillon les écoutoit, leur parloit dévotion et des réflexions que son état lui faisoit faire ; elles de l'admirer et de publier que c'étoit un saint. La d'Heudicourt et le peu d'autres qui écoutoient tous ces propos, et qui connoissoient le pèlerin qui quelquefois leur tiroit un bout de langue à la dérobée, ne savoient que devenir pour s'empêcher de rire, et au partir de là ne pouvoient se tenir d'en faire le conte tout bas à leurs amis. Courcillon, qui trouvoit que c'étoit bien de l'honneur d'avoir Mme de Maintenon tous les jours pour garde-malade, et qui en crevoit d'ennui, voyoit ses amis quand elle et sa mère étoient parties les soirs, leur en faisoit ses complaintes le plus follement et le plus burlesquement du monde, et leur rendoit en ridicule ses propos dévots et leur crédulité, tellement que, tant que cette maladie dura, ce fut un spectacle qui divertit toute la cour, et une duperie de Mme de Maintenon dont personne n'osa l'avertir, et qui lui donna pour toujours une amitié et une estime respectueuse pour la vertu de Courcillon qu'elle citoit toujours en exemple, et dont le roi prit aussi l'impression, sans que Courcillon se souciât de cultiver de si précieuses bonnes grâces après sa guérison, sans qu'il en rabattît quoi que ce fût de sa conduite accoutumée, sans que Mme de Maintenon s'aperçût jamais de rien, sans que pour ses négligences même à son égard elle se refroidît des sentiments qu'elle avoit pris pour lui. Il faut le dire, excepté le manége sublime de son gouvernement et avec le roi, c'étoit d'ailleurs la reine des dupes.

CHAPITRE XVI.

Oublis. — Procès intenté par le prince de Guéméné au duc de Rohan sur le nom et armes de Rohan. — Matière de ce procès. — Cause ridicule de ce procès. — Parti que le duc de Rohan devoit prendre. — Excuse du roi, en plein chapitre, des trois seuls ducs ayant l'âge, non compris dans la promotion de 1688.—Raisons de l'aversion du roi pour le duc de Rohan. — Raison secrète qui fait roidir le duc de Rohan à soutenir ce procès. — Éclat du procès. — Conduite de Mme de Soubise, qui le fait évoquer devant le roi. — Conseil curieux où le procès se juge. — Le duc de Rohan gagne entièrement son procès avec une acclamation publique. — Licence des plaintes des Rohan, qui les réduisent aux désaveux et aux excuses à Mgr le duc de Bourgogne et au duc de Beauvilliers. — Le roi sauve le prince de Guéméné d'un hommage en personne au duc de Rohan, qui l'accorde au roi par procureur pour cette fois. — Branche de Gué de L'Isle, ou du Poulduc, de la maison de Rohan, attaquée par Mme de Soubise, maintenue par arrêt contradictoire du parlement de Bretagne. — Persécution au P. Lobineau, bénédictin, et mutilation de son *Histoire de Bretagne*.

Quelque soin que j'aie pris jusqu'à cet endroit, non-seulement de ne dire que la plus exacte vérité, mais de la ranger encore dans l'ordre précis des temps où sont arrivées les choses que j'estime mériter d'être écrites, il faut avouer qu'il m'en est échappé deux : l'une sur la maison de Rohan, l'autre sur la maison de Bouillon, la première de 1703, l'autre aussi de la même année. Il faut donc avant d'aller plus loin réparer cette faute dès que je m'en aperçois.

On se souviendra de ce qui a été expliqué (t. II, p. 137) sur la maison de Rohan, et les divers degrés d'art et de fortune qui l'ont portée au rang dont elle jouit maintenant. Il faut parler de la première érection du vicomté de Rohan en duché-pairie en faveur du célèbre duc de Rohan, gendre de l'illustre premier duc de Sully, du mariage de sa fille unique avec Henri Chabot, et de la seconde érection de Rohan en faveur de cet Henri Chabot, enfin du procès intenté par la maison de Rohan au duc de Rohan, fils unique de ce mariage, pour faire quitter à ses puînés le nom et les armes de Rohan, qui est l'oubli qu'il s'agit de réparer.

Le premier et célèbre duc de Rohan étoit mort en 1636. Sa veuve le survécut jusqu'en 1660, parfaitement huguenots l'un et l'autre jusqu'à leur mort. Henri IV érigea le vicomté de Rohan en duché-pairie en faveur de cet Henri de Rohan en 1603, enregistré la même année aux parlements de Paris et de Bretagne. L'érection porta cette clause : *que la ligne masculine venant à manquer, la qualité de duc et pair demeureroit éteinte.* Elle eut son effet par la mort de ce même duc de Rohan qui ne laissa qu'une fille unique née en 1617, qui étoit peut-être alors la plus grande héritière qui fût dans le royaume. Cette raison et celle de la religion dont elle étoit fit toute la difficulté de son mariage du vivant de son père, et fort longtemps depuis. Le duc de Rohan, et depuis lui la duchesse sa veuve, ne la vouloient donner qu'à un huguenot comme eux. Tantôt il ne se trouvoit point de parti sortable pour elle dans cette religion, tantôt ceux qui auroient été écoutés avoient l'exclusion du roi, ensuite de la reine régente, qui vouloient ôter ces grands établissements de terres en Bretagne à la religion prétendue réformée, dans une province si voisine de l'Angleterre, environnée de la mer de trois côtés, et à qui les temps permettoient encore d'être jalouse de ses priviléges. A ces difficultés il s'en étoit joint une autre qui arrêta des prétendants. Ce fut le procès de ce Tancrède[1] qui se prétendoit son frère légitime de père et de mère, dont le procès a été trop célèbre et trop connu pour s'arrêter ici à l'expliquer, et qui ne se termina que par sa mort, arrivée, sans avoir été marié, au combat du faubourg Saint-Antoine, en 1649.

Mlle de Rohan s'ennuyoit cependant d'un célibat auquel elle ne voyoit point de fin, sous l'aile d'une mère jalouse et sévère. On étoit en 1646 au milieu des troubles de la régence; elle avoit vingt-huit ans. Elle trouva Henri Chabot, seigneur de Saint-Aulaye, fort à son gré, qui étoit un des hommes de France le mieux fait et le plus agréable et qui n'avoit qu'un an plus qu'elle, arrière-petit-fils de Guy Cha-

1. Le procès de Tancrède contre Mlle de Rohan avait été jugé par le parlement le 26 février 1646. L'arrêt lui défendit de prendre le nom de fils du feu duc de Rohan.

bot, seigneur de Jarnac, si connu par ce fameux duel auquel il tua François de Vivonne, seigneur de la Châteigneraie, en champ clos, 10 juillet 1547, en présence du roi Henri II et de toute sa cour. Saint-Aulaye étoit dans l'intime confiance de Gaston et de M. le Prince, qui le servirent si bien dans un temps où ils pouvoient presque tout, qu'ils firent ce grand mariage malgré la duchesse de Rohan, qui n'avoit rien à dire sur l'alliance, mais qui se récrioit sur les biens et sur les établissements, dont en effet Saint-Aulaye n'avoit aucun, et qui étoit encore plus outrée de voir sa fille, qu'elle avoit si longtemps réservée à quelque grand parti de sa religion, épouser, avec tant de grands biens, un catholique dénué de tous ceux de la fortune. Elle eut beau crier et s'opposer, sa fille avoit vingt-huit ans : appuyée de Monsieur, de M. le Prince, et de l'autorité de la reine régente, elle fit à sa mère des sommations respectueuses et se maria.

Les puissants protecteurs de cet heureux époux firent valoir ces fureurs de la mère et de plusieurs de ses proches, trop bien fondées sur la nudité de l'époux. Par là ils lui procurèrent des lettres, en décembre 1648, d'érection nouvelle du duché-pairie de Rohan, pour lui et pour les enfants mâles qui naîtroient de ce mariage. Ils lui avoient aussi fait donner promesse du premier gouvernement de province qui viendroit à vaquer ; il eut celui d'Anjou en 1647. Cette érection ne put être sitôt enregistrée à cause des troubles de la cour et de l'État. Dans l'intervalle, la reine et le cardinal Mazarin, mécontents de Gaston et de M. le Prince, s'en prenoient entre autres au nouveau duc de Rohan et empêchoient l'enregistrement. On sait de quelle façon cette affaire fut à la fin consommée malgré la cour, absente de Paris au fort des troubles. Un lundi 15 juillet 1652, Monsieur et M. le Prince menèrent le duc de Rohan à la grand'chambre, où ils avoient déjà fait deux fois la même tentative, mais à cette troisième ils vinrent à bout avec autorité de faire enregistrer l'érection et de faire prêter le serment, et prendre place à M. de Rohan tout de suite en qualité de duc et pair de Rohan.

Il n'en jouit pas longtemps et mourut trois ans après, à trente-neuf ans, 27 février 1655, après avoir beaucoup figuré dans tous les troubles et les intrigues de son temps. Il laissa un fils unique, qui est le duc de Rohan dont il s'agit ici, la belle et florissante Mme de Soubise, Mme de Coetquen et la seconde femme du prince d'Espinoy, grand'-mère du duc de Melun, en qui cette branche s'est éteinte, et bientôt après cette grande et illustre maison de Melun.

Il falloit expliquer tout cela avant que venir au fait, et il est encore nécessaire de dire qu'outre que le duc de Rohan n'étoit pas d'humeur accorte et facile, comme on l'a vu à l'occasion de notre procès de M. de Luxembourg, il avoit un ancien levain contre Mme de Soubise, qui les a tenus mal ensemble toute leur vie, même dans les intervalles de leurs raccommodements. Leur mère, qui étoit Rohan, avoit toujours marqué une prédilection fort grande pour Mme de Soubise, sa fille aînée, et par amitié pour elle, et peut-être encore plus pour l'avoir mariée à M. de Soubise, Rohan comme elle. Outre la jalousie et les aigreurs que cette prédilection avoit fait naître, le duc de Rohan étoit persuadé que sa mère avoit fait à M. et à Mme de Soubise tous les avantages directs et indirects qu'elle avoit pu à ses dépens. M. de Soubise dans ces temps-là étoit fort pauvre, M. de Rohan devoit être extrêmement riche, et cela des biens de la maison de Rohan ; sa mère en représentoit l'aîné bien qu'elle ne la fût pas. Jean II, pénultième vicomte de Rohan, d'aîné en aîné, direct de la maison de Rohan, laissa deux fils et deux filles : l'aîné, vicomte de Rohan après son père, mourut sans enfants de Françoise de Daillon du Lude ; le second, déjà sacré évêque de Cornouailles, succéda au vicomte de Rohan et à tous les biens. Les deux filles épousèrent deux Rohan : l'aînée le second fils du fameux maréchal de Gié, la cadette le seigneur de Guéméné, dont la branche étoit aînée de celle de Gié, mais qui en biens n'en fut que la cadette, parce que la belle-fille du maréchal de Gié, comme l'aînée de Mme de Guéméné, emporta la vicomté de Rohan et tous les biens de la maison. Or, l'arrière-petit-fils de ce mariage de l'héritière de la branche aînée de Rohan avec le second fils du maréchal de Gié fut le duc de Rohan, père de l'héritière qui épousa le Chabot, seigneur de Saint-Aulaye, père du duc de Rohan dont il s'agit, et qui, comme on l'a dit, n'avoit rien ou presque rien vaillant. Cette grande inégalité de biens, avec cette grande héritière qu'il épousoit, lui fit imposer la loi par son contrat de mariage, *que les enfants qui en naîtroient porteroient à toujours, et à leur postérité, le nom et les armes de Rohan*, ce qui fut exécuté sans difficulté aucune, jusqu'au temps dont je vais parler.

Immédiatement avant la rupture de l'Angleterre, après l'avénement de Philippe V à la couronne d'Espagne, le duc de Rohan envoya ses deux aînés se promener en Angleterre. L'aîné portoit le nom de prince de Léon, l'autre celui de chevalier de Rohan. Ils firent à Londres une dépense convenable à leur qualité; ils furent fort accueillis en cette cour, et y virent familièrement tout ce qui y étoit le plus distingué. En même temps, le prince de Guéméné se trouva aussi à Londres, celui même dont j'ai fait mention à propos de notre procès contre M. de Luxembourg, ce qui me dispensera de le dépeindre ici de nouveau. L'oisiveté, l'ennui lui avoient fait passer la mer pour acheter des chevaux. Il vivoit à Londres comme à Paris, dans l'avarice et l'obscurité, sans y voir qui que ce fût qui eût ni nom, ni emploi, ni figure. Le contraste du brillant du prince de Léon et du chevalier de Rohan le piqua à travers sa stupidité, sans toutefois vouloir rien faire de tout ce qui le pouvoit mettre dans une meilleure compagnie et le faire considérer. Il étoit l'aîné de la maison de Rohan; l'extrême bêtise n'empêche pas l'orgueil ; il s'imagina que son nom de Guéméné le faisoit ignorer, tandis que celui de Rohan procuroit au chevalier de Rohan et à son frère toutes les prévenances dont il n'avoit éprouvé aucune, dans le souvenir qu'il supposa que les Anglois avoient du célèbre duc de Rohan, et de la figure qu'il avoit faite dans les guerres de la religion, et Soubise, son frère, mort chez eux. Plein de ce dépit, il repassa la mer, et conçut le dessein de faire quitter le nom et les armes de Rohan aux enfants du duc de Rohan.

Il lui fallut du temps pour consulter ce projet et pour le mettre en exécution. Il n'y a si mauvaise affaire qui ne trouve des avocats avides de gagner, et qui se soucient peu des suites. Il ne manqua pas de ceux-là ; et, quand il crut pouvoir commencer ce procès, il éclata en mauvaise humeur sur son voyage, et envoya un exploit au duc de Rohan, sans aucune civilité préalable. Cet exploit concluoit à ce que ses enfants et leur postérité eussent à quitter le nom et les armes de Rohan, lui seul pouvant porter l'un et l'autre à cause de son titre de duc de Rohan, et après lui son fils aîné seulement, et ainsi successivement. M. de Rohan ne s'attendoit à rien moins, et avec la loi du contrat de mariage de son père, exécutée plus de soixante ans durant sans difficulté ni contradiction de personne, il avoit raison de se croire hors d'atteinte et de tout trouble à cet égard.

Un homme plus raisonnable que lui, et qui eût senti moins gauchement sa grandeur originelle, auroit eu beau jeu en cette occasion. Les Chabot sont connus dès avant 1050 avec des fiefs et dans les fonctions des grands seigneurs d'alors. Leurs grandes terres, leurs grandes alliances actives et passives, leurs grands emplois jusqu'aux officiers de la couronne inclusivement, se sont longuement soutenus dans les diverses branches de cette maison ; et quelque illustre que soit celle de Rohan, il n'y avoit que des biens immenses pour un cadet Chabot, qui n'en avoit point, qui pût le soumettre à quitter son nom pour aucun autre, car pour les armes, ils ont toujours conservé au moins leurs chabots[1] en écartelure. M. de Rohan avoit donc un bon personnage à faire, beau et honnête à tout événement : c'étoit d'aller avec sa plus proche famille, et quelques amis pour témoins dignes de foi, chez M. de Guémené, lui témoigner sa reconnoissance du joug de son nom dont il vouloit bien le délivrer, lui porter le contrat de mariage de son père, et lui dire que ces contrats étant les lois fondamentales des familles, et celui-là le plus spécialement honoré de l'autorité du roi, ils n'étoient ni l'un ni l'autre parties capables d'y donner atteinte, mais qu'il étoit prêt de l'accompagner pour demander au roi conjointement qu'il lui plût ratifier leur commun désir par un acte de sa puissance, et prêt encore de présenter à même fin avec lui soit au roi, soit au parlement, toutes requêtes pour y parvenir; le presser ensuite d'en venir à l'effet, se presser soi-même d'en obtenir le succès et de se montrer en effet ravi d'espérer de pouvoir reprendre son nom et ses armes, pousser même la chose jusqu'à faire biffer par autorité juridique le nom de Rohan de son contrat de mariage, et de celui de ses trois sœurs, et de tous les principaux actes de lui et d'elles.

Par cette conduite, point d'aigreur, point de procédés, une hauteur accablante par son seul poids, et de laquelle pourtant M. de Guémené agresseur, ni les siens, ne se pouvoient plaindre. Si la chose réussissoit, joug ôté à M. de Rohan rendu à son nom et à ses armes assez anciennes et illustres pour en être jaloux, et assez connues pour telles, pour qu'au lieu de blâme, le monde lui en eût su gré, avec un rejaillissement désagréable pour le nom et les armes qu'il se prêtoit si volontiers à secouer. Si, au contraire, les liens de la loi du contrat de mariage étoient trouvés inextri-

1. Les chabots sont de petits poissons qui ont la tête grande, large et plate, et dont le corps va toujours se rétrécissant de la tête à la queue. La maison de Rohan-Chabot les plaça dans un quartier de ses armes, ou, comme on dit en style de blason, en écartela ses armes.

cables par le roi et par les tribunaux, la honte de l'entreprise seroit retombée sur le seul M. de Guéméné doublement, et pour l'avoir hasardée contre toute raison et possibilité, et pour avoir donné lieu à M. de Rohan de témoigner sans injure le peu de compte qu'il faisoit du nom et des armes de Rohan, en comparaison d'être restitué au sien.

Mais une hauteur tranquille, simple, sortie de la nature des choses, sans mélange d'honneur et de vanité mal placée, n'étoit pas pour naître de M. de Rohan. Il aima mieux s'abaisser et s'avilir même en croyant faussement se relever, et s'exposer à un affront véritable pour la fantaisie de crier faussement à l'affront.

Une autre considération devoit encore venir à l'appui d'un parti si noble et si raisonnable. On a vu (t. II, p. 156) et en d'autres endroits de ces Mémoires quel étoit le crédit de Mme de Soubise. Elle et son frère se haïssoient parfaitement, et il ne pouvoit ignorer que le roi ne l'aimoit pas mieux. Outre le courant de la vie où il avoit toujours essuyé des dégoûts, il ne pouvoit pas oublier l'étrange déclaration du roi au chapitre de l'ordre de 1688, où les chevaliers de cette grande promotion furent nommés. Le roi, peiné de l'injustice qu'il faisoit aux ducs, en faveur de la maison de Lorraine, mais dont l'engagement étoit pris de longue main, et pour parvenir à ce qu'il souhaitoit le plus, comme on l'a vu (t. Ier, p. 9), voulut bien ne pas dédaigner de faire aux ducs une excuse publique des trois seuls d'entre eux ayant l'âge qu'il n'avoit pas compris dans la promotion, et d'en dire les raisons. C'étoit MM. de Ventadour, de Brissac, mon beau-frère et frère de la maréchale de Villeroy, et M. de Rohan. Du premier, le roi dit qu'il n'avoit pas voulu exposer son ordre dans les cabarets et les mauvais lieux de Paris; du second, qu'il n'avoit pu se résoudre à le prostituer en des lieux encore plus infâmes, et cela en plein chapitre de l'ordre; de M. de Rohan enfin, que pour celui-là il n'y avoit rien à dire, sinon qu'il ne l'avoit jamais aimé, et qu'il falloit au moins lui en passer un. Cela fut net. Outre que le duc de Rohan étoit un homme d'esprit et d'une humeur fort désagréable, le roi qui vouloit qu'on regardât les charges, surtout celles qui l'approchoient de plus près, comme le souverain bonheur, ne lui avoit jamais pardonné d'avoir rompu son mariage avec la fille unique du duc de Créqui pour faire celui de la fille unique de Vardes. Le roi aimoit fort le duc de Créqui, et lui avoit accordé la survivance de sa charge de premier gentilhomme de sa chambre, pour son gendre, et Vardes étoit exilé en Languedoc depuis longtemps, pour avoir manqué personnellement au roi en chose essentielle, qui ne le lui pardonna jamais. Mme de Soubise, de plus, n'avoit pas aidé à faire revenir le roi pour son frère. Elle étoit toute Rohan, et enivrée du rang qu'elle avoit procuré à son mari et à ses enfants. Par toutes ces raisons, il n'étoit pas douteux qu'elle ne fût en cette occasion pour M. de Guéméné contre son frère, et que ce crédit de plus sur le roi aussi mal disposé qu'il étoit, et sur les ministres, qui tous la craignoient et la ménageoient infiniment, ne devînt fort dangereux à la cause du duc de Rohan.

Mais le temps des chimères étoit arrivé; il en étoit monté une dans la tête du duc de Rohan qui ne se découvrit que quelque temps après, comme il sera remarqué en son lieu, qui, toute folle qu'elle put être, l'entraîna dans le soutien du nom et des armes de Rohan, pour ses enfants et leur postérité. Piqué de n'avoir point été chevalier de l'ordre, il auroit voulu faire croire la fausseté de ce que Mme de Soubise avoit fait écrire sur les registres de l'ordre, au lieu de ce que le roi avoit commandé qui y fût mis, et que j'ai remarqué (t. II, p. 159), et persuader qu'il avoit suivi le sort des Rohan. De là avec les années, il se mit peu à peu dans la tête de prétendre le même rang dont ils jouissent, parce que sa mère lui en avoit apporté tous les biens. Sa mère, étant fille, n'avoit jamais été assise; sa mère n'étoit l'aînée de la maison de Rohan que par les biens; avant la comédie de *Georges Dandin*, où M. et Mme de Sotenville prétendirent que le ventre anoblissoit, on n'en avoit jamais vu former de prétention. Mais comme l'expérience en plusieurs montre qu'en vieillissant les prétentions et les chimères avoient de nos jours fait fortune, M. de Rohan espéra le même succès de la sienne et ses enfants, comme nous le verrons après lui. Jusqu'à présent elle n'a pas encore réussi.

Quoi qu'il en soit de ce qui conduisit le duc de Rohan, il se mit aux hauts cris de l'injure qui lui étoit faite, et ne pensa qu'à la repousser, et à se maintenir dans le droit acquis par le contrat de mariage de son père. L'instance se lia avec le plus grand éclat et l'aigreur la moins ménagée. Au commencement de la rupture, Mme de Soubise conserva une sorte de pudeur. Le nom qu'elle avoit pris dans son contrat de mariage et dans tous les actes où elle avoit parlé depuis jusqu'alors la fit nager un temps entre deux eaux. Son frère ne se contentoit point de cette espèce de neutralité, qui, pour dire le vrai, n'en avoit que l'apparence. Il se fâcha, les étoupes entre eux n'étoient pas difficiles à rallumer. Mme de Soubise fit semblant d'être entraînée par l'autorité de son mari et par l'intérêt de ses enfants. Elle leva le masque, se mit à la tête du conseil de M. de Guéméné, et fit avec lui cause commune à découvert. Son crédit engagea le roi à évoquer l'affaire à sa propre personne, qui déclara en même temps qu'il joindroit le conseil des finances à celui des dépêches pour la juger en sa présence; et commit le bureau du conseil des parties[1] de M. d'Aguesseau pour l'instruire, et être ensuite des juges dans son cabinet avec les deux conseils. Tout cela ne multiplioit guère les juges que de ce bureau; encore d'Aguesseau étoit-il du conseil des finances. Par là Mme de Soubise n'avoit affaire qu'aux

---

1. Voy., sur le conseil des parties, t. Ier, notes, p. 445. Le *bureau* de ce conseil désigne ici les membres chargés d'instruire le procès et d'en faire le rapport.

quatre secrétaires d'État pour le conseil des dépêches, au chancelier et au duc de Beauvilliers qui étoient de tous, à Pelletier de Sousy et à d'Aguesseau pour le conseil des finances dont ils étoient conseillers, à Desmarets et à Armenonville, qui y entroient comme directeurs des finances, aux trois conseillers d'État du bureau de M. d'Aguesseau, et au maître des requêtes rapporteur. Tout étoit donc la cour, son pays et son règne, hors les trois derniers, desquels encore elle espéroit bien qu'aucun ne voudroit déplaire au roi, dont l'inclination étoit assez publique, surtout le rapporteur, qui, comme tous les maîtres des requêtes, avoit une fortune à faire, à obtenir une intendance, et par ce chemin à parvenir à une place de conseiller d'État, qui est le bâton de maréchal de France du métier. Monseigneur et Mgr le duc de Bourgogne, qui entroit dans tous les conseils, devoient aussi être juges.

Les écrits volèrent donc de part et d'autre. Le public en fut avide, même les pays étrangers. La maison de Rohan y perdit. Sans oser attaquer la maison de Chabot, elle voulut s'élever au-dessus de toute noblesse, en princes qui étoient d'une classe hors du niveau. Cette hauteur, destituée de toutes preuves, irrita et les véritables princes et ceux qui ne l'étoient pas, et donna un grand cours et une grande faveur aux mémoires du duc de Rohan, qui, sans attaquer aussi la maison de Rohan, mit sa chimère en pièces, et sans aucune réponse qui eut la moindre apparence ni le plus léger soutien. Il fallut avoir recours à des mensonges, à des contradictions qui étoient incontinent et cruellement relevés, et qui augmentèrent la partialité et l'indignation publique. Beaucoup de gens, paresseux jusqu'alors d'approfondir, et faciles à croire sur parole, virent clair sur cette princerie. Le plus fâcheux fut que Mgr le duc de Bourgogne, qui lisoit tout de part et d'autre, avec l'application d'un homme qui veut s'instruire pour faire justice, fut mis au fait de ce qu'il importoit tant à l'état où les Rohan s'étoient élevés de laisser ignorer à un prince qui devoit régner, et qui aimoit l'ordre et la vérité, et que le roi même ne laissa pas, dans le cours de l'affaire, d'être détrompé de bien des choses essentielles que Mme de Soubise lui avoit de longue main peu à peu inculquées.

Cependant toute la faveur pendant l'instruction fut pour Mme de Soubise. Il ne s'y fit pas un seul pas sans prendre l'ordre du roi, qui pressa ou qui retarda l'affaire à son gré. Enfin, tout étant prêt, le roi donna une après-dînée entière au jugement de cette cause, où Monseigneur ne voulut pas se donner la peine de se trouver. Le coadjuteur de Strasbourg, depuis cardinal de Rohan, touché de la foiblesse de leurs écrits, en donna, sur la fin, un de sa façon dont il espéra des merveilles. Il ne s'y trouva que du fiel peu mesuré, peu séant et sans aucun nouvel appui, qui acheva de révolter le monde de tous états qui ne cachoit plus sa partialité pour le duc de Rohan.

La veille du jugement, la maréchale de La Mothe, grand'mère de la princesse de Rohan, à la tête de toute cette famille, se trouva à la porte du cabinet du roi, au retour de sa messe, pour lui présenter un nouveau mémoire. Le coadjuteur se promenoit, en attendant, par la galerie avec un grand air de confiance et de supériorité, en fils de la fortune et de l'amour, dans la maison maternelle. Il y débitoit entre autres choses qu'on ne devoit pas être surpris, si ceux de sa maison, si fort relevés par leur naissance au-dessus de la noblesse du royaume, étoient jaloux de leur nom, et le souffroient impatiemment à d'autres. La cour étoit fort grosse. Le marquis d'Ambres, qui l'écoutoit avec son silence ordinaire, n'y put enfin résister, et de son ton de fausset et son air audacieux : « Cela s'appelle, lui dit-il, soutenir une odieuse cause par des propos encore plus odieux; » et lui tourna le dos. Cette sortie publique et si peu ménagée, que la contenance et l'air des nombreux assistants applaudirent, déconcerta tellement le jeune et beau prélat, qu'il ne répliqua pas une seule parole, et qu'il n'osa plus haranguer.

Le lendemain le même cortége se présenta à l'entrée des juges à la porte du cabinet du roi, et vis-à-vis le duc de Rohan, uniquement accompagné de la duchesse sa femme et de leur fils aîné. Le duc de Rohan avoit supplié le roi que l'affaire au moins fût jugée sans milieu et sans retour, et avoit eu pour réponse sèche qu'on lui feroit justice. A la connoissance qu'on avoit de tous les personnages qui devoient être juges, leurs opinions étoient déjà conjecturées, on ne s'y trompa que de ce qu'il fallut précisément pour former l'arrêt. On voyoit encore que celles qui seroient pour le duc de Rohan ne seroient que foiblement énoncées par des gens conduits par leur conscience, mais accoutumés à se tenir dans le terme étroit du devoir, sans s'affectionner jamais, et moins encore vouloir prévaloir. Les juges entrés, le roi alla à Chamillart, avec qui il avoit le plus de familiarité, et lui demanda tout bas pour qui il seroit. Chamillart lui répondit à l'oreille pour Mme de Soubise; car, depuis quelque temps M. de Guéméné étoit effacé, et cette affaire ne s'appeloit plus que celle du duc de Rohan et de Mme de Soubise.

Dès que tous furent en place, avant que le rapporteur eût ouvert la bouche : « Messieurs, dit le roi, je dois justice à tout le monde, je veux la rendre exactement dans l'affaire que je vais juger : je serois bien fâché d'y commettre aucune injustice; mais pour de grâce, je n'en dois à personne, et je vous avertis que je n'en veux faire aucune au duc de Rohan. » Et tout de suite, passant les yeux sur toute la séance, il commanda au rapporteur de commencer. On peut juger de l'impression de ce préambule si peu usité, et quel aussi en put être le dessein. L'affaire dura six heures de suite. Le roi avoit dîné exprès de fort bonne heure, pour donner tout le temps, et n'avoir pas à y revenir. Le rapporteur parla deux heures avec une netteté et une précision dont ils furent tous charmés. Il n'omit rien de part et d'autre ; tout fut mis également dans le plus grand jour, et pesé de même. La conclusion surprit fort la compagnie, elle fut entièrement en faveur du duc de Rohan. Les quatre conseillers d'État du bureau parlèrent ensuite avec éloquence et véhémence. Il y en eut d'accusés de cacher avec art ce qu'il y avoit de foible dans leur raisonnement, qui ne laissa pas de balancer fort celui du rapporteur, et qui pensa entraîner tous les autres.

D'Aguesseau doux, foible, non de capacité ni d'expression, mais d'habitude, et naturellement fort timide et fort défiant de soi-même, avoit une conscience tendre, épineuse, qui émoussoit son savoir, et arrêtoit la force de son raisonnement. Son opinion étoit donc toujours comme mourante sur ses lèvres, et peu capable d'en entraîner d'autres, quoique toujours parfaitement approfondie et judicieuse. On ne doutoit donc pas qu'en cette occasion il ne se montrât plus timide encore qu'à l'ordinaire. La surprise fut grande de voir cet homme si modeste, souvent jusqu'à l'embarras, pressé sans doute par sa conscience et par la considération du danger du lieu pour ce qu'il croyoit juste, s'énoncer avec un poids nouveau, et saisir une autorité inconnue, avec laquelle il soutint, cinq quarts d'heure durant, le droit du duc de Rohan, même avec des raisons qui avoient échappé au rapporteur. Il conclut par une péroraison qu'il adressa au roi, sur ce que cette cause étoit la sienne, celle de la mémoire de la reine sa mère, celle de la religion ; sur la part que le roi et la reine mère avoient eue au choix de M. de Saint-Aulaye par Mlle de Rohan, et à leur contrat de mariage, auquel, par cette raison, leur signature ne pouvoit être considérée comme un simple honneur, ainsi qu'aux autres contrats de mariage, mais comme une autorisation formelle de toutes les clauses contenues en celui-ci, dont on ne pouvoit attaquer aucune sans contester la validité de l'autorité royale. Il fit souvenir le roi des raisons d'État et de religion qui lui avoient fait prendre tant de part en ce mariage, et il finit en interpellant le roi des vérités qu'il avançoit.

Le roi convint à l'heure même de tout ce qu'il venoit de dire sur ce mariage, et loua succinctement le beau discours de d'Aguesseau. Les autres juges opinèrent ensuite, entre autres Chamillart qui, à la grande surprise du roi, après ce qu'il lui avoit dit entrant au conseil, fut pour le duc de Rohan, entraîné comme il l'avoua au roi, au sortir de la séance, par la force et le torrent de d'Aguesseau. Le duc de Beauvilliers opina succinctement pour le duc de Rohan, mais très-fortement contre sa coutume. Jusque-là tout se trouva tellement balancé, que le duc de Rohan ne l'emportoit que de deux voix. Restoient à parler M. le chancelier et Mgr le duc de Bourgogne, et le roi après à prononcer.

La vérité me force à en dire une que je voudrois taire, dont le fond put n'être pas mauvais par l'intime persuasion, mais dont l'écorce au moins, et la façon de soutenir ce qu'on pense être juste, parut passer le but. Le chancelier étoit ami intime de Mme de Soubise. Il considéra qu'opinant pour M. de Guéméné, Mgr le duc de Bourgogne feroit l'arrêt; il résolut de l'emporter de vive force; au lieu d'opiner en peu de mots sur une affaire si longuement débattue, et si fort disputée et éclaircie, il fit un long discours avec tout l'esprit, la force, la subtilité possible, qui parut moins d'un chancelier que d'un avocat de réplique. Puis, se rabattant peu à peu sur son dessein, il s'adressa par diverses questions au jeune prince, lui répétant souvent avec art : que peut-on objecter à ceci? que peut-on répondre à cela? quelle sortie de cet autre? pour étourdir sa conscience délicate, en essayant d'étouffer ses lumières, au cas qu'il ne fût pas de son avis, et peut-être encore en le provoquant ainsi, l'accabler de l'embarras de lui répondre, et le réduire par l'insuffisance d'entrer en lice contre lui : il s'y trompa.

Mgr le duc de Bourgogne avoit étudié à fond les mémoires

de part et d'autre, écouté attentivement le rapporteur, d'Aguesseau, et toutes les opinions. Il s'étoit surtout appliqué à celle du chancelier, qui dura une grosse heure. Quand il eut fini, le prince prit la parole, d'abord avec sa retenue ordinaire, mais incontinent après avec une décision précise qui sentoit l'indignation, et qui sembloit avoir pénétré la poitrine du chancelier. Il suivit la route qu'il lui avoit tracée en s'adressant à lui. « Ce que je vous répondrai, monsieur, lui dit-il tout à coup, à ce que vous venez de dire, c'est que je ne trouve pas de question en ce procès, et que je suis surpris de la hardiesse de la maison de Rohan à l'entreprendre. » Passant ensuite un regard sur toute la compagnie, il reprit toute l'affaire avec exactitude, justesse et précision, et appuya sur les principaux points et les raisons principales de d'Aguesseau, du rapporteur et des autres en les citant, qui avoient opiné pour le duc de Rohan. Fixant ensuite un regard perçant sur le chancelier, il discuta les raisons fondamentales de son avis, dont il mit en évidence le captieux et les sophismes. Retombant après sur les nouvelles raisons que d'Aguesseau avoit apportées, et sur l'autorisation du contrat de mariage, par la signature du roi, il soutint les premières, mais il combattit cette dernière, et déclara qu'il ne croyoit point que l'autorité des rois pût s'étendre jusque sur les lois des familles, qu'il ne tenoit pour inviolables que lorsque d'un consentement mutuel elles avoient été faites par elles-mêmes, comme il étoit arrivé en celles dont il s'agissoit, et de plus confirmées par une exécution aussi paisible et aussi longue. Il parla une heure et demie, et se fit admirer par la force et la sagesse de son discours, et par la profonde instruction qu'il y montra. Il le termina par les mêmes paroles qui l'avoient commencé, par quelques-unes sur la naissance illustre et ancienne des Chabot, et par quelque chose de plus animé contre les Rohan, qu'il ne s'étoit permis dans toute son opinion. De cette manière il fit l'arrêt.

Restoit le roi à prononcer, qui, depuis ce peu de mots à d'Aguesseau sur son opinion, avoit gardé un profond mais très-attentif silence; personne n'avoit que voix consultative en sa présence. Il avoit donc le choix de deux partis : l'un de se rendre à la pluralité en deux mots, comme il avoit coutume de faire, laquelle n'étoit que de deux voix; l'autre parti, qu'il n'a pris que trois ou quatre fois au plus en sa vie, étoit d'user de sa pleine puissance, et de prononcer en faveur du prince de Guéméné.

Il ne fit ni l'un ni l'autre, et en prit un troisième pour la première fois. Au lieu de se tourner vers le chancelier, pour lui déclarer sa volonté, il regarda un moment en silence toute la compagnie, et fit un discours d'un quart d'heure, plein de dignité et de justesse. Il honora de son souvenir et de ses louanges le précis de l'avis des deux différentes opinions de ceux qu'il trouvoit avoir le mieux parlé, surtout du rapporteur et de d'Aguesseau, et marqua de la complaisance pour le discours de son petit-fils. Opinant ensuite en juge ordinaire, il exposa sommairement les raisons qui l'avoient le plus touché, blâma, mais avec une modération qui se sentoit de son penchant, l'entreprise de MM. de Rohan, insista sur la justice de la cause du duc de Rohan, et fit sentir que, lorsqu'il étoit question de justice, il étoit bien aise de la rendre. Enfin, se tournant au chancelier, il lui commanda de dresser l'arrêt avec le duc de Rohan, de ne lui refuser rien de ce qui pouvoit le rendre plus net, plus décisif, le plus hors d'atteinte d'aucun retour, en quelque sorte que ce pût être, et qu'à l'avenir, il ne pût jamais se trouver ni lieu ni prétexte de ne plus ouïr parler de la question.

Cette action du roi surprit infiniment. On crut que, voyant en effet la justice et la cause y tourner, instruit qu'il se disoit tout haut que Mme de Soubise, l'ayant pour juge, il n'étoit pas possible qu'elle perdît, et ayant promis implicitement le matin même au duc de Rohan que l'affaire seroit jugée sans milieu et sans retour, il avoit été bien aise de montrer qu'il ne faisoit acception de personne en justice, que lui-même la croyoit du côté du duc de Rohan, qu'il lui avoit voulu tenir une parole si fraîchement donnée, épargner au rapporteur, qui naturellement devoit dresser l'arrêt, tout ce qu'il auroit à y essuyer de points et de virgules, et de pis encore de la part des Rohan ; son parti pris, tenir le chancelier de court, après ce qu'il en avoit entendu en opinant, et se délivrer lui-même des demandes et de l'importunité de Mme de Soubise, sur un arrêt où il ne vouloit plus toucher.

Pendant ce long conseil, les Rohan séparément répandus faisoient des visites dans Versailles, tenoient les plaids chez la maréchale de La Mothe, et le jeune coadjuteur, pour marquer une pleine confiance, jouoit tranquillement à l'hombre chez la chancelière. Le duc de Rohan s'étoit retiré chez lui à la ville, sa femme dans un cabinet de Mme d'O au château ; leur fils aîné alloit et venoit. Il étoit près de huit heures du soir quand le conseil leva. Le duc de Rohan étoit revenu chez le roi, résolu d'essuyer l'événement; aucun des Rohan n'y parut. Ils sentoient l'extrême révolte du public contre eux sur cette affaire, ils le craignirent. En effet tout l'appartement du roi n'étoit qu'une foule que la curiosité intéressée y avoit assemblée. Jusqu'à la cour de Marbre en étoit remplie pour savoir l'événement, par les fenêtres qui étoient ouvertes, de ceux qui étoient dans les appartements. Mgr le duc de Bourgogne sortit le premier. M. de Rohan qui étoit à la porte lui demanda son sort. Comme il ne répondit rien, le duc lui demanda au moins s'il étoit jugé. « Oh ! pour cela oui, répondit le prince, et jugé sans milieu ni retour. » Et tout aussitôt se tournant au chancelier qui le suivoit, lui demanda si on ne pouvoit pas dire le jugement. Le chancelier ayant répondu qu'il n'y avoit nulle difficulté à le dire, le prince se retourna au duc de Rohan : « Puisque cela est lui dit-il, monsieur, vous avez gagné entièrement, et je suis ravi de vous l'apprendre. » Le duc s'inclina fort, par respect, et en même temps Mgr le duc de Bourgogne l'embrassa, et ajouta qu'il en étoit aussi aise que lui-même, et qu'il n'avoit jamais vu un si méchant procès.

Au premier mot de jugement rendu, l'antichambre, et tout aussitôt le reste de l'appartement, retentit des cris de joie et de battements de mains, auxquels la cour de Marbre répondit jusqu'à l'indécence, vu le respect des lieux. On crioit tout haut : « Nous avons gagné, ils ont perdu! » et cela se répéta sans nombre. Le roi devoit aller se promener à pied dans ses jardins, et descendre par son petit degré dans la cour de Marbre pour y aller. A grand'peine le duc de Rohan, quoique généralement peu aimé et considéré, put-il gagner ce petit degré à travers les embrassades, les félicitations et les redoublements des cris de joie, à mesure qu'il étoit aperçu.

Le roi reçut ses remercîments avec tout l'accueil et les grâces qu'il s'étoit bien proposés, en opinant contre sa coutume, comme il avoit fait. Le soir, M. de Rohan étant chez Mgr le duc de Bourgogne, où il y avoit grand monde, ce prince lui parla encore de son affaire. Il ne feignit point de lui dire qu'il avoit été pour lui de tout son cœur, et, baissant un peu la voix, que c'étoit une chose indigne et odieuse.

Le lendemain au soir, Mme de Soubise, supérieure aux événements et au cri public, vint attendre le roi peu accompagnée, comme il alloit passer chez Mme de Maintenon. Elle lui demanda que l'arrêt fût communiqué à M. de Guéméné avant d'être signé, et l'obtint sur-le-champ, nonobstant les ordres qu'on vient de voir que le roi, en décidant, avoit donnés au chancelier. Il en résulta des discussions, où à la fin le duc de Rohan ne perdit rien.

Rien n'égala l'amertume des Rohan. Ils ne la purent si bien contenir qu'il ne leur échappât des plaintes aigres contre le duc de Beauvilliers, qui s'étoit, disoient-ils, rendu maître des voix de tous ses amis au conseil, et qui avoit instruit Mgr le duc de Bourgogne à y faire un plaidoyer contre eux. La chose étoit bien éloignée de l'austérité des mœurs de M. de Beauvilliers, mais la vérité étoit que ses amis, excepté Desmarets, avoient, par un hasard qui n'avoit de source qu'en leurs seules lumières, tous été pour le duc de Rohan. Cette licence, qui fut relevée, mit M. et Mme de Soubise et leurs enfants dans une grande peine. Il fallut s'excuser, se dédire, en venir aux justifications, aux déguisements, aux pardons avec le prince et le gouverneur. Le soulèvement général les toucha profondément, surtout l'abandon des Bouillon leurs semblables, qui ne voulurent point participer avec eux au déchaînement public, et les propos des Lorrains, qui, parents des Chabot et toujours en dépit de similitude avec des seigneurs qui ne sont pas comme eux de maison souveraine, ne les épargnèrent pas en cette occasion.

Il s'en présenta bientôt une autre, qui les jeta dans un cruel embarras. Guéméné relevoit en juveigneur du duc de Rohan, qui, pour les biens, représentoit l'aîné de la maison. Le prince de Guéméné n'en avoit point rendu de foi et hommage, et jusqu'alors M. de Rohan l'avoit souffert. A cet éclat il saisit féodalement cette terre, qui est de quinze mille livres de rente. Nul moyen de s'y opposer ni d'en empêcher l'effet, qui est la perte entière des fruits, c'est-à-dire de la totalité du revenu, que par rendre la foi et hommage. Pour la rendre, il falloit que le prince de Guéméné allât en personne en Bretagne se mettre à genoux, sans épée ni chapeau, devant le duc de Rohan, lui prêter foi et hommage en cet état, et pour cette fois n'en pas avoir la main chez lui. C'est à quoi le duc de Rohan le voulut réduire, et y tint ferme, quoi qu'on pût employer auprès de lui.

Dans cette presse, le roi fut longtemps sollicité de les tirer de ce mauvais pas, et le roi longtemps à s'en défendre, sur ce qu'il ne se mêloit point d'affaires particulières. Mme de

Soubise obtint pourtant que le roi demandât quelques délais. Mais c'étoit toujours à recommencer, c'étoit traîner le lien, il falloit une délivrance. A la fin, Mme de Soubise fit tant d'efforts, que le roi fit pour elle ce qu'il n'avoit jamais fait : il s'abaissa à demander grâce au duc de Rohan pour le prince de Guéméné, lui expliquant qu'il ne lui commandoit rien, qu'il n'exigeoit même rien, mais qu'il la lui demandoit comme feroit un particulier, et avec toutes sortes d'honnêtetés, comme un plaisir qui lui seroit sensible. Le duc de Rohan, après avoir bien expliqué au roi ce dont il s'agissoit, et voyant qu'il insistoit toujours, accorda enfin que l'hommage se rendroit pour cette fois par procureur au sien, et répéta bien au roi, et après tout le monde, que c'étoit au roi, non au prince de Guéméné, qu'il l'accordoit.

Mme de Soubise, si heureuse et si accréditée en tout, ne l'étoit pas sur le nom de Rohan. Elle auroit pu se souvenir de la leçon qu'elle avoit reçue là-dessus en Bretagne pour s'épargner celle qui lui fut donnée à Versailles. Il y avoit en Bretagne une branche de la maison de Rohan sortie d'Éon, cinquième fils d'Alain VI, vicomte de Rohan et de Thomasse de La Roche-Bernard sa femme, connue sous le nom de Gué de L'Isle, dont Éon de Rohan avoit épousé l'héritière, puis du Poulduc, depuis que Jean de Rohan, cinquième génération d'Éon, eut dissipé tous ses biens, dont les générations qui suivirent ne purent se relever. Mme de Soubise, mariée en 1663, ne tarda pas à plaire, et, comme on l'a vu (t. II, p. 155 et suiv.), à faire par sa beauté son mari prince, dont la première femme n'avoit jamais été assise ni prétendu l'être. En faveur et en puissance de plus en plus, cette branche de Poulduc lui déplut fort. Sa chute de biens et le médiocre état où elle se trouvoit réduite en Bretagne par des alliances proportionnées à sa décadence, ne permettoient pas à la nouvelle princesse de songer à la poulier[1], au rang

---

1. Vieux mot qu'emploie plusieurs fois Saint-Simon dans le sens de

que ses beaux yeux avoient conquis. D'un autre côté, il étoit bien fâcheux pour des princes de si nouvelle impression de voir traîner en Bretagne leur nom et leurs armes à des gens qui n'avoient aucune distinction, et qui demeuroient un monument vivant de leur commune origine rien moins que souveraine, ni que supérieure aux premières maisons de leur pays, quelque ancienne et illustre qu'elle fût.

Isaac de Rohan, seigneur du Poulduc, dans la paroisse de Saint-Jean de Beverlay, diocèse de Vannes, quatrième descendant de celui qui s'étoit ruiné, et neuvième descendant d'Éon, puîné d'Alain VI, vicomte de Rohan, étoit, depuis ce père commun de toute la maison de Rohan, c'est-à-dire depuis plus de trois cent cinquante ans, en possession paisible du nom et des armes de Rohan, reconnu jusqu'alors par tous ceux de cette maison pour en être, ainsi qu'eux-mêmes, sans nulle difficulté en aucun temps, avec toute la Bretagne pour témoin de leur naissance. Cela étoit extrêmement incommode.

Isaac de Rohan, seigneur du Poulduc, fils d'une Kerbalot, mari d'une Kerpoësson, se trouvoit sans appui comme sans biens et sans alliances. On crut, avec de l'argent et du crédit, pouvoir lui enlever son état et le faire passer pour un bâtard ou pour un usurpateur. Dans cette confiance, il fut attaqué sur son nom et ses armes. On espéra qu'il n'oseroit se défendre, ou qu'avec des moyens on l'introduiroit à céder. On se trompa sur ces deux points, et on ne s'abusa pas moins sur un troisième, qui fut de s'être flatté de n'avoir affaire qu'à un homme sans secours. Le nom et le crédit de M. et de Mme de Soubise eurent beau paroître à découvert, ce fut un soulèvement général dans toute la Bretagne. La vérité y excita tout le monde, l'oppression attira l'indignation, tous les alliés de cette branche se démenèrent

---

hisser avec une poulie. Les précédents éditeurs ont cru devoir le remplacer par le verbe *pousser*.

et attirèrent à eux tout le reste de la noblesse. Du Poulduc produisit ses titres devant le parlement de Bretagne, et y obtint, le 21 janvier 1669, un arrêt contradictoire qui le maintint dans la possession de son état du nom, maison et armes de Rohan, depuis lequel cette branche n'y a plus été troublée, et y subsiste encore jouissant et usant de cette possession.

Ces aventures ne découragèrent point des gens qui, non contents du rang qu'ils avoient obtenu, vouloient absolument être princes. Ils avoient tenté une descendance chimérique d'un Conan Mériadec qui n'exista jamais, prétendu roi de Bretagne dans les temps fabuleux. Le nom et les macles[1] de Rohan ne ressembloient en rien au nom ni aux armes de Bretagne ; aucun titre qui les en pût approcher; nul moyen de sortir de la dernière race des ducs, issus par mâles de la branche de Dreux de la maison de France. Celle de Rohan, si connue, si ancienne, si illustre en Bretagne, n'en étoit jamais sortie avant Louis XI, et on a vu dans ce que j'en ai rapporté qu'elle n'y a jamais eu de distinction ni d'avantages sur les autres grandes maisons du pays, ni par leurs aînés, ni par leurs cadets, que ceux du rang de la vicomté de Rohan aux états, plus que balancé par celui de Laval, ou plutôt de Vitré, c'est-à-dire rang de terre, non de naissance, quoique gendres et beaux-frères des ducs de Bretagne, et grandement établis en grands biens, en premiers emplois et en hautes alliances.

Un bénédictin, nommé Lobineau, fit en ces temps-ci une *Histoire de Bretagne*. M. de Strasbourg y voulut faire insérer ce qui lui convenoit. Le moine résista et souffrit une persécution violente et même publique, sans qu'il fût possible de le vaincre; mais enfin, las de tourments et menacé de pis encore, il vint à capitulation. Ce fut de retrancher

---

1. Les macles sont, en style de blason, des espèces de losanges percées à jour. La maison de Rohan porte neuf macles d'or sur champ de gueules (rouge), avec la devise : *sine macula* (sans tache).

tout ce qui pouvoit déplaire et nuire aux prétentions. Ces retranchements furent infinis; il les disputa pourtant pied à pied avec courage; mais à la fin, il fallut céder et insérer faussement du Mériadec, malgré tout ce qu'il put dire et faire pour s'en défendre. Il s'en plaignit à qui le voulut entendre; il fut bien aise, pour sa réputation, que la violence ouverte de ces mutilations et de ces faussetés ajustées par force ne fût pas ignorée. Il en encourut pour toujours là disgrâce des Rohan, qui surent lui en faire sentir la pesanteur jusque dans le fond de son cloître, et qui ne s'en sont jamais lassés.

L'abbé de Caumartin, mort évêque de Blois, à qui le moine disait tout, me l'a conté dans le temps, outre que la chose devint publique. Avec ces mutilations, l'ouvrage parut fort défiguré, sans quoi il n'eût jamais vu le jour. Ceux qui s'y connoissent trouvèrent que c'étoit un grand dommage, parce qu'ils l'estimèrent excellent et fort exact d'ailleurs. Venons maintenant à l'autre oubli qui regarde MM. de Bouillon.

CHAPITRE XVII.

Chambre de l'Arsenal contre les faussaires. — Maison de La Tour. — Mlle de Limeuil. — Vicomte de Turenne La Tour, dit le maréchal de Bouillon. — Sedan; son état; ses seigneurs. — Sedan acheté par Éverard III de La Marck. — Bouillon acquis par MM. de La Marck. — Folle déclaration de guerre du seigneur de Sedan, La Marck, à Charles-Quint. — Sedan mouvant de Mouzon. — Rang personnel de duc obtenu par le maréchal de Fleuranges La Marck, seigneur de Sedan et Bouillon. — Son fils se donne le premier le titre de prince de Sedan. — Bouillon; son état; point duché; mouvant de Liége, auparavant de Reims. — M. de Bouillon, seigneur de Bouillon plus que très-précaire. — Comte de Maulevrier, oncle paternel de l'héritière, précède, sa vie durant, le maréchal de Bouillon partout. — Comte de Braine. — Marquis de Mauny. — Seigneurs de Lumain. — Comte de La Marck. — Sommaire jusqu'à MM. de La Tour. — Maréchal de Bouillon La Tour; titres qu'il prend, et ses deux infructueuses prétentions. — Duc de Bouillon et son échange. — M. de Turenne. — Change adroitement donné sur le titre de maréchal ou de vicomte de Turenne. — Vicomté de Turenne. — Époque du changement de style des secrétaires d'État et avec les secrétaires d'État. — Qualité de prince absolument refusée à MM. de Bouillon, au contrat de mariage de M d'Elbœuf avec Mlle de Bouillon. — Qualité de prince au tombeau de M. de Turenne défendue par le roi; pourquoi point d'épitaphe ni de nom. — Époque et raison du mot *Auvergne* ajouté au nom de La Tour. — Cartulaire de Brioude. — *Histoire de la maison d'Auvergne*, par Baluze. — Le cardinal de Bouillon fait faire le cartulaire et cette histoire. — De Bar arrêté pour faussetés. — Bouillon sollicitent pour de Bar. — Aveu du duc de Bouillon au roi pour arrêter l'affaire, et de l'abbé d'Auvergne aux juges. — De Bar, convaincu, s'avoue en plein tribunal fabricateur du cartulaire, qui est déclaré faux, et lui faussaire. — Cause et singularité de la peine infligée à de Bar. — *Histoire de la maison d'Auvergne*, par Baluze, publiée aussitôt après.

On a vu (t. III, p. 210, 211) qu'en 1702, Matignon avoit gagné un terrible procès au parlement de Rouen contre un va-nu-pieds qui en fut pendu, après lui avoir donné des années des plus cuisantes peines, qui se prétendoit son aîné, lui demandoit tout son bien sur des titres de tous les âges, qui avoient paru incontestables, et dont à la fin la fausseté fut reconnue, et par lui-même avouée à la potence. Il semble qu'il y ait dans de certains temps des modes de crimes comme d'habit. Du temps de la Voysin et de la Brinvilliers, ce n'étoient qu'empoisonneurs, contre lesquels on fit une chambre expresse qu'on appela *ardente* parce qu'elle les condamnoit au feu. En celui dont je parle, ce fut une veine de faussaires, qui devinrent si communs qu'il fut établi une chambre composée de conseillers d'État, de maîtres des requêtes et de conseillers au parlement, qui tint ses séances à l'Arsenal, uniquement pour juger ces sortes d'accusations et de procès. Cela suffira maintenant jusqu'à ce que j'aie expliqué ce qui en arriva à la maison de Bouillon, mais qu'il faut traiter de plus haut et l'expliquer avec l'étendue uniquement nécessaire pour l'entendre.

La maison de la Tour, originaire de la province d'Auvergne, bonne, ancienne, bien alliée, heureuse en grandes successions de traverses, et en quelques mariages dont l'événement lui a donné un éclat de hasard, n'avoit jamais eu ni prétendu aucune distinction particulière, et avoit toujours roulé d'égale avec les Montboisiers, les Montmorin, les Saillant, et les premières maisons de leur commune province. On a vu (t. Ier, p. 218), à propos du dauphiné d'Auvergne que le roi empêcha Monsieur de vendre au cardinal de Bouillon, ce que c'est que cette terre, et ce que c'est aussi que le comté d'Auvergne qui a été plus d'une fois dans la maison de La Tour, et y est encore : toutes deux terres toutes ordinaires et très-distinctes de la province d'Auvergne.

François III de La Tour, vicomte de Turenne, mort en 1557, ne prétendit pas plus que ses pères, quoique gendre du connétable Anne de Montmorency. Lui et Mlle de Limeuil étoient enfants des deux frères. Elle étoit fille d'honneur de la reine Catherine de Médicis, trop connue par le malheur qui lui arriva. Je la cite ici pour montrer par son emploi combien il étoit alors peu question chez MM. de La Tour des prétentions que les troubles de l'État, où ils ont toujours figuré contre les trois rois de la branche de Bourbon, leur ont fait prospérer, après avoir pris naissance dans la faveur et la protection d'Henri IV.

Henri de La Tour, vicomte de Turenne, fils de François III, et de la fille du connétable Anne de Montmorency, si connue sous le nom de maréchal de Bouillon, est le premier qui ait eu des chimères. Henri IV, qu'il avoit bien servi, le fit premier gentilhomme de sa chambre, charge dont il fit depuis sa cour à Marie de Médicis dans sa régence, en la vendant au maréchal d'Ancre et en en tirant des avantages. Henri IV, content de ses services de plus en plus, voulut faire sa fortune, et s'assurer en même temps d'une frontière jalouse en la mettant entre les mains d'un de ses plus affidés serviteurs. Il ne réussit que trop pour ses intérêts à l'une, et fut cruellement trompé sur la suite qu'il en attendoit. Il fit le vicomte de Turenne maréchal de France, pour épouser l'héritière de Sedan, Bouillon, Raucourt et Jametz. Le mariage se fit en octobre 1591. Elle mourut à Sedan, 15 mai 1594, en couches d'un fils mort en naissant, et ne laissa aucun enfant. Le maréchal de Bouillon prétendit garder tout ce que possédoit sa femme, en vertu d'un testament fait par elle en sa faveur, pièce qu'il ne montra jamais parce qu'elle n'exista jamais. Henri IV, par les mêmes raisons qui lui avoient fait faire ce mariage, soutint l'usurpation, contre l'oncle paternel, de l'héritage, qui n'en put avoir justice. On voit dans tous les Mémoires et les histoires de ces temps combien Henri IV lui-même eut à s'en repentir, et sa postérité après lui, et que l'époque de la souveraineté du maréchal de Bouillon fut celle de son ingratitude et de ses perfidies, desquelles ses enfants héritèrent avec ces mêmes biens.

Il s'étoit fait huguenot de bonne heure. Il se remaria en 1595 à une fille du fameux Guillaume, prince d'Orange, qui, fondateur de la république des Provinces-Unies, fut touché d'avoir un gendre puissant dans les Ardennes et dans le parti huguenot en France. Dans cette posture, il se trouvoit beau-frère de Frédéric IV, électeur palatin, qui avoit épousé une autre fille du même prince d'Orange en 1593, dont il eut le malheureux roi de Bohême, l'électrice de Brandebourg, et nombre d'autres enfants. Tant de moyens et d'élévation étrangère, joints à tout l'esprit, la capacité, le courage et l'ambition nécessaires à les faire valoir, lui firent trouver trop étroites les bornes de sujet et de particulier, et le jetèrent dans tous les complots dont les histoires sont pleines. En même temps l'état de seigneur françois, quant au rang, ne lui déplut pas moins, et il forma là-dessus des prétentions qui ne lui furent pas heureuses. Elles ne pouvoient porter sur sa naissance, qui n'avoit jamais eu, ni rang, ni distinction, ni préférence au-dessus des autres seigneurs sans dignités, ni imaginé d'en prétendre, non pas lui-même avant qu'il fût parvenu à cette fortune. Il ne les pouvoit tirer de la maison de La Marck dont il n'étoit pas, et dont l'héritière ne lui avoit point laissé d'enfants. Il essaya donc de les établir sur sa qualité de prince souverain de Sedan. Avant de voir combien peu elles lui réussirent, il est bon de voir quel fut l'état de ses prédécesseurs à Sedan.

Adolphe, comte de La Marck, épousa en 1332 Marguerite de Clèves, et devint par elle comte de Clèves. Il fit la branche aînée qui se divisa en deux : les aînés furent ducs de Clèves et de Juliers, etc.; les cadets s'établirent en France, y furent ducs de Nevers et comtes d'Eu, et fondirent par deux sœurs héritières dans Gonzague, qui furent ducs de Nevers, et par la suite durent l'héritage de Mantoue à la fermeté et à la valeur personnelle de la protection de Louis XIII, et dans Guise qui eurent Eu.

Le frère cadet de cet Adolphe fut Éverard III de La Marck, qui épousa en 1410 Marie, fille de Guillaume de Braquemont, seigneur de Sedan et de Florenville, et de Marie de Campremy. Mme de Braquemont étoit veuve en premières noces de Louis d'Argies, seigneur de Béthencourt. Elle avoit un frère duquel Éverard III de La Marck, son mari, acheta en 1424 les seigneuries de Sedan et de Florenville, et fit commencer la forteresse de Sedan en 1446. Jean, son fils, fit achever la forteresse de Sedan dont il avoit la seigneurie avec plusieurs autres, et fut un des chambellans de Charles VII. Son frère, Louis de La Marck, seigneur de Florenville, fut conseiller de René d'Anjou, roi de Sicile. Jusqu'ici nul vestige de principauté ni de souveraineté dans la seigneurie de Sedan ni de Florenville, qualifiées simplement de seigneuries, ni dans les seigneurs de Braquemont, ni dans ceux de La Marck qui l'achetèrent. On n'a jamais vu vendre ni acheter une souveraineté entre des particuliers. Sedan relevoit constamment de Mouzon; sa situation dans les Ardennes et sur un bord jaloux de frontière, avec la forteresse qui y fut bâtie, mirent ses seigneurs en état de nager entre la France et la maison d'Autriche par le fait et la commodité du lieu, non par aucun droit d'indépendance. Un souverain n'eût pas été un des chambellans de Charles VII, ni son frère un des conseillers d'un roi en peinture tel que fut le bon roi René, duc d'Anjou, un moment de Lorraine, et comte de Provence.

Ce Jean de La Marck eut trois fils qui eurent postérité : Robert Ier, seigneur de Sedan, Fleuranges et Jametz; Éverard qui fit la branche d'Aremberg, éteinte en son petit-fils, fondue dans la maison de Ligne; et le fameux Guillaume, dit *le Sanglier d'Ardenne*, un des chambellans de Louis XI, qui fit soulever les Liégeois contre Charles, dernier duc de Bourgogne et contre Louis de Bourbon, évêque de Liége, qu'il tua en 1482. Toutes ces guerres, où il s'étoit rendu redoutable, finirent l'année suivante, 1483, par le traité de Tongres, fait avec Jean de Horn, évêque de Liége, et les états du pays, qui, pour les dépenses qu'il avoit faites à leur défense, lui donnèrent en payement le duché de Bouillon, fief mouvant de Liége. Guillaume s'en accommoda avec son frère aîné, Robert Ier de La Marck, seigneur de Sedan. Il tomba peu après entre les mains de Maximilien d'Autriche, depuis empereur et grand-père de Charles-Quint. Maximilien lui fit faire son procès à Maestricht, où il eut la tête coupée en juin 1485. Ce Sanglier d'Ardenne portoit le nom de seigneur de Lumain, qu'il laissa à sa branche. C'est l'unique qui subsiste aujourd'hui de toute cette grande, ancienne et illustre maison de La Marck. Le comte de La Marck d'aujourd'hui, connu par ses ambassades et chevalier de l'ordre, est son sixième descendant en droite ligne.

Après avoir vu l'acquisition de Sedan, le marché et la donation de Bouillon, revenons à Jean Ier de La Marck, seigneur de Sedan, qui eut le duché de Bouillon de Guillaume son frère. Charles VIII le prit sous sa protection, lui, son fils aîné et ses terres, contre Maximilien Ier, archiduc d'Autriche, etc., par des lettres de 1486, qui, tout honorables qu'elles lui sont, n'ont pas le moindre trait à souveraineté ni principauté. Robert II, son fils, duc de Bouillon, seigneur de Sedan, Fleuranges et Jametz, fut chevalier de Saint-Michel et compris dans les traités de paix entre Charles VIII et Maximilien Ier, roi des Romains, fait à Senlis en 1493, et de Cambrai en 1508, mais comme un seigneur de frontière, sans rien qui sente la souveraineté. Depuis, ce Robert, après avoir bien servi en France, se tourna pour la maison d'Autriche. Il en fut plus mal content qu'il n'avoit été de la France. Il s'y raccommoda, puis s'outrecuida jusqu'à dénoncer la guerre à l'empereur par un héraut, en pleine diète à Worms. Charles-Quint en rit, prit toutes ses places, le ruina, et Sedan ne fut sauvé que par la guerre qui s'alluma entre la France et l'empereur. Une pareille déclaration de guerre ne se prendra jamais pour un titre de souveraineté, quand il est seul, le premier et fondé sur aucun autre titre. Son fils et son petit-fils, tous deux du nom de Robert, tous deux ducs de Bouillon, seigneurs de Sedan, etc., furent tous deux maréchaux de France. Le dernier des deux acheta Raucourt, en 1549, de Charles de Luxembourg, vicomte de Martigues, et, l'année suivante, il alla ambassadeur de France à Rome, auprès de Jules II[1]. Ce n'étoit pas l'emploi d'un souverain ; aussi Bouillon étoit-il très-constamment mouvant de Liége, et Sedan de Mouzon, comme on le voit encore par les lettres patentes de Charles VII en 1454, comme souverain de Mouzon, d'où Sedan relevoit, et par

---

1. Il y a dans le manuscrit Jules II ; mais c'est évidemment une erreur pour Jules III, qui fut pape de 1550 à 1555.

le jugement des jugeurs de Mouzon, rendu en 1455, en conformité de ces lettres.

Ce dernier maréchal étoit connu sous le nom de maréchal de Fleuranges plus que sous celui de maréchal de Bouillon. Il avoit épousé la fille aînée de la fameuse Diane de Poitiers et de son défunt mari Louis de Brézé, comte de Maulevrier, grand sénéchal de Normandie. Il fut marié quatorze ans sans avoir aucun rang en France, non plus que ses pères. Henri II, dans le fort de ses amours et du crédit de Diane de Poitiers, la fit duchesse de Valentinois, en 1548; et ce même crédit obtint quatre ans après le rang de duc, en France, au maréchal son gendre, duc de Bouillon, personnellement pour lui et pour sa femme par conséquent. Il mourut en 1556, Henri II en 1559 et la maréchale de Fleuranges, qui depuis ce rang ne s'appeloit plus que la duchesse de Bouillon, en 1574. Deux fils naquirent de ce mariage et plusieurs filles, dont l'aînée fut la première femme du dernier connétable de Montmorency, et mère des duchesses de Ventadour et d'Angoulême; les deux fils furent le duc de Bouillon et le comte de Maulevrier, tous deux sans aucun rang ni prétention.

Ce duc de Bouillon est le premier des seigneurs de Sedan qui en ait changé le titre en celui de prince de son autorité particulière. Il fut capitaine des Cent-Suisses de la garde du roi, céda, avec protestation et promesse du roi de récompense, le château de Bouillon à l'évêque de Liége avec quelques dépendances, conformément au traité du Cateau-Cambrésis, 1559. Il épousa, en 1558, la fille aînée du premier duc de Montpensier, sœur de cette abbesse de Jouars, défroquée et huguenote, en 1572, qui épousa, en 1574, le fameux prince d'Orange Guillaume, tué à Delft, 1584, dont elle eut la seconde femme du maréchal de Bouillon La Tour, veuve de l'héritier de Sedan. Le duc de Bouillon mourut en 1574. La princesse de Bourbon-Montpensier, sa femme, en 1587, dont il laissa deux fils et une fille. Le cadet mourut sans alliance, en 1587, portant le nom de comte de La Marck. L'aîné, duc de Bouillon et prince de Sedan, etc., mort à Genève sans alliance, le 1ᵉʳ janvier 1588, à vingt-six ans, ayant par son testament institué sa sœur unique son héritière universelle, à laquelle il substitua le duc de Montpensier, frère de leur mère, et à celui-ci le prince de Dombes, son fils, leur cousin germain ; ainsi Charlotte de La Marck, eut Bouillon, Sedan, etc. C'est elle à qui on fit épouser Henri de La Tour, vicomte de Turenne et maréchal de France, si connu sous le nom de maréchal de Bouillon. Elle étoit née à Sedan, à la fin de 1574, mariée à la fin de 1591, et mourut en 1594, sans enfants, comme il a été dit, à Sedan, dont elle n'étoit jamais sortie.

De cette courte analyse il résulte, que des huit générations de La Marck qui ont possédé Sedan, dont les six dernières ont eu Bouillon aussi, aucune n'a eu ni prétendu aucun rang ni distinction à ces titres, ni à ceux de leur naissance ; que le seul dernier maréchal, grand-père de l'héritière, a eu le rang personnel de duc par le crédit de sa belle-mère, et qu'ils ont eu des charges et des emplois, que des princes ou gens qui voudroient l'être n'auroient pas acceptés ; que Sedan est un fief mouvant du domaine de Mouzon, que c'est le père de l'héritière qui le premier a changé, sans titre aucun et de son autorité privée, le titre de seigneur de Sedan, que ses prédécesseurs avoient toujours pris, en celui de prince de Sedan, et que la folie qu'eut le père du premier maréchal de La Marck de déclarer la guerre à Charles-Quint ne leur donne aucun droit de souveraineté, non plus que la protection accordée par lettres de nos rois, ni la mention faite d'eux dans les traités de paix, comme de tous autres seigneurs particuliers des frontières qui touchent les dominations différentes ; que Sedan relevoit des archevêques de Reims comme seigneurs de Mouzon, sans aucune difficulté, avant que le roi se fût accommodé de ce domaine ; enfin que Sedan, possédé par la maison de Jausse en Brabant, ensuite par celle de Barbançon, seigneurs de Bossu, après par celle de Braquemont, fut enfin vendu à celle de La Mark, comme on a vu plus haut. Voilà pour Sedan. Raucourt, Jametz, etc., n'eurent jamais rien de particulier. Ce n'est pas la peine de s'y arrêter.

Bouillon est une ancienne seigneurie démembrée du comté d'Ardenne, que le célèbre Godefroy de Bouillon eut de sa mère Ide. Il étoit fils d'Eustache, comte de Boulogne, et fut investi du duché de la basse Lorraine. Comme il étoit duc, on l'appela le duc Godefroy de Bouillon, parce qu'on étoit accoutumé auparavant à le nommer Godefroy de Bouillon, selon la mode du temps pour les cadets de leur partage, et cette terre n'a pas eu d'autre titre de passer et d'être dite le duché de Bouillon. Godefroy, allant à la Terre sainte, où il devint si célèbre, vendit Bouillon à Albert, évêque de Liége; et Alberon, depuis son successeur, acquit, en 1127, de Renaud, archevêque de Reims, tout le fief que l'église de Reims avoit à Bouillon. C'étoit apparemment la mouvance. Au moins ne prétendra-t-on pas qu'une terre sans titre et démembrée du comté d'Ardenne fût une souveraineté. On a vu ci-devant comment elle a passé des évêques de Liége de la maison de La Marck. Mais cette église ni les états de Liége n'ont jamais cédé, non-seulement la mouvance, mais la propriété; et à travers les guerres et les traités jusqu'à celui de Ryswick exclusivement, ils l'ont toujours revendiquée.

M. de Bouillon, fils du maréchal et frère aîné de M. de Turenne, et petit-fils maternel du grand Guillaume, prince d'Orange, se trouvant gouverneur de Maestricht pour les Hollandois, se fit craindre des Liégeois, avec qui il traita, en 1641, sans prendre la qualité de duc de Bouillon dans l'acte qu'il passa avec eux, et renonça à toutes prétentions sur Bouillon et ses dépendances pour cent cinquante mille florins, qu'il acheva de toucher, en 1658, sans avoir pourtant cessé de porter le même nom; et au traité des Pyrénées, il ne se parla plus de Bouillon, possédé par les Liégeois. Ils prirent parti pour l'empereur, en 1676, contre le roi. Les François prirent Bouillon, que le roi donna, en 1678, au duc de Bouillon, fils de celui dont on vient de parler, qui, sans aucun titre de souveraineté possible, comme on vient de le voir, y établit une cour souveraine. Cette entreprise fit une grande difficulté à la paix de Nimègue, mais à la fin les Liégeois cédèrent et protestèrent; et il fut dit que la possession demeureroit à M. de Bouillon, et que la question de la propriété seroit décidée par des arbitres. Oncques depuis il n'en a été parlé.

On voit donc combien Bouillon est éloigné de pouvoir être une souveraineté, et à quel étrange titre M. de Bouillon en jouit. Il n'est pas nécessaire de s'y étendre davantage. En aucun temps depuis, les évêques, le chapitre et les états de Liége auroient été mal reçus à disputer Bouillon, quoique payé tant de fois, et de plus de leur ancien domaine, au fils de celui à qui ils l'avoient si bien payé la dernière, à qui Louis XIV l'avoit donné après l'avoir pris sur eux, et qui lui a toujours accordé sa protection pour le garder. La suite de ce qu'est devenu Bouillon, pour n'être pas interrompue, nous a conduits jusqu'à Louis XIV et à son grand chambellan. Avant de parler de la maison de celui-ci, il faut achever ce qui regarde celle de La Marck.

On a vu ci-devant que l'héritière de Sedan et Bouillon avoit un oncle unique, frère cadet de son père. Il portoit le nom de comte de Maulevrier, et prit le nom de duc de Bouillon après la mort de sa nièce, en 1594. Il n'eut jamais ni ne prétendit aucun rang, servit Charles IX et Henri III en leurs guerres, fut capitaine des Cent-Suisses de la garde, et chevalier de l'ordre, le dernier décembre 1578, qui est la première promotion qui ait été faite.

Les ducs de Nevers-Gonzague, Mercœur, frère de la reine, femme d'Henri III, Uzès-Crussol, et Aumale-Lorraine étoient en ce rang de leurs duchés à la tête de la promotion. Le comte de Maulevrier y eut le vingt-quatrième rang, c'est-à-dire le vingtième parmi les gentilshommes, et n'en eut que trois après lui. Il marcha entre M. d'Estrées, père du premier maréchal et de la belle Gabrielle, et M. d'Entragues, père de la marquise de Verneuil, c'est-à-dire entre les deux pères des deux trop fameuses maîtresses d'Henri IV. Il lutta longtemps contre le maréchal de Bouillon pour l'héritage de sa nièce. On a encore les factums et les écrits qu'il publia sur l'usurpation qui lui étoit faite et sur les incroyables dénis de justice et les violences qu'il essuyoit par l'autorité d'Henri IV et les artifices du maréchal. De guerre lasse et désespérant de pouvoir obtenir de jugement en aucun tribunal, qui tous se trouvoient fermés pour lui par une suite continuelle de violences, il transigea avec le maréchal de Bouillon, 25 août 1601; et l'une des conditions de la transaction confirmée par le roi fut qu'il précéderoit en tous lieux le maréchal de Bouillon pendant sa vie, ce qui lui fut exactement tenu, et mieux que les articles pécuniaires avec lesquels il courut longtemps sans succès. Avec cette préséance sur le maréchal de Bouillon, et le nom de duc de Bouillon qu'il prit à la mort de sa nièce, il ne prétendit jamais aucun rang, comme on l'a dit, il demeura parmi les gentilshommes dans les cérémonies de l'ordre, comme il y avoit été reçu, et il mourut en septembre 1622, à quatre-vingt-quatre ans, ayant été ainsi quarante-quatre ans chevalier de l'ordre.

D'une Averton, sa première femme, il n'eut qu'une fille, mariée à Comblisy, fils du secrétaire d'État Pinart. Sa seconde femme [étoit] fille de Gilles de La Tour, seigneur de Limeuil, et de Marguerite de La Cropte, et sœur de Mlle de Limeuil, fille d'honneur de Catherine de Médicis, qui la chassa pour être accouchée du fait du prince de Condé dans la garde-robe de cette reine à Lyon, et de laquelle j'ai dit un mot plus haut. Le comte de Maulevrier eut Henri-Robert de La Marck, comte de Braine; Louis de La Marck, marquis de Mauny; Alexandre de La Marck, abbé de Braine et d'Igny, qui ne figura point, non plus qu'un quatrième, mort sans enfants d'une Hennequin.

Le comte de Braine prit, à la mort de son père, le nom de duc de Bouillon, et poursuivit ses droits sur la succession de sa cousine aussi peu heureusement que son père. Il fut aussi capitaine des Cent-Suisses de la garde. Il trouva dans les deux puissants et célèbres fils du maréchal de Bouillon, mort un an après son père, de quoi être tenu dans l'obscurité. Il mourut, depuis longtemps retiré en sa maison de Braine, quelques mois après l'autre duc de Bouillon La Tour, la même année 1652, à soixante-dix-sept ans. De Marguerite d'Autun, sa première femme, il ne laissa que des filles qui finirent cette branche. L'une épousa M. de Choisy-L'Hôpital, l'autre M. de La Boulaye-Eschallart, dont les enfants héritèrent des biens de cette branche éteinte, en prirent le nom et les armes, et ont fini en la duchesse de Duras, mère de la princesse de Lambesc et de la comtesse d'Egmont. Je ne parle point de la troisième femme du comte de Maulevrier, ni des deux dernières de ce comte de Braine, qui n'ont point eu d'enfants.

Le marquis de Mauny, frère puîné du comte de Braine, fut chevalier de l'ordre en 1619, le cinquante et unième de la promotion, c'est-à-dire le trente-neuvième parmi les gentilshommes. Huit autres le suivirent, dont le quatrième fut le marquis de Marigny, depuis comte de Rochefort, Alexandre de Rohan, frère cadet du duc de Montbazon, oncle paternel de la connétable de Luynes, depuis la célèbre duchesse de Chevreuse. Le marquis de Mauny fut premier écuyer de la reine Anne d'Autriche, et capitaine des gardes du corps de la dernière compagnie en 1621, après M. de La Force, jusqu'en 1627, que M. de Brézé-Maillé lui succéda, qui étoit beau-frère du cardinal de Richelieu et fut maréchal de France, à qui M. d'Aumont, aussi maréchal de France depuis, succéda en 1632. Le marquis de Mauny mourut capitaine des gardes, sans enfants d'Isabelle Jouvenel, fille du baron de Traynel, chevalier de l'ordre.

Toute cette branche éteinte, il ne resta plus de toute la maison de La Mark, que celle de Lumain plus haut expliquée, sortie du Sanglier d'Ardenne; elle demeura aux Pays-Bas de Liége et de Westphalie, et s'allia dans ces provinces, excepté Guillaume de La Marck, second fils de ce fameux Sanglier, qui fut un des chambellans de Louis XII, et capitaine des Cent-Suisses de sa garde. Lui, son fils unique et ses deux filles se marièrent en France; et son fils, qui n'eut point d'enfants, finit cette courte branche.

Ernest, cinquième descendant direct du Sanglier, fut premier comte de Lumain. Il eut un fils d'une Hohenzollern, mort longtemps après lui sans postérité, mais Ernest épousa en secondes noces Catherine-Richard d'Esche; je ne sais même si ce put être de la main gauche[1], comme ils parlent en Allemagne, tant la naissance étoit disproportionnée. Il en laissa deux fils et deux filles, l'une religieuse à Liége, l'autre mariée en fille de mère de fort peu. Le cadet des deux fils mourut obscur sans alliance; l'aîné redevint baron de Lumain par le triste mariage dont il étoit sorti. Mais l'empereur le réhabilita et le fit même comte de l'empire. Il mourut en 1680 et laissa trois fils de Catherine-Charlotte, fille du comte de Wallenrode, qui se remaria au comte de Fürstemberg, neveu du cardinal de Fürstemberg. C'est cette comtesse de Fürstemberg qui gouverna et pilla le cardinal de Fürstemberg tant qu'il vécut, qui en fit après sa mort une longue et sérieuse pénitence, et de laquelle j'ai parlé sur la coadjutorerie de Strasbourg. Elle n'eut point d'enfants de son second mari. Venue et fixée en France avec le cardinal de Fürstemberg qu'elle ne quitta jamais, elle amena deux de ses fils et laissa le dernier en Allemagne, où il est

1. On appelle en Allemagne *mariage de la main gauche* ou *mariage morganatique* l'union légitime d'une personne de haute qualité avec une personne de condition inférieure.

devenu lieutenant feld-maréchal des armées impériales. L'aîné mourut de bonne heure à Paris sans alliance, ayant un régiment qui fut donné au second, beau et bien fait, et qui ressembloit au cardinal de Fürstemberg comme deux gouttes d'eau. C'est le comte de La Marck qui a épousé une fille du duc de Rohan, de la mort de laquelle j'ai parlé, qui étoit debout à la cour sans nulle prétention, et qui a laissé un fils. Le comte de La Marck, fort employé aux négociations, étoit ambassadeur de France auprès du fameux roi de Suède; et dans son camp lorsqu'il fut tué. Il est devenu lieutenant général et fut fait chevalier de l'ordre en 1624, le quarante-deuxième de la promotion, c'est-à-dire le vingt-quatrième parmi les gentilshommes, dont il eut huit autres après lui. Il alla longtemps depuis ambassadeur en Espagne, d'où il est revenu grand d'Espagne et chevalier de la Toison d'or, à l'occasion du mariage de Madame, fille aînée du roi, avec l'infant don Philippe, troisième fils du roi d'Espagne.

En voilà assez, ce semble, pour demeurer persuadé que Sedan ni Bouillon ne furent jamais principautés, duchés, encore moins souverainetés; que l'un et l'autre sont demeurés à MM. de Bouillon La Tour, très-précairement, pour ne pas dire fort étrangement; qu'aucun seigneur de ces deux terres n'a été ni prétendu être souverain, jusqu'au père de l'héritière; et que pas un d'eux, ni avant ni depuis, n'a eu de rang en France, ni pas un de leur maison, ni n'en ont prétendu, si on excepte le seul maréchal de Fleuranges qui, par le crédit de la duchesse de Valentinois, maîtresse d'Henri II, sa belle-mère, eut personnellement rang de duc. Tel a été l'état des choses à cet égard jusqu'au vicomte de Turenne, Henri de La Tour, devenu maréchal de Bouillon. Aux pays étrangers il n'en a pas été différent, en aucun desquels Sedan ni Bouillon n'ont jamais passé pour ni souveraineté ni pour principautés; aucun de leurs seigneurs n'a été reconnu en aucune cour de l'Europe pour souverain ni même pour prince, et n'a prétendu aucun rang ni aucune distinction comme tels en pas une. Voyons maintenant ce qu'en a su faire le maréchal de Bouillon La Tour et sa postérité.

Les étranges moyens par lesquels ils sont parvenus au rang et aux biens dont ils jouissent, et aux grands établissements de toutes les sortes qu'ils ont su se procurer, remplissent nombre de volumes qui sont entre les mains de tout le monde. Je me renferme ici à ce qui est de mon sujet, faits qu'ils ont pris et prendront grand soin d'étouffer autant qu'il leur sera possible. Il n'y en a que deux du maréchal de Bouillon en France. Gendre du fondateur des Provinces-Unies, comme à la tête du parti huguenot en France, beau-frère de l'électeur palatin, oncle de ses enfants, par conséquent de l'infortuné roi de Bohême et de l'électrice de Brandebourg, tranchant par la voie de fait de souverain de Sedan et de Bouillon, par l'argent, la faveur et toute la protection d'Henri IV, bientôt après par ceux de ses ennemis contre ce monarque et contre son fils, parmi des entreprises et des abolitions continuelles, il voulut essayer de se procurer un rang qui répondît à tant de grandes choses. Il n'en eut jamais aucun en France. Il n'y eut que les distinctions communes à tous les maréchaux de France. Il se trouva à l'assemblée des notables à Rouen, où Henri IV étoit présent et en fit l'ouverture. Le maréchal de Bouillon s'avisa de s'aller mettre dans le banc des ducs, qui l'en firent sortir; sa ressource fut de s'aller placer à la tête de celui des maréchaux de France, dont il se trouva l'ancien, mais il sentit toute la mortification d'une tentative si peu heureuse.

L'autre fait arriva au baptême de Louis XIII, que Henri IV fit faire très-solennellement. Il nomma le maréchal de Bouillon, quoique huguenot, pour porter un des honneurs[1],

---

1. Dans certaines cérémonies, comme le sacre, le baptême des princes, leurs funérailles, etc., on appelle *honneurs* les principales pièces qui ser-

car il n'y a point de difficulté avec les huguenots pour le baptême, lorsqu'il ne s'agit pas d'être parrain. Le maréchal qui se vit au rang de maréchal de France pour l'honneur qui lui étoit destiné à porter, se rabattit à supplier Henri IV de lui permettre de n'en porter aucun, ce qu'il obtint fort aisément. Il se contenta de ces deux tentatives, et n'osa pas se commettre à en entreprendre davantage, dans les intervalles qu'il passa à la cour. Il prit toujours dans ses titres la qualité de prince souverain de Sedan, de duc souverain de Bouillon, et ne signa jamais ni actes ni lettres que simplement Henri de La Tour. Pour sa femme, elle passa toute sa vie à Sedan, où il mourut en mars 1623, et elle en septembre 1643, aussi ambitieuse et guère moins habile que son mari.

Leurs enfants furent les deux célèbres frères, le duc de Bouillon et le vicomte de Turenne, la duchesse de la Trémoille, la comtesse de Roucy La Rochefoucauld, mère du comte de Roye, mort retiré en Angleterre, la marquise de Duras, mère des maréchaux de Duras et de Lorges, et du comte de Feversham, Mme de La Moussaye-Goyon, comme les Matignon, dont la branche s'est éteinte, et dont les filles furent Mmes de Montgommery et du Bordage, et Mlle de Bouillon, morte en 1662 sans alliance.

Les deux fils ne furent ni moins ambitieux, ni moins habiles, ni moins remuants que leur père. Leurs vies, dont les histoires de leur temps sont remplies, ne furent de même qu'un cercle d'entreprises et d'abolitions, et leur union, leur concert, leur mutuel appui, incomparables. Ce qui devoit coûter la tête à M. de Bouillon lui procura ce qu'il n'eût pas eu en récompense s'il eût sauvé l'État. Le cardinal Mazarin voulut s'attacher deux frères de ce mérite; il eut peur de celui du cadet qu'il ne tenoit pas, et de ses

---

vent à la cérémonie, comme la couronne, le sceptre, l'épée, etc., pour le sacre; le cierge, le chrêmeau, l'aiguière, etc., pour les baptêmes.

alliances étrangères s'il livroit l'aîné au supplice. Il le changea aux plus grands honneurs et aux plus solides biens, et se les acquit par de si prodigieux bienfaits qu'il sacrifia à l'appui qu'il en espéroit contre les puissances ennemies qui, sous l'aveu de Gaston et de M. le Prince, le vouloient chasser pour toujours du royaume. Il fit donc faire un échange de Sedan et de Bouillon, dont M. de Bouillon se réserva l'utile, et ne céda que la souveraineté, qui n'exista jamais que de fait, et depuis si peu, et qu'il n'étoit plus en situation de soutenir, au lieu de laquelle il eut le comté d'Évreux avec les bois et les dépendances, qui valoient plus de trois cent mille livres de rentes, et les duchés d'Albret et de Château-Thierry, avec la dignité de duc et pair et le rang nouveau des princes étrangers en France. Il eut ainsi les apanages de deux fils de France, et celui qu'avoit Henri IV avant d'être roi de France. Quelque ordinaire que fût la terre qui porte le nom de comté d'Auvergne, et quelque distincte, et totalement, qu'elle fût de la province d'Auvergne dans laquelle elle est située, M. de Bouillon la voulut avoir, et le cardinal Mazarin eut la complaisance de la retirer des mains où elle étoit pour la comprendre dans l'échange.

Il fut fait en mars 1651, lors des plus grands troubles, et M. de Bouillon mourut à Pontoise à la suite de la cour, où il pouvoit tout sur la reine et sur le cardinal Mazarin, 9 août 1652, étant dans le conseil le plus intime, et sur le point d'être déclaré surintendant des finances. Il n'avoit pas encore cinquante ans; son père en avoit vécu soixante-huit. Sa femme belle, vertueuse, courageuse, ambitieuse et fort habile, fille du comte de Berghes gouverneur de Frise, ne le survécut que de cinq ans. C'est ce duc de Bouillon qui a commencé à être prince en Italie avant que l'être devenu en France par son échange. Il y commanda les troupes du pape, dont il obtint à Rome le traitement de souverain, et eut un tabouret devant lui. Il sut bien faire valoir depuis cette grande distinction ailleurs où elle lui aplanit beaucoup de choses; mais toutefois le parlement de Paris, épouvanté de l'immensité de l'échange, et qui d'ailleurs ne connoît de princes que ceux du sang, ne put se résoudre d'en faire l'enregistrement, qui n'est pas encore consommé aujourd'hui; mais en attendant, MM. de Bouillon ont toujours joui depuis des biens et des honneurs.

M. de Turenne dont les actions, la réputation et les menées avoient tant contribué à porter sa maison jusqu'où elle étoit à la mort de son frère aîné, singulièrement modeste sur ses grandes qualités jusqu'à l'affectation, suprêmement glorieux, délicat et attentif sur sa prétendue qualité de prince, et la cachant toutefois sous une simplicité d'habits, de meubles et d'équipages, dont l'ombre faisoit sortir davantage le tableau, n'oublia rien dans la suite de sa vie pour confirmer de plus en plus cette nouvelle principauté, et augmenter les établissements de sa famille. Son frère avoit laissé cinq fils et quatre filles, c'étoit bien des princes et des princesses pour l'être si nouvellement. M. de Turenne, dont les services et la capacité militaire et politique avoient porté la considération et le crédit au comble, les sut bien pourvoir pour la plupart. Il acheva le mariage projeté dès le vivant du cardinal Mazarin d'une des Mancini ses nièces avec le duc de Bouillon son neveu, qu'il appuya ainsi du duc de Vendôme, de la comtesse de Soissons, de chez qui le roi ne bougeoit lors et qui étoit le centre de la cour, de l'alliance si proche du prince de Conti, et aux pays étrangers du duc de Modène et du connétable Colonne, avec de grands biens.

Le duc de Joyeuse, père du dernier duc de Guise, qui eut l'honneur d'épouser Mlle d'Alençon, étoit mort en 1654, ne laissant que ce fils âgé de quatre ans, et les charges de grand chambellan et de colonel général de la cavalerie vacantes. C'étoit alors le fort de l'autorité de M. de Turenne à la cour. Il la venoit de sauver à Bléneau des mains de M. le Prince, accouru secrètement de Guyenne, et qui enlevoit subitement le roi, la reine et le cardinal Mazarin, sans la diligence et la profonde science militaire de M. de Turenne. Il chassa d'autour de Paris enfin, et de Paris même, M. le Prince par le combat du faubourg Saint-Antoine, qui fut réduit à se retirer en Flandre, et dont le parti tomba tout à fait dans le royaume. La gloire de M. de Turenne s'accrut de nouveau en 1653 par la prise de Rethel et de Mouzon. Enfin en 1654, il força les lignes d'Arras où M. le Prince étoit en personne, qui eut grand'peine à se retirer, et qui laissa toute l'artillerie, les munitions et les bagages qu'il avoit menés à ce siége. En ce point de gloire, et de nécessité qu'on se crut avoir de lui, il voulut la dépouille du duc de Joyeuse, et le cardinal Mazarin la lui donna. Il prit pour soi la charge de colonel général de la cavalerie, et pour le duc de Bouillon celle de grand chambellan, qui n'avoit alors que treize ans.

On peut juger si M. de Turenne sut faire en entier sa charge dans la cavalerie et s'y rendre le maître. Pour son neveu, outre la grandeur de l'appui de l'office de la couronne qu'il lui procura, qui, par la place qu'elle donne partout jusque dans les lits de justice auprès du roi, le tiroit d'embarras partout avec son idée de prince souverain, dont il prenoit toujours la qualité. Quoique cédée au roi par l'échange, une charge si intime et qui approche le roi de si près en tous lieux, et à toutes les heures les plus particulières, étoit d'un grand usage à un homme de l'âge de M. de Bouillon, et qui n'avoit que trois ans moins que le roi, et nous verrons bientôt qu'elle a sauvé MM. de Bouillon du naufrage.

M. de Turenne, si magnifiquement récompensé, continua ses exploits. Il prit le Quesnoy, Landrecies, Condé, Saint-Guillain en 1655; l'année 1656 parut encore plus savante, quoique avec moins de brillant. En 1657 le roi assiégeant Dunkerque, et M. le Prince et don Juan d'Autriche ayant amené toutes leurs forces pour délivrer cette importante place, M. de Turenne les défit à la bataille des Dunes, dont la prise de Dunkerque, et d'autres suites encore, furent le prix. Il fallut une nouvelle récompense à de nouveaux services, et si importants. L'épée de connétable étoit bien le but du modeste héros, mais la timidité du cardinal Mazarin ne put se résoudre à la mettre entre des mains si puissantes et si habiles. Le souvenir de ce qu'avoient pu les derniers connétables de Montmorency et leurs prédécesseurs, le souvenir même de M. de Lesdiguières faisoient encore peur à la cour. Elle en sortit par renouveler en faveur de M. de Turenne la charge de maréchal général des camps et armées de France, imaginée et créée pour M. de Lesdiguières, lorsque le duc de Luynes, abusant de la jeunesse de Louis XIII qui n'avoit lors que dix-sept ans et n'avoit encore pu voir le jour par l'éducation qu'on lui avoit donnée que par le trou d'une bouteille, se fit connétable. Ce fut à Montpellier, le 7 avril 1660, que M. de Turenne reçut cette charge de la main du roi qui y étoit avec la reine sa mère, le cardinal et toute sa cour, allant à Bordeaux pour son mariage.

Alors M. de Turenne supérieur aux maréchaux de France qu'il commandoit tous, cessant de l'être lui-même, mais n'étant pas connétable, et ne pouvant en porter les marques, ne voulut plus de celles de maréchal de France, dont il quitta les bâtons à ses armes, et le titre de maréchal, qu'il avoit toujours porté depuis plus de dix-sept ans qu'il l'étoit, pour reprendre celui de vicomte de Turenne qu'il avoit porté avant d'être maréchal de France. Il signa tout court Turenne ou Henri de La Tour, dans tous les temps de sa vie; ainsi il n'y changea rien. Dans les suites on prit le change, et MM. de Bouillon y ont donné cours tant qu'ils ont pu. On se persuada qu'il avoit toujours méprisé l'office de maréchal de France, qu'il n'en avoit point pris ni le nom ni les marques à ses armes, comme étant au-dessous du rang et de la qualité de prince. Il n'y avoit pourtant qu'à se souvenir du maréchal de Bouillon son père, souverain d'effet et de fait, sinon de droit, et les deux maréchaux de La Mark et de Fleuranges, père et fils, tous deux seigneurs de Sedan et de Bouillon. Mais le gros du monde ne va pas si loin, et pour peu qu'on ait lu quelques pages, on est étonné des idées qu'on voit prendre pied.

M. de Turenne obtint pour la vicomté de Turenne, qui avoit déjà de grands droits, de nouveaux priviléges qu'il fit augmenter par degrés. Sous prétexte de l'inimitié ouverte qui étoit entre lui et M. de Louvois déjà fort puissant par lui-même, outre l'appui du chancelier son père, il délivra cette vicomté de tout logement et de tout passage de gens de guerre, et par la connivence de M. Colbert, son ami, de tout le pouvoir des maltôtiers, même des intendants. En un mot, ces droits devinrent des droits régaliens[1] que sa mémoire a toujours maintenus, mais si à charge au dedans du royaume, et si voisins de la souveraineté, que le conseil de Louis XV, profitant du désordre des affaires de M. de Bouillon et de son mécontentement des principaux de sa vicomté, l'a achetée quatre millions de lui, et a cru avec raison qu'il faisoit une mauvaise affaire et le roi une fort bonne.

Parlant de M. de Louvois, voici une anecdote dont M. de Turenne sut profiter. Les secrétaires d'État avoient toujours écrit aux ducs *monseigneur*, et c'est aux soins et à l'autorité de ceux de cette époque qu'est due l'adresse de l'avoir fait réformer dans les lettres imprimées. Le pur hasard a laissé en existence trois lettres des 2 novembre 1663, 13 septembre 1665, 5 février 1666, de M. Colbert, alors ministre et contrôleur général des finances, qui avoit le même cérémonial que les secrétaires d'État, et qui le fut en 1669, à mon père à Blaye, qui lui écrit *monseigneur* dessus, dedans et au

---

1. Les *droits régaliens*, ou droits qui étaient semblables à ceux des rois, étaient à l'époque féodale, le droit de faire la guerre, de rendre la justice, de battre monnaie, et de percevoir les impôts. La plupart des seigneurs jouissaient des droits régaliens.

bas, en marquant son nom. M. de Louvois, monté au comble de crédit et d'orgueil, fit entendre au roi que ce style ne pouvoit convenir à ceux qui par leurs charges donnoient ses ordres et écrivoient en son nom. Il le changea donc, mais il n'osa toucher à la maison de Lorraine, toute brillante du grand mariage de M. de Guise, de la mémoire toute récente du comte d'Harcourt, de la faveur de M. le Grand son fils, ni s'exposer aux cris de Mlle de Guise si haute et si considérée, moins encore à ceux de Monsieur possédé par le chevalier de Lorraine. Ce fut un des fruits des quatorze érections de duchés-pairies de 1663, et des quatre autres de 1665, et du peu de concert et de force des ducs anciens et nouveaux.

M. de Turenne, averti à temps de cette entreprise, fut trouver le roi et cria si haut et avec tant d'autorité contre un complot fait par son ennemi pour l'humilier, et de l'exception de la maison de Lorraine à l'égalité du rang et des honneurs de laquelle il avoit été élevé, qu'il obtint que sa maison conserveroit le *monseigneur* des secrétaires d'État, ce que celle de Rohan n'eut pas, quoiqu'en pareil rang que MM. de Bouillon; et quelque crédit qu'ait eu Mme de Soubise, jamais dans la suite elle ne l'a pu emporter.

Pour achever l'anecdote des secrétaires d'État, M. de Louvois n'en demeura pas en si beau chemin. Le même prétexte de flatterie, quelque grossière qu'elle fût, lui fit obtenir du roi que tout ce qui ne seroit ni duc, ni prince, ni officier de la couronne, lui écriroit *monseigneur*, ce qui de lui passa aux autres secrétaires d'État, et le rare fut qu'il ne le prétendit que des gens de qualité, et point du clergé ni de la robe. Beaucoup de gens distingués le refusèrent et furent perdus. M. de Louvois les poursuivit partout, et le roi y ajouta toutes les marques de disgrâce : ces exemples, qui n'en manquèrent aucun, soumirent enfin tout le monde, et il n'y eut plus personne qui ne portât ce joug, auxquels les secrétaires d'État ajoutèrent encore l'inégalité des souscriptions pour tout ce qui n'étoit pas titré. Cela a duré jusqu'à l'éclipse des secrétaires d'État à la mort de Louis XIV.

M. de Turenne maria le comte d'Auvergne, son neveu, à la fille unique et seule héritière du prince de Hohenzollern, marquis de Berg-op-Zoom par sa femme. Cette grande terre en Hollande avec beaucoup d'autres biens, avec une alliance étrangère, entée sur celle de la mère et la grand'mère, parut au vicomte un établissement pour son neveu cadet, qui pouvoit en son temps avoir de grands avantages. Il ne tarda pas à lui faire accorder ses survivances de la charge de colonel général de la cavalerie et de son gouvernement de Limousin. On a vu (t. II, p. 164) avec quelle adresse lui et son troisième neveu mirent le roi en situation de leur offrir pour lui sa nomination au cardinalat, et de s'en croire quitte à bon marché en la lui donnant, et la charge de grand aumônier deux ans après. C'est-à-dire qu'il fut cardinal à vingt-cinq ans, et grand aumônier à vingt-sept. Tels furent les établissements que M. de Turenne procura à sa maison, à ses trois neveux et à soi-même. Mais parmi tant de splendeur, il reçut quelques déplaisirs. Ses deux derniers neveux, enflés d'une situation si brillante, furent tous deux tués en duel; et il eut la douleur que, mariant leur sœur à M. d'Elbœuf, jamais MM. de Lorraine ne voulurent passer à la future ni aux siens les qualités de prince et de princesse. Le mariage en fut rompu, puis renoué, mais avec la même opiniâtreté de la part des Lorrains. A la fin, M. de Turenne céda, et conclut le mariage avec la douleur du bruit que cela fit dans le monde. Il trouva depuis le moyen de marier son autre nièce, sœur de celle-ci, à un frère de l'électeur de Bavière, l'un et l'autre morts sans enfants. Je ne sais si la maison de Bavière eut la même délicatesse que la maison de Lorraine, ni si celle-ci l'a soutenue au contrat de mariage de M. de Bouillon, père de celui-ci, avec sa troisième femme, fille du comte d'Harcourt, dit depuis le comte de Guise.

M. de Turenne acheva sa vie avec la même gloire et la même autorité auprès du roi, et la termina comme chacun sait. La majesté de ses obsèques et de sa sépulture n'eut aucun rapport à sa naissance ni à tout ce qu'il avoit acquis d'extérieur. Ce fut la récompense de ses vertus militaires et de la mort qui les couronna par un coup de canon à la tête de l'armée. Le roi défendit même très-expressément que la qualité de prince fût employée nulle part à Saint-Denis; et c'est ce qui a fait que ses neveux, qui lui ont fait faire dans cette église un superbe mausolée dans une chapelle magnifique, n'y ont fait mettre aucune épitaphe, en sorte qu'à voir ce tombeau, on ne peut conjecturer que c'est celui de M. de Turenne que par sa figure qui ressemble à tous ses portraits, et par ses armes qui n'ont d'autre ornement que la couronne de duc et des trophées. Il n'y a même aucun vers, aucune louange, parce qu'on n'a osé mettre cette précieuse qualité de prince, et qu'on n'a pas voulu montrer qu'on l'évitoit.

C'est du temps de ces deux fameux frères, que le nom d'Auvergne a peu à peu été joint à celui de La Tour. Il y a en Limousin, en Dauphiné et en d'autres provinces des maisons de La Tour, qui ne sont point de celle-ci, et qui toutes ont des armes différentes les unes des autres, et n'ont aucune parenté entre elles. Ce mot d'Auvergne s'ajouta d'abord, comme pour distinction et pour montrer de laquelle on parloit; après, cela devint équivoque, l'attachement à ce mot pour s'en faire un nom découvrit le projet. Le cardinal de Bouillon se prétendit sorti par mâle des anciens comtes de la province d'Auvergne, cadets des ducs de Guyenne, et n'omit rien pour trouver à Cluni, qui est de la fondation de ces princes, de quoi appuyer cette chimère. Elle lui venoit sans doute de plus loin. On a vu l'affectation avec laquelle ils voulurent avoir par l'échange cette terre particulière, qui a été ailleurs plus d'une fois expliquée, et qu'on appelle le comté d'Auvergne. Le second fils du duc de

Bouillon, qui fit l'échange, en porta le nom. Ils espérèrent la confusion dans l'esprit du gros du monde du titre d'une terre médiocre, ordinaire, et tout à fait sans distinction, et particulière, avec celui du titre de la province même, et persuader ainsi leur origine des anciens comtes de la province d'Auvergne, puisqu'ils en portoient le nom et le titre, comme la plupart des gens sont infatués que les Montmorency sont les premiers barons du royaume, parce qu'ils prennent le titre de premiers barons de France, c'est-à-dire de la France proprement dite comme province, qui est grande comme la main, autour de Montmorency et de l'abbaye de Saint-Denis, dont Montmorency relevoit, et que de sa situation on appelle Saint-Denis en France.

C'étoit donc non plus simplement déplaire, mais offenser le cardinal de Bouillon et les siens, que de parler de leur maison sous le seul nom de La Tour, comme leurs pères l'avoient toujours pris et signé uniquement partout; il fallut dire La Tour d'Auvergne, jouant sur le mot, et se garder surtout de l'expression trop claire de La Tour en Auvergne, qui ne se pardonnoit point. Ils avoient enfin compris le peu de sûreté d'un rang qui se peut ôter comme il a pu être donné, avec la différence que le dernier est justice et raison; d'un rang sans prétexte de naissance, puisque leurs pères n'y avoient jamais prétendu, et n'avoient jamais été distingués de tous les autres seigneurs qui n'avoient ni dignité ni office de la couronne : ils ne pouvoient se dissimuler à eux-mêmes que la possession, même légitime, de Sedan ni de Bouillon n'avoit jamais donné ni fait prétendre aucun rang ni distinction en France, et nulle part en Europe; qu'ils ne sortoient pas même des possesseurs légitimes; enfin de quelle façon leurs père et grand-père les avoient eues. Le grand parti de rang qu'ils en avoient su tirer leur paroissoit donc mal assuré dans un temps ou dans un autre; et quoique ce rang, même pour les maisons vraiment souveraines, fût inconnu en France jusqu'aux Guise, à qui il fallut tant d'adresse, de puissance, et de degrés pour l'établir, par conséquent très-susceptible d'y tomber, c'en étoit tout un autre danger pour des seigneurs particuliers distingués depuis si peu, et à si peu de titre, ou plutôt de prétexte, et qui bien loin de voir encore aujourd'hui l'aîné de leur maison un véritable souverain depuis tant de siècles comme est le duc de Lorraine, n'en pouvoient montrer la moindre apparence chez eux en aucun temps.

Dans cette angoisse une fortune inespérable les vint trouver. Un vieux cartulaire de l'église de Brioude, enterré dans l'obscurité de plusieurs siècles, fut présenté au cardinal de Bouillon. Ce titre avoit les plus grandes marques de vétusté, et contenoit une preuve triomphante de la descendance masculine de la maison de La Tour des anciens comtes d'Auvergne, cadets des ducs de Guyenne. Le cardinal de Bouillon fut moins surpris que ravi d'aise d'avoir entre ses mains une pièce de si bonne mine, car c'étoit là le point, plus que ce qu'elle témoignoit. De longue main, pour sa réputation d'abord, après pour sa chimère, il s'étoit attiré tout ce qu'il avoit pu de savants en antiquités. De tous temps les jésuites lui étoient dévoués, comme lui à eux sans mesure, et parmi tous les démêlés que son abbaye de Cluni lui avoit causés avec ses religieux, il avoit eu grand soin de ménager les savants des trois congrégations françoises de l'ordre de Saint-Benoît.

Baluze qui avoit formé la belle et immense bibliothèque de M. Colbert, qui protégea toujours les lettres et les sciences, s'étoit fait un grand nom en ce genre et beaucoup d'amis, pour avoir été souvent l'introducteur des savants auprès de ce ministre, et le canal des grâces. Il avoit soutenu sa réputation depuis la mort de son maître par plusieurs ouvrages qu'il avoit donnés au public. Le cardinal de Bouillon se l'étoit attaché par des pensions et par des bénéfices. Son fort étoit de démêler l'antiquité historique et généalogique, et ses découvertes et sa critique étoient estimées. Ce n'étoit pas qu'on le crût à toute épreuve ; sa complaisance pour cet autre maître le déshonora. Il fit une généalogie de la maison d'Auvergne, c'est-à-dire de La Tour, dont le nom peu à peu se supprimoit pour faire place au postiche, et il la fit descendre de mâle en mâle des anciens comtes d'Auvergne, cadets des ducs de Guyenne.

La fausseté veut être bien concertée, mais il est dangereux qu'elle la soit trop. Il faut attraper un milieu avec adresse pour tromper avec un dehors de simplicité qui surprenne et qui impose. Ce fut l'écueil contre lequel toute cette belle invention se brisa. Rien de plus semblable au cartulaire que cette nouvelle généalogie par ses découvertes, ignorées jusqu'alors, et quoique cette pièce la dût être entièrement pendant la composition de l'ouvrage, puisqu'elle ne devoit pas encore être trouvée, l'un et l'autre se montra prêt en même temps. Néanmoins, il fut jugé plus expédient de produire le cartulaire le premier, et d'en attendre le succès avant de publier l'*Histoire de la maison d'Auvergne*.

Pour le mieux assurer, le cardinal de Bouillon joua le modeste, et fit difficulté d'ajouter foi à une pièce si décisive. Il en parla en confiance à ce qu'il put de savants avec doute, en les priant de bien examiner, et de ne le laisser pas prendre pour dupe, et toutefois ajoutoit avec un air de désir et de complaisance, que cette descendance étoit de tout temps l'opinion et la tradition de sa maison, quoique (et voilà une belle contradiction) jusqu'au maréchal de Bouillon, elle ne fût pas tombée dans la pensée d'aucun d'eux, et que, si elle étoit née pour la première fois dans celle de son père et de son oncle, comme il y a lieu de le soupçonner par leur affectation d'avoir cette terre appelée le comté d'Auvergne, et la jonction du mot d'Auvergne au nom de La Tour, au moins n'avoient-ils osé s'en laisser entendre avec toute la splendeur, la gloire, le crédit, l'autorité dont ils avoient joui. D'autres sortes de savants subalternes et mercenaires, aussi consultés pour avoir lieu de les faire admettre à l'examen de la pièce par les premiers et avec eux, furent bien endoctrinés par Baluze à dire ce qu'il falloit à propos, et lui-même à découvert paya du poids de sa réputation et de toute l'adresse de son esprit dès longtemps préparée sur une matière si importante et si jalouse.

Soit que les véritables examinateurs y fussent trompés, soit qu'ils se fussent laissé séduire, soit, comme il y a plus d'apparence, qu'ils vissent bien ce qui en étoit, mais qu'ils ne voulussent pas se faire un cruel ennemi du cardinal et de toute sa maison pour chose qui, au sens de ces gens obscurs qui ne connoissent que leurs livres, ne blessoit personne et n'importoit à personne, ils prononcèrent en faveur du cartulaire, et le P. Mabillon, ce bénédictin si connu dans toute l'Europe par sa science et par sa candeur, laissa entraîner son opinion par les autres.

Avec de tels suffrages que ce dernier couronnoit, le cardinal de Bouillon ne feignit plus de parler à l'oreille de ses amis de sa précieuse découverte, et surtout de bien étaler tout ce qu'il avoit fait et toutes les précautions qu'il avoit prises pour n'y être pas trompé. Par ce récit, il comptoit d'en constater entièrement la vérité, et de ses amis la nouvelle en gagna d'autres, et bientôt la ville et la cour, comme il se l'étoit bien proposé. Chacun lui fit des compliments d'une si heureuse découverte, la plupart pour se divertir de la mine qu'il leur feroit. Ce fut un chaos plutôt qu'un mélange de la vanité la plus outrée et de la modestie la plus affectée, et d'une joie immodérée qui éclatoit malgré lui. Il falloit, pour la vraisemblance, garder quelque interstice entre la publication de cette découverte et celle de l'*Histoire d'Auvergne*, pour en rompre la cadence autant qu'il se pourroit aux yeux du public.

Le malheur voulut que de Bar, ce va-nu-pieds qui avoit, disoit-on, déterré ce cartulaire, et qui l'avoit présenté au cardinal de Bouillon, fut arrêté dans cet intervalle, et mis en prison pour faussetés, par ordre de la chambre de l'Arsenal. Cet événement fit quelque bruit qui intrigua les Bouillon, mais qui rendit leur cartulaire fort suspect et fit mettre force lunettes pour l'examiner. Des savants sans liaison avec les Bouillon le contestèrent, et tant fut procédé que de Bar, arrêté pour d'autres faussetés, fut poussé sur celle-ci. La Reynie, si redoutable aux vrais criminels par ses lumières et sa capacité, et par l'expérience des prisonniers de la Bastille et de Vincennes dans sa charge de lieutenant de police, si longtemps mais si intègrement exercée, et en magistrat des anciens temps, présidoit en chef à la chambre de l'Arsenal, et fit subir à de Bar divers interrogatoires sur le cartulaire de Brioude. Il se défendit le mieux qu'il put, mais il laissa échapper des choses délicates qui le firent resserrer et presser de nouveau.

Alors l'alarme se mit dans la maison de Bouillon, près de voir éclater la fourberie. Il n'est rien qu'ils ne fissent pour en parer le coup, d'abord sourdement par la honte de paroître, mais voyant que le tribunal ne relâchoit rien de la rigueur de l'examen, la douleur et le bruit des savants qu'ils avoient trompés, et le cri public, ils se mirent à solliciter ouvertement pour de Bar, et à y employer tout leur crédit. A la fin, l'inflexibilité de La Reynie et l'indignation qui échappoit aux autres magistrats de la chambre de l'Arsenal, les réduisit à un parti extrême. M. de Bouillon, que le roi aimoit, lui avoua qu'il ne voudroit pas répondre que son frère, le cardinal, n'eût été capable, à leur insu à tous, d'essayer à constater des faits incertains; et, prenant le roi par ce qui le touchoit le plus, qui étoit la confiance, il ajouta que, se mettant ainsi entre ses mains sur une chose si délicate, il le supplioit d'arrêter cette affaire par bonté pour ceux qui n'y avoient point trempé, qui n'étoient coupables que d'une crédulité trop confiante pour un frère, et de leur faire au moins la grâce de les sauver de la flétrissure d'y être nommés en rien. Le roi avec plus d'amitié pour M. de

Bouillon que de réflexion à ce qu'il devoit de réparation à l'injure publique, voulut bien prendre ce parti.

Cependant l'abbé d'Auvergne, longtemps depuis cardinal au scandale public le plus éclatant et le plus éclaté, sollicitant de toutes ses forces, n'eut pas honte de dire aux juges, pour les toucher, à peu près ce que M. de Bouillon dit au roi.

De Bar enfin, atteint et convaincu d'avoir fabriqué ce cartulaire de l'église de Brioude, ne fut point poussé par delà l'aveu qu'il en fit en plein tribunal, pour éviter, par ordre du roi à La Reynie, qu'il ne parlât du cardinal, et peut-être de quelques autres Bouillon. Le cartulaire fut déclaré faux et fabriqué par ce faussaire, et par la raison susdite, de Bar, par le même arrêt, ne fut point condamné à mort, mais à une prison perpétuelle, parce que les autres faussetés sur lesquelles il fut d'abord arrêté n'étoient rien en comparaison de celle-ci. On peut comprendre que cette aventure fit un grand éclat; mais ce qui ne se comprend pas si aisément, c'est que MM. de Bouillon, qui en devoient être si embarrassés, osèrent, quinze mois après, demander à M. le chancelier l'impression de l'*Histoire de la maison d'Auvergne*, et que M. le chancelier l'accorda. Les réflexions seroient trop fortes et m'écarteroient de mon sujet. Il en est seulement de dire que le monde en fut étrangement scandalisé, et qu'un aussi gros ouvrage et si recherché, dont le fondement unique étoit ce cartulaire, qui parut aussi promptement après l'éclat, ne sembla à personne avoir été fait et achevé qu'avec le cartulaire même, et par conséquent aussi faux que lui. C'est le jugement qui en fut universellement porté, qui déshonora Baluze jusqu'à faire rompre avec lui beaucoup de savants et plusieurs de ses amis, et qui mit le comble à la confusion de cette affaire. On verra en son temps ce que ce beau livre devint.

Après avoir réparé ces deux oublis, l'un sur la maison de Rohan, l'autre sur celle de Bouillon, revenons d'où nous sommes partis.

CHAPITRE XVIII.

1707. — Retranchement d'étrennes et de partie de la pension de Mme de Montespan. — Mort de Cauvisson; sa dépouille. — Survivance de secrétaire d'État au fils de Chamillart. — Visites inusitées chez Chamillart. — Bassesse de du Bourg. — Mort du roi de Portugal. — Mort et famille du prince Louis de Bade. — Grandeurs de Marlborough. — Entrevues étranges. — Électeur de Cologne sacré, etc. — Naissance du second duc de Bretagne. — Mort de Saint-Hermine. — Mort de Mme de Montgon. — Mme de La Vallière dame du palais. — Mariage de Gondrin avec une fille du maréchal de Noailles. — Mort du comte de Grammont; son caractère. — Mort de La Barre. — Mort de Mme de Frontenac; sa famille, etc. — Mort de Mlle de Goello; sa famille. — Mort du chevalier de Gacé. — Mines inutilement cherchées aux Pyrénées. — Retour et personnage de Mme de Caylus à la cour. — Union de l'Écosse avec l'Angleterre. — Marquis de Brancas et de Bay. — Port-Mahon repris pour Philippe V. — Envoi d'argent de Mexique par le duc d'Albuquerque. — Prise considérable en mer sur les Anglois.

La situation pressée des affaires qui avoit fort augmenté les dépenses de la guerre par tout ce qu'on avoit perdu de troupes et de terrain, avoit obligé le roi, depuis deux ou trois ans, à diminuer, puis à retrancher les étrennes qu'il donnoit aux fils et aux filles de France, qui se montoient fort haut. Le trésor royal lui apportoit tous les premiers jours de l'an pour les siennes trente-cinq mille louis d'or de quelque valeur qu'ils fussent. Cette année, 1707, il s'en retrancha dix mille. La cascade en tomba sur Mme de Montespan. Depuis qu'elle eut quitté la cour pour toujours, le roi lui donnoit douze mille louis d'or tous les ans, sur quelque pied qu'ils fussent; d'O étoit chargé de lui en porter trois mille tous les trois mois. Cette année, le roi lui manda par le même qu'il ne pouvoit plus lui en donner que huit mille. Mme de Montespan n'en témoigna pas la moindre peine ; elle répondit qu'elle n'en étoit fâchée que pour les pauvres, à qui, en effet, elle donnoit avec profusion.

D'Alègre en eut de meilleures ; ce fut une des trois lieutenances générales de Languedoc, vacante par la mort subite de Cauvisson ; sans enfants, sortant de dîner chez M. le Grand à Versailles. J'ai parlé de lui lorsque M. du Maine lui fit donner cette charge.

Chamillart en eut encore de plus considérables. Ce fut la survivance de sa charge de secrétaire d'État pour son fils unique de dix-huit ans. Le prétexte fut d'épargner au père trois ou quatre heures de signatures par jour, mais dans le fait, le roi étoit aussi libéral des survivances de ces importantes charges qu'avare de toutes les autres. Il ne vouloit être servi par de fort jeunes gens que dans ses principales affaires, et croyoit montrer qu'il n'avoit besoin que de soi-même pour les gouverner. Cette même raison lui fit faire d'étranges choix en ce genre, indépendamment des survivances dont les suites ont été cruelles pour l'État et pour lui. Cette grâce fut un surcroît de disgrâces pour le maréchal de Villeroy, qui, non-seulement n'avoit pas voulu voir Chamillart à son retour, et avoit rompu hautement avec lui, mais avoit défendu au duc de Villeroy de le voir, dont Chamillart avoit été peiné, et le roi l'avoit trouvé très-mauvais. Dans l'esprit de lui plaire, Monseigneur et M. le duc de Berry allèrent l'après-dinée voir Mme Chamillart et faire compliment à toute la famille ; et Mme la duchesse d'Orléans qui, fort mal à propos, comme je l'ai remarqué ailleurs, ne faisoit plus de visite, quitta cette morgue pour cette fois, et alla aussi voir Mme Chamillart,

Bientôt après, le fils de Chamillart alla visiter les places frontières de Flandre et d'Allemagne. Le comte du Bourg, longtemps depuis maréchal de France, n'eut pas honte de

s'offrir et fut accepté pour lui servir de mentor en ce voyage.
On ne lui en pouvoit choisir un meilleur ; la merveille fut
que tous les honneurs pareils, ou plus grands que ceux
qu'auroit reçus un prince du sang, ne tournèrent point cette
jeune cervelle, qui conserva toute sa raison ; et cet écolier,
pour le bien dire, revint doux, modeste, officieux et respectueux comme s'il n'eût pas été fils du ministre favori et
secrétaire d'État lui-même. Il se fit aimer partout.

La mort du roi de Portugal fit un deuil de six semaines.
Il n'avoit eu qu'une fille morte sans alliance devant lui,
de sa première femme. L'histoire de leur mariage et de la
catastrophe du roi son frère est si connue, que je n'en dirai
rien ici. Il laissa plusieurs enfants de sa seconde femme,
sœur de l'impératrice, et fille et sœur de l'électeur palatin,
duc de Neubourg[1].

Un moindre prince, mais de plus grande réputation,
mourut en même temps ; le prince Louis de Bade, à cinquante-deux ans. Il étoit fils de Ferdinand-Maximilien, marquis de Bade, qui ne fit jamais parler de lui et de la fille de
la princesse de Carignan, dernière princesse du sang de la
branche de Bourbon-Soissons. Maximilien-Ferdinand l'avoit
épousée à Paris en 1653, et en eut deux ans après le prince
Louis de Bade dont le roi fut le parrain. La princesse de
Bade fut dame du palais de la reine plusieurs années, sans
prétention ni distinction d'avec les duchesses et les princesses établies en France, et n'en eut jamais, faisant sa semaine et son service auprès de la reine comme les autres
dames du palais titrées, et roulant avec elles. Elle fut à la
fin chassée, avec la princesse de Carignan, sa mère, pour

1. La phrase de Saint-Simon peut paraître étrange dans sa forme elliptique, et c'est probablement ce qui a engagé les précédents éditeurs à la modifier. Cette phrase s'explique, cependant, facilement par la généalogie de la reine de Portugal : Marie-Sophie-Élisabeth, seconde femme de Pierre II, roi de Portugal, était *fille* de Philippe-Guillaume, électeur palatin, et *sœur* de Jean Guillaume qui, en 1690, succéda à son père dans la dignité d'électeur palatin.

des intrigues trop anciennes pour avoir place ici. Le prince de Bade, médiocrement content de sa femme, se retira dans ses États an 1658, y emmena son fils, et y mourut l'année suivante d'un coup de fusil qui lui cassa le bras comme il s'appuyoit dessus. Le prince Herman de Bade, son frère cadet, s'étoit attaché à l'empereur. Il devint premier commissaire impérial à la diète de Ratisbonne, gouverneur de Javarin, maréchal de camp général, président du conseil de guerre, la meilleure tête et le plus autorisé du conseil intime de l'empereur. Ce fut l'émule du fameux duc de Lorraine, qu'il barra, abaissa et tint éloigné en Tyrol tant qu'il put. Il ne fut point marié et mourut en 1691. Ce fut lui qui, prit soin de son neveu et qui l'attacha à l'empereur. Il devint maréchal de camp général comme son oncle, et gagna sur les Turcs, en Hongrie, les importantes batailles de Jagodina, de Nissa, de Vidin et de Salankmen, où le grand vizir Cuprogli[1] et plus de vingt mille Turcs demeurèrent sur la place. Il commanda presque toujours depuis les armées impériales du Rhin, et passa justement pour un des plus grands capitaines de son siècle.

Il avoit épousé en 1690, une des deux filles du dernier des ducs de Saxe-Lauenbourg, sœur de la veuve du dernier des grands-ducs de Toscane-Médicis, qui, pour le dire en passant, étoit la première et la plus ancienne maison d'Allemagne. Il en laissa deux fils et une fille. L'aîné, accordé à notre reine, et le mariage près d'être célébré, la princesse de Bade apprit la mort du fils unique du prince de Schwartzenberg, qui, par un cas fort rare en Allemagne, laissoit sa sœur unique héritière de fort grands biens. Notre reine fut congédiée après avoir demeuré quelque temps auprès de la princesse de Bade pour la former à son gré comme sa future belle-fille ; son mariage rompu et celui de la fille de

1. Il s'agit ici de Mustapha Cuprogli. Nous avons suivi, pour le nom de cette famille célèbre, l'orthographe de Saint-Simon. On écrit quelquefois Koprogli, Kiuperli et Kioprili.

Schwartzenberg fait. Quelque temps après sa célébration, la princesse de Bade, qui étoit dévote, alla voir le prince de Schwartzenberg, et fit si bien auprès de lui, qu'elle lui fit reprendre sa femme avec qui il étoit fort mal depuis longtemps, et qui vivoit hors de chez lui. De ce raccommodement vint un fils qui réduisit la jeune princesse de Bade à l'état ordinaire, pour les biens, de toutes les filles des bonnes maisons d'Allemagne, dont sa belle-mère eut grand mal au cœur. Le cadet du jeune prince de Bade fut destiné à l'Église, et leur sœur épousa M. le duc d'Orléans, et est morte en couches de M. le duc de Chartres. Elle s'étoit extrêmement fait aimer, et fut fort regrettée. Sa vie en ce pays-ci, malgré sa douceur, son esprit et sa vertu, n'avoit pas été heureuse.

En ce même commencement d'année le duc de Marlborough, à qui l'empereur avoit donné une belle et riche terre en Allemagne, et qu'il avoit fait prince de l'empire, fut déclaré vicaire général de l'archiduc aux Pays-Bas. Cela surprit fort à cause de la différence de sa religion, et de la part de la maison d'Autriche, qui se pique si fort d'être catholique zélée, et qui couvre tant de desseins et d'exécutions de ce manteau. Mais Marlborough refusa et ne voulut pas donner cette prise sur lui en Angleterre pour un emploi si passager.

On eut lieu de l'être bien davantage de l'entrevue qu'eurent ensemble, près de Leipsick, les rois de Suède et de Pologne, que le premier venoit de forcer à abdiquer, et de reconnoître le roi Stanislas Lesczinski à sa place, et qui vivoit en souverain à ses yeux en Saxe dont il tiroit des trésors. Ce ne fut pas tout; pour combler l'étonnement, il y eut incontinent après une autre entrevue entre ces deux rois de Pologne.

L'électeur de Cologne qui n'avoit aucuns ordres voulut enfin les recevoir. L'archevêque de Cambrai le vint trouver à Lille, et en cinq jours de suite lui donna les quatre moindres, le sous-diaconat, le diaconat, le fit prêtre et le sacra évêque. Il se plut fort après aux fonctions ecclésiastiques, surtout à dire la messe et à officier pontificalement.

Mme la duchesse de Bourgogne accoucha d'un duc de Bretagne fort heureusement et fort promptement le samedi, 8 janvier, un peu avant huit heures du matin. La joie fut grande, mais le roi, qui en avoit déjà perdu un, défendit toutes les dépenses qui avoient été faites à sa naissance, et qui avoient infiniment coûté. Il écrivit au duc de Savoie pour lui donner part de cet événement, malgré la guerre et l'excès des mécontentements, et il en reçut une réponse de conjouissance et de remercîment.

Saint-Hermine, frère de la comtesse de Mailly, dame d'atours de Mme la duchesse de Bourgogne, mourut à Versailles et fut regretté. Il étoit bon officier, maréchal de camp et inspecteur. Cela donna lieu à séparer la cavalerie des dragons pour les inspections, comme le maréchal de Tessé et le duc de Guiche l'avoient toujours souhaité, tandis qu'ils étoient colonels généraux des dragons. Coigny, en cela, fut plus heureux qu'eux.

Mme de Montgon, dame du palais de Mme la duchesse de Bourgogne, mourut en Auvergne, où elle étoit allée faire un tour dans la famille et les biens de son mari. Elle étoit fille de Mme d'Heudicourt, desquelles j'ai assez parlé, lorsqu'on fit la maison de Mme la duchesse de Bourgogne, pour n'avoir rien à y ajouter, sinon qu'elle étoit flatteuse, insinuante, amusante, méchante et moqueuse, et qu'elle divertissoit fort le roi, Mme de Maintenon et Mme la duchesse de Bourgogne, qui en furent fâchées. Elle ne laissoit pas d'avoir des amis qui la regrettèrent. Sa place fut désirée de tout ce qui s'en crut à portée. Les Noailles enfin l'emportèrent pour leur fille, Mme de La Vallière, qui avoit seule plus d'esprit, de tête et d'intrigue que tous les Noailles ensemble; aimable quand elle vouloit, mais pleine d'humeur, et naturellement brutale beaucoup plus que son père, qui ne l'étoit pas peu.

Ils firent, en ce même mois de janvier, un sixième mariage qui eut de grandes suites pour les deux familles, de leur sixième fille avec Gondrin, fils aîné de d'Antin, qui lui donna Bellegarde pour dix mille livres de rente, et Mme de Montespan cent mille francs en pierreries. Les Noailles donnèrent cent mille écus en diverses choses et dix ans de nourriture. La conduite de la duchesse de Noailles les embarrassoit fort. Ils la tenoient extrêmement recluse. Sa tête tenoit fort de celle de son père : sa place étoit une occasion continuelle de chagrins entre la laisser aller quelquefois et l'en empêcher beaucoup plus souvent. Mme de Maintenon en étoit importunée. Ils l'obligèrent donc de la céder à sa belle-sœur. Qui eût dit au roi que cette nouvelle dame épouseroit un jour M. le comte de Toulouse, et qu'elle feroit, sous son successeur, le personnage que nous voyons ?

Le comte de Grammont mourut à Paris, où il n'étoit presque jamais, à la fin de ce mois de janvier, à plus de quatre-vingt-six ans, ayant toujours eu, jusqu'à quatre-vingt-cinq uns, une santé parfaite et la tête entière, et encore depuis. Il étoit frère du père du maréchal de Grammont, duquel la mère étoit fille du maréchal de Roquelaure, et celle du comte de Grammont étoit sœur de Bouteville, décapité à Paris pour duels, père du maréchal-duc de Luxembourg. Il s'étoit attaché à M. le Prince qu'il suivit en Flandre, s'alla promener après en Angleterre et y épousa Mlle Hamilton dont il étoit amoureux avec quelque éclat, et que ses frères, qui en furent scandalisés, forcèrent d'en faire sa femme, malgré qu'il en eût. C'étoit un homme de beaucoup d'esprit, mais de ces esprits de plaisanterie, de reparties, de finesse et de justesse à trouver le mauvais, le ridicule, le foible de chacun, de le peindre en deux coups de langue irréparables et ineffaçables, d'une hardiesse à le faire en public, en présence et plutôt devant le roi qu'ailleurs, sans que mérite, grandeur, faveur et places en pussent garantir hommes ni femmes quelconques. A ce métier il amusoit et il instruisoit le roi de mille choses cruelles, avec lequel il s'étoit acquis la liberté de tout dire jusque de ses ministres. C'étoit un chien enragé à qui rien n'échappoit. Sa poltronnerie connue le mettoit au-dessous de toutes suites de ses morsures; avec cela escroc avec impudence, et fripon au jeu à visage découvert, et joua gros toute sa vie. D'ailleurs, prenant à toutes mains et toujours gueux, sans que les bienfaits du roi, dont il tira toujours beaucoup d'argent, aient pu le mettre tant soit peu à son aise. Il en avoit eu pour rien le gouvernement de la Rochelle et pays d'Aunis à la mort de M. de Navailles, et l'avoit vendu depuis fort cher à Gacé, depuis maréchal de Matignon. Il avoit les premières entrées et ne bougeoit de la cour. Nulle bassesse ne lui coûtoit auprès des gens qu'il avoit le plus déchirés lorsqu'il avoit besoin d'eux, prêt à recommencer dès qu'il en auroit eu ce qu'il en vouloit. Ni parole, ni honneur, en quoi que ce fût, jusque-là qu'il faisoit mille contes plaisants de lui-même et qu'il tiroit gloire de sa turpitude, si bien qu'il l'a laissée à la postérité par des Mémoires de sa vie, qui sont entre les mains de tout le monde, et que ses plus grands ennemis n'auroient osé publier. Tout enfin lui étoit permis et il se permettoit tout. Il a vieilli sur ce pied-là.

J'ai parlé quelquefois de lui, et encore plus de sa femme, et j'ai raconté le compliment cruel dont il accabla le duc de Saint-Aignan, lorsque le duc de Beauvilliers, son fils, fut chef du conseil royal des finances. Il ne dit pas un mot moins assommant à l'archevêque de Reims qu'il rencontra sortant du cabinet du roi, la tête fort basse, de son audience sur l'affaire du moine d'Auvillé que j'ai expliquée (t. IV, p. 127). « Monsieur l'archevêque, lui dit-il tout haut avec un air d'insulte, *verba volant*, mais *scripta manent*. Je suis votre serviteur. » L'archevêque brossa et ne répondit pas un mot.

Une autre fois, le roi parlant d'un employé du nord qui étoit venu faire un compliment et quelque autre chose encore, dont il s'étoit fort mal acquitté, et qui venoit de s'en retourner, ajouta qu'il ne comprenoit pas comment on envoyoit des gens comme étoit celui-là. « Vous verrez, sire, dit le comte de Grammont, que c'est quelque parent de ministre. » Il n'y avoit guère de jour qu'il ne bombardât ainsi quelqu'un.

Étant fort mal à quatre-vingt-cinq ans, un an devant sa mort, sa femme lui parloit de Dieu. L'oubli entier dans lequel il en avoit été toute sa vie le jeta dans une étrange surprise des mystères. A la fin, se tournant vers elle : « Mais, comtesse, me dis-tu là bien vrai? » Puis, lui entendant réciter le *Pater* : « Comtesse, lui dit-il, cette prière est belle, qui est-ce qui a fait cela? » Il n'avoit pas la moindre teinture d'aucune religion. De ses dits et de ses faits on en feroit des volumes, mais qui seroient déplorables si on en retranchoit l'effronterie, les saillies et souvent la noirceur. Avec tous ces vices sans mélange d'aucun vestige de vertu, il avoit débellé la cour et la tenoit en respect et en crainte. Aussi se sentit-elle délivrée d'un fléau que le roi favorisa et distingua toute sa vie. Il étoit chevalier de l'ordre, de la promotion de 1688.

La Barre mourut en ce même temps, celui dont il a été tant parlé à propos de l'affaire qu'il eut avec Surville et qui perdit ce dernier.

Mourut aussi Mme de Frontenac, dans un bel appartement que le feu duc du Lude, qui étoit fort galant, lui avoit donné à l'Arsenal, étant grand maître de l'artillerie. Elle avoit été belle et ne l'avoit pas ignoré. Elle et Mlle d'Outrelaise qu'elle logeoit avec elle, donnoient le ton à la meilleure compagnie de la ville et de la cour, sans y aller jamais. On les appeloit les Divines. En effet, elles exigeoient l'encens comme déesses, et ce fut toute leur vie à qui leur en prodigueroit. Mlle d'Outrelaise étoit morte il y avoit longtemps. C'étoit une demoiselle de Poitou, de parents pauvres et peu connus, qui avoit été assez aimable, et qui perça par son espoit beaucoup plus doux que celui de son amie, qui étoit impérieux. Celle-ci étoit fille d'un maître des comptes qui s'appeloit Lagrange-Trianon. Son mari, qui, comme elle, avoit peu de bien, et, comme elle, aussi beaucoup d'esprit et de bonne compagnie, portoit avec peine le poids de son autorité. Pour l'en dépêtrer et lui donner de quoi vivre, ils lui procurèrent, en 1672, le gouvernement du Canada, où il fit si bien longues années, qu'il y fut renvoyé en 1689; et y mourut à Québec à la fin de 1698. Son grand-père étoit premier maître d'hôtel et gouverneur de Saint-Germain. Il fut chevalier de l'ordre en 1619. Il avoit marié son fils à une fille de Raymond Phélypeaux, secrétaire d'État après son père et son frère, ayant été auparavant trésorier de l'épargne. Cela fit Frontenac père du gouverneur de Canada, beau-frère de MM. d'Humières et d'Huxelles. Il falloit pourtant que ce ne fût pas grand'chose, car on trouve avec les mêmes nom et armes un Roger de Buade, huissier de l'ordre en 1641, seigneur de Cussy, après Paul Aubin. Ce Roger, seigneur de Cussy, mourut en 1655, et Jean Aubin, fils de son prédécesseur, rentra dans la charge. Mme de Frontenac étoit extrêmement vieille, et voyoit encore chez elle force bonne compagnie. Elle n'avoit point d'enfants et peu de bien que, par amitié, elle laissa à Beringhen, premier écuyer.

Mlle de Goello mourut peu de jours après, à plus de quatre-vingts ans, à l'hôtel de Soubise, où elle avoit logé toute sa vie. Elle étoit sœur de la mère de M. de Soubise, qui avoit une grande confiance en elle, et qui en eut trois cent mille livres. C'étoit une créature de tête et d'esprit. Elle étoit des bâtards de Bretagne, sœur du père du comte de Vertus d'aujourd'hui, derniers de ces bâtards. Sa sœur aînée, mère de M. de Soubise, étoit cette belle duchesse de Montbazon, qui figura tant dans les troubles de la minorité de Louis XIV, belle-mère de la fameuse duchesse de Chevreuse et du mari de cette belle et habile princesse de Guéméné, qui, à leur aide, accrocha le tabouret, comme je l'ai raconté (t. II, p. 153, 154); et toutes trois commencèrent le rang dont jouit la maison de Rohan, que la beauté de Mme de Soubise a si bien su achever.

La mère de M. de Soubise et Mlle de Goello, et plusieurs autres frères et sœurs eurent pour mère la fille du fameux La Varenne, marmiton, puis cuisinier, après portemanteau, ensuite le Mercure d'Henri IV, enfin employé par ce prince en affaires secrètes en Espagne et ailleurs, et parvenu à parier[1] avec ses ministres, à se faire compter par les plus grands seigneurs, et à faire rappeler les jésuites et partager la Flèche avec eux. Sa fille fut donc grand'mère de M. de Soubise, et c'est ce quartier qui eût empêché son fils d'être admis dans le chapitre de Strasbourg, conséquemment d'en devenir évêque, sans le change, qui fut donné dans les preuves que j'ai expliquées (t. II, p. 66), de supprimer le nom de Fouquet, qui étoit celui de cet heureux aventurier, pour ne produire que celui de La Varenne qu'il portoit, et de ce dernier nom en donner le change avec une ancienne maison de Poitou de ce nom de La Varenne, avec qui MM. de Rohan n'ont jamais eu d'alliance, et dès lors éteinte depuis fort longtemps.

Gacé, depuis maréchal de Matignon, avoit un second fils, qui fut tué à Lille vers ce temps-ci, chez une femme où il alloit souvent, dont le mari s'enfuit aussitôt après. Le père obtint le régiment de cavalerie qu'avoit ce cadet pour son troisième fils, qui étoit dans la marine. C'est aujourd'hui le marquis de Matignon, chevalier de l'ordre comme son frère, de la façon de M. le Duc, dont la femme a été dame du palais; et la fille, à qui elle a donné sa place, a épousé le duc de Fitz-James. Cette fortune, qui n'a pas été loin d'être poussée plus haut, ne s'est pas faite sans beaucoup de manéges et d'intrigues dans sa propre famille et dans le monde; mais ces temps dépassent ceux que je me suis proposés.

---

1. Ce mot signifie ici *aller de pair*.

La nécessité, qui fait chercher des ressources aux rois comme aux particuliers, avoit mis en besogne un chercheur de mines, nommé Rodes, qui crut ou qui fit accroire avoir trouvé beaucoup de veines d'or dans les Pyrénées. Il manda en ce temps-ci à Chamillart qu'elles étoient tellement abondantes que, moyennant dix-huit cents travailleurs qu'il lui demandoit, il fourniroit un million par semaine. Cinquante-deux millions par an étoit une belle augmentation de revenu. La flatterie des gens du pays confirma une si folle avance. On y prêta ses espérances, qui ne durèrent pas longtemps. On en fut pour de la dépense; on s'y opiniâtra. Elle demeura enfin en pure perte, et on n'en parla plus.

J'ai parlé plus haut de l'exil à Paris de Mme de Caylus, et de la pension qu'elle eut pour quitter la direction du P. de La Tour. Tant qu'elle dura, ce fut un ange qui ne se lassoit point de prières, d'austérités, de toutes sortes de bonnes œuvres, d'une solitude qui lui faisoit pleurer amèrement le temps qu'elle croyoit perdu en des délassements avec des personnes de la plus grande piété, qui auroit pu passer pour un temps bien employé, et auquel elle se laissoit aller si rarement. Lorsqu'elle fut en d'autres mains, l'ennui succéda au goût de la prière, de la solitude et des bonnes œuvres. Elle se laissa aller à des rendez-vous en bonne fortune avec Mme de Maintenon à Versailles ou à Saint-Cyr, mais sans découcher de Paris, qu'elle avoit jusqu'alors constamment refusés, puis à aller passer quelque temps à Saint-Germain avec le duc et la duchesse de Noailles. A la fin, Mme de Maintenon, contente de son obéissance, la fit revenir. Elle l'avoit toujours aimée; elle fut ravie d'avoir lieu de finir son éloignement.

Elle eut un logement; mais elle demeura enfermée chez Mme de Maintenon ou chez Mme d'Heudicourt. Peu à peu elle s'élargit chez les Noailles à des heures solitaires, puis de même chez M. d'Harcourt, dont la femme et feu Caylus étoient enfants des deux sœurs. Sa beauté, ses agréments, son enjouement revinrent. Harcourt, trouvant en elle un instrument très-propre à l'aider auprès de Mme de Maintenon, la servit auprès d'elle pour la faire nager en plus grande eau. Elle fut des Marlys et des particuliers du roi. Ce fut une grande complaisance de la part du roi pour Mme de Maintenon. Jamais il n'avoit aimé Mme de Caylus : il avoit cru s'apercevoir qu'elle s'étoit moquée de lui. Quelque divertissante qu'elle fût, il n'étoit point à son aise avec elle; et elle, qui avoit senti cet éloignement, étoit aussi en brassière en sa présence. Néanmoins elle fut admise à tout. La conduite de la duchesse de Noailles lui fut confiée, la compassion de sa captivité la lui fit adoucir, et peu à peu la remettre sur le pied des autres femmes de la cour. Bientôt la chambre de Mme de Caylus devint un rendez-vous important. Les gens considérables frappoient à cette porte et se trouvèrent heureux d'y entrer quelquefois. La dévotion enfin écoulée devint la matière des plaisanteries de Mme de Caylus. Elle revit Mme la Duchesse et ses anciennes connoissances avec qui elle déplora la tristesse avec laquelle sa jeunesse s'étoit passée, dont elle faisoit mille contes sur elle-même, en se moquant de toutes ses pratiques de dévotion.

Toujours attachée au duc de Villeroy et lui à elle, ils se voyoient sans que Mme de Maintenon le trouvât mauvais, tant elle l'avoit subjuguée, et à la fin elle se fit une cour les matins de généraux, de ministres, et de la plupart des importants de la cour, par ricochet vers Mme de Maintenon. Au fond, elle se moquoit d'eux tous, ne pouvoit rien, et si elle pouvoit quelquefois insinuer à sa tante certaines choses, elle se réservoit toute pour M. d'Harcourt et pour tous ses desseins, auxquels elle demeura livrée sans réserve, privativement à tout le reste, parce qu'après ce qui lui étoit arrivé, elle n'osa rien hasarder en faveur des Villeroy que plusieurs années après ce retour.

Ce fut en ce temps-ci que les Anglois parvinrent à consommer la grande affaire qu'ils se proposoient depuis tant d'années, à laquelle le prince d'Orange avoit échoué. Ce fut ce qu'ils appelèrent l'*union de l'Écosse*, et ce que plus exactement les Écossois appelèrent *réduire l'Écosse en province*. Son indépendance de l'Angleterre dura tant que durèrent ses parlements. A force de menées, d'argent et de persévérance, le parlement d'Écosse consentit en ce commencement d'année à être abrogé et à ne faire plus qu'un seul parlement pour les deux royaumes avec celui d'Angleterre, moyennant certains priviléges particuliers maintenus, et que l'Écosse seroit représentée aux parlements d'Angleterre par douze pairs d'Écosse, élus par les pairs de ce royaume, qui s'assembleroient pour cette élection seulement, à Édimbourg, sous la présidence d'un pair écossois nommé par le roi, alors par la reine Anne. Ce nombre, si inférieur à celui des pairs anglois et dans Londres, n'étoit pas en état de rien balancer de ce qui se proposeroit dans les parlements. On les leurra de l'influence qu'ils auroient, comme les pairs anglois, sur ce qui regarderoit l'Angleterre même ; et à la fin cela passa sous la condition que le parlement désormais ne s'appelleroit plus que le parlement de la Grande-Bretagne. Ainsi plus d'embarras du côté de l'Écosse pour le commerce ni pour aucune partie du gouvernement, dont les Anglois devinrent entièrement les maîtres, sans qu'on puisse comprendre comment une nation si fière, si ennemie de l'angloise, si instruite par ce qu'elle en avoit éprouvé dans tous les temps, si jalouse de sa liberté et de son indépendance, put baisser la tête sous ce joug.

Le marquis de Brancas, qui servoit en Espagne, vint rendre compte au roi de l'état des troupes et des affaires militaires de ce pays-là, et recevoir ses ordres sur la campagne prochaine. Il étoit destiné à servir en Castille, dans le corps séparé que le marquis de Bay y devoit commander, lequel M. de Bay, pour le dire en passant, étoit un Franc-Comtois, fils d'un cabaretier : c'étoit un homme d'esprit et de valeur, qui avoit su profiter de la rareté des sujets militaires en Espagne, pour s'y pousser promptement par son application et par de petits succès, et il parvint jusqu'au grade de capitaine général, qui est le plus élevé de tous en Espagne dans les armées, et, ce qui est énorme, à l'ordre de la Toison d'or. D'ailleurs il devint capable, bon général, et servit fort utilement.

Tout à la fin de janvier, le frère du maréchal de Villars entra au port Mahon avec trois vaisseaux de guerre et neuf cents soldats, mit pied à terre sous un gros feu de canon qu'il essuya, prit cinq cents hommes qui étoient dans la place, et avec ces quatorze cents hommes en alla attaquer cinq mille, presque toutes milices du pays, força plusieurs retranchements qu'ils avoient devant eux, et leur tua cinq cents hommes. Le reste s'enfuit dans leurs villages, d'où presque tous envoyèrent leurs armes. Il y avoit plusieurs moines parmi eux qui se distinguèrent par leur opiniâtreté. Ceux qu'on prit, on les fit tous passer par les armes, personne n'ayant voulu servir de bourreau pour les pendre. Ainsi toute l'île de Minorque rentra sous la domination du roi d'Espagne. Cent cinquante Castillans de la place firent merveilles contre les rebelles. Trois mois après, on y découvrit une conspiration du major de la place qui la vouloit livrer aux partisans de l'archiduc. Le gouverneur espagnol, qui s'y conduisit fort bien, aidé de deux bataillons françois qui étoient dans l'île, marcha aux rebelles, les dissipa, fit pendre le major et plusieurs de ses complices, et prit plusieurs moines qui étoient du complot, dont il fit passer quelques-uns en France.

Peu de jours après la réduction de l'île de Minorque, il arriva à Brest un vaisseau du Mexique dépêché par le duc d'Albuquerque, vice-roi de ce pays, chargé de beaucoup d'argent pour le roi d'Espagne et pour les Espagnols. Il fit partir ce secours ayant appris la nouvelle que le roi d'Espagne étoit errant hors de Madrid. Pontchartrain, qui en eut l'avis, dit un million d'écus pour le roi d'Espagne et trois millions d'écus pour les particuliers. En même temps, le comte de Toulouse eut avis de deux vaisseaux espagnols, au lieu d'un, chargé de trente et un millions en argent, dont un peu plus de trois pour le roi d'Espagne, et quelque argent et force marchandises précieuses sur deux petits vaisseaux françois qui les convoyoient. On ne démêla point entre ces deux avis lequel étoit le vrai; j'avoue aussi que je ne suivis pas fort curieusement cette nouvelle. Six semaines après, Duquesne-Mosnier, sorti de Brest avec son escadre, rencontra quinze bâtiments anglois escortés de deux vaisseaux de guerre qui s'enfuirent dès qu'ils l'aperçurent. Duquesne coula un de ces bâtiments bas, et envoya les quatorze autres à Brest. Ils étoient chargés de poudre, de fusils, de selles, de brides, en un mot, de tous les besoins des troupes angloises qui étoient en Espagne, qui manquoient de tout et ne pouvoient rien tirer de ces choses du Portugal, ni des pays qu'ils avoient conquis ou qui s'étoient donnés à l'archiduc en Espagne.

CHAPITRE XIX.

Duc de Noailles capitaine des gardes, sur la démission de son père. — Puysieux conseiller d'État d'épée. — Curiosités sur Poissy et ses deux dernières abbesses. — Mort de Roquette, évêque d'Autun; son caractère. — Bals à la cour; comédies à Sceaux et à Clagny. — Généraux d'armée: Tessé en Italie; battu par le parlement de Grenoble; Villars sur le Rhin; Vendôme en Flandre; Berwick resté en Espagne sous M. le duc d'Orléans; duc de Noailles en Roussillon. — Mot étrangement plaisant du roi sur Fontpertuis. — Exclusion du duc de Villeroy de servir; curieuse anecdote. — Rage du maréchal de Villeroy; ses artifices. — Mon éloignement

pour le maréchal de Villeroy. — Foiblesse du roi pour le maréchal
de Villeroy et pour ses ministres. — Cause intime de l'extrême
haine du maréchal de Villeroy pour Chamillart. — Peu de sens du
maréchal de Villeroy.

Le maréchal de Noailles étoit malade dès le commencement de février; son énorme grosseur et les accidents de sa maladie firent peur à sa famille. Le roi étoit inexorable sur les survivances, excepté pour les secrétaires d'État. Toute la faveur des Noailles, celle même de Mme de Maintenon, n'avoient osé rien tenter là-dessus en faveur du duc de Noailles. La charge de capitaine des gardes du corps avoit à cet égard l'inconvénient de plus que le roi n'y vouloit que des maréchaux de France. La compagnie de Noailles étoit l'écossoise, la première, la distinguée, et le duc de Noailles n'avoit que vingt-sept ans. Ils se mirent donc tous après le maréchal de Noailles, pour l'engager à donner sa démission et tâcher, en levant l'obstacle de la survivance, de faire passer la charge à son fils. Ce ne fut pas chose facile à persuader; mais à force d'y travailler, ils arrachèrent sa démission et une lettre au roi en conséquence plutôt qu'ils ne l'obtinrent. Tout étoit de concert avec Mme de Maintenon. Le roi reçut l'une et l'autre le 17 février, revenant de se promener à Marly, et passa à son ordinaire chez Mme de Maintenon. Un peu après qu'il y fut entré, il envoya quérir le duc de Noailles, et lui dit d'aller apprendre à son père que, suivant son désir, il lui donnoit sa charge. Dès le lendemain matin, il prêta son serment, prit le bâton et acheva le quartier qui étoit le sien. Ce même jour, qui étoit un vendredi (et ces jours-là point de conseil), Puysieux, revenu de Suisse faire un tour, eut une audience du roi, à la fin de laquelle il lui demanda une place de conseiller d'État d'épée qui n'étoit pas remplie depuis fort longtemps. Le roi la lui donna sur-le-champ et lui dit qu'il la lui destinoit depuis deux ans. On a vu plus haut (t. IV, p. 236, 375-377) quel étoit Puysieux et comment il s'étoit mis sur le pied de ces retours de Suisse et de ces audiences, que nul autre ambassadeur n'obtenoit, et combien il en sut profiter.

Mme de Mailly, sœur de l'archevêque d'Arles, depuis cardinal de Mailly, eut en ce même temps le beau et riche prieuré ou abbaye de Poissy, au bout de la forêt de Saint-Germain, dont elle étoit professe. Cette nomination avoit été longtemps contestée; les religieuses se prétendoient avoir droit d'élection, et pour en dire le vrai, elles en avoient conservé la possession depuis le concordat. Le voisinage de la cour qui demeuroit à Saint-Germain la tenta de disposer d'une si belle place.

En dernier lieu, le roi y avoit nommé une sœur du duc de Chaulnes l'ambassadeur. Le pape ne s'y étoit pas opposé, mais les religieuses fermèrent les portes à la reine qui l'y avoit conduite elle-même, tellement que les gardes les enfoncèrent. Ce fut un vacarme horrible que cette installation : des cris, des protestations, des insultes à l'abbesse, beaucoup de grands manques de respect à la reine, force religieuses chassées et mises en d'autres couvents. Malgré tout cela, Mme de Chaulnes fut bien des années sans être paisible. C'étoit aussi une grosse créature qui faisoit peur, et qui ressembloit de taille et de visage à son frère comme deux gouttes d'eau, plus abbesse, plus glorieuse, plus impertinente que toutes les abbesses ensemble, et qui, à force d'avoir été tourmentée en arrivant, s'étoit mise à faire enrager ses religieuses. Pour s'en faire plus respecter, elle s'étoit avisée de se faire annoncer par quelque tourière affectionnée tantôt M. Colbert, tant M. de Louvois ou M. Le Tellier dans un temps où elle étoit avec toute la communauté où la portière la venoit avertir. Elle faisoit la surprise, après l'importunée, car les visites étoient fréquentes; elle alloit s'enfermer dans son parloir d'où pas une religieuse n'osoit approcher pendant ces importants entretiens qui duroient le temps qu'elle jugeoit à propos, puis, toute fatiguée de consultations et d'affaires de la cour et du monde qu'elle n'avoit pas quitté, disoit-elle, pour y perdre son temps dans l'état qu'elle avoit embrassé, elle revenoit se reposer avec ses religieuses de tant de soins dont elle aurait voulu n'ouïr jamais parler, et n'être point distraite des devoirs d'abbesse. A la fin, ces ministres revenoient si souvent et occupoient si long-temps Mme l'abbesse que quelque religieuse, plus avisée que les autres, commença à se douter du jeu. A la première visite de ces messieurs, trois ou quatre montèrent en lieu de voir dans les cours et les dehors où elles n'aperçurent point de carrosse. Après cette épreuve le doute se fortifia, et se communiqua de plus en plus par le redoublement de la même épreuve, et il demeura constant parmi toutes que jamais aucun de ces ministres n'avoit mis le pied à Poissy. A la fin, l'abbesse qui se vit découverte, également honteuse et furieuse, n'osa plus continuer la tromperie; mais elle en fit payer chèrement la découverte. Son règne fut également dur et long. Sur la fin, elle prit en aversion, et bientôt en persécution celles qu'elle crut lui pouvoir succéder, Mme de Mailly, sur toutes, qui par son mérite et sa parenté sembloit y avoir plus de part, et la réduisit à chercher ailleurs un repos qu'elle ne pouvoit plus goûter à Poissy. Elle se retira à Longchamp, et elle y étoit lorsqu'elle fut nommée.

Pour y parvenir après Mme de Chaulnes sans rumeur et sans dispute, le roi profita d'un accident qui étoit arrivé à ce beau monastère quelque temps avant la mort de Mme de Chaulnes. Le tonnerre avoit enfoncé la voûte du chœur et mis le feu à l'église. La fonte du plomb qui la couvroit empêcha tout secours, en sorte que ce dommage fut extrêmement grand, et à l'église qui est magnifique et aux lieux du monastère qui en étoient voisins. Dans l'impossibilité où la maison se trouva de le réparer même en partie, le roi s'en chargea à condition qu'elle lui céderoit pour toujours ses prétentions d'élire, que le pape en feroit une abbaye, et qu'il en donneroit la collation au roi. Cela fut fait ainsi au grand regret des religieuses, qui n'osèrent pas résister, et le pape accorda tout. Cependant on ne se pressoit pas de la part du roi de réparer les désordres du feu. On ne s'y mit que lorsque la santé de Mme de Chaulnes fit craindre des difficultés sur cette non-exécution; alors on l'entreprit, et elle a coûté près d'un million. Néanmoins Mme de Mailly trouva beaucoup d'opposition. Toutes l'aimoient et l'estimoient, protestoient qu'elles l'auroient préférée dans l'élection, mais ne pouvoient souffrir la nomination. La vertu, la patience, la douceur, l'esprit, l'art du gouvernement, parurent avec éclat et succès dans la nouvelle abbesse. Elle laissa sortir les plus opiniâtres, et gagna les autres par ses talents, son grand exemple et sa bonté; mais pour n'y pas revenir, dès que le roi fut mort, les protestations, jusque-là cachées, parurent, et il se forma un véritable procès entre Mme de Mailly et les prétendantes au droit d'élire, opprimées, disoient-elles, par l'autorité du feu roi. La plupart de celles qui étoient à Poissy, et qui avoient le plus goûté le gouvernement de leur abbesse, s'y joignirent. Elle demeura la même à leur égard. Nous jugeâmes ce procès au conseil de régence; Mme de Mailly le gagna. Il n'étoit pas possible qu'elle le pût perdre avec toutes les précautions qui avoient été prises ici et à Rome pour assurer cette nomination pour toujours. A la fin, les religieuses, vaincues par la douceur, le mérite et la conduite de Mme de Mailly envers toutes, l'ont aimée comme la meilleure mère, et vivent là plus heureuses, à ce qu'il en revient même de toutes parts par elles-mêmes, qu'aucune religieuses du royaume.

Il mourut alors un vieux évêque, qui toute sa vie n'avoit rien oublié pour faire fortune, et être un personnage. C'étoit Roquette, homme de fort peu, qui avoit attrapé l'évêché d'Autun, et qui à la fin, ne pouvant mieux, gouvernoit les états de Bourgogne à force de souplesses et de manége autour de M. le Prince. Il avoit été de toutes les couleurs à

Mme de Longueville, à M. le prince de Conti son frère, au cardinal Mazarin, surtout abandonné aux jésuites. Tout sucre et tout miel, lié aux femmes importantes de ces temps-là, et entrant dans toutes les intrigues, toutefois grand béat. C'est sur lui que Molière prit son Tartufe, et personne ne s'y méprit. L'archevêque de Reims, passant à Autun avec la cour, et admirant son magnifique buffet : « Vous voyez là, lui dit l'évêque, le bien des pauvres. — Il me semble, lui répondit brutalement l'archevêque, que vous auriez pu leur en épargner la façon. » Il remboursoit accortement ces sortes de bourrades; il n'en sourcilloit pas, il n'en étoit que plus obséquieux envers ceux qui les lui avoient données, mais alloit toujours à ses fins sans se détourner d'un pas. Malgré tout ce qu'il put faire, il demeura à Autun, et ne put faire une plus grande fortune. Sur la fin, il se mit à courtiser le roi et la reine d'Angleterre. Tout lui étoit bon à espérer, à se fourrer, à se tortiller. M. de Bayeux, Nesmond, les courtisoit d'une autre façon. Il ne les voyoit guère, leur donnoit dix mille écus tous les ans, et fit si bien, qu'on ne l'a jamais su qu'après sa mort.

M. d'Autun, pour achever par ce dernier trait, avoit une fistule lacrymale. Peu après la mort du roi d'Angleterre, il s'en prétendit miraculeusement guéri par son intercession. Il l'alla dire à la reine d'Angleterre, à Mme de Maintenon, au roi. En effet, son œil paroissoit différent; mais peu de jours après il reprit sa forme ordinaire, la fistule ne se put cacher. Il en fut si honteux qu'il s'enfuit dans son diocèse, et qu'il n'a presque point paru depuis. Les restes de son crédit et de ses manéges trompèrent vilainement l'abbé Roquette, son neveu, qui s'étoit fourré dans le grand monde, qui prêchoit et qui avoit passé sa vie avec lui. Il obtint sa coadjutorerie pour un autre neveu, et l'abbé Roquette, avec ses sermons, ses intrigues, ses cheveux blancs et tant d'espérances, n'a pu parvenir à l'épiscopat. Il a fini chez Mme la princesse de

Conti, fille de M. le Prince, dont il se fit aumônier, et son frère son écuyer.

Il y eut tout l'hiver force bals à Marly; le roi n'en donna point à Versailles, mais Mme la duchesse de Bourgogne alla à plusieurs chez Mme la Duchesse, chez la maréchale de Noailles et chez d'autres personnes, la plupart en masques. Elle y fut aussi chez Mme du Maine, qui se mit de plus en plus à jouer des comédies avec ses domestiques et quelques anciens comédiens. Toute la cour y alloit; on ne comprenoit pas la folie de la fatigue de s'habiller en comédienne, d'apprendre et de déclamer les plus grands rôles, et de se donner en spectacle public sur un théâtre. M. du Maine, qui n'osoit la contredire de peur que la tête ne lui tournât tout à fait, comme il s'en expliqua une fois nettement à Mme la Princesse en présence de Mme de Saint-Simon, était au coin d'une porte, qui en faisoit les honneurs. Outre le ridicule, ces plaisirs n'étoient pas à bon marché.

Cependant le roi régla les généraux et les officiers généraux de ses armées. Le maréchal de Tessé fut déclaré dès le commencement de février pour le commandement de l'armée destinée à repasser en Italie. Il partit bientôt après pour le Dauphiné avec une patente de commandant en chef dans cette province. Il y prétendit du parlement les mêmes honneurs dont y jouit le gouverneur de la province, qui sont entre autres d'être visité par une nombreuse députation du parlement, traité de *monseigneur* dans le compliment, et de seoir au-dessus du premier président dans le coin du roi. Cela lui fut disputé; le parlement de Grenoble députa à la cour, où ses raisons furent si bien expliquées, qu'il gagna l'un et l'autre point et d'autres moindres, dont le maréchal de Tessé eut le dégoût entier. Le maréchal de Villars fut destiné pour l'armée du Rhin et M. de Vendôme à celle de Flandre sous l'électeur de Bavière. Le maréchal de Berwick étoit demeuré en Espagne; M. le duc d'Orléans, qui ne vouloit pas demeurer sur sa mauvaise bouche d'Italie, et qui voyoit peu d'apparence d'y faire rentrer une armée, désira d'aller en Espagne. Il n'auroit pu obéir à l'électeur de Bavière qu'on ne vouloit pas mécontenter en lui proposant ce supérieur. Villars avoit, comme on l'a vu, fait ses preuves de ne pas vouloir servir sous ce prince ; il étoit trop bien soutenu pour lui être sacrifié. Il ne resta donc que l'Espagne aux dépens du duc de Berwick, sur lequel l'expérience funeste de ce qui étoit arrivé avec le maréchal de Marsin fit donner au prince l'autorité absolue. Ce fut une grande joie pour lui que de continuer à commander une armée, et de la commander, non plus en figure, mais en effet. Il fit donc ses préparatifs. Le roi lui demanda qui il menoit en Espagne. M. le duc d'Orléans lui nomma parmi eux Fontpertuis. « Comment, mon neveu, reprit le roi avec émotion, le fils de cette folle qui a couru M. Arnauld partout, un janséniste ! je ne veux point de cela avec vous. — Ma foi, sire, lui répondit M. d'Orléans, je ne sais point ce qu'a fait la mère ; mais pour le fils être janséniste ! il ne croit pas en Dieu. — Est-il possible, reprit le roi, et m'en assurez-vous ? Si cela est, il n'y a point de mal ; vous pouvez le mener. » L'après-dînée même, M. le duc d'Orléans me le conta en pâmant de rire ; et voilà jusqu'où le roi avoit été conduit de ne trouver point de comparaison entre n'avoir point de religion et le préférer à être janséniste ou ce qu'on lui donnoit pour tel.

M. le duc d'Orléans le trouva si plaisant qu'il ne s'en put taire, on en rit fort à la cour et à la ville, et les plus libertins admirèrent jusqu'à quel aveuglement les jésuites et Saint-Sulpice pouvoient pousser. Leur art fut que le roi n'en sut nul mauvais gré à M. le duc d'Orléans ; qu'il ne lui en a jamais ni parlé, ni rien témoigné, et que Fontpertuis le suivit en toutes ses deux campagnes en Espagne. Il étoit débauché et grand joueur de paume, avec de l'esprit, fort ami de Nocé, de M. de Vergagne et d'autres gens avec qui M. le duc d'Orléans vivoit quand il étoit à Paris. Tout cela l'avoit fait goûter à ce prince. Le duc de Noailles [commandoit] en chef en Roussillon avec trois maréchaux de camp sous lui.

Parmi les officiers généraux nommés pour les armées, le duc de Villeroy fut oublié, qui fut un rude coup de poignard pour lui et pour son père. C'est un fait qui mérite d'être un peu expliqué pour réparer ce que j'ai trop croqué en parlant du retour et de la disgrâce du père; et j'ai estropié la curiosité en faveur de la brièveté. Il faut donc retourner un moment sur mes pas.

Le maréchal de Villeroy, qui toujours frivole vouloit faire le jeune et le galant, avoit, à Paris, une petite maison écartée, mode assez nouvelle des jeunes gens. Ce fut là qu'il arriva tout droit de Flandre, avec défenses expresses à la maréchale de Villeroy de l'y venir voir et à tous ses amis de l'y venir chercher, et par ce bizarre procédé fit craindre quelque dessein plus bizarre à sa famille. Harlay, premier président, dont je n'ai eu que trop occasion de parler, étoit son parent et s'en honoroit fort avec tout son orgueil, et de tout temps son ami intime. Il hasarda de forcer la barricade, il perça, après quoi il n'y eut pas moyen de refuser la maréchale de Villeroy. Il leur avoua qu'il avoit dans sa poche les démissions de sa charge et de son gouvernement, toutes signées, prêt à les envoyer au roi dans la résolution de ne le voir jamais. Ce sont de ces extrémités où le dépit emporte et contre lesquelles la volonté réclame intérieurement. Sans cette pause ridicule dans un lieu de Paris écarté qui n'étoit bon qu'à s'y faire chercher, il étoit tout court d'envoyer ses démissions, tout droit de sa dernière couchée, de traverser Paris sans s'y arrêter, et d'aller à Villeroy. C'étoit là être chez soi à la campagne, à portée d'y recevoir qui il eût voulu, et point d'autres, éloigné de dix lieues de Paris et de quatorze de la cour, dans la bienséance d'un homme outré qui s'éloigne, et dans la décence de ne se tenir pas tout auprès des lieux d'où il attendroit des nouvelles dans l'espérance que ses démissions lui seroient renvoyées.

Mais c'étoit un homme à éclats, et à rien de sage, de suivi, ni de solide. Il se fit donc beaucoup tirailler, puis jeta ses démissions au feu, et s'en alla à Versailles, où il fut reçu comme je l'ai raconté.

Sa conduite sur Chamillart, que j'ai aussi rapportée, aigrit le roi de plus en plus. Le maréchal, de plus en plus enragé de voir sa disgrâce s'approfondir, se mit à montrer au plus de gens qu'il put des morceaux de lettres du roi et de Chamillart, pour appuyer ce qu'il avoit déjà répandu, savoir qu'il n'avoit rien fait que sur des ordres exprès, et qu'il étoit cruellement dur de porter l'infortune d'une bataille à laquelle il avoit été excité, même d'une façon piquante, et qu'on lui eût encore moins pardonné de n'avoir pas donnée. Ces propos spécieux, soutenus de ces fragments de lettres qu'il ne montroit qu'avec un apparent mystère pour leur donner plus de poids, commencèrent enfin à persuader que Chamillart, abattu des mauvais succès, s'en prenoit à qui n'en pouvoit répondre, et qu'embarrassé d'avoir conseillé la bataille, il écrasoit celui qui l'avoit perdue, sous prétexte de l'avoir hasardée de son chef, et abusoit ainsi de sa toute-puissance de ministre favori, pour perdre un général qui avoit en main de quoi le confondre pour peu qu'il pût être écouté.

Quelque ami que je fusse de la maréchale de Villeroy, jamais je n'avois pu m'accommoder des airs audacieux de son mari, dont jusqu'aux caresses étoient insultantes. Il m'étoit quelquefois arrivé les matins, au sortir de la galerie, de dire que j'allois chercher de l'air pour respirer, parce que le maréchal, qui y faisoit la roue, en avoit fait aussi une machine pneumatique. J'étois d'ailleurs ami intime de Chamillart, et je devois l'être pour les services qu'il m'avoit rendus, et la confiance avec laquelle il vivoit avec moi. Alarmé donc du progrès des discours du maréchal de Villeroy, j'en parlai à l'Étang à Chamillart, qui ému contre son ordinaire me dit qu'il étoit bien étrange que le maréchal, non content d'avoir tant démérité de l'État, du roi et de soi-même, puisqu'il s'étoit perdu sans raison, voulût encore entreprendre des justifications qu'il ne pouvoit douter qui ne lui tournassent à crime, pour peu qu'elles fussent approfondies et qu'il osât le pousser assez pour l'obliger d'en demander justice au roi, qui savoit tout : qu'il vouloit cependant être plus sage que le maréchal, mais qu'il me vouloit faire voir, à moi, les pièces justificatives des faits dont il me demandoit le secret, et me les montreroit dès que nous serions à Versailles. En effet, à peine y fûmes-nous de retour, que j'allai chez lui un soir qu'il soupoit seul dans sa chambre, avec du monde familier autour de lui, comme il avoit accoutumé. Dès qu'il me vit, il me pria de m'approcher de lui, et me dit qu'il alloit me tenir parole. Là-dessus il me donna la clef de son bureau, me dit où je trouverois les dépêches dont il m'avoit parlé, et me pria de passer dans son cabinet et de les lire avec attention.

J'en trouvai trois. Deux minutes du roi au maréchal, et une du maréchal au roi ; celle-là en original et signée de lui. La première du roi portoit : « Que la prudence et la circonspection trop grandes, dont les généraux de ses armées avoient usé depuis quelque temps en Flandre, avoient enflé le courage à ses ennemis, et leur avoient laissé croire qu'on craignoit de se commettre avec eux : qu'il étoit temps de les faire apercevoir du contraire et de leur montrer de la vigueur et de la résolution. Que, pour cela, il avoit mandé au maréchal de Marsin de se mettre en marche de l'Alsace avec le détachement de l'armée du maréchal de Villars (qui étoit là détaillé) et de le joindre. Qu'il lui ordonnoit de l'attendre, et, après leur jonction, d'aller ensemble faire le siége de Lewe, de telle sorte qu'il fût formé des troupes de Marsin, et, si elles ne suffisoient pas, d'un détachement des siennes, le tout commandé par le maréchal de Marsin, tandis qu'avec les siennes il (le maréchal de Villeroy) observeroit les ennemis ; que, pour peu qu'ils fissent mine de s'approcher trop du siége, il ne les marchandât pas, et que, s'il ne se trouvoit pas assez fort pour les combattre, il ne laissât au siége que le nécessaire, et qu'avec le reste il donnât bataille. » Voilà exactement le contenu de cette première lettre, que le maréchal montroit par morceaux, s'avantageant du commencement qu'il ajustoit à sa mode sur ce qu'il s'y prétendoit piqué d'honneur, incité vivement aux partis vigoureux, mais il se gardoit bien d'en montrer le reste qui faisoit voir si clairement que cette vigueur ne lui étoit ni prescrite ni conseillée qu'au cas que les ennemis entreprissent de troubler le siége de Lewe, bien moins de leur prêter le collet sans cette raison, et encore sans avoir reçu le renfort du maréchal de Marsin.

La seconde lettre du roi ne consistoit qu'en raisonnements de troupes, revenant en deux mots au projet susdit qu'elle confirmoit tel qu'il vient d'être exposé.

La lettre du maréchal de Villeroy étoit datée de la veille de la bataille. Elle contenoit le détail de sa marche et de celle des ennemis, ne parloit d'aucun dessein de les combattre, et finissoit en marquant seulement que, *s'ils s'approchoient si fort de lui, il auroit peine à se contenir.* Ce mot ne marquoit rien moins qu'un dessein formé de combattre; il montroit seulement une excuse prématurée de ce qui pouvoit arriver, bien éloigné de l'exécution d'un ordre qu'il prétendoit l'avoir dû piquer d'honneur. Ainsi, bien loin d'avoir reçu celui de donner bataille dans le temps et dans la circonstance qu'il livra celle de Ramillies, quelque victoire qu'il y eût remportée ne l'eût pas dû garantir du blâme d'avoir hasardé le projet du siége par un événement douteux, et de n'avoir attendu ni l'occasion seule où la bataille lui étoit prescrite ni le renfort qui le devoit joindre, sans lequel il ne lui étoit pas permis de rien entreprendre. Il le sentit si bien lui-même, que, dans le dessein qu'il avoit conçu de combattre, sans l'occasion du siége qui lui étoit ordonné, surtout sans le renfort que lui amenoit Marsin pour vaincre par ses seules forces, même à l'insu de l'électeur de Bavière, auquel il était subordonné en toute manière, comme au gouverneur général des Pays-Bas, au milieu desquels il étoit, et comme généralissime et en faisant effectivement la fonction, il faisoit d'avance des excuses obscures, obscures, dis-je, pour ne pas découvrir son dessein arrêté, excuses pour qu'elles se trouvassent faites avant l'événement, mais desquelles il n'auroit pas eu besoin, si, comme il voulut le prétendre depuis, il eût agi conformément aux ordres qu'il avoit reçus. Avec un peu de sens, il devoit se contenter d'une désobéissance aussi formelle, et devenue aussi funeste que ses fautes, et lors de la bataille, et dans toutes ses suites, la rendirent, et se contenir dans le silence, puisqu'il ne pouvoit douter de ce qu'il avoit à perdre par le plus facile éclaircissement.

Je fus surpris jusqu'à l'indignation d'un procédé si peu droit; je rapportai les clefs à Chamillart et lui dis à l'oreille ce qu'il m'en sembla. Je lui en reparlai une autre fois plus à mon aise, parce que ce fut tout haut, tête à tête, et alors je connus que le roi, tout piqué qu'il étoit contre le maréchal, ou par son ancien goût d'habitude, ou par la constante protection de Mme de Maintenon, ne vouloit pas l'exposer à ce que méritoit une si étrange conduite; que, par cette raison, il la vouloit ignorer, et que Chamillart en étoit lui-même si persuadé, que, quelque désir qu'il eût de pousser le maréchal à bout là-dessus, il n'osa l'entreprendre, quoique l'ayant si belle, ou que, s'il le hasarda, ce fut sans succès, et qu'il cacha l'un ou l'autre sous l'apparence du mépris, que je sentis bien n'être qu'un voile à l'impuissance.

Dans cette situation, plus je les vis tous deux irréconciliables, plus je me mis en soin du duc de Villeroy, devenu de mes amis par sa femme, dont je l'étois depuis longtemps. Je sondai Chamillart, je leur parlai ensuite, et ce fut alors que je sus d'eux que le père avoit défendu au fils de voir le ministre. Un homme de guerre, quel qu'il fût, n'en pas voir le ministre, se rompit le cou sans ressource auprès du roi, quelques talents et quelques services qu'il eût, et ne pouvoit espérer de continuer à servir, encore moins les récompenses ni le chemin militaire. Ils me prièrent d'en parler à Chamillart, et de tâcher de lui faire passer cela le plus doucement qu'il me seroit possible. Je le fis deux jours après, et j'y mis tout ce qu'il me fut possible. Je trouvai un homme doux, poli, sensible aux avances, mais, sur la visite, ministre, et qui me dit nettement que si le duc de Villeroy n'en franchissoit le pas, il ne serviroit point. J'eus beau représenter à Chamillart la situation du fils avec le père, la déraison et l'autorité de ce père, la délicatesse du fils qui n'en avoit éprouvé que des duretés dans sa splendeur, à ne le pas choquer dans sa disgrâce; rien ne put vaincre Chamillart. Il me chargea pour le duc de Villeroy de tous les compliments du monde, de toutes les offres de services possibles, hors sur la guerre, et il n'y avoit que sur la guerre où il pût lui en rendre. Faute de mieux, il me fallut contenter d'avoir rapproché les choses, dans l'espérance qu'elles se pourroient raccommoder tout à fait.

J'allai souper en tiers avec le duc et la duchesse de Villeroy, qui s'affligea amèrement d'une réponse si dure parmi tant de compliments. Son mari la sentit vivement. Je lui représentai son âge, ses services, son grade de lieutenant général, et ce à quoi l'un et l'autre le devoient tout naturellement conduire. Je lui parlai du bâton et du commandement des armées; je lui représentai qu'il rendroit douteux l'espèce de droit qu'il pouvoit prétendre de succéder à la charge de capitaine des gardes de son père, à laquelle l'exemple du duc de Noailles lui frayoit un chemin assuré; que l'éclat qui avoit fait chasser Mme de Caylus avoit fait une impression qui n'étoit effacée que pour elle, et qui subsistoit contre lui et Mme de Maintenon, comme il n'en pouvoit douter, malgré son amitié pour le maréchal de Villeroy; enfin, que son père avoit travaillé trop peu solidement pour lui, et lui avoit toute sa vie trop durement appesanti le joug pour que sciemment et volontairement il se perdît sur une chose inutile, vaine, de purs travers et de pure fantaisie, que son père même ne devoit jamais exiger de lui. En un mot, je n'oubliai rien, ni sa femme non plus ; mais tout fut inutile.

Le duc de Villeroy avoit promis à son père, qui avoit exigé sa parole. Accoutumé à trembler devant lui comme un enfant, il n'osa la refuser ; il ne put se résoudre à en manquer, même en ne voyant Chamillart qu'en secret, ce que je me faisois fort de faire passer au ministre. Il fallut donc se réduire à essayer qu'il se contentât d'un compliment du duc de Villeroy, chez le roi, sur ce qu'il ne le voyoit point chez lui. J'en parlai à Chamillart de toute mon affection ; mais il me répondit que ce qui eût été bon d'abord venoit trop tard, après deux mois de retour. J'eus recours à la maréchale de Villeroy, de laquelle j'avois reçu cent fois de vives plaintes sur toute cette affaire ; je la reconnus si éloignée de s'adoucir, que je n'osai pousser mon projet. Toutefois la solide piété qui étoit en elle lui fit faire quelques réflexions. D'elle-même elle permit à son fils de tâcher à fléchir son père. Le fils n'y gagna rien. Il trouva son père plus entêté et plus furieux que jamais.

Le vrai motif de cette rage fut l'énoncé de la patente de M. de Vendôme pour aller commander l'armée en Flandre en sa place. Véritablement il appesantissoit la honte du maréchal et sans nécessité, et la rendoit immortelle. Ses amis en furent avertis à temps de l'arrêter, ce qui en augmenta le bruit, et M. le Grand, ami de Chamillart, obtint de lui que cet endroit de la patente seroit réformé et changé. Elle étoit déjà scellée lorsque Chamillart l'envoya retirer du chancelier sous prétexte que son commis l'avoit mal dressée. Le chancelier, ami du maréchal, et scandalisé pour lui, ne fit pas difficulté de la rendre, ni le commis de lui avouer que cet énoncé injurieux étoit l'ouvrage de son maître, auquel un subalterne comme lui n'eût pas osé attenter. De cette sorte fut expédiée une autre patente, sans que l'injure de la précédente pût s'effacer du cœur du maréchal, qui ne manqua pas de prétextes différents et moins humiliants pour colorer sa haine.

S'il eût su céder au temps et embrasser de bonne grâce le sauve l'honneur que nous avons vu le roi lui présenter avec tant de bonté et d'affection, après toutes ses fautes, il fût revenu à la cour plus puissant et plus en faveur que jamais. On a vu (t IV, p. 59 et suiv.) qu'au retour de sa prison de Gratz il ne tint qu'à lui d'entrer au conseil en quittant la guerre, et le salutaire conseil que lui en donna son ami le chevalier de Lorraine, et avec quel travers insensé il le refusa. La maréchale de Villeroy me l'a avoué depuis avec une douleur amère. Le bon est qu'il est certain que sans qu'il ait été depuis nulle mention de lui communiquer aucune affaire étrangère, il voulut quitter la guerre l'hiver qui précéda la bataille de Ramillies, et c'étoit alors la quitter pour rien ; qu'il fit tout ce qu'il put pour engager le roi à disposer du commandement de l'armée de Flandre, et lui permettre de demeurer auprès de lui, et qu'il ne put jamais l'obtenir. C'est ainsi que la plus haute faveur montre ce que vaut celui qui la possède, et se trouve toujours inférieure à quelque peu de sens que ce soit. La fin de tout ceci fut que le duc de Villeroy ne servit plus, et que Chamillart se rabattit sur le fils, n'ayant pu pousser à bout le père. Il en coûta dans la suite au duc de Villeroy le bâton de maréchal de France qu'il vit donner à de ses camarades qui ne l'avoient pas mieux mérité que lui, et qui n'en étoient pas plus capables, mais qui avoient toujours continué à servir.

CHAPITRE XX.

Accablement, vapeurs, instances de Chamillart pour être soulagé. — Sa manière d'écrire au roi, et du roi à lui. — Réponse étonnante. — Personnes assises et debout aux conseils. — Impôts sur les baptêmes et mariages; abandonnés par les désordres qu'ils causent. — Mort de du Chesne, premier médecin des enfants de France. — Mariage de Mezières avec Mlle Oglthorp; leur famille, leur fortune, leur caractère. — Livre du maréchal de Vauban sur la dîme royale; livres de Boisguilbert sur la même matière. — Mort du premier et exil du second. — Origine de l'impôt du dixième. — Mort du marquis de Lusignan; sa maison, sa famille, sa fortune, son caractère. — Mort de Pointis. — Mort du chevalier d'Aubeterre. — Comte d'Aubeterre, son neveu; sa fortune, son caractère, leur extraction.

Chamillart, accablé du double travail de la guerre et des finances, n'avoit le temps de manger ni de dormir. Des armées détruites presque toutes les campagnes par des batailles perdues, des frontières immensément rapprochées tout à coup par le tournement de têtes des généraux malheureux épuisoient toutes les ressources d'hommes et d'argent. Le ministre à bout de temps à en chercher et à vaquer cependant au courant, avoit plus d'une fois représenté son impuissance à suffire à deux emplois, qui dans des temps heureux auroient même fort occupé deux hommes tout entiers. Le roi, qui l'avoit chargé de l'un et de l'autre pour se mettre à l'abri des démêlés entre la finance et la guerre qui l'avoient si longtemps fatigué, du temps de MM. Colbert et de Louvois, ne put se résoudre à décharger Chamillart des finances. Il fit donc de nécessité vertu, mais à la fin, la machine succomba. Il lui prit des vapeurs, des éblouissements, des tournements de tête. Tout s'y portoit, il ne digéroit plus. Il maigrit à vue d'œil. Toutefois il falloit que la roue marchât sans interruption, et dans ces emplois il n'y avoit que lui qui pût la faire tourner.

Il écrivit au roi une lettre pathétique pour être déchargé. Il ne lui dissimula rien de la triste situation de ses affaires et de l'impossibilité où leur difficulté le mettoit d'y remédier, faute de temps et de santé. Il le faisoit souvenir de plusieurs temps et de plusieurs occasions où il les lui avoit exposées au vrai par des états abrégés : il le pressoit par les cas urgents et multipliés qui se précipitoient les uns sur les autres, et qui chacun demandoient un travail long, approfondi, continu, assidu, auquel, quand sa santé le lui pertroit, la multitude de ses occupations, toutes indispensables, ne lui laissoit pas une heure à s'y appliquer. Il finissoit que ce seroit bien mal répondre à ses bontés et à sa confiance, s'il ne lui disoit franchement que tout alloit périr, s'il n'y apportoit ce remède.

Il écrivoit toujours au roi à mi-marge, et le roi apostilloit à côté, de sa main, et lui renvoyoit ainsi ses lettres. Chamillart me montra celle-là, après qu'elle lui fut revenue. J'y vis avec grande surprise cette fin de la courte apostille de la main du roi : *Eh bien! nous périrons ensemble.*

Chamillart en fut également comblé et désolé; mais cela ne lui rendit pas les forces. Il manqua des conseils, et surtout il se dispensa de ceux des dépêches lorsqu'il pouvoit éviter d'y rapporter; ou s'il y avoit des affaires, le roi lui donnoit d'abord la parole, qui d'ailleurs va par ancienneté entre les secrétaires d'État, et dès qu'il avoit fait il s'en alloit. La raison étoit qu'il ne pouvoit demeurer debout, et qu'au conseil des dépêches, tous les secrétaires d'État, même ministres, demeurent toujours debout, tant qu'il dure. Il n'y a que les princes qui en sont, c'est-à-dire, Monseigneur, Mgr le duc de Bourgogne, Monsieur, lorsqu'il vivoit, le chancelier; et s'il y a des ducs, comme M. de Beauvilliers, qui en étoit, assis. Aux autres conseils, tous ceux qui en sont s'assoient, excepté s'il y entre, comme il arrive quelquefois, des maîtres des requêtes qui viennent rapporter quelque procès au conseil de finances, où ils ne s'assoient jamais, et y entrent en ces occasions avec les conseillers d'État du bureau où le même maître des requêtes avoit auparavant rapporté la même affaire. Alors, les conseillers d'État de ce bureau opinent immédiatement après lui, assis, et coupent par ancienneté de conseillers d'État les ministres, les secrétaires d'État et le contrôleur général, et les uns et les autres y cèdent en tout aux ducs et aux officiers de la couronne, lorsqu'il s'en trouve au conseil, comme M. de Beauvilliers, qui étoit de tous, et les deux maréchaux de Villeroy avant et après lui.

La nécessité des affaires avoit fait embrasser toutes sortes de moyens pour avoir de l'argent. Les traitants en profitèrent pour attenter à tout, et les parlements n'étoient plus en état, depuis longtemps, d'oser même faire des remontrances. On établit donc un impôt sur les baptêmes et sur les mariages sans aucun respect pour la religion et pour les sacrements, et sans aucune considération pour ce qui est le plus indispensable et le plus fréquent dans la société civile. Cet édit fut extrêmement onéreux et odieux. Les suites, et promptes, produisirent une étrange confusion. Les pauvres et beaucoup d'autres petites gens baptisoient eux-mêmes leurs enfants sans les porter à l'église, et se marièrent sous la cheminée par le consentement réciproque devant témoins, lorsqu'ils ne trouvoient point de prêtre qui voulût les marier chez eux et sans formalité. Par là plus d'extraits baptistaires, plus de certitude des baptêmes, par conséquent des naissances, plus d'état pour les enfants de ces sortes de mariages qui pût être assuré. On redoubla donc de rigueurs et de recherches contre des abus si préjudiciables, c'est-à-dire qu'on redoubla de soins, d'inquisition et de dureté pour faire payer l'impôt.

Du cri public et des murmures on passa à la sédition en quelques lieux. Elle alla si loin à Cahors qu'à peine deux bataillons qui y étoient purent empêcher les paysans armés de s'emparer de la ville, et qu'il y fallut envoyer des troupes destinées pour l'Espagne, et retarder leur départ et celui de M. le duc d'Orléans. Mais le temps pressoit, et il en fallut venir à mander à Le Gendre, intendant de la province, de suspendre l'effet; on eut grand'peine à dissiper le mouvement du Quercy et, les paysans armés et attroupés, à les faire retirer dans leurs villages. En Périgord, ils se soulevèrent tous, pillèrent les bureaux, se rendirent maîtres d'une petite ville et de quelques châteaux, et forcèrent quelques gentilshommes de se mettre à leur tête. Ils n'étoient point mêlés de nouveaux convertis. Ils déclaroient tout haut qu'ils payeroient la taille et la capitation, la dîme à leurs curés, les redevances à leur seigneur, mais qu'ils n'en pouvoient payer davantage, ni plus ouïr parler des autres impôts et vexations. A la fin, il fallut laisser tomber cet édit d'impôt sur les baptêmes et les mariages, au grand regret des traitants qui, par la multitude et bien autant par les vexations, les recherches inutiles et les friponneries, s'y enrichissoient cruellement.

Du Chesne, fort bon médecin, charitable et homme de bien et d'honneur, qui avoit succédé auprès des fils de France à Fagon, lorsque celui-ci devint premier médecin du roi, mourut à Versailles à quatre-vingt-onze ans, sans avoir été marié ni avoir amassé grand bien. J'en fais la remarque, parce qu'il conserva jusqu'au bout une santé parfaite et sa tête entière, soupant tous les soirs avec une salade et ne buvant que du vin de Champagne. Il conseilloit ce régime. Il n'étoit ni gourmand ni ivrogne, mais aussi il n'avoit pas la forfanterie de la plupart des médecins.

Mezières, capitaine de gendarmerie, estimé pour son courage et pour son application à la guerre, épousa une Angloise, dont il étoit amoureux, qui étoit catholique. Elle s'appeloit Mlle Oglthorp. Elle étoit bien demoiselle, mais sa mère avoit été blanchisseuse de la reine, femme du roi Jacques II, et M. de Lauzun m'a dit souvent l'avoir vue et connue dans cette fonction à Londres. Elle avoit beaucoup de frères et de sœurs dans la dernière pauvreté. Elle avoit beaucoup d'esprit insinuant, et se faisant tout à tous, méchante au dernier point et intrigante également, infatigable et dangereuse. Elle a eu des filles de ce mariage qui ne lui ont cédé sur aucun de ces chapitres, dont elles et leur mère ont rendu et rendent encore des preuves continuelles avec une audace, une hardiesse, une effronterie qui se prend à tout et n'épargne rien, et qui a mené loin leur fortune.

Mezières étoit un homme de fort peu, du nom de Béthisy, dont on voit l'anoblissement assez récent. Il y a eu une maison de Béthisy, avec qui il ne le faut pas confondre, qui peut-être n'est pas encore éteinte. Avec cette naissance, la figure en étoit effroyable; bossu devant et derrière à l'excès, la tête dans la poitrine au-dessous de ses épaules, faisant peine à voir respirer, avec cela squelette et un visage jaune qui ressembloit à une grenouille comme deux gouttes d'eau. Il avoit de l'esprit, encore plus de manége, une opinion de lui jusqu'à se regarder au miroir avec complaisance, et à se croire fait pour la galanterie. Il avoit lu et retenu. Je pense que la conformité d'effronterie et de talent d'intrigue fit un mariage si bien assorti. Sa sœur étoit mère de M. de Lévi, gendre de M. le duc de Chevreuse. Il en sut tirer parti. Sa fortune, qui lui donna un gouvernement et le grade de lieutenant général, le rendit impertinent au point de prétendre à tout et de le montrer. Il en demeura là pourtant avec tous ses charmes, et se fit peu regretter des honnêtes gens. Sa femme, depuis, a bien fait des personnages, et à force d'artifices a su marier ses filles hautement, et bien faire repentir leurs maris de cette alliance.

On a vu (t. IV, p. 87 et suiv.) quel étoit Vauban à l'occasion de son élévation à l'office de maréchal de France. Maintenant nous l'allons voir réduit au tombeau par l'amertume de la douleur pour cela même qui le combla d'honneur, et qui, ailleurs qu'en France, lui eût tout mérité et acquis. Il faut se souvenir, pour entendre mieux la force de ce que j'ai à dire, du court portrait de cette page (87), et savoir en même temps que tout ce que j'en ai dit et à dire n'est que d'après ses actions, et une réputation sans contredit de personne, ni tant qu'il a vécu, ni depuis, et que jamais je n'ai eu avec lui, ni avec personne qui tînt à lui, la liaison la plus légère.

Patriote comme il l'étoit, il avoit toute sa vie été touché de la misère du peuple et de toutes les vexations qu'il souffroit. La connoissance que ses emplois lui donnoient de la nécessité des dépenses, et du peu d'espérance que le roi fût pour retrancher celles de splendeur et d'amusements, le faisoit gémir de ne voir point de remède à un accablement qui augmentoit son poids de jour en jour.

Dans cet esprit, il ne fit point de voyage (et il traversoit souvent le royaume de tous les biais) qu'il ne prît partout des informations exactes sur la valeur et le produit des terres, sur la sorte de commerce et d'industrie des provinces et des villes, sur la nature et l'imposition des levées, sur la manière de les percevoir. Non content de ce qu'il pouvoit voir et faire par lui-même il envoya secrètement partout où il ne pouvoit aller, et même où il avoit été et où il devoit aller, pour être instruit de tout, et comparer les rapports avec ce qu'il auroit connu par lui-même. Les vingt dernières années de sa vie au moins furent employées à ces recherches auxquelles il dépensa beaucoup. Il les vérifia souvent avec toute l'exactitude et la justesse qu'il y put apporter, et il excelloit en ces deux qualités. Enfin il se convainquit que les terres étoient le seul bien solide, et il se mit à travailler à un nouveau système.

Il étoit bien avancé lorsqu'il parut divers petits livres du sieur de Boisguilbert, lieutenant général au siége de Rouen, homme de beaucoup d'esprit, de détail et de travail, frère d'un conseiller au parlement de Normandie, qui, de longue main, touché des mêmes vues que Vauban, y travailloit aussi depuis longtemps. Il y avoit déjà fait du progrès avant que le chancelier eût quitté les finances. Il vint exprès le trouver, et, comme son esprit vif avoit du singulier, il lui demanda de l'écouter avec patience, et tout de suite lui dit que d'abord il le prendroit pour un fou, qu'ensuite il verroit qu'il méritoit attention, et qu'à la fin il demeureroit content de son système. Pontchartrain, rebuté de tant de donneurs d'avis qui lui avoient passé par les mains, et qui étoit tout salpêtre, se mit à rire, lui répondit brusquement qu'il s'en tenoit au premier et lui tourna le dos. Boisguilbert, revenu à Rouen, ne se rebuta point du mauvais succès de son voyage. Il n'en travailla que plus infatigablement à son projet, qui étoit à peu près le même que celui de Vauban, sans se connoître l'un l'autre. De ce travail naquit un livre savant et profond sur la matière, dont le système alloit à une répartition exacte, à soulager le peuple de tous les frais qu'il supportoit et de beaucoup d'impôts, qui faisoit entrer les levées directement dans la bourse du roi, et conséquemment ruineux à l'existence des traitants, à la puissance des intendants, au souverain domaine des ministres des finances. Aussi déplut-il à tous ceux-là, autant qu'il fut applaudi de tous ceux qui n'avoient pas les mêmes intérêts. Chamillart, qui avoit succédé à Pontchartrain, examina ce livre. Il en conçut de l'estime, il manda Boisguilbert deux ou trois fois à l'Étang, et y travailla avec lui à plusieurs reprises, en ministre dont la probité ne cherche que le bien.

En même temps, Vauban, toujours appliqué à son ouvrage, vit celui-ci avec attention, et quelques autres du même auteur qui le suivirent; de là il voulut entretenir Boisguilbert. Peu attaché aux siens, mais ardent pour le soulagement des peuples et pour le bien de l'État, il les retoucha et les perfectionna sur ceux-ci, et y mit la dernière main. Ils convenoient sur les choses principales, mais non en tout.

Boisguilbert vouloit laisser quelques impôts sur le commerce étranger et sur les denrées, à la manière de Hollande, et s'attachoit principalement à ôter les plus odieux, et surtout les frais immenses, qui, sans entrer dans les coffres du roi, ruinoient les peuples à la discrétion des traitants et de leurs employés, qui s'y enrichissoient sans mesure, comme cela est encore aujourd'hui et n'a fait qu'augmenter, sans avoir jamais cessé depuis.

Vauban, d'accord sur ces suppressions, passoit jusqu'à celle des impôts mêmes. Il prétendoit n'en laisser qu'un unique, et avec cette simplification remplir également leurs vues communes sans tomber en aucun inconvénient. Il avoit l'avantage sur Boisguilbert de tout ce qu'il avoit examiné, pesé, comparé, et calculé lui-même en ses divers voyages depuis vingt ans; de ce qu'il avoit tiré du travail de ceux que dans le même esprit il avoit envoyés depuis plusieurs années en diverses provinces; toutes choses que Boisguilbert, sédentaire à Rouen, n'avoit pu se proposer, et l'avantage encore de se rectifier par les lumières et les ouvrages de celui-ci, par quoi il avoit raison de se flatter de le surpasser en exactitude et en justesse, base fondamentale de pareille besogne. Vauban donc abolissoit toutes sortes d'impôts, auxquels il en substituoit un unique, divisé en deux branches, auxquelles il donnoit le nom de dîme royale, l'une sur les terres par un dixième de leur produit, l'autre léger par estimation sur le commerce et l'industrie, qu'il estimoit devoir être encouragés l'un et l'autre, bien loin d'être accablés. Il prescrivoit des règles très-simples, très-sages et très-faciles pour la levée et la perception de ces deux droits, suivant la valeur de chaque terre, et par rapport au nombre d'hommes sur lequel on peut compter avec le plus d'exactitude dans l'étendue du royaume. Il ajouta la comparaison de la répartition en usage avec celle qu'il proposoit, les inconvénients de l'une et de l'autre, et réciproquement leurs avantages, et conclut par des preuves en faveur de la sienne, d'une netteté et d'une évidence à ne s'y pouvoir refuser; aussi cet ouvrage reçut-il les applaudissements publics et l'approbation des personnes les plus capables de ces calculs et de ces comparaisons, et les plus versées en toutes ces matières qui en admirèrent la profondeur, la justesse, l'exactitude et la clarté.

Mais ce livre avoit un grand défaut. Il donnoit à la vérité au roi plus qu'il ne tiroit par les voies jusqu'alors pratiquées; il sauvoit aussi les peuples de ruines et de vexations, et les enrichissoit en leur laissant tout ce qui n'entroit point dans les coffres du roi à peu de chose près, mais il ruinoit une armée de financiers, de commis, d'employés de toute espèce; il les réduisoit à chercher à vivre à leurs dépens, et non plus à ceux du public, et il sapoit par les fondements ces fortunes immenses qu'on voit naître en si peu de temps. C'étoit déjà de quoi échouer.

Mais le crime fut qu'avec cette nouvelle pratique, tomboit l'autorité du contrôleur général, sa faveur, sa fortune, sa toute-puissance, et par proportion celle des intendants des finances, des intendants de provinces, de leurs secrétaires, de leurs commis, de leurs protégés qui ne pouvoient plus faire valoir leur capacité et leur industrie, leurs lumières et leur crédit, et qui de plus tomboient du même coup dans l'impuissance de faire du bien ou du mal à personne. Il n'est donc pas surprenant que tant de gens si puissants en tout genre à qui ce livre arrachoit tout des mains ne conspirassent contre un système si utile à l'État, si heureux pour le roi, si avantageux aux peuples du royaume, mais si ruineux pour eux. La robe entière en rugit pour son intérêt. Elle est la modératrice des impôts par les places qui en regardent toutes les sortes d'administration, et qui lui sont affectées privativement à tous autres, et elle se le croit en corps avec plus d'éclat par la nécessité de l'enregistrement des édits bursaux.

Les liens du sang fascinèrent les yeux aux deux gendres de M. Colbert, de l'esprit et du gouvernement duquel ce livre s'écartoit fort, et furent trompés par les raisonnements vifs et captieux de Desmarets, dans la capacité duquel ils avoient toute confiance, comme au disciple unique de Colbert son oncle qui l'avoit élevé et instruit. Chamillart si doux, si amoureux du bien, et qui n'avoit pas, comme on l'a vu, négligé de travailler avec Boisguilbert, tomba sous la même séduction de Desmarets. Le chancelier, qui se sentoit toujours d'avoir été, quoique malgré lui, contrôleur général des finances, s'emporta; en un mot, il n'y eut que les impuissants et les désintéressés pour Vauban et Boisguilbert, je veux dire l'Église et la noblesse; car pour les peuples qui y gagnoient tout, ils ignorèrent qu'ils avoient touché à leur salut que les bons bourgeois seuls déplorèrent.

Ce ne fut donc pas merveille si le roi prévenu et investi de la sorte reçut très-mal le maréchal de Vauban lorsqu'il lui présenta son livre qui lui étoit adressé dans tout le contenu de l'ouvrage. On peut juger si les ministres à qui il le présenta lui firent un meilleur accueil. De ce moment, ses services, sa capacité militaire unique en son genre, ses vertus, l'affection que le roi y avoit mise, jusqu'à croire se couronner de lauriers en l'élevant, tout disparut à l'instant à ses yeux. Il ne vit plus en lui qu'un insensé pour l'amour du public, et qu'un criminel qui attentoit à l'autorité de ses ministres, par conséquent à la sienne. Il s'en expliqua de la sorte sans ménagement.

L'écho en retentit plus aigrement encore dans toute la nation offensée, qui abusa sans aucun ménagement de sa victoire; et le malheureux maréchal, porté dans tous les cœurs françois, ne put survivre aux bonnes grâces de son maître pour qui il avoit tout fait, et mourut peu de mois après, ne voyant plus personne, consumé de douleur et d'une affliction que rien ne put adoucir, et à laquelle le roi fut insensible, jusqu'à ne pas faire semblant de s'apercevoir qu'il eût perdu un serviteur si utile et si illustre. Il n'en fut pas moins célébré par toute l'Europe, et par les ennemis même, ni moins regretté en France de tout ce qui n'étoit pas financiers ou suppôts de financiers.

Boisguilbert, que cet événement auroit dû rendre sage, ne put se contenir. Une des choses que Chamillart lui avoit le plus fortement objectées étoit la difficulté de faire des changements au milieu d'une forte guerre. Il publia donc un livret fort court, par lequel il démontra que M. de Sully, convaincu du désordre des finances que Henri IV lui avoit commises, en avoit changé tout l'ordre au milieu d'une guerre, autant ou plus fâcheuse que celle dans laquelle on se trouvoit engagé, et en étoit venu à bout avec un grand succès; puis, s'échappant sur la fausseté de cette excuse par une tirade de : *Faut-il attendre la paix pour*..., il étala avec tant de feu et d'évidence un si grand nombre d'abus, sous lesquels il étoit impossible de ne succomber pas, qu'il acheva d'outrer les ministres, déjà si piqués de la comparaison du duc de Sully et si impatients d'entendre renouveler le nom d'un grand seigneur qui en a plus su en finances que toute la robe et la plume.

La vengeance ne tarda pas : Boisguilbert fut exilé au fond de l'Auvergne. Tout son petit bien consistoit en sa charge; cessant de la faire, il tarissoit. La Vrillière, qui avoit la Normandie dans son département, avoit expédié la lettre de cachet. Il l'en fit avertir, et la suspendit quelques jours comme il put. Boisguilbert en fut peu ému, plus sensible peut-être à l'honneur de l'exil pour avoir travaillé sans crainte au bien et au bonheur public qu'à ce qu'il lui en alloit coûter. Sa famille en fut plus alarmée et s'empressa à parer ce coup. La Vrillière, de lui-même, s'employa avec générosité. Il obtint qu'il fît le voyage, seulement pour obéir à un ordre émané qui ne se pouvoit plus retenir, et qu'aussitôt après qu'on seroit informé de son arrivée au lieu prescrit, il seroit rappelé. Il fallut donc partir; La Vrillière, averti de son arrivée, ne douta pas que le roi ne fût content, et voulut en prendre l'ordre pour son retour, mais la réponse fut que Chamillart ne l'étoit pas encore.

J'avois fort connu les deux frères Boisguilbert, lors de ce procès qui me fit aller à Rouen et que j'y gagnai, comme je l'ai dit en son temps. Je parlai donc à Chamillart; ce fut inutilement : on le tint là deux mois, au bout desquels enfin j'obtins son retour. Mais ce ne fut pas tout. Boisguilbert mandé, en revenant, essuya une dure mercuriale, et pour le mortifier de tous points fut renvoyé à Rouen suspendu de ses fonctions, ce qui toutefois ne dura guère. Il en fut amplement dédommagé par la foule de peuple et les acclamations avec lesquelles il fut reçu.

Disons tout, et rendons justice à la droiture et aux bonnes intentions de Chamillart. Malgré sa colère, il voulut faire un essai de ces nouveaux moyens. Il choisit pour cela une élection près de Chartres, dans l'intendance d'Orléans qu'avoit Bouville. Ce Bouville, qui est mort conseiller d'État, avoit épousé la sœur de Desmarets. Bullion avoit là une terre où sa femme fit soulager ses fermiers. Cela fit échouer toute l'opération si entièrement dépendante d'une répartition également et exactement proportionnelle. Il en résulta de plus que ce que Chamillart avoit fait à bon dessein se tourna en poison, et donna de nouvelles forces aux ennemis du système.

Il fut donc abandonné, mais on n'oublia pas l'éveil qu'il donna de la dîme; et quelque temps après, au lieu de s'en contenter pour tout impôt, suivant le système du maréchal de Vauban, on l'imposa sur tous les biens de tout genre en sus de tous les autres impôts; on l'a renouvelée en toute occasion de guerre ; et même en paix le roi l'a toujours retenue sur tous les appointements, les gages et les pensions. Voilà comment il se faut garder en France des plus saintes et des plus utiles intentions, et comment on tarit toute source de bien. Qui auroit dit au maréchal de Vauban que tous ses travaux pour le soulagement de tout ce qui habite la France auroient uniquement servi et abouti à un nouvel impôt de surcroît, plus dur, plus permanent et plus cher que tous les autres? C'est une terrible leçon pour arrêter les meilleures propositions en fait d'impôts et de finances.

Il mourut un autre homme de plus haut haut parage assurément, et de bien loin, mais bien inférieur en tout le reste. Ce fut M. de Lusignan, de la branche de Lezay, sortie d'Hugues VII, sire de Lusignan par Simon, son quatrième fils, vers l'an 1100. A cette époque c'étoient déjà de fort grands seigneurs, mais dans la maison desquels les comtés de la Marche, d'Angoulême et d'Eu, ni les couronnes de Chypre et de Jérusalem n'étoient pas encore entrés. Cette branche de Lezay subsistoit seule de toute cette grande maison, et cette branche même étoit restreinte en ce marquis de Lusignan, son frère l'évêque de Rodez et ses deux fils. Il avoit aussi une sœur mariée à M. de La Roche-Aymon. M. de Lusignan étoit un fort honnête homme, et qui n'auroit pas été sans talents si l'extrême misère ne l'avoit pas abattu. Il avoit été lieutenant des gens d'armes écossois. Mme de Maintenon qui l'avoit connu en province lorsque Mme de Neuillant la retira chez elle en arrivant des îles de l'Amérique, et qui depuis sa fortune vouloit avoir l'honneur de lui appartenir, lui procura quelque subsistance, mais petitement, à sa manière. Il fut envoyé extraordinaire à Vienne, où on en fut content, puis à la cour de Lunebourg. Sa femme étoit Bueil. Son frère de Rodez fut un étrange évêque.

M. de Lusignan mourut fort pauvre à soixante-quatorze ans, et laissa deux fils. Le cadet, prêtre avec une petite abbaye, fut grand vicaire de son oncle, et ne valut pas mieux. L'aîné, marié à une La Rochefoucauld de la branche d'Estissac, n'a jamais rien fait. S'il n'a point eu d'enfants, toute cette maison de Lusignan est éteinte; car ceux qui en prennent le nom ne sauroient en montrer de jonction. Les Saint-Gelais aussi qui s'en sont avisés n'en sont point et ne peuvent le montrer. Le premier d'eux à qui cette imagination vint est Louis de Saint-Gelais, baron de La Mothe-Sainte-Heraye, et par sa femme seigneur de Lansac, qui fut un personnage en son temps, chevalier d'honneur de Catherine de Médicis, capitaine de la seconde compagnie des cent gentilshommes de la maison du roi, ambassadeur à Rome en 1554, chevalier du Saint-Esprit en la seconde promotion 1579, mort en 1589 à soixante-seize ans, dont le petit-fils fut M. de Lansac, gendre du maréchal de Souvré, mari de la gouvernante de Louis XIV.

Peu après mourut Pointis, si connu par sa brave et heureuse expédition de Carthagène, par d'autres actions et par beaucoup d'esprit, de valeur et de capacité dans son métier. C'étoit un homme à aller dignement à tout et utilement pour l'État dans la marine. Mais il n'étoit plus jeune, et mourut pour s'être sondé lui-même et blessé. Il s'étoit puissamment enrichi et n'avoit ni femme ni enfants.

Le chevalier d'Aubeterre le suivit de près. Il avoit quatre-vingt-douze ans dont il abusoit pour dire toutes sortes d'ordures et d'impertinences. Il étoit le plus ancien lieutenant général de France. Il s'étoit démis depuis peu du gouvernement de Collioure, et l'avoit fait donner à son neveu, dont le plus grand mérite étoit ici d'être le complaisant et le courtisan des garçons bleus et des principaux commis des ministres qu'il régaloit souvent chez lui, et à l'armée d'être le plus bas valet de M. de Vendôme qui le fit faire lieutenant général, et de M. de Vaudemont qui lui valut bien de l'argent qu'il fricassa en panier percé qu'il étoit. Ses bas manéges le firent chevalier de l'ordre en 1724. Son mérite ne l'y auroit pas porté; pour sa naissance il n'y avoit rien à dire, surtout dans une pareille promotion. Le plus triste état que j'aie guère connu étoit celui d'être sa femme ou son fils. Leur nom n'est point Aubeterre, c'est Esparbès. Le maréchal d'Aubeterre, mort en 1628 et maréchal de France en 1620, étoit gouverneur de Blaye. Il épousa la fille unique et héritière de David Bouchard, vicomte d'Aubeterre, chevalier du Saint-Esprit, gouverneur de Périgord, dont leurs enfants prirent le nom et les armes, mais sans quitter les leurs. Le chevalier d'Aubeterre, dont je viens de dire la mort, étoit le cinquième fils de ce mariage, dont le second fils fut père du chevalier de l'ordre, duquel aussi je viens de parler. Il commença extrêmement tard à servir.

CHAPITRE XXI.

Beringhen, premier écuyer, enlevé entre Paris et Versailles par un parti ennemi, et rescous[1]. — Cherbert à la Bastille. — Duc de Bouillon gagne son procès contre son fils. — Mariage du comte d'Évreux avec la fille de Crosat. — Harlay quitte la place de premier président. — Caractère d'Harlay. — Quelques dits du premier président Harlay. — Candidats pour la place de premier président, que je souhaite au procureur général d'Aguesseau. — Pelletier premier président. — Portail président à mortier. — Courson avocat général. — Mot ridicule du premier président sur son fils. — Mariage du duc d'Estrées avec une fille du duc de Nevers. — Mort du duc de Nevers; sa famille, sa fortune, son caractère. — *Parvulo* de Meudon.

Un événement aussi étrange que singulier mit le roi fort en peine, et toute la cour et la ville en rumeur. Le jeudi

---

1. Vieux mot qui signifie *secouru et délivré*.

7 mars, Beringhen, premier écuyer du roi, l'ayant suivi à sa promenade à Marly, et en étant revenu à sa suite à Versailles, en partit à sept heures du soir pour aller coucher à Paris, seul dans son carrosse, c'est-à-dire un carrosse du roi, deux valets de pied du roi derrière, et un garçon d'attelage portant le flambeau devant lui sur le septième cheval. Il fut arrêté dans la plaine de Billancourt, entre une ferme qui est sur le chemin, assez près du bout du pont de Sèvres, et un cabaret dit *le Point-du-Jour*. Quinze ou seize hommes à cheval l'environnèrent et l'emmenèrent. Le cocher tourna bride, et remena le carrosse et les deux valets de pied à Versailles, où dans l'instant de leur arrivée le roi en fut informé, qui envoya ordre aux quatre secrétaires d'État à Versailles, à l'Étang et à Paris où ils étoient, d'envoyer à l'instant des courriers partout sur les frontières avertir les gouverneurs de garder les passages, sur ce qu'on avoit su qu'un parti ennemi étoit entré en Artois, qu'il n'y avoit commis aucun désordre, et qu'il n'étoit point rentré.

On eut peine d'abord à se persuader que ce fût un parti; mais la réflexion que M. le Premier n'avoit point d'ennemis, que ce n'étoit point un homme en réputation d'argent bon à rançonner, et qu'il n'étoit arrivé d'incident de ce genre à pas un de ces gros financiers, fit qu'on revint à croire que ce pouvoit être un parti.

C'en étoit un en effet. Un nommé Guetem, violon de l'électeur de Bavière, lors de la dernière guerre qu'il faisoit alors avec les alliés contre la France s'étoit mis dans leurs troupes, où, passant par les degrés, il étoit devenu très-bon et très-hardi partisan, et par là étoit monté au grade de colonel dans les troupes de Hollande. Causant un soir avec ses camarades, il paria qu'il enlèveroit quelqu'un de marque entre Paris et Versailles. Il obtint un passe-port des généraux ennemis et trente hommes choisis, presque tous officiers. Ils passèrent les rivières déguisés en marchands, ce qui leur servit à poster leurs relais. Plusieurs d'eux avoient resté sept ou huit jours à Sèvres, à Saint-Cloud, à Boulogne; il y en eut même qui eurent la hardiesse d'aller voir souper le roi à Versailles. On en prit un de ceux-là le lendemain, qui répondit assez insolemment à Chamillart qui l'interrogea; et un des gens de M. le Prince en prit un autre dans la forêt de Chantilly, par qui on sut qu'ils avoient un relais et une chaise de poste à la Morlière pour y mettre le prisonnier qu'ils feroient, mais alors il avoit déjà passé l'Oise.

La faute qu'ils firent fut d'abord de n'avoir pas emmené le carrosse avec Beringhen dedans, tout le plus loin et le plus vite qu'ils auroient pu à la faveur de la nuit, tant pour éloigner l'avis de sa capture, que pour le ménager pour le chemin à lui faire faire à cheval et se donner plus de temps pour leur retraite. Au lieu d'en user de la sorte, ils le fatiguèrent au galop et au trot. Ils avoient laissé passer le chancelier qu'ils n'osèrent arrêter en plein jour, et manquèrent le soir M. le duc d'Orléans, dont ils méprisèrent la chaise de poste. Lassés d'attendre et craignant d'être reconnus, ils se jetèrent sur ce carrosse, et crurent avoir trouvé merveilles quand [ils] virent à la lueur du flambeau un carrosse du roi et ses livrées, et dedans un homme avec un cordon bleu par-dessus son justaucorps comme le Premier le portoit toujours.

Il ne fut pas longtemps avec eux sans apprendre qui ils étoient, et leur dire aussi qui il étoit. Guetem lui marqua toute sorte de respect et de désir de lui épargner tout ce qu'il pourroit de fatigue. Il poussa même ses égards si loin, qu'ils le firent échouer. Ils le laissèrent reposer jusqu'à deux fois; ils lui permirent de monter dans la chaise de poste dont j'ai parlé; ils manquèrent un de leurs relais, ce qui les retarda beaucoup. Outre les courriers aux gouverneurs des frontières, on avoit dépêché à tous les intendants et à toutes les troupes dans leurs quartiers; on avoit détaché après eux plusieurs gardes du roi, du guet même; et toute la petite écurie, où M. le Premier étoit fort aimé, s'étoit débandée de tous côtés. Quelque diligence qu'on eût faite pour garder tous les passages, il avoit traversé la Somme, et il étoit à quatre lieues par delà Ham, gardé par trois officiers sur sa parole de ne point faire de résistance, tandis que les autres s'étoient mis en quête d'un de leurs relais, lorsqu'un maréchal des logis arriva sur eux, suivi, à quelque distance, d'un détachement du régiment de Livry, puis d'un autre, de manière que Guetem, ne se trouvant pas le plus fort, se rendit avec ses deux compagnons et devint le prisonnier du sien.

M. le Premier, ravi d'aise de sa rescousse, et fort reconnoissant d'avoir été bien traité, les mena à Ham, où il se reposa le reste du jour, et, à son tour, les traita de son mieux. Il dépêcha à sa femme et à Chamillart. Le roi, fort aise, lut à son souper les lettres qu'il leur écrivoit.

Le mardi 29, le Premier arriva à Versailles sur les huit heures du soir, et alla tout droit chez Mme de Maintenon, où le roi le fit entrer, qui le reçut à merveilles et lui fit conter toute son aventure. Quoiqu'il eût beaucoup d'amitié pour lui, il ne laissa pas de trouver mauvais que tout fût en fête à la petite écurie, et qu'il y eût un feu d'artifice préparé. Il envoya défendre toutes ces marques de réjouissance, et le feu ne fut point tiré. Il avoit de ces petites jalousies, il vouloit que tout lui fût consacré sans réserve et sans partage. Toute la cour prit part à ce retour, et le Premier eut tout lieu par l'accueil public de se consoler de sa fatigue.

Il avoit envoyé Guetem et ses officiers chez lui à Paris attendre les ordres du roi, où ils furent traités fort au-dessus de ce qu'ils étoient. Beringhen obtint pour Guetem la permission de voir le roi et de le mener à la revue ordinaire que le roi faisoit toujours de sa maison à Marly avant la campagne. Le Premier fit plus, car il l'y présenta au roi, qui le loua d'avoir si bien traité le Premier, et ajouta qu'il falloit toujours faire la guerre honnêtement. Guetem, qui avoit de l'esprit, répondit qu'il étoit si étonné de se trouver devant le plus grand roi du monde, et qui lui faisoit l'honneur de lui parler, qu'il n'avoit pas la force de lui répondre. Il demeura dix ou douze jours chez le Premier pour voir Paris, l'Opéra et la Comédie, dont il devint lui-même le spectacle. Partout on le couroit, et les gens les plus distingués n'en avoient pas honte, dont il reçut les applaudissements d'un trait de témérité qui pouvoit passer pour insolent. Le Premier le régala toujours chez lui, lui fournit des voitures et des gens pour l'accompagner partout, et, en partant, d'argent et des présents considérables. Il s'en alla sur sa parole à Reims rejoindre ses camarades, en attendant qu'ils fussent échangés, ayant la ville pour prison. Presque tous les autres s'étoient sauvés. Leur projet n'étoit rien moins que d'enlever Monseigneur ou un des princes ses fils.

Cette ridicule aventure donna lieu à des précautions qui furent d'abord excessives, et qui rendirent le commerce fatigant aux ponts et aux passages. Elle fut cause aussi qu'assez de gens furent arrêtés. Les parties de chasse des princes devinrent pendant quelque temps plus contraintes, jusqu'à ce que peu à peu toutes ces choses reprirent leur cours ordinaire. Mais il ne fut pas mal plaisant de voir pendant ce temps la frayeur des dames, et même de quelques hommes de la cour qui n'osoient plus marcher qu'entre deux soleils, encore avec peu d'assurance, et qui s'imaginoient des facilités merveilleuses pour être pris partout.

Cherbert et six de ses prétendus domestiques furent arrêtés et conduits à la Bastille. C'étoit un colonel suisse au service du roi, qui l'avoit quitté pour celui de Bavière, où il étoit devenu lieutenant général. Le roi n'avoit pas voulu qu'il roulât[1] avec les siens. Il étoit furtivement revenu, et il fut pris à Saint-Germain, où il se croyoit caché.

L'accommodement de M. de Bouillon avec son fils n'avoit

---

1. C'est-à-dire qu'il servît à tour de rôle.

pas tenu. Ils s'étoient rebrouillés ; ils allèrent plaider à Dijon. Le cardinal de Bouillon s'y trouva, les rapatria et fit en sorte qu'ils plaidèrent honnêtement. Le père gagna son procès en plein en fort peu de séjour qu'il fit en Bourgogne, où le cardinal demeura toujours avec eux.

L'orgueil de cette maison céda immédiatement après au désir des richesses. Le comte d'Évreux, troisième fils de M. de Bouillon, avoit trouvé dans les grâces du roi, procurées par M. le comte de Toulouse, et dans la bourse de ses amis, de quoi se revêtir de la charge de colonel général de la cavalerie, du comte d'Auvergne, son oncle ; mais il n'avoit ni de quoi les payer ni de quoi y vivre, et M. de Bouillon ni le cardinal n'étoient pas en état ou en volonté de lui en donner. Il se résolut donc à sauter le bâton de la mésalliance, et de faire princesse par la grâce du roi la fille de Crosat, qui, de bas commis, puis de petit financier, enfin de caissier du clergé, s'étoit mis aux aventures de la mer et des banques, et passoit avec raison pour un des plus riches hommes de Paris.

Mme de Bouillon, qui vint nous en donner part, nous pria instamment d'aller voir toute la parentelle nombreuse et grotesque pour être assimilée aux descendants prétendus des anciens ducs de Guyenne. Elle nous en donna la liste, et nous fûmes chez tous, que nous trouvâmes engoués de joie. Il n'y eut que la mère de Mme Crosat qui n'en perdit pas le bon sens. Elle reçut les visites avec un air fort respectueux, mais tranquille, répondit que c'étoit un honneur si au-dessus d'eux qu'elle ne savoit comment remercier de la peine qu'on prenoit, et ajouta à tous qu'elle croyoit mieux marquer son respect en ne retournant point remercier que d'importuner des personnes si différentes de ce qu'elle étoit, lesquelles ne l'étoient déjà que trop de l'honneur qu'elles lui vouloient bien faire, et n'alla chez personne. Jamais elle n'approuva ce mariage dont elle prévit et prédit les promptes suites.

Crosat fit chez lui une superbe noce, logea et nourrit les mariés. Mme de Bouillon appeloit cette belle-fille son petit lingot d'or.

On gémissoit cependant sous le poids des impôts et de l'immensité des billets de monnoie sur lesquels on perdoit infiniment. Malgré cet accablement public, celui des nécessités de la guerre avoit entassé un grand nombre de nouveaux édits bursaux pendant les vacances du parlement, qu'il avoit été question d'enregistrer à sa rentrée. Harlay, premier président, parla en cette occasion avec éloquence; mais, déchu de toutes espérances du côté de la cour, il s'y expliqua avec une liberté dont il n'avoit jamais usé jusques alors. Parlant de ce grand nombre d'édits bursaux qui se présentoient tous à enregistrer, il s'étendit sur la nécessité de le faire. Il ajouta qu'il n'en falloit rien craindre pour leur conscience ni pour leur honneur, puisque ce n'étoit plus un temps où aucun examen ni aucune remontrance fût admise; qu'il n'étoit donc point à propos d'entrer dans aucuns détails sur ces édits, d'en discuter les motifs, les prétextes, l'équité, puisque le parlement n'étoit plus chargé de rien de tout cela, mais seulement de les vérifier en baissant la tête, qui étoit la seule chose qui lui fût commandée. Un discours si peu usité ne manqua pas de faire grand bruit. Le premier président en fut averti. Il en écrivit aux ministres, et peu de jours après, il tâcha de se justifier auprès du roi. Partout il fut reçu à merveille, caressé des ministres, fort bien traité du roi. Il s'en retourna fort content; mais, peu après on commença à se dire à l'oreille que ce cynique ne demeureroit pas longtemps en place. Il dura pourtant encore quatre mois. Mais, à la fin, il fallut céder pour sortir par la belle porte, en faisant semblant de vouloir se retirer.

Il convenoit à un hypocrite par excellence de sortir de place comme il y avoit toujours vécu. Il fut donc à Versailles demander miséricorde, comme font les généraux des chartreux à tous leurs chapitres généraux, mais qui seroient enragés d'être pris au mot et qui ne manquent pas de prendre les plus justes mesures pour que leur déposition ne soit pas reçue. Mais ici la chose étoit décidée sans retour. Il vint donc à Versailles un dimanche, 10 avril, débarquer dès le matin chez le chancelier, avec la rage qu'on peut imaginer dans un homme de cette humeur et de cette ambition, qui avoit eu la parole formelle de cet office de la couronne de la bouche du roi même plus d'une fois, comme je l'ai raconté à l'occasion des bâtards, qui le voyoit dans un autre par qui il falloit passer même pour sa démission, et qui avoit le crève-cœur de ne pouvoir ignorer qu'il ne l'avoit manqué que par la faveur et les cris de M. de La Rochefoucauld, qui ne s'en étoit pas caché, en juste rétribution de ses iniquités à notre égard dans notre procès de préséance avec M. de Luxembourg.

Harlay, réduit à devenir le suppliant de celui qui jouissoit, au lieu de lui, de cette grande place, mena son fils en laisse dans le désir de le faire son successeur. Il étoit conseiller d'État, et j'aurai occasion de parler ailleurs de cet autre genre de cynique épicurien. De chez le chancelier, il alla chez le roi qu'il vit en particulier avant le conseil. Il avoit préparé son compliment pour saisir ce moment précieux de toucher le roi, et d'obtenir sa place pour son fils; mais cet homme si adroit, si artificieux, si prompt et si fécond à la repartie, si rompu à prendre ses tours et ses détours, se trouva si touché de cette espèce de funérailles, peut-être encore si piqué, si outré, si confus, qu'il n'en put proférer une parole, et qu'il sortit du cabinet du roi plus mal content de soi que de sa démission même. Il eut la foiblesse de revenir trouver le chancelier et de le conjurer de raccommoder ce qu'il venoit d'omettre. Il ne vit à Versailles que ceux de ses plus intimes amis qu'il ne peut éviter, et qui euxmêmes surent bien l'éviter dans la suite, n'en ayant plus rien à craindre ni à espérer, et s'en retourna à Paris plongé dans l'amertume.

Harlay étoit un petit homme, maigre, à visage en losange, le nez grand et aquilin, des yeux de vautour qui sembloient dévorer les objets et percer les murailles ; un rabat et une perruque noire mêlée de blanc, l'un et l'autre guère plus longs que les ecclésiastiques les portent ; une calotte, des manchettes plates comme les prêtres et le chancelier. Toujours en robe, mais étriquée, le dos courbé, une parole lente, pesée, prononcée, une prononciation ancienne et gauloise ; et souvent les mots de même, tout son extérieur contraint, gêné, affecté ; l'odeur hypocrite, le maintien faux et cynique, des révérences lentes et profondes, allant toujours rasant les murailles, avec un air toujours respectueux mais à travers lequel petilloit l'audace et l'insolence, et des propos toujours composés, à travers lequel sortoit toujours l'orgueil de toute espèce, et tant qu'il osoit, le mépris et la dérision.

Les sentences et les maximes étoient son langage ordinaire, même dans les propos communs ; toujours laconique, jamais à son aise, ni personne avec lui ; beaucoup d'esprit naturel et fort étendu, beaucoup de pénétration, une grande connoissance du monde, surtout des gens avec qui il avoit affaire, beaucoup de belles-lettres, profond dans la science du droit, et ce qui malheureusement est devenu si rare, du droit public ; une grande lecture et une grande mémoire, et avec une lenteur dont il s'étoit fait une étude, une justesse, une promptitude, une vivacité de repartie surprenante et toujours présente. Supérieur aux plus fins procureurs dans la science du palais, et un talent incomparable de gouvernement par lequel il s'étoit tellement rendu le maître du parlement qu'il n'y avoit aucun de ce corps qui ne fût devant lui en écolier, et que la grand'chambre et les enquêtes assemblées n'étoient que des petits garçons en sa présence, qu'il dominoit et qu'il tournoit où et comme il le vouloit, souvent sans qu'ils s'en aperçussent, et quand ils le sentoient sans oser branler devant lui, sans toutefois avoir jamais donné accès à aucune liberté ni familiarité avec lui à personne sans exception ; magnifique par vanité aux occasions, ordinairement frugal par le même orgueil, et modeste de même dans ses meubles et dans son équipage pour s'approcher des mœurs des anciens grands magistrats.

C'est un dommage extrême que tant de qualités et de talents naturels et acquis se soient trouvés destitués de toute vertu, et n'aient été consacrés qu'au mal, à l'ambition, à l'avarice, au crime. Superbe, venimeux, malin, scélérat par nature, humble, bas, rampant devant ses besoins, faux et hypocrite en toutes ses actions, même les plus ordinaires et les plus communes, juste avec exactitude entre Pierre et Jacques pour sa réputation, l'iniquité la plus consommée, la plus artificieuse, la plus suivie, suivant son intérêt, sa passion, et le vent surtout de la cour et de la fortune.

On en a vu d'étranges preuves en faveur de M. de Luxembourg contre nous. Quelque temps après sa décision dont notre récusation l'avoit exclu, le roi voulut savoir son avis de cette affaire. Il répondit que les ducs avoient toute la justice et toute la raison pour eux, et qu'il l'avoit toujours cru de la sorte. Tel est l'empire de la vérité qu'elle tire les aveux les plus infamants de la bouche même de ceux qui la combattent. Après ce que ce juge avoit fait dans ce procès, pouvoit-il lui-même se déshonorer davantage? On a vu (t. Ier, p. 414) avec quelle infamie il s'appropria le dépôt que Ruvigny, son ami, lui avoit confié. De ces traits publics on peut juger de ce qui est plus inconnu.

Une âme si perverse étoit bourrelée, non de remords qu'il ne connut jamais (ou du moins qu'il n'a jamais laissé apercevoir qu'il en eût senti aucun), mais d'une humeur qui se pouvoit dire enragée, qui ne le quittoit point, et qui le rendoit la terreur et presque toujours le fléau de tout ce qui avoit affaire à lui. Comme elle ne l'épargnoit pas, elle n'épargnoit personne, et ses traits étoient les plus perçants et les plus continuels. Ce fut aussi une joie publique lorsqu'on en fut délivré, et le parlement, accablé sous la dureté de son joug, en disputa avec le reste du monde. C'est dommage qu'on n'ait pas fait un *Harleana* de tous ses dits qui caractériseroient ce cynique, et qui divertiroient en même temps, et qui le plus souvent se passoient chez lui, en public et tout haut en pleine audience. Je ne puis m'empêcher d'en rapporter quelques échantillons.

Montataire, père de Lassay, que Mme la Duchesse fit faire chevalier de l'ordre en 1724, avoit épousé en secondes noces une fille de Bussy-Rabutin, si connu par son *Histoire amoureuse des Gaules*, qui le perdit pour le reste de ses jours. Le mari et la femme, que j'ai connus tous deux, étoient tous deux grands parleurs, et on disoit grands chicaneurs. Ils allèrent à l'audience du premier président. Il vint à eux à leur tour, le mari voulut prendre la parole, la femme la lui coupa, et se mit à expliquer son affaire. Le premier président écouta quelque temps, puis l'interrompant : « Monsieur, dit-il au mari, est-ce là Mme votre femme ? — Oui, monsieur, répondit Montataire fort étonné de la question. — Que je vous plains, monsieur ! » répliqua le premier président, haussant les épaules d'un air de compassion ; et leur tourna le dos. Tout ce qui l'entendit ne put s'empêcher de rire. Ils s'en retournèrent outrés, confondus, et sans avoir tiré du premier président que cette insulte.

Mme de Lislebonne, qui outre son rang, sa considération et son crédit, et celui de ses filles, alla un jour avec elles à cette audience. Les réponses furent si cruelles qu'elles sortirent en larmes de colère et de dépit.

Les jésuites et les pères de l'Oratoire sur le point de plaider ensemble, le premier président les manda et les voulut accommoder. Il travailla un peu avec eux, puis les conduisant : « Mes pères, dit-il aux jésuites, c'est un plaisir de vivre avec vous ; » et se tournant tout court aux pères de l'Oratoire : « et un bonheur, mes pères, de mourir avec vous. »

Le duc de Rohan sortant mal content de son audience, vif et brusque comme il étoit, l'avoit prié de ne le point conduire, et après quelques compliments crut avoir réussi. Dans cette opinion il descend le degré, disant rage et injures de lui à son intendant qu'il avoit mené avec lui. Chemin faisant, l'intendant tourne la tête, et voit le premier président sur ses talons. Il s'écrie pour avertir son maître. Le duc de Rohan se retourne, et se met à complimenter pour faire remonter le premier président. « Oh! monsieur, lui dit le premier président, vous dites de si belles choses, qu'il n'y a pas moyen de vous quitter; » et en effet ne le quitta point qu'il ne l'eût vu en carrosse, et partir.

La duchesse de La Ferté alla lui demander l'audience, et, comme tout le monde, essuya son humeur. En s'en allant elle s'en plaignoit à son homme d'affaires, et traita le premier président de vieux singe. Il la suivoit et ne dit mot. A la fin elle s'en aperçut, mais elle espéra qu'il ne l'avoit pas entendue; et lui, sans en faire aucun semblant, il la mit dans son carrosse. A peu de temps de là, sa cause fut appelée, et tout de suite gagnée. Elle accourut chez le premier président et lui fait toutes sortes de remercîments. Lui, humble et modeste, se plonge en révérences, puis, la regardant entre deux yeux : « Madame, lui répondit-il tout haut devant tout le monde, je suis bien aise qu'un vieux singe ait pu faire quelque plaisir à une vieille guenon. » Et de là tout humblement, sans plus dire un mot, se met à la conduire, car c'étoit sa façon de se défaire des gens, d'aller toujours et de les laisser là d'une porte à l'autre. La duchesse de La Ferté eût voulu le tuer ou être morte. Elle ne sut plus ce qu'elle lui disoit, et ne put jamais s'en défaire, lui toujours en profond silence, en respect, et les yeux baissés, jusqu'à ce qu'elle fût montée en carrosse.

Les gens du commun, il les traitoit de haut en bas; et il ne se contraignoit pas de dire à un procureur, à un homme d'affaires que des gens de considération amenoient à son audience pour expliquer leur fait mieux qu'ils ne l'eussent pu eux-mêmes : « Taisez-vous, mon ami, vous êtes un

bel homme pour me parler; je ne parle pas à vous. »
On peut croire, après ces sorties, comme le reste se passoit.

Il ne traitoit guère mieux certains conseillers. Les deux frères Doublet, tous deux conseillers, et dont l'aîné avoit du mérite, de la capacité et de l'estime, avoient acheté les terres de Persan et de Crouë, dont ils prirent les noms. Ils allèrent à l'audience du premier président. Il les connoissoit très-bien, mais il ne laissa pas de demander qui ils étoient. A leur nom le voilà courbé tout bas en révérences, puis, se relevant et les regardant comme les reconnoissant avec surprise : « Masques, leur dit-il, je vous connois; » et leur tourna le dos.

Pendant les vacances, il étoit chez lui à Gros-Bois. Deux jeunes conseillers qui étoient dans le voisinage l'y allèrent voir. Ils étoient en habit gris de campagne, avec leurs cravates tortillées et passées dans une boutonnière, comme on les portoit alors. Cela choqua l'humeur du cynique. Il appela une manière d'écuyer, puis, regardant un de ses laquais : « Chassez-moi, lui dit-il, ce coquin-là tout à cette heure qui a la témérité de porter sa cravate comme messieurs. » Messieurs pensèrent en tomber en défaillance, s'en allèrent le plus tôt qu'ils purent; ils se promirent bien de n'y pas retourner.

Le peu de ses plus familiers, et sa plus intime famille n'en souffroient pas moins que le reste du monde. Il traitoit son fils comme un nègre. C'étoit entre eux une comédie perpétuelle. Ils logeoient et mangeoient ensemble, et jamais ne se parloient que de la pluie et du beau temps. S'il s'agissoit d'affaires domestiques ou autres, ce qui arrivoit continuellement, ils s'écrivoient, et les billets cachetés avec le dessus mouchoient[1] d'une chambre à l'autre. Ceux du père étoient impitoyables, ceux du fils, qui se rebecquoit volontiers, très-piquants. Jamais n'alloit chez son père qu'il ne lui envoyât

---

1. Voy., sur ce mot, t. Ier, p. 185, note.

demander s'il ne l'incommoderoit point. Le père répondoit comme il eût fait à un étranger. Dès que le fils paroissoit, le père se levoit, le chapeau à la main, disoit qu'on apportât une chaise à monsieur, et ne se rasseyoit qu'en même temps que lui. Au départ, il se levoit et faisoit la révérence.

Mme de Moussy, sa sœur, ne le voyoit guère plus aisément ni plus familièrement, quoique dans le même logis. Il lui faisoit souvent de telles sorties à table, qu'elle se réduisit à manger dans sa chambre. C'étoit une dévote de profession, dont le guindé, l'affecté, le ton et les manières étoient fort semblables à celles de son frère. La belle-fille, très-riche héritière de Bretagne, étoit, avec toute sa douceur et sa vertu, la victime de tous les trois.

Le fils avoit tout le mauvais du père, et n'en avoit pas le bon; un composé du petit-maître le plus écervelé et du magistrat le plus grave, le plus austère et le plus compassé, une manière de fou, étrangement dissipateur et débauché. Lui et son père s'étoient figuré être parents du comte d'Oxford, parce qu'il s'appeloit Harley. Jamais race si glorieuse, et glorieuse en tous points, jamais tant de fausse humilité. Les aventures du premier président avec l'arlequin de la Comédie italienne, et encore avec Santeuil, et avec bien d'autres, ont été sues de tout le monde. Ce seroit trop que de les rapporter ici, il y en a pour des volumes.

Tout ce qui dans la robe se crut en passe brigua cette première place du parlement. Argenson, cet inquisiteur suprême et qui avoit tant enchéri en ce genre sur La Reynie, n'oublia rien pour faire valoir ses services par les amis importants qu'il s'étoit faits. Il espéra surtout des jésuites et de ceux qui leur faisoient leur cour, aux dépens de ce qu'on nommoit ou vouloit perdre sous le nom de jansénistes, et qui de fait ou d'espérance se rendoient cette sorte de chasse si utile. Mais il se méprit au bon côté. Le roi, accoutumé à savoir par lui tout l'intérieur des familles et à lui confier beaucoup de petites affaires secrètes, ne put se résoudre à se passer d'un homme si fin, si habile, si rompu dans un ministère si obscur et si intéressant. Voysin, appuyé de son adroite femme que Mme de Maintenon aimoit beaucoup, approché d'elle par l'intendance de Saint-Cyr qu'elle lui donna lorsque Chamillart entra dans le ministère, étoit le candidat sur lequel on jetoit les yeux depuis longtemps pour toutes les grandes places de sa portée. De Mesmes, porté par M. du Maine et par quelques valets intérieurs, se flattoit d'arriver. Mais l'heure de ces trois hommes n'étoit pas venue.

Celle d'un quatrième étoit encore plus éloignée pour qui je désirois cette place, sans avoir jamais eu aucune liaison avec lui. C'étoit d'Aguesseau à qui ses conclusions dans notre procès de préséance contre M. de Luxembourg m'avoient dévoué, et dont la réputation m'encourageoit à prétendre. Il n'avoit pour lui que cet appui de sa propre réputation qui en tout genre effaçoit toutes les autres du parlement, et celle de son père devant laquelle toutes celles du conseil disparoissoient. Je désirois passionnément le fils à cause de ses conclusions, à son défaut au moins son père. Celui-ci étoit fort connu du roi qui le voyoit depuis longtemps dans son conseil des finances. MM. de Chevreuse et de Beauvilliers l'aimoient et l'estimoient singulièrement. Je les attaquai tous deux à plus d'une reprise; à mon grand étonnement je n'en espérai rien. Je les fis sonder d'ailleurs pour découvrir ce que ce pouvoit être avec aussi peu de succès. Je m'avisai de dresser une batterie dans l'intérieur par Maréchal, et par celui-là d'y joindre Fagon, qui pouvoit également et directement atteindre au roi et à Mme de Maintenon. Fagon étoit heureusement prévenu d'estime pour le procureur général, et plus heureusement encore, c'étoit l'estime qui presque toujours le déterminoit, et quand il faisoit tant que de vouloir servir, il savoit frapper à propos de grands coups. Mais il craignit que le soupçon de jansénisme, si aisé à donner et à prendre, et dont le père et le fils n'étoient pas exempts, ne fît leur exclusion, sans néanmoins se dégoûter de travailler pour eux. J'agissois donc ainsi par les fentes, ne pouvant mieux. Mais pour le chancelier avec qui j'étois en toute portée, et que cette idée de jansénisme n'arrêtoit point et l'eût plutôt poussé, je ne m'y épargnai point, ni lui aussi.

Un mot que je lâchai de mon désir et de mon espérance à l'abbé de Caumartin, leur ami, alla par lui jusqu'à eux. Le procureur général, surpris des vues et des démarches d'un homme avec qui il n'avoit aucune sorte de liaison, me manda par l'abbé de Caumartin que, n'espérant rien, il seroit bien fâché d'être mis sur les rangs, avec force remercîments. Le père m'en fit beaucoup par les galeries, où je le rencontrois souvent sans m'arrêter à lui avec qui je n'avois aussi pas la moindre liaison, et par la même raison me conjura de laisser éteindre, ce fut son expression, le feu que j'avois allumé. Il se trouvoit trop vieux et trop avantageusement placé, pour aller entreprendre un métier pénible dans lequel il se trouveroit tout neuf; et pour son fils, il me dit mille choses qui le barroient, outre que, modeste comme étoit ce bonhomme si semblable à ces vertueux magistrats des anciens temps, il le trouvoit plus que très-bien placé dans la charge de procureur général. Tout cela ne me ralentit point, je continuai à pousser ma pointe, intérieurement satisfait de me sentir aussi vif que le jour même des conclusions.

Lamoignon, porté par Chamillart alors tout-puissant, et par un favori ardent à ce qu'il vouloit, tel que M. de la Rochefoucauld son ami intime, et qui avoit coûté les sceaux au premier président, se pavanoit par avance, tandis que son camarade Pelletier, soutenu du crédit de son père, étoit introduit par la chatière de la main de Saint-Sulpice, M. de Chartres à leur tête, ayant pour adjoints les ducs de Chevreuse et de Beauvilliers. Cette protection, qui auprès du roi et de Mme de Maintenon avoit également le mérite antijanséniste, l'emporta sur celle des jésuites pour Argenson.

Pelletier ne tenoit au roi par rien dont il eût peine à se passer comme de l'autre. Il avoit le même mérite à l'égard du jansénisme, et Mme de Maintenon y alla tête baissée pour l'amour de M. de Chartres. Les deux ducs, chose rare depuis longtemps, la secondèrent en cette occasion. Ils étoient demeurés amis intimes de Pelletier, le ministre d'État retiré; et le roi, qui l'avoit aussi toujours aimé, ne résista point au plaisir de lui donner dans sa retraite la joie de voir son fils premier président, qui étoit tout ce qu'il auroit pu lui procurer de plus considérable, s'il étoit demeuré contrôleur général et dans tous les conseils. Pelletier fut donc choisi.

Sa charge de président à mortier, qui ne lui avoit coûté que trois cent mille livres, fit un autre mouvement dans la robe. La réputation que Portail s'étoit acquise dans la charge d'avocat général lui aida beaucoup à l'emporter. Il en donna cinq cent mille livres qui remplirent le brevet de retenue d'Harlay; et Courson, second fils du président Lamoignon, fut préféré pour la charge d'avocat général pour apaiser M. de La Rochefoucauld, et donner quelque consolation au père de n'être pas premier président. Tous ces messieurs-là reviendront sous ma plume. En attendant je donnerai une idée de ce nouveau premier président.

Peu de mois avant qu'il le fût, il vint un soir à Versailles chez M. Chamillart qui, à son ordinaire, étoit seul à table dans sa chambre avec quelques familiers, et se déshabilloit devant eux en sortant de souper. Pelletier y vint tout à la fin du souper. Faute de mieux, quelqu'un lui parla de son fils, aujourd'hui premier président, et le lui loua. Tout de suite il répondit d'un air dédaigneux : « que son fils avoit trop de trois choses : de biens, d'esprit et de santé; » et il répéta plus d'une fois cette sentence, en regardant la compagnie et cherchant un applaudissement que personne n'eut la complaisance de lui donner. Un moment après, il s'en alla comme Chamillart achevoit de se déshabiller, et laissa chacun dans un étonnement et dans un silence qui ne fut rompu que par des interprétations peu obligeantes. Le premier écuyer et moi nous étions regardés dans le premier instant. Chamillart nous aperçut, nous demeurâmes, et nous nous en dîmes notre pensée.

Le cardinal d'Estrées fit le mariage du duc d'Estrées, son petit-neveu, qui n'avoit ni père ni mère, avec une fille du duc de Nevers, lequel ne survécut pas ce mariage de huit jours. Le cardinal Mazarin avoit deux sœurs : Mme Martinozzi, qui n'eut que deux filles, l'une mariée au duc de Modène, et mère de la reine d'Angleterre, épouse du roi Jacques II, l'autre à M. le prince de Conti, bisaïeule de M. le prince de Conti d'aujourd'hui, Mme Mancini, qui eut cinq filles et trois fils. Les filles furent : la duchesse de Vendôme, mère du dernier duc de Vendôme et du grand prieur, dont le père fut cardinal après la mort de sa femme, la comtesse de Soissons, mère du dernier comte de Soissons et du fameux prince Eugène ; la connétable Colonne, grand'mère du connétable Colonne d'aujourd'hui, qui toutes deux ont fait tant de bruit dans le monde ; la duchesse Mazarin, qui, avec le nom et les armes de Mazzarini-Mancini, porta vingt-six millions en mariage au fils du maréchal de La Meilleraye, et qui est morte en Angleterre après y avoir demeuré longues années ; et la duchesse de Bouillon, grand'mère du duc de Bouillon d'aujourd'hui. Des trois fils, l'aîné fut tué tout jeune au combat du faubourg Saint-Antoine, en 1652. Il promettoit tout. Le cardinal Mazarin l'aimoit tellement qu'il lui confioit, à cet âge, beaucoup de choses importantes et secrètes pour le former aux affaires, où il avoit dessein de le pousser. Le troisième étant au collége des jésuites, fort envié des écoliers pour toutes les distinctions qu'il y recevoit, se laissa aller à se mettre à son tour dans une couverture et à se laisser berner ; ils le bernèrent si bien qu'il se cassa la tête à quatorze ans qu'il avoit. Le roi, qui étoit à Paris, le vint voir au collége. Cela fit grand bruit, mais n'empêcha pas le petit Mancini de mourir. Resta seul le second, qui est M. de Nevers dont il s'agit ici.

C'étoit un Italien, très-Italien, de beaucoup d'esprit, facile, extrêmement orné, qui faisoit les plus jolis vers du monde qui ne lui coûtoient rien, et sur-le-champ, qui en a donné aussi des pièces entières ; un homme de la meilleure compagnie du monde, qui ne se soucioit de quoi que ce fût, paresseux, voluptueux, avare à l'excès, qui alloit très-souvent acheter lui-même à la halle et ailleurs ce qu'il vouloit manger, et qui faisoit d'ordinaire son garde-manger de sa chambre. Il voyoit bonne compagnie, dont il étoit recherché ; il en voyoit aussi de mauvaise et d'obscure avec laquelle il se plaisoit, et il étoit en tout extrêmement singulier. C'étoit un grand homme sec, mais bien fait, et dont la physionomie disoit tout ce qu'il étoit.

Son oncle le laissa fort riche et grandement apparenté. Il ne tint qu'à lui de faire une grande fortune à l'ombre de la mémoire du cardinal Mazarin, à laquelle très-longtemps le roi accorda tout. M. de Nevers fut capitaine des mousquetaires, dont le roi s'amusoit fort. Il eut le régiment d'infanterie du roi, auquel ce prince s'affectionna toute sa vie ; et se l'appropria comme un simple colonel, pour en faire immédiatement tout le détail par lui-même. Tout cela, au lieu de conduire M. de Nevers, l'importuna. Il suivit le roi quelques campagnes. Les troupes et la guerre n'étoient pas son fait, ni la cour guère davantage. Il quitta ces emplois pour la paresse et ses plaisirs. Il avoit porté la queue du roi le lendemain de son sacre, lorsqu'il reçut l'ordre du Saint-Esprit des mains de Simon le Gras, évêque de Soissons, qui, par le privilége de son siége, l'avoit sacré en l'absence du cardinal Antoine Barberin, archevêque-duc de Reims, qui étoit à Rome. En conséquence, M. de Nevers fut chevalier de l'ordre, à la promotion de 1661, qu'il n'avoit que vingt ans. Il se défit du gouvernement de la Rochelle et du pays d'Aunis, et il épousa, en 1670, la plus belle personne de la cour, fille aînée de Mme de Thianges, sœur de Mme de Montespan. Il eut, en 1678, un brevet de duc, qu'il ne tint qu'à lui, dix ans durant, de faire enregistrer. Il le négligea. Il y voulut revenir quand il n'en fut plus temps, et ne put l'obtenir. Il fut souvent jaloux fort inutilement, mais jamais brouillé avec sa femme, qui étoit fort de la cour et du grand monde. Il ne l'appeloit jamais que Diane. Il lui est arrivé trois ou quatre fois d'entrer le matin dans sa chambre, de la faire lever, et tout de suite de la faire monter en carrosse, sans qu'elle, ni pas un de leurs gens à tous deux, se fussent doutés de rien, et de partir de là pour Rome, sans le moindre préparatif, ni que lui-même y eût songé trois jours auparavant. Ils y ont fait des séjours considérables.

Il en eut deux fils et deux filles. L'aînée étoit mariée depuis sept ou huit ans avec le prince de Chimay, chevalier de la Toison d'or, de Charles II, et grand d'Espagne de Philippe V, lieutenant général de ses armées, qui n'en eut point d'enfants, et qui depuis a été mon gendre. L'autre fut la duchesse d'Estrées, qui n'a point eu d'enfants non plus. Les deux fils furent M. de Donzi, fort mal avec son père, qui, par la duchesse Sforce, sœur de sa mère, a été fait duc et pair pendant la dernière régence; et M. Mancini, qui eut les biens d'Italie. J'aurai occasion de parler d'eux dans la suite.

M. de Nevers mourut à soixante-six ans. Il s'étoit fort adonné à Sceaux, et sa femme encore davantage. Il avoit conservé le petit gouvernement du Nivernois, parce que tout ce pays étoit presque à lui. Son fils, qui ne servit presque point, et dont d'ailleurs la conduite avoit toujours déplu au roi, ne put l'obtenir. Il hasarda de se faire appeler duc de Donzi, après la mort de son père, n'osant prendre le titre de Nevers. Le roi le trouva si mauvais, qu'il lui fit défendre de continuer à se faire appeler duc et d'en prendre le titre ni aucune marque. Son père n'avoit qu'un brevet, c'est-à-dire des lettres non enregistrées qui ne pouvoient passer à son fils.

Avant que de rentrer dans des récits plus importants, je me souviens que je n'ai point encore parlé de ce qu'on appeloit à la cour les *parvulo* de Meudon, et il est nécessaire d'expliquer cette manière de chiffre pour l'intelligence de plusieurs choses que j'aurai à raconter. On a vu (t. Ier, p. 212) l'aventure de Mme la princesse de Conti, pourquoi et comment elle chassa Mlle Choin, qui elle étoit, et quels étoient ses amis et l'attachement de Monseigneur pour elle. Ce goût ne fit qu'augmenter par la difficulté de se voir. Mme de Lislebonne et ses filles en avoient presque seules le secret, nonobstant tout ce qu'elles devoient à Mme la princesse de Conti. Elles fomentoient ce goût qui les entretenoit dans une confidence dont elles se proposoient de tirer de grands partis dans les suites.

Mlle Choin s'étoit retirée à Paris auprès du petit Saint-Antoine, chez Lacroix, son parent, receveur général des finances, où elle vivoit fort cachée. Elle étoit avertie des jours rares que Monseigneur venoit dîner seul à Meudon, sans y coucher, pour ses bâtiments ou pour ses plantages; elle s'y rendoit la veille à la nuit, dans un fiacre, passoit les cours à pied, mal vêtue, comme une femme fort du commun qui va voir quelque officier à Meudon, et par les derrières entroit dans un entre-sol de l'appartement de Monseigneur, où il alloit passer quelques heures avec elle. Dans la suite, elle y fut de même façon, mais avec une femme de chambre, son paquet dans sa poche, à la nuit, la veille des jours que Monseigneur y venoit coucher. Elle y demeuroit sans voir qui que ce soit que lui, enfermée avec sa femme de chambre, sans sortir de l'entre-sol, où un garçon du château seul dans la confidence lui portoit à manger.

Bientôt après, du Mont eut la liberté de l'y voir, puis les filles de Mme de Lislebonne, quand il alloit des dames à Meudon. Peu à peu cela s'élargit; quelques courtisans intimes y furent admis. Sainte-Maure, le comte de Roucy, Biron après, puis un peu davantage et deux ou trois dames,

M. le prince de Conti tout à la fin de sa vie. Alors Mgr le duc de Bourgogne, Mgr le duc de Berry, et fort peu de temps après Mme la duchesse de Bourgogne, furent introduits dans l'entre-sol, et cela ne dura pas longtemps sans devenir le secret de la comédie. Le duc de Noailles et ses sœurs furent admis. Monseigneur y alloit dîner souvent avec les filles de Mme de Lislebonne, souvent après avec elles, et Mme la Duchesse, et quelquefois quelques-uns des privilégiés en hommes et en femmes, qui s'étendit plus, et toujours avec le même air de mystère qui dura toujours; et c'étoient ces parties secrètes, mais qui devinrent assez fréquentes, qu'on appeloit des *parvulo*.

Alors Mlle Choin n'étoit plus dans les entre-sols que pour la commodité de Monseigneur. Elle couchoit dans le lit et dans le grand appartement où logeoit Mme la duchesse de Bourgogne quand le roi alloit à Meudon. Elle étoit toujours dans un fauteuil devant Monseigneur, Mme la duchesse de Bourgogne sur un tabouret; Mlle Choin ne se levoit pas pour elle; en parlant d'elle, elle disoit, et devant Monseigneur et la compagnie: « la duchesse de Bourgogne; » et vivoit avec elle comme faisoit Mme de Maintenon, excepté qu'elle ne l'appeloit pas *mignonne*, ni elle *ma tante*, et qu'elle n'étoit pas à beaucoup près si libre, ni si à son aise là qu'avec le roi et Mme de Maintenon. Mgr le duc de Bourgogne y étoit fort en brassière. Ses mœurs et celles de ce monde-là se convenoient peu. Mgr le duc de Berry, qui les avoit plus libres, y étoit à merveille. Mme la Duchesse y tenoit le dé, et quelques-unes de ses favorites y étoient quelquefois reçues. Mais pour tout cela, jamais Mlle Choin ne paroissoit. Elle alloit, les fêtes, à six heures du matin, entendre une messe dans la chapelle dans un coin toute seule, bien empaquetée dans ses coiffes, mangeoit seule quand Monseigneur ne mangeoit pas en haut avec elle, et il n'y mangeoit jamais lorsqu'il couchoit à Meudon que le jour qu'il y arrivoit (parce que [ce qui] en étoit ne venoit que sur le soir), et jamais ne mettoit le pied hors de son appartement ou de l'entre-sol; et pour aller de l'un à l'autre tout étoit exactement visité et barricadé pour n'être pas rencontrée.

On la considéroit auprès de Monseigneur comme Mme de Maintenon auprès du roi. Toutes les batteries pour le futur étoient dressées et pointées sur elle. On cabaloit longtemps pour avoir la permission d'aller chez elle à Paris; on faisoit la cour à ses amis anciens et particuliers. Mgr le duc de Bourgogne et Mme la duchesse de Bourgogne cherchoient à lui plaire, étoient en respect devant elle, et attention avec ses amis, et ne réussissoient pas toujours. Elle montroit à Mgr le duc de Bourgogne la considération d'une belle-mère, que toutefois elle n'étoit pas, mais une considération sèche et importunée, et il lui arrivoit quelquefois de parler avec autorité et peu de ménagement à Mme la duchesse de Bourgogne, et de la faire pleurer.

Le roi et Mme de Maintenon n'ignoroient rien de tout cela, mais ils s'en taisoient, et toute la cour, qui le savoit, n'en parloit qu'à l'oreille. Ce tableau suffit pour le présent. Il sera la clef de plus d'une chose. M. de Vendôme et d'Antin étoient des principaux initiés.

CHAPITRE XXII.

Duc d'Orléans a un fauteuil à Bayonne, et à Madrid le traitement d'infant. — Origine du fauteuil en Espagne pour les infants et pour les cardinaux. — Étranges abus nés des fauteuils de Bayonne à M. le duc d'Orléans et à Mlle de Beaujolois. — Origine du traversement du parquet par les princes du sang. — Époque où les princesses du sang ont quitté les housses. — Trait remarquable de M. le prince à Bruxelles avec don Juan et le roi Charles II d'Angleterre. — Ses entreprises de distinctions en France. — Règlement contre le luxe des armées peu exécuté. — Bataille d'Almanza. — Cilly apporte la nouvelle de la victoire d'Almanza. — Valouse à Marly, de la part du roi d'Espagne. — Bockley apporte le détail, et est fait brigadier. — M. le duc d'Orléans arrive à l'armée victorieuse. — Origine de l'estime et de l'amitié de M. le duc d'Orléans pour le duc de Berwick. — Leurs différents caractères militaires. — Grand et rare éloge du duc de Berwick par M. le duc d'Orléans. — Manquement fatal de toutes choses en Espagne. — Siége de Lerida. — La ville prise d'assaut et punie par le pillage. — Le château rendu par capitulation. — Joyeuse malice du roi sur Lerida à M. le Prince. — Cilly lieutenant général. — Berwick grand d'Espagne avec les duchés de Liria et de Xerica en don, une grâce, outre cela, sans exemple en grandesse, et fait chevalier de la Toison d'or.

Les généraux des armées partirent chacun pour la leur. M. le duc d'Orléans s'arrêta à Bayonne pour voir la reine veuve de Charles Ier, qui lui donna un fauteuil. M. le duc d'Orléans, qui ne l'auroit osé prétendre, se garda bien de le refuser.

En Espagne, les infants ont un fauteuil devant le roi et la reine. Il leur est venu de celui des légats *a latere,* qui sont reçus partout presque comme le pape en personne, et à qui nos rois ont été au-devant fort loin, hors de leur ville, jusqu'à Louis XIV exclusivement, mais qui y envoya Monsieur, qui donna la main au cardinal Chigi, lequel eut, comme je l'ai marqué (t. II, p. 80), à propos de l'erreur d'une tapisserie, un fauteuil à son audience du roi. Si les légats l'ont eu en France, on peut juger si les rois particuliers des Espagnes le leur disputoient. Ils le donnèrent aussi aux cardinaux qui ont tant gagné par le grand rang des cardinaux légats, et par la fermeté de la politique romaine, à porter le leur au plus haut point qu'elle a pu. Ferdinand et Isabelle, ayant réuni les couronnes particulières d'Espagne, firent trop d'usage des papes et de la cour de Rome pour changer ce cérémonial. Philippe Ier, dit le Beau, leur gendre, à qui ces couronnes devoient toutes arriver, n'eut que celle de

Castille, parce que Ferdinand le Catholique le survécut. Charles-Quint son fils, avant d'être empereur, recueillit toutes les couronnes de l'Espagne, à celle de Portugal près. Dès lors il pensoit à l'empire, il avoit François Ier pour compétiteur. Il ménageoit Rome et n'innova rien au cérémonial de son grand-père et de sa grand'mère maternels. Philippe II son fils, avec tous les partis qu'il sut tirer de Rome, n'avoit garde d'y rien changer non plus, et son exemple a passé en règle à ses successeurs. Il est même arrivé que plusieurs premiers ministres d'Espagne, avant et depuis Philippe II, ont été cardinaux, ce qui n'a pas peu contribué à consolider leur rang en Espagne. Je parlerai en un autre lieu de celui dont ils y jouissent aujourd'hui; mais ce que je viens d'en dire suffit pour ce que j'ai à expliquer ici.

Ce fauteuil des légats et des cardinaux est l'origine de celui des infants. Mais en Espagne ils n'ont rien vu par delà ce degré que nous appelons ici fils de France. Les infants, qui sont nos fils de France, y ont été fort rares depuis Charles-Quint. A peine y en a-t-il eu d'autres sous chaque règne que l'héritier de la couronne, et si on excepte le malheureux don Carlos et un cardinal, le peu qu'il y en a eu a disparu presque aussitôt que né. Aucun héritier de la couronne n'a été marié du vivant du roi son père. Je ne compte pas Philippe II, que Charles-Quint fit roi, qui épousa la reine Marie d'Angleterre, et qui, avant d'être roi, fut presque toujours séparé du lieu de Charles-Quint, ailleurs en Europe. Ainsi, en Espagne, il est vrai de dire que, jusqu'à présent, ce que nous connoissons ici sous le nom de petit-fils de France et de prince du sang n'y a jamais existé.

La reine douairière d'Espagne, confinée à Bayonne pour ses intelligences avec l'archiduc, mal aux deux cours, peu comptée d'ailleurs et mal payée, embarrassée d'un rang qu'elle savoit bien n'être pas de fils de France, mais en approcher fort et s'élever fort au-dessus de celui des princes du sang, crut pouvoir aider à la lettre pour obliger le neveu, et

peut-être encore plus le neveu et le gendre du roi tout à la
fois, qui alloit commander les armées en Espagne, et qui
apparemment y prendroit un grand crédit, au moins celui
de la servir ou de lui nuire. M. le duc d'Orléans, de son
côté, hasarda d'accepter ce qui lui fut offert, parce qu'on
aime toujours à se rehausser.

Il n'ignoroit pas que le premier fils de France qui ait eu
un fauteuil devant une tête couronnée a été Gaston, qui,
étant lieutenant général de l'État dans la minorité de
Louis XIV, profita de l'indigence, des malheurs, et des
besoins de la reine d'Angleterre sa sœur pour ses enfants
et pour elle-même, réfugiés en France après l'étrange catastrophe du roi Charles Ier, son mari, dont l'exemple et
une raison semblable valut le fauteuil à Monsieur et à Madame, père et mère de M. le duc d'Orléans, [de la part] du
roi Jacques II et de la reine sa femme, réfugiés pareillement
en France en 1688 par l'invasion et l'usurpation du prince
d'Orange, depuis dit le roi Guillaume III. Mais il savoit
aussi que lui-même ne l'avoit pu obtenir. On lui avoit seulement souffert, à Mme la duchesse d'Orléans, à Mademoiselle,
sa sœur, depuis duchesse de Lorraine, et aux trois filles de
Gaston, de ne voir le roi et la reine d'Angleterre qu'avec
Monseigneur, Monsieur ou Madame, devant qui ils ne prétendoient qu'un tabouret ; et comme tout s'étend en France
sans autre droit que de l'oser, les deux autres filles du roi,
toujours blessées du rang si supérieur au leur de leur sœur
cadette, se mirent sur le même pied de ne voir la cour
d'Angleterre qu'avec des fils ou des filles de France ; puis
d'elles, qui étoient princesses du sang par leurs maris, les
autres princesses du sang en ont toujours usé de même. Le
roi le souffroit, et le roi et la reine d'Angleterre n'étoient
pas en situation de s'en plaindre. C'étoit donc un demi-
droit, en M. le duc d'Orléans, que cette prétention telle
qu'elle pût être ; et à l'égard des pays étrangers, il ne
donnoit pas la main, et ne rendoit pas la visite qu'il rece-

voit des ambassadeurs, comme faisoient les princes du sang.
Les cardinaux étrangers, même romains, lui écrivoient *monseigneur* et *altesse royale;* et lorsqu'il écrivoit aux rois, excepté celui de France, il ne les traitoit point de *sire*, mais de *monseigneur*. Toutes ces raisons lui parurent bonnes pour ne faire point de façons sur le fauteuil que la reine douairière d'Espagne lui fit présenter. Le roi ne le trouva point mauvais, et en Espagne on n'osa s'en plaindre.

Ce qui en résulta au contraire fut qu'on s'y piqua de ne faire pas moins qu'à Bayonne, en sorte que don Gaspar Giron, le premier des quatre majordomes du roi, alla avec des carrosses et des équipages du roi au-devant de lui jusqu'à Burgos, c'est-à-dire de Madrid comme qui iroit d'ici presqu'à Poitiers, et que sur la route, et partout, il fut reçu en infant d'Espagne. Il en eut le traitement entier, à la cour, du roi, de la reine, des infants, des grands et de tout le monde, sans que cela y ait fait, ni ici, la moindre difficulté; mais voici ce que les excès deviennent. Ils en font naître sans fin, et il vaut mieux le dire ici tout de suite.

Lorsque la reine veuve du roi Louis Ier d'Espagne, fille de M. le duc d'Orléans, par conséquent princesse du sang, passa à Bayonne, la reine douairière d'Espagne trancha toute difficulté, et la traita comme déjà mariée et comme princesse des Asturies. Elle s'appuyoit sur l'exemple de Mme la duchesse de Bourgogne, que, par même raison de couper court à tout, le roi traita et la fit totalement jouir du même rang que si elle eût déjà été mariée. Vint après Mlle de Beaujolois, aussi fille de M. le duc d'Orléans, allant épouser l'autre infant. Sur l'exemple que je viens de rapporter, elle fut traitée de même; mais la duchesse de Duras qui étoit chargée de sa conduite, et qui avoit mené avec elle la duchesse de Fitz-James sa fille, depuis duchesse d'Aumont, ne se trouva point, ni sa fille, à cette séance, parce qu'elle n'avoit pas eu ordre de vivre autrement avec Mlle de Beaujolois qu'avec une princesse du sang, et laissa auprès d'elle sa gouvernante. A la rupture, Mlle de Beaujolois fut renvoyée en France avec sa sœur, veuve alors du roi Louis Ier. La princesse de Berghes, veuve d'un grand d'Espagne et la marquise de Conflans, furent envoyées avec les équipages du roi à Saint-Jean de Luz pour les ramener en France, l'une comme camarera-mayor de la petite reine, l'autre choisie par Mme la duchesse d'Orléans pour être gouvernante de Mlle de Beaujolois sa fille. M. le duc d'Orléans n'étoit plus, et il étoit régent au premier passage; mais M. le Duc étoit premier ministre, et quelque chose de plus, et en même temps prince du sang. La reine douairière d'Espagne ne pouvoit plus considérer Mlle de Beaujolois comme mariée et comme infante, ainsi qu'elle avoit fait la première fois. Il n'y avoit point eu de mariage, et elle étoit renvoyée; elle n'étoit donc plus que princesse du sang.

Cela embarrassa la reine douairière, qui à la fin se résolut, pour obliger M. le Duc dans sa puissance (qui toutefois n'y avoit pas seulement pensé), se résolut, dis-je, à donner un fauteuil à Mlle de Beaujolois et à la traiter comme la première fois, sous prétexte que ses propres malheurs la rendoient sensible à celui de cette princesse, à qui elle ne le vouloit pas appesantir par la différence du traitement de son premier passage.

Elle habitoit une très-petite maison de campagne à la porte de Bayonne, et elle y recevoit le monde dans un petit salon, où je l'ai aussi vue, de plain-pied à un grand et beau jardin. Après les premières embrassades de la reine douairière à la petite reine et à Mlle de Beaujolois, la reine douairière proposa à la princesse de Berghes d'aller voir son jardin, et à la duchesse de Liñarez sa camarera-mayor de l'y mener. Elles étoient averties; elles firent dans l'instant la révérence et entrèrent dans le jardin, après quoi la reine douairière fit apporter trois fauteuils. La marquise de Conflans y demeura debout avec les autres dames de la reine douairière. La visite finie, on fit appeler les deux dames qui étoient au jardin; elles ne trouvèrent plus de fauteuil en rentrant. On étoit debout et aux embrassades pour prendre congé.

Par le chemin, Mlle de Beaujolois vécut en princesse du sang. Mais arrivées à Paris, elles trouvèrent que ce fauteuil y avoit fait grand bruit, et que là-dessus les princesses du sang le prétendoient chez la reine d'Espagne. Mme la duchesse d'Orléans, dont les enfants n'étoient plus petits-fils de France, trouvoit la prétention fort raisonnable, d'autant qu'elle en formoit de plus étranges pour elle-même, jusqu'à ne pas vouloir que les gardes de la reine sa fille prissent la salle de ses gardes quand elle la venoit voir au Palais-Royal, tandis qu'à Versailles on ne leur disputa pas d'être mêlés avec ceux du roi, et la droite dans leur salle. Cette prétention du fauteuil, soutenue de l'autorité d'un prince du sang pleinement administrateur de l'État, suspendit les visites. On écrivit en Espagne, d'où il vint défense à la reine d'Espagne de donner des fauteuils, même à Mme la duchesse d'Orléans sa mère, qui depuis ne l'a plus vue qu'en particulier, et pas un prince ni princesse du sang ne l'ont visitée, si ce n'est M. le duc d'Orléans et Mlles ses sœurs, mais en dernier particulier.

Voilà où conduisent des complaisances mal entendues. Mme la duchesse d'Orléans n'a jamais eu ni prétendu qu'un tabouret devant les filles de France, même cadettes, même devant Mme la duchesse de Berry sa fille; les princesses filles de Gaston pareillement devant Madame, ainsi que Mlle la duchesse d'Orléans, et Mlle depuis duchesse de Lorraine; les princes et les princesses du sang n'ont jamais eu ni prétendu qu'un siége à dos, sans bras, devant les filles de Gaston, devant M. et Mme la duchesse d'Orléans, et devant Mlle depuis duchesse de Lorraine; et ils veulent un fauteuil devant les têtes couronnées, et en particulier devant la petite reine d'Espagne, qui, sa couronne mise à part, est veuve d'un infant d'Espagne, c'est-à-dire d'un fils de France, puisque, quand Philippe V n'auroit pas eu la couronne d'Espagne, il seroit fils de France, conséquemment son fils petit-fils de France, lequel remonte à la dignité, au rang, aux traitements de fils de France par la couronne de son père (et ont été mis et reconnus sur ce pied-là par Louis XIV, qui leur a envoyé le cordon bleu, dans le moment de leur naissance, qui ne se donne ainsi qu'aux seuls fils de France, et les a toujours regardés et traités en tout le reste comme fils de France). Comment ajuster cela avec ces prétentions de fauteuil, si on ne veut dire que la couronne d'Espagne ait dégradé les infants d'Espagne du rang et de la dignité qu'ils ont apportée en naissant, et qui a été anéantie par la seconde couronne de l'Europe? Voilà un paradoxe bien étrange et toutefois bien littéral.

M. le Prince le héros, que les princes du sang n'accuseront pas d'avoir manqué de hauteur ni d'entreprises hardies en faveur de leur rang, témoin le traversement du parquet au parlement, qu'il hasarda à la suite de M. son père et malgré lui dans la minorité de Louis XIV, et qui leur est depuis demeuré, auparavant réservé au seul premier prince du sang; la tentative de la housse clouée à son retour de Bruxelles, qu'il ne put obtenir, d'où les princesses du sang ont quitté leurs housses qu'elles portoient et avoient toujours portées jusqu'alors comme les duchesses, et sans prétention à cet égard; et bien d'autres choses qui écarteroient trop; M. le Prince, dis-je, pensoit bien autrement sur ces prétentions modernes avec les têtes couronnées. Il étoit à Bruxelles, où bien qu'à la merci et au service de l'Espagne, il maintint, avec la dernière hauteur, son rang, sa préséance, ses distinctions sur don Juan, gouverneur général des Pays-Bas, bâtard d'Espagne, et qui commandoit les armées avec une hauteur, dans sa cour, de fils légitime de roi. Charles II, roi d'Angleterre, avoit été obligé de s'y retirer. Il y étoit aux dépens de l'Espagne, et don Juan en abusoit et le traitoit fort cavalièrement. M. le Prince en fut si choqué qu'il voulut apprendre à vivre à ce superbe bâtard.

Il pria chez lui le roi d'Angleterre, don Juan, les principaux seigneurs espagnols et flamands, et ce qu'il y avoit de plus considérable auprès de lui et parmi les chefs des troupes, et leur donna un magnifique dîner. Le repas servi, M. le Prince en avertit le roi d'Angleterre, qui, arrivant dans le lieu du festin avec toute la compagnie, vit une grande table couverte de mets, un seul fauteuil, un couvert unique et un cadenas. Voilà don Juan bien étonné, et qui le fut encore davantage quand il vit M. le Prince présenter la serviette au roi d'Angleterre pour laver et l'obliger de le faire. Le roi demanda à M. le Prince s'il ne se mettoit pas à table et ces messieurs. M. le Prince, au lieu de répondre, prit une serviette et se tint debout vers le dos du fauteuil où le roi d'Angleterre venoit de s'asseoir. Aussitôt il se retourna à M. le le Prince pour l'obliger à se mettre à table et à faire apporter des couverts. M. le Prince répondit que, quand il auroit eu l'honneur de le servir, il trouveroit avec don Juan une table servie pour la compagnie et pour eux. Ce combat de civilités finit enfin par l'obéissance. M. le Prince dit que le roi ordonnoit qu'on apportât des couverts. Ils étoient tout prêts et force tabourets aussi, qu'on apporta en même temps. M. le Prince se mit sur le premier, à la droite du roi d'Angleterre; don Juan, rageant de colère et de honte, sur le premier à gauche, et la compagnie sur les autres. Voilà un trait bien éloigné de la prétention du fauteuil. Il fit un honneur infini à M. le Prince, et procura depuis au roi d'Angleterre les respects que lui devoit don Juan, et dont, après cet exemple si public et si fort parlant à lui, il n'osa plus s'écarter.

A propos de table, le luxe de la cour et de la ville étoit passé avec tant d'excès dans les armées qu'on y portoit toutes les délicatesses inconnues autrefois dans les lieux du plus grand repos. Il ne se parloit plus que de haltes chaudes dans les marches et dans les détachements, et les repas qu'on portoit à la tranchée pendant les siéges étoient non-seulement abondants dans tous leurs services, mais les fruits et les glaces qu'on y servoit avoient l'air des fêtes, avec une profusion de toutes sortes de liqueurs. La dépense ruinoit les officiers, qui, les uns pour les autres, s'efforçoient à l'envi de paroître magnifiques; et les choses nécessaires à porter et à faire quadruploient leurs domestiques et les équipages de l'armée, qui l'affamoient souvent. Il y avoit longtemps qu'on s'en plaignoit, ceux même qui faisoient ces dépenses qui les ruinoient, sans qu'aucun osât les diminuer. A la fin, le roi fit ce printemps un règlement qui défendit aux lieutenants généraux d'avoir plus de quarante chevaux d'équipage; aux maréchaux de camp plus de trente; aux brigadiers plus de vingt-cinq et aux colonels plus de vingt. Il eut le sort de tant d'autres faits sur le même sujet. Il n'y a pays en Europe où il y ait tant de si belles lois et de si bons règlements, ni où l'observation en soit de si courte durée. On ne tient la main à aucun, et il arrive que souvent, même dès la première année, tout est enfreint, et qu'on n'y pense plus dès la seconde.

On a vu (ci-dessus, p. 361) que la révolte de Cahors, qui avoit obligé d'y faire marcher des troupes destinées pour l'Espagne, avoit retardé le départ de M. le duc d'Orléans de huit jours. Ce délai lui coûta cher. Le duc de Berwick, plus foible en infanterie que les ennemis, et engagé dans un pays de montagnes, se trouva dans la nécessité de reculer un peu devant eux pour regagner des plaines où il pût aider sa cavalerie. Hasfeld, qui tout l'hiver avoit commandé sur cette frontière, y avoit heureusement, mais très-difficilement, pourvu à la subsistance des troupes. Tout y étoit donc mangé par les apports qui y avoient été faits de tous les pays à portée d'en faire; et c'est ce qui avoit obligé Berwick de chercher à vivre dans ces montagnes, où les ennemis, fort éloignés, mais assemblés de bonne heure, forcèrent de marches pour le venir chercher, et tâcher de le prendre à leur avantage. Le marquis das Minas, Portugais, commandoit leur armée de concert avec Ruvigny, qu'on appeloit milord Galloway, d'un titre d'Irlande que le roi Guillaume lui avoit donné, et qui commandoit les Anglois. Enflés de ce mouvement en arrière, ils suivirent le maréchal de près, qui les attira ainsi dans les plaines de la frontière du royaume de Valence.

Alors Berwick les eût volontiers combattus; mais il savoit M. le duc d'Orléans parti de Madrid pour le venir joindre, qui n'avoit fait qu'y passer et saluer le roi et la reine d'Espagne, et qui faisoit toute la diligence possible pour arriver. Il lui étoit subordonné de nom et d'effet. Le roi avoit avoué son repentir de lui avoir donné en Italie un tuteur, qui l'avoit perdue malgré ce prince. Berwick ne vouloit pas, d'entrée de jeu, se brouiller avec un supérieur de cette élévation en lui soufflant une bataille; ainsi il temporisoit avec grand dépit de l'audace des ennemis à l'approcher et à le tâter.

Elle leur crût tellement par la patience du maréchal qu'ils l'imputèrent tout à fait à foiblesse. Pour en profiter, ils vinrent le chercher jusque dans son camp. Hasfeld, qui en eut le premier avis, l'envoya au duc de Berwick avec qui il étoit fort bien, et prit sur soi de faire ses dispositions de son côté, pour ne perdre pas un moment. Le maréchal fut aussi diligent du sien, vint au galop voir celles d'Hasfeld, les approuva et ne songea plus qu'à combattre. Le début en fut heureux. Bientôt après il se mit quelque désordre dans notre aile droite, qui souffrit un furieux feu. Le maréchal y accourut, le rétablit, et la victoire ne fut pas longtemps après à se déclarer pour lui. L'action ne dura pas trois heures. Elle fut générale, elle fut complète. Elle commença tout de bon sur les trois heures après midi, le 25 avril. Les ennemis en fuite et poursuivis jusqu'à la nuit, perdirent tout leur canon et tous leurs équipages avec beaucoup de monde. Il en coûta peu à notre armée ; et de gens de marque, le fils unique de Puysieux, qui étoit brigadier d'infanterie et promettoit beaucoup, avec un esprit orné, et Polastron, colonel de la couronne.

Tout étant fini, le comte Dohna, qui s'était retiré dans la montagne avec cinq bataillons, n'ayant ni vivres, ni eau, ni moyen de sortir de là, envoya au maréchal, trop heureux d'être tous prisonniers de guerre, qui chargea un officier général d'aller les chercher et les amener à son camp. Ainsi on eut en tout huit mille prisonniers, parmi lesquels deux lieutenants généraux, six maréchaux de camp, six brigadiers, vingt colonels, force lieutenants-colonels et majors, et huit cents autres officiers avec une grande quantité d'étendards et de drapeaux. Il y eut treize bataillons entiers.

Cilly, des dragons, maréchal de camp, arriva à l'Étang avec cette bonne nouvelle, où j'étois et où Mme la duchesse de Bourgogne étoit venue de Marly, à qui Chamillart donnoit une grande collation. Ma surprise fut extrême lorsqu'en me retournant j'avisai Cilly. Je jugeai qu'il y avait eu une action heureuse en Espagne. Je lui demandai à l'instant des nouvelles de M. le duc d'Orléans, et je fus fort affligé d'apprendre qu'il n'étoit pas arrivé à l'armée. Chamillart dit tout bas la nouvelle à Mme la duchesse de Bourgogne. Il me la dit aussi à l'oreille, et aussitôt s'en alla avec Cilly la porter au roi. Madame accourut aussitôt chez Mme de Maintenon, qui fut fort touchée d'apprendre que M. son fils n'avoit pas joint l'armée. Un musicien qui l'y crut, accourut le dire à Mme la princesse de Conti, qui lui donna une belle montre d'or qu'elle portoit à son côté. Tout ce qui étoit à Marly assiégea la porte de Mme de Maintenon. Le roi, transporté de joie, y vint et y conta tout ce que Cilly lui venoit d'apprendre. Le lendemain le duc d'Albe vint à la promenade du roi, à qui il en avoit fait demander la permission, et qui le gracieusa fort.

Le surlendemain, le même ambassadeur amena au roi Valouse, qui, écuyer ici du duc d'Anjou, l'avoit suivi en Espagne, et y étoit un de ses quatre majordomes. Philippe V, averti de la victoire d'Almanza par Ronquillo, que le duc de Berwick lui avoit envoyé du champ de bataille, avoit dépêché Valouse pour venir remercier le roi de ses secours, et du général qui venoit de s'en servir avec tant de gloire.

Bockley, frère de la duchesse de Berwick, arriva le lendemain de Valouse avec le détail, et en fut fait brigadier. Cilly étoit parti le 26 avril, à la pointe du jour, lendemain de la bataille, et il étoit venu tout droit ici sans passer à Madrid.

Ce même jour 26, M. le duc d'Orléans joignit l'armée, qui marchoit à Valence par des pays faciles, et qui ne s'éloignoient point de nos magasins. On sut ce jour-là milord Galloway très-dangereusement blessé, que das Minas l'étoit aussi, et toute leur armée dispersée. Le duc de Berwick, avec un gros détachement, alla fort loin recevoir M. le duc d'Orléans, bien en peine de la réception qu'il lui feroit, et du dépit qu'il auroit de trouver besogne faite. C'étoit, après le malheur de Turin, en essuyer un nouveau bien fâcheux en un autre genre. Tout ce qui lui étoit attaché en fut touché, et le public même sembla y prendre part. L'air ouvert de M. le duc d'Orléans, et ce qu'il dit d'abordée au maréchal sur ce qu'il étoit déjà informé qu'il avoit fait tout ce qu'il avoit pu pour l'attendre, le rassurèrent. Il y joignit de justes louanges; mais il ne put s'empêcher de se montrer fort touché de son malheur, qu'il avoit tâché d'éviter par toute la diligence imaginable, et par ne s'être pas même arrêté à Madrid autant que la plus légère bienséance l'auroit voulu. Enfin le prince, persuadé avec raison qu'il n'avoit pu être attendu plus longtemps par l'attaque des ennemis dans le camp même du maréchal, et le maréchal à l'aise, ils ne furent point brouillés; et cette campagne jeta entre eux les fondements d'une estime et d'une amitié qui ne s'est depuis jamais démentie.

Ce n'est pas qu'ils fussent tous deux souvent de même avis. Le prince étoit entreprenant et quelquefois hasardeux, persuadé qu'un attachement excessif à toutes les précautions arrache des mains beaucoup d'occasions glorieuses et utiles; le maréchal, au contraire, intrépide de cœur, mais timide d'esprit, accumuloit toutes les précautions et les ressources, et en trouvoit rarement assez. Ce n'étoit pas pour s'accorder. Mais le prince avoit le commandement effectif, et le maréchal une probité si exacte que, content d'avoir contredit et disputé de toutes ses raisons et de toute sa force un avis qui passoit malgré lui, il concouroit à le faire réussir, non-seulement sans envie, mais avec chaleur et volonté, jusqu'à chercher des expédients nouveaux pour remédier aux inconvénients imprévus, et à mettre tout du sien, comme s'il eût été l'auteur du conseil qui s'exécutoit nonobstant toute l'opposition qu'il y avoit faite.

C'est le témoignage que M. le duc d'Orléans m'a rendu de lui plus d'une fois, et bien rare d'un homme nouvellement orné d'une grande victoire, et naturellement opiniâtre et attaché à son sens. Mais, comme ce prince me l'a souvent dépeint, il étoit doux, sûr, fidèle, voulant surtout le bien de la chose, sans difficulté à vivre, vigilant, actif, et se donnant, mais quand il étoit à propos, des peines infinies. Aussi M. le duc d'Orléans m'a-t-il dit souvent que, encore que leurs génies se trouvassent souvent opposés à la guerre, Berwick étoit un des hommes qu'il eût jamais connus avec qui il aimeroit mieux la faire : grande louange, à mon avis, pour tous les deux.

J'avois un chiffre particulier que M. le duc d'Orléans m'avoit donné en partant, et lui et moi, nous chiffrions et déchiffrions nous-mêmes, et ne nous écrivions en chiffre que par des courriers. Je lui proposai de cueillir au moins de grands fruits de cette grande défaite, et le dessein de laisser Berwick en Aragon avec une médiocre armée, et de s'en aller avec le reste joindre le marquis de La Floride sur la frontière de Portugal. Les ennemis n'y avoient ni magasins ni troupes, et le roi de Portugal n'étoit pas en état de résister. Je pressai donc M. le duc d'Orléans de profiter d'une conjoncture qui ne se retrouveroit plus pour s'illustrer par la conquête facile d'un royaume, délivrer l'Espagne de ce côté-là de guerre et d'ennemis en l'agrandissant d'un pays si utile, et de la mettre en état de finir la guerre, en portant la campagne suivante toutes ses forces en Aragon, sans avoir plus de jalousie par derrière. C'étoit en effet le moyen certain de terminer la guerre d'Espagne en deux campagnes. On peut juger en passant quel eût été cet avantage, quelles ses suites et quelle gloire pour le prince qui l'auroit exécuté. Le malheur fut que l'exécution étoit impossible.

M. le duc d'Orléans me manda que ma proposition en elle-même étoit bonne et solide pour une armée de non-mangeants et de non-buvants ; que, dans toute la longue route à travers les provinces d'Espagne, il n'y avoit magasin ni provision de quoi que ce fût, ni étapes réglées, ni moyen aucun d'y suppléer ; que, s'il y avoit quelques provisions en Aragon pour la subsistance des troupes, et encore successives, ce n'étoit qu'à force d'industrie ; que les chaleurs qui commençoient à se faire sentir, et qui alloient devenir excessives, ajoutoient une nouvelle difficulté à ce dessein que le manquement de toutes choses rendoit impossible ; mais qu'il alloit travailler à faire en sorte que ces obstacles fussent levés pour l'année suivante, et à si bien profiter de l'avantage que le duc de Berwick venoit de remporter, qu'on pût affoiblir assez l'armée d'Aragon, la campagne suivante, pour se porter en nombre suffisant sur la frontière de Portugal, et y exécuter, à la vérité plus difficilement alors, par les précautions qu'ils pourroient avoir prises, ce que ce défaut auroit rendu aisé cette année.

A cela il n'y avoit point de réplique. En Aragon, la disette de tout étoit même telle qu'avec une armée victorieuse et en liberté d'agir ce fut un chef-d'œuvre de l'industrie de pouvoir former le siége de Lerida, après avoir battu encore plusieurs fois les ennemis en détail et en petits corps, et pris plusieurs petites places. Achevons tout de suite cette campagne d'Espagne. Les difficultés en furent si grandes qu'il fallut, en attendant, s'amuser à nettoyer l'Aragon des petites places et des postes, tandis que Bay prenoit Ciudad-Rodrigo et d'autres places vers le Portugal, amassa force drapeaux et étendards, et eut enfin près de quatre mille prisonniers. Après des peines et des longueurs infinies, la tranchée fut ouverte devant Lerida la nuit du 2 au 3 octobre. Hasfeld s'y chargea des vivres et des munitions, et M. le duc d'Orléans, qui m'a dit souvent que c'étoit le meilleur intendant d'armée qu'il fût possible de trouver, sans que ce pénible détail l'empêchât de ses fonctions militaires, M. le duc d'Orléans, dis-je, se chargea lui-même de tous les autres détails du siége, rebuté des difficultés qu'il rencontroit dans chacun. Il fut machiniste pour remuer son artillerie, faire et refaire son pont sur la Sègre, qui se rompit et qui ôta la communication de ses quartiers. Ce fut un travail immense. Son abord facile, la douceur avec laquelle il répondoit à tout, la netteté de ses ordres, son assiduité jour et nuit à tous les travaux, surtout aux plus avancés de la tranchée, son exactitude à tout voir par lui-même, sa justesse à prévoir, et l'argent qu'il répandit dans les troupes et qu'il fit donner du sien aux officiers qui se trouvoient dans le besoin, le firent adorer et donnèrent une volonté qui fut le salut d'une expédition que tout rendit si difficile.

C'étoit après Barcelone le centre et le refuge des révoltés, qui se défendirent en gens qui avoient tout à perdre et rien à espérer. Aussi la ville fut-elle prise d'assaut le 13 octobre, et entièrement abondonnée au pillage pendant vingt-quatre heures. Elle étoit remplie de tout ce que les lieux à sa portée y avoient pu retirer. On n'y épargna pas les moines qui animoient le plus les habitants. La garnison se retira au château, où les bourgeois entrèrent avec elle. Ce château tint encore longtemps; enfin il capitula le 11 novembre, et le chevalier de Maulevrier en apporta la nouvelle au roi le 19.

Chamillart l'amena sur les huit heures avant que le premier gentilhomme de la chambre fût entré. Le roi les fit venir à l'instant à son lit; il fut si content de cette nouvelle qu'il envoya éveiller Madame et Mme la duchesse d'Orléans pour la leur apprendre.

Ils sortirent cinq à six cents hommes, et pouvoient tenir encore quelques jours; et tant devant la ville que devant le château, M. le duc d'Orléans n'eut pas plus de sept à huit cents hommes tués ou blessés. L'armée ennemie n'étoit qu'à deux lieues de Lerida, lorsque le château se rendit, faisant contenance de venir le secourir. Das Minas, blessé à Almanza, en avoit repris le commandement; Galloway, extrêmement blessé, étoit hors d'état d'agir. Après une campagne si longue et si difficile, il n'y eut plus moyen de rien entreprendre; et quelque désir que M. le duc d'Orléans eût d'aller faire le siége de Tortose, il fallut le remettre à l'année suivante.

M. le Prince, mais surtout M. le Duc, et un peu M. le prince de Conti, voyoient avec grande jalousie la gloire de M. le duc d'Orléans. Ils étoient surtout piqués de la conquête de Lerida, dont M. le Prince, tout grand et hardi capitaine qu'il étoit, avoit levé le siége, et une autre fois encore le comte d'Harcourt. M. le Duc et Mme la Duchesse ne se contenoient pas, et M. le Prince s'échappoit volontiers. J'eus le plaisir d'entendre le roi adresser la parole là-dessus à M. le Prince à son dîner, puis à M. le prince de Conti avec une joie maligne qui jouissoit de leur embarras. Il vanta l'importance de la conquête, il en expliqua les difficultés, il loua M. le duc d'Orléans, et leur dit sans ménagement que ce lui étoit une grande gloire d'avoir réussi où M. le Prince avoit échoué. M. le Prince balbutia, lui qui tenoit si aisément et si volontiers le dé. J'étois vis-à-vis de lui, et je voyois à plein qu'il rageoit. M. le prince de Conti, auprès de qui j'étois, plus doux et plus circonspect, ne prenoit pas plus de plaisir à cette conversation, qui, de la part du roi, fut allongée. M. le prince de Conti ne dit que quelques mots pour ne pas demeurer dans le silence, et laissa le poids à M. le Prince, qui, avec tout son esprit et ses grâces (car il en avoit beaucoup dans la conversation), se tira au plus mal de celle-là. Elle ne put durer qu'une partie du dîner, étant aussi peu soutenue d'une part; mais le roi qui ne voulut rien affecter, et qui se plaisoit à les mortifier, se tourna, sur la fin, à M. de Marsan, presque derrière sa chaise, et lui reparla du succès de M. le duc d'Orléans qui avoit été l'écueil du comte d'Harcourt. Marsan n'en étoit pas à cela près pourvu que le roi lui parlât, et qu'il pût lui barbouiller quelque chose. Il chercha donc à faire sa cour et à parler, et renouvela le dépit et l'embarras de M. le Prince qui n'ouvrit pas la bouche, mais à qui l'impatience sortoit par les yeux et de toute sa contenance. Cette scène, je l'avoue, me divertit beaucoup. Cela fit du bruit à la cour et dans le monde; j'eus regret que M. le Duc ne s'y trouvât pas.

Le roi fit Cilly lieutenant général en le renvoyant, et permit au duc de Berwick d'accepter la grandesse que le roi d'Espagne lui accorda, tant pour lui que pour celui de ses fils qu'il lui seroit libre de choisir. Elle fut de la première classe. Pour ajouter l'utile à l'honneur, le roi d'Espagne établit cette grandesse sur les villes et territoires de Liria et de Xerica dans le royaume de Valence conjointement, dont il lui fit présent. C'étoit un domaine de quarante mille livres de rente du domaine de la couronne, qui avoit fait autrefois l'apanage des infants d'Aragon.

Cette grâce très-justement méritée étoit sans exemple :
1° On a déjà vu que le père et le fils ne sont jamais grands

tous deux à la fois, le père eût-il plusieurs grandesses, à moins que le fils n'eût succédé à sa mère morte qui en auroit eu une de son chef, où qu'il jouît de celle de sa femme qui lui en auroit apporté une ; 2° la grandesse passe toujours à l'aîné, et d'aîné en aîné, et ne fut jamais laissée au choix du père ; 3° [ce] qui n'est pas sans exemple, mais qui en a fort peu, est le don de la terre et d'un domaine aussi distingué. J'ai profité de l'exemple des deux qui sont sans exemple. Je remets ailleurs à expliquer ce qui fit que le duc de Berwick désira le choix entre ses enfants pour la grandesse. Le roi d'Espagne crut que ce n'étoit pas encore assez, il le fit chevalier de la Toison d'or[1].

CHAPITRE XXIII.

Différence du gouvernement de la Castille et de l'Aragon, l'un plus despotique que la France, l'autre moins que l'Angleterre. — Explication curieuse. — Philippe V abolit les lois et les priviléges de l'Aragon et de ses dépendances, et les soumet aux lois et au gouvernement de Castille. — Deux partis proposés par Médavy pour les troupes restées avec lui en Italie, tous deux bons, tous deux rejetés. — Traité pour le libre retour des troupes en abandonnant l'Italie. — Duc de Mantoue, dépouillé sans être averti, se retire précipitamment à Venise. — Contraste étrange de la fortune des alliés de Louis XIII et de ceux de Louis XIV. — Médavy à Marly ; sa récompense. — Arrivée de Vaudemont à Paris et à la cour. — — Chambre de la Ligue. — Vaudemont et ses nièces ; leur union, leur intérêt, leur cabale, leur caractère, leur conduite. — Étrange découverte de Mme la duchesse de Bourgogne sur Mme d'Espinoy. — Mme de Soubise ; son caractère ; son industrie.

Le roi d'Espagne profita de l'état où la bataille d'Almanza et ses suites venoient de mettre les affaires d'Aragon, et de

1. Passage omis par les anciens éditeurs depuis *On a déjà vu*.

la leçon que ses peuples lui avoient donnée de l'inutilité de sa considération et de ses bontés pour eux, pour se les attacher. Rien de plus différent que le gouvernement de la Castille et que celui de l'Aragon et des royaumes et provinces annexés à chacune de ces couronnes En Castille le gouvernement est despotique plus encore que nos derniers rois ne l'ont rendu en France.

Ils y ont du moins conservé quelques formes, et communiqué à d'autres le pouvoir de rendre des arrêts, qui sans aller plus loin s'exécutent. Il est vrai que nos rois sont les seuls juges de leurs sujets ; qu'il ne se rend de jugement souverain qu'en leur nom, que ceux qui se prononcent peuvent être arrêtés et réformés par eux, qu'ils peuvent évoquer[1] aussi à eux toutes les affaires qu'ils jugent à propos, pour les juger, ou seuls, ou avec qui il leur plaît, ou les renvoyer à qui bon leur semble. Il est encore vrai que les enregistrements nécessaires de leurs édits et déclarations ne sont rien moins à leur égard que l'emprunt de l'autorité des parlements qui enregistrent pour que l'exécution s'ensuive, mais uniquement une manifestation publique de ces édits et déclarations dont l'enregistrement sert, et à la publier dans les juridictions inférieures, et à demeurer en note dans les registres du parlement, pour que les juges s'en souviennent, et que, tant eux que les juges inférieurs, conforment leurs jugements à cette volonté des rois déclarée à eux, et par eux, à tous leurs sujets par cet envoi que l'enregistrement ordonne qui sera fait aux tribunaux inférieurs des instruments qui la contiennent et qu'eux-mêmes viennent d'enregistrer. Il est vrai encore que les remontrances des parlements ne sont en effet que des remontrances et non des empêchements, parce qu'en France il n'y a qu'une autorité unique, une puissance unique, qui réside dans le roi, de

---

1. Voy. les notes de la fin du volume sur les évocations, l'enregistrement des édits et le droit de remontrances.

laquelle et au nom duquel émanent toutes les autres. C'est une autre vérité que les états généraux mêmes ne se peuvent assembler que par les rois, qu'ils n'ont dans leur assemblée aucune puissance législative, et qu'à l'égard des rois, ils n'ont que la voix consultative et la voix de représentation et de supplication. C'est ce que toutes les histoires et toutes les relations des états généraux montrent avec évidence. La différence d'eux aux parlements est que le corps représentatif de tout l'État mérite et obtient plus de poids et plus de considération de ses rois qu'une cour de justice, ou que plusieurs ensemble, quelque relevée qu'elle puisse être. Qu'il est vrai que ce n'est que depuis plusieurs siècles que les états généraux en sont réduits en ces termes, surtout quant aux impositions, et qu'il ne l'est pas moins que jamais les parlements n'ont eu plus d'autorité que celle dont ils jouissent. Je m'étendrois trop si je voulois traiter ici de certaines formes nécessaires pour les affaires majeures qui regardent la couronne même, ou les premiers particuliers de l'État. Ce sont d'autres sortes de formes majeures comme les affaires majeures qui les exigent, et dont Louis XIV même, qui a porté son autorité bien au delà de ce qu'ont fait tous ses prédécesseurs, n'a pas cru se devoir départir, ni de son aveu même pouvoir les omettre. Toujours demeure-t-il constant que l'autorité de nos rois a laissé subsister ce qui vient d'être exposé.

En Castille, rien moins : les cortès ou états généraux ne s'y assemblent plus par ordre des rois que pour prêter les serments que le roi veut recevoir, ou qu'il veut faire prêter au successeur de sa couronne. Il ne s'y agit de rien de plus depuis des siècles. La cérémonie et la durée des cortès ne tient pas plus d'une matinée. Pour le reste il y a un tribunal qui s'appelle le conseil de Castille, dont la juridiction supérieure s'étend sur toutes les provinces soumises à cette couronne, qui n'ont chez elles que des tribunaux subalternes qui y ressortissent, avec une dépendance bien plus soumise que n'en ont les nôtres à nos parlements. Ce conseil de Castille est tout à la fois ce que nous connoissons ici sous le nom de parlement et du conseil des parties[1]; et le chef de ce tribunal, qui n'a point de collègues comme les présidents à mortier à l'égard des premiers présidents ici, est tout à la fois ce que nous connoissons ici sous le nom de chancelier et de premier président, du prodigieux état duquel j'ai dit un mot en parlant de la dignité des grands d'Espagne. C'est donc lui qui, avec ce conseil, juge en dernier ressort tout ce qui dépend de la couronne de Castille, et qui de plus est le supérieur immédiat en de certaines choses avec le conseil, seul en plusieurs autres, de tous les membres, non-seulement de tous les tribunaux inférieurs de la Castille, outre qu'il l'est avec le conseil de ces tribunaux chacun en corps, mais il l'est de tous les régidors et de tous les corrégidors, qui ont à la fois toutes les fonctions des intendants des provinces, des lieutenants civils, criminels, et de police et de prévôts des marchands, comme nous parlons ici[2].

Mais toute cette puissance et toute cette autorité disparoît chaque semaine devant celle du roi. Toutes les semaines le conseil de Castille en corps vient chez le roi, son chef à sa tête, dans une pièce de son palais destinée à cela, à jour et heure marquée. Le roi s'y rend peu après et y entre seul. Il y est reçu à genoux de tout le corps qu'il fait asseoir sur des bancs nus et couvrir, après qu'il est lui-même assis et couvert dans son fauteuil sous un dais. En retour à droite, sur le bout du banc le plus près de lui, est le chef de ce corps, ayant à son côté celui des conseillers choisi pour faire ce jour-là rapport de ce que le conseil a jugé depuis la dernière fois qu'ils sont venus chez le roi[3]. Il a les sentences à ses pieds, dans un sac, et il en explique

---

1. Voy. sur le *conseil des parties*, t. Ier, p. 445.
2. Voy. note à la fin du t. III, p. 442.
3. Passage omis par les précédents éditeurs depuis *Il y est reçu*.

sommairement le fait, les raisons des parties, et celles qui ont déterminé le jugement. Le roi, qui les approuve d'ordinaire, signe la sentence qui ne devient arrêt qu'en ce moment; sinon il ordonne au conseil de la revoir et de lui en rendre compte une autre fois, ou il renvoie l'affaire à des commissaires qu'il choisit, ou à un autre conseil, comme celui des finances, des Indes ou autre pareil. Quelquefois il casse la sentence, rarement, mais il le peut, et cela est quelquefois arrivé; il rend de son seul avis un arrêt tout contraire, qui s'écrit là sur-le-champ, et qu'il signe. Il n'entre point dans tout ce qui est procédure ou interlocutoire[1], à moins qu'il n'ait reçu des plaintes, et qu'il veuille en être informé, mais seulement dans les décisions. Ainsi il est vrai de dire que ce conseil de Castille, si suprême, n'a que voix consultative, et de soi ne rend que des sentences, et que c'est le roi seul qui juge et décide de tous les procès et les questions.

Après cette séance, qui ne va guère à deux heures, le roi se lève; tous se mettent à genoux, et il sort de la pièce où il les laisse. Dans la joignante, il trouve ses grands officiers et sa cour. Le chef du conseil de Castille le suit, je dis chef parce que c'est ou un président ou un gouverneur, et j'en ai expliqué la différence en parlant de la dignité des grands; ce chef, dis-je, le suit. Le roi s'arrête dans une des pièces de son appartement où il trouve un fauteuil, une table avec une écritoire et du papier à côté; et vis-à-vis, tout près, un petit banc nu de bois, fort court. L'accompagnement du roi passe outre et l'attend dans la pièce voisine. Il se met dans le fauteuil, et le chef sur ce petit banc nu, et là il lui rend compte du conseil même et de tout ce qui passe par lui seul; sur quoi il reçoit ses ordres. Cela fait, il retourne d'où il étoit venu, et le roi en même temps passe

---

1. On appelait jugement *interlocutoire*, dans l'ancien droit français, un arrêt qui ne décidait point la question; le tribunal se bornait à ordonner une plus ample information sur quelques points.

outre, trouve sa cour dans la pièce voisine, qui le suit jusqu'à la porte de son cabinet[1].

Ce conseil enregistre les mêmes choses que fait ici le parlement, mais sans jamais y faire obstacle, et, s'il y a quelque remontrance ou observation à faire, il prend son temps lorsqu'il va au palais. Alors il s'explique ou par le chef ou par un des conseillers, quelquefois après la séance par ce chef tête à tête et de quelque façon que ce soit; la volonté du roi entendue, il est obéi sans délai, et sans plus lui en parler. Il consulte assez souvent le conseil avant de faire certaines choses, avec liberté d'en suivre après l'avis ou non. Il est donc difficile de pousser plus loin et l'effet et l'apparence du despotisme.

En Aragon, c'est tout le contraire pour cette couronne et pour toutes les provinces qui en dépendent. Les lois qui y sont en vigueur ne peuvent recevoir d'atteinte, le roi ne peut toucher à aucun privilége public ni particulier. Les états généraux y sont les maîtres des impositions dans toutes leurs parties, qui refusent presque toujours ce qu'on y voudroit ou innover ou augmenter, et ils ont la même délicatesse sur tout ce qui est édits et ordonnances, qui ne peuvent être exécutés non-seulement sans leur consentement, mais sans leur ordre. Le tribunal suprême réside à Saragosse, qui est pour l'Aragon et tout ce qui en dépend, comme est le conseil de Castille dans ce royaume et ses dépendances. Le chef de ce tribunal qui, comme en Castille, est un grand, et peut aussi être un homme de robe, avec moins de consistance alors, est tout un autre personnage que le président ou le gouverneur du conseil de Castille. Il se nomme, non le justicier, mais le *justice*, comme étant lui-même la souveraine justice. Il ne peut être ni déposé, ni suspendu, ni écorné en quoi que ce soit. Il préside également au tribunal suprême et aux états quand ils sont as-

---

1. Passage omis par les précédents éditeurs depuis *Après cette séance.*

semblés, et qui quelquefois s'assemblent ou par lui ou d'eux-mêmes, sans que le roi puisse l'empêcher. C'est dans ces états assemblés que le nouveau roi prête le serment entre les mains du justice, qui lui dit, étant assis et couvert, cette formule mot à mot et lentement, tout haut, en sorte que toute l'assemblée l'entende : *Nous qui valons autant que vous, vous acceptons pour notre roi, à condition du maintien de tous nos droits, lois et prérogatives; sinon, non.* Voilà un étrange compliment à recevoir pour une tête couronnée; et, en Aragon, ils ont toujours tenu parole tant qu'ils ont pu, et l'ont pu presque toujours. Ce justice, en absence des états, les représente seul, et fait, en partie seul, en partie avec le conseil, ce que feroient les états s'ils étoient assemblés, auxquels il en doit compte, et leur est soumis en tout. Il a, comme les états, une grande jalousie d'empêcher que le roi n'étende son autorité au préjudice de la leur en quoi que ce soit, et de part et d'autre en petit, ils ressemblent fort, quoique dans une autre forme, au roi et au parlement d'Angleterre. C'est aussi ce qui a si souvent armé l'Aragon, la Catalogne, etc., contre ses princes et c'est ce que le roi d'Espagne prit cette année son temps d'abolir.

Il éteignit la dignité et toutes les fonctions de ce fâcheux justice, il abolit les états, il supprima tous les droits et prérogatives, il cassa toutes les lois, il changea le tribunal suprême, il asservit l'Aragon et toutes les provinces qui en dépendent, les mit en tout et partout sur le pied de la Castille, il y étendit les lois de ce royaume, et il abrogea tout ce qui y pouvoit être contraire. Ce fut un grand et utile coup frappé bien à propos, et qui mit toutes ces provinces au désespoir et en furie. Le bonheur de l'issue des armes a soutenu ce qu'elles avoient tant aidé à établir. L'Aragon, la Catalogne et toutes les provinces dépendantes de cette couronne ont fait l'impossible pour alléger au moins ce joug. Philippe V est demeuré, avec grande raison, inébranlable, et les choses sont demeurées jusqu'à présent dans la forme où il les mit dans ce temps-là.

Le parti étoit pris dès l'hiver de n'essayer point de rentrer en Italie. Médavy y étoit resté avec les troupes que M. le duc d'Orléans marchant avec son armée à Turin lui avoit laissées en Lombardie, et avec lesquelles il remporta une victoire en même temps que se donna la bataille de Turin, qui en auroit réparé les malheurs, si, comme M. le duc d'Orléans le voulut, il avoit mené son armée en Italie, au lieu de la ramener dans les Alpes et dans le Dauphiné. Médavy se maintint avec ses troupes sans que les ennemis osassent l'attaquer; il tenoit Mantoue et quantité d'autres places.

Ne renvoyant point de troupes en Italie, il restoit deux partis à prendre, que Médavy proposa tous deux, et du succès de celui des deux qu'on voudroit prendre il répondit. Le premier, et celui que Médavy appuyoit le plus, étoit celui de se cantonner en Lombardie, d'y abandonner à leurs propres forces les places qui ne s'y pourroient couvrir, de conserver les principales possibles, surtout Mantoue, de les bien munir toutes, et de se tenir sur la défensive en Lombardie, où la subsistance ne pouvoit manquer sans aucun autre secours, et fatiguer les ennemis par les courses de nos garnisons, et par la nécessité des siéges, les amuser ainsi en attendant les événements, et les empêcher de songer à venir nous attaquer chez nous, délivrés de toute guerre en Italie.

L'autre parti étoit de marcher avec sa petite armée, par les pays vénitiens et ecclésiastiques, très-neufs et très-abondants, droit au royaume de Naples, qui se maintenoit encore, mais qui ne pouvoit que tomber bientôt s'il n'étoit secouru en lui-même; ou par la diversion d'Italie, si on étoit en état et en volonté d'y en tenter quelqu'une. C'étoit au moins conserver à l'Espagne Naples et Sicile, et ne pas tout perdre à la fois en ne prenant aucun de ces deux partis, dont chacun des deux étoit très-praticable. Mais il étoit écrit que les ténèbres dont nous étions frappés s'épaissiroient de plus en plus, et que le nombre et l'énormité de nos fautes entassées les unes sur les autres en Italie, la campagne dernière, seroient comblées par celle de son entier abandon.

Pour ce dernier parti, on eut peur d'offenser un pape foible et une république infidèle qui avoit toujours favorisé ouvertement les Impériaux, et un pape qui, bien que de mauvaise grâce, n'avoit osé résister à leurs volontés. Ces deux si médiocres puissances sentoient bien alors la faute qu'elles avoient faite, et trouvoient les Impériaux devenus de beaucoup trop forts; mais cette même raison les tenoit en crainte, je n'oserois dire et nous avec eux. Le trajet étoit court, facile, sans obstacle quelconque à appréhender, et toujours dans l'abondance, et Naples et Sicile étoient sauvées. On en eût été quitte pour des cris de politique et pour des excuses de même sorte. On s'en fit des monstres; on aima mieux regarder tout d'un coup Naples et Sicile comme perdues.

L'autre parti fut considéré comme trop hasardeux.

On fit à l'égard de Médavy et de ses troupes coupées d'avec la France, comme ces mères, tendres jusqu'à la sottise, qui ne veulent pas laisser aller leurs enfants faire ou essayer fortune par des voyages de long cours, dans la crainte de ne les revoir jamais. On oublia la conduite des grands rois et des grands capitaines qui, après les plus désespérés revers, se sont roidis à se soutenir contre la fortune, et par un léger levain sont parvenus, à force de courage, d'art, de savoir se passer, se cantonner, se maintenir, à changer la face des affaires et à en sortir heureusement et glorieusement.

Vaudemont avoit le commandement d'honneur; Médavy, qui portoit tout le poids, l'avoit en effet. Le Milanois ne rapportoit plus à Vaudemont l'autorité ni l'argent qui le rendoient grand, depuis le malheur de Turin. Il avoit des sommes immenses qu'il ne vouloit pas hasarder. On a vu ici ses perfides manéges du temps de Catinat et de Villeroy. Il avoit mieux couvert son jeu pendant celui de Vendôme, en qui toute la confiance et l'autorité étoit passée et avec lequel il avoit principalement songé à se lier. La mort de son fils unique sembloit avoir rompu ses chaînes; M. le duc d'Orléans, qui avoit eu les yeux fort ouverts sur sa conduite dans le peu qu'il eut à l'examiner, me dit au retour en avoir été fort content.

Pour moi, j'avois toujours sur le cœur ce chiffre fatal qu'il nia avoir, et qu'il m'a toujours paru impossible qu'il n'eût pas, dont j'ai parlé (t. V, p. 229), et qui a été si funeste. Je ne sais si, quand il seroit enfin devenu fidèle, un gouvernement si mutilé et le commandement apparent de troupes abandonnées ne lui parut pas une charge trop pesante, et, supposé ses anciennes liaisons, s'il ne se défia pas de ses souplesses dans des conjonctures si délicates de cette décadence. Il sentoit sa partie si bien faite en France, qu'il s'en promettoit tout, et la suite a montré qu'il ne se trompoit pas, et qu'il n'y a manqué que des chimères insoutenables. Il étoit dans la première considération du roi; ses nièces et le maréchal de Villeroy avant sa chute lui avoient acquis Chamillart sans mesure. Monseigneur, tel qu'il étoit, mené par ses nièces, étoit à lui. Mme de Maintenon, il la tenoit par Villeroy avant sa disgrâce, qui n'y fut même jamais avec elle, par Chamillart, et par le ricochet de Vendôme qui faisoit agir M. du Maine auprès d'elle. Enfin il avoit le gros du monde par ces cabales, par toute la maison de Lorraine, par tout ce qui avoit servi en Italie, comblé par lui de politesse, gorgé d'argent du Milanois, et charmé de la splendeur, car c'est peu dire de la magnificence, dont il vivoit.

Il appuya donc si foiblement tous ces deux partis, qu'il les décrédita par cela même qu'il avoit un intérêt apparent de désirer qu'on prît celui de soutenir en Lombardie, qui lui en conservoit le commandement et ce qui restoit de son gouvernement du Milanois; et son bonheur, aidé de sa cabale, fut tel, que le roi lui sut le meilleur gré du monde de cette foiblesse d'appuyer, comme étant plus sincère qu'intéressé. Enfin, dans le besoin où on étoit de troupes, bonnes et vieilles, on ne considéra pas où elles seroient le plus utiles pour occuper l'ennemi et l'éloigner de nos frontières, on ne se frappa que de l'idée de sauver celles-ci et de les employer dans nos armées.

Vaudemont fut donc chargé de négocier, de concert avec Médavy, le libre retour de nos troupes et de leur suite, leur retraite en Savoie, la route qu'elles tiendroient, et tout ce qui regardoit leur marche et leur subsistance en payant, et en abandonnant tout ce que nous tenions en Italie. On peut juger s'il eut peine à être écouté et à conclure un traité si honteux pour la France, et si utile et si glorieux à ses ennemis. Tout fut donc arrêté de la sorte, et le général Patay fut livré pour otage à Médavy pour marcher avec lui jusqu'à ce que toutes nos troupes et leur suite fût arrivée en Savoie. C'est ce que Médavy eut la douleur de recevoir ordre d'exécuter.

Tout y fut fait assez à la hâte pour ne se donner pas le loisir d'en avertir le malheureux duc de Mantoue à temps, dont les places, l'État et Mantoue même furent remis aux troupes de l'empereur. Le duc de Mantoue se retira en diligence à Venise avec ce qu'il put emporter de meilleur, et envoya sa femme, dont il n'eut point d'enfants, en Suisse pour ne se revoir jamais. Le dessein étoit qu'elle allât en Lorraine : rien n'étoit plus naturel; mais M. de Lorraine étoit trop à l'empereur pour oser recevoir chez lui sans la permission de ce prince l'épouse d'un allié de la France, dépouillé à ce titre, et pour avoir si longtemps mis l'empereur dans le plus grand embarras par avoir reçu les François dans Mantoue.

Louis XIII avoit conservé, et deux fois rétabli à main armée dans les États de Mantoue et de Montferrat, le père et le grand-père de ce duc de Mantoue, et la première des deux en personne, où sa capacité militaire et sa valeur personnelle qui le couvrit de gloire, jointes à la fidélité de sa protection dans des temps si difficiles, lui mérita toute celle des héros au célèbre pas de Suse vis-à-vis du fameux Charles-Emmanuel et de l'armée autrichienne, comme je l'ai plus amplement remarqué (t. I*er*, p. 63). Ce ne fut donc pas une satisfaction légère pour une maison aussi implacable que la maison d'Autriche s'est toujours piquée si utilement de l'être, de se voir enfin maîtresse du duché et de la ville de Mantoue et du Montferrat, et de faire sentir au souverain dépouillé tout le poids de sa vengeance, et à la France celui de sa foiblesse, dont les alliés, chassés et proscrits par l'empereur en criminels, se trouvoient partout réduits à chercher de lieu en lieu des asiles, et à subsister de ce que la France, qui n'avoit pu les soutenir, leur pouvoit donner, contraste étrange entre Louis XIII et Louis XIV. Crémone, Valence, en un mot tout ce que nous tenions en Italie fut livré aux Impériaux, qui furent si jaloux de cette gloire qu'ils ne voulurent jamais souffrir que ce que nous tenions de places du duc de Savoie lui fût immédiatement remis, mais qu'ils s'opiniâtrèrent à les recevoir eux-mêmes pour que ce prince, qui en cria bien haut, ne les pût recevoir que de leurs mains.

Sur la fin d'avril, Vaudemont et Médavy arrivèrent à Suse avec près de vingt mille hommes tant des troupes du roi que de celles du roi d'Espagne. Le 9 mai, c'est-à-dire le lendemain du détail de la bataille d'Almanza apporté par Bockley, Médavy arriva à Marly, et vint saluer le roi dans ses jardins, dont il fut très-bien reçu, après quoi il le suivit chez Mme de Maintenon où il demeura une heure à lui rendre compte d'un pays et d'un retour qu'il devoit entendre avec une grande peine. Le gouvernement de Nivernois venoit de vaquer tout à propos; le roi le lui donna sans qu'il le demandât, quoiqu'il eût celui de Dunkerque, mais il l'avoit acheté. On le fit repartir au bout d'un mois pour aller commander en chef en Savoie et en Dauphiné, avec deux lieutenants généraux et deux maréchaux de camp sous lui, et le traitement de général d'armée, quoique aux ordres du maréchal de Tessé qui y étoit déjà. Il eut de plus douze mille livres de pension. Le roi lui dit que c'étoit en attendant mieux, parce qu'il avoit cru le gouvernement de Nivernois de trente-huit mille livres de rente, et qu'il se trouvoit n'en valoir que douze mille. Ces grâces, contre l'ordinaire, ne furent enviées de personne, et chacun y applaudit avec grande raison.

Le prince de Vaudemont ne tarda pas après Médavy. Il s'arrêta dans une maison à quelques lieues de Paris, qu'un fermier général lui prêta, où Mlle de Lislebonne et Mme d'Espinoy ses nièces l'allèrent attendre, d'où elles le menèrent loger chez Mme de Lislebonne leur mère et sa sœur, près des filles de Sainte-Marie, de la rue Saint-Antoine, à l'hôtel de Mayenne, maison précieuse aux Lorrains pour avoir appartenu au fameux chef de la Ligue dont ils lui ont chèrement conservé le nom, les armes et l'inscription au-dessus de la porte, et où est une chambre dans laquelle furent enfantées les dernières horreurs de la Ligue, l'assassinat d'Henri III et le projet de l'élection solidaire de l'infante d'Espagne et du fils du duc de Mayenne pour roi et reine de France, en les mariant et en excluant à jamais Henri IV et toute la maison de Bourbon. Cette chambre s'appelle encore aujourd'hui la *chambre de la Ligue*, dont rien n'a été changé depuis par le respect et l'amour qu'on lui porte. Ce fut là que, sous prétexte de repos, M. de Vaudemont acheva de se concerter avec sa sœur et ses nièces.

Il y reçut quelques familiers, s'en alla coucher à l'Étang une nuit, et le lendemain il salua le roi avant dîner à Marly, passant de chez Mme de Maintenon chez lui après sa messe. Le roi le fit entrer dans son cabinet et le reçut comme un homme qui avoit rendu à lui et au roi son petit-fils les plus grands services, et qui, en dernier lieu, lui avoit sauvé vingt mille hommes par le traité qu'il avoit fait avec le prince Eugène, pour les ramener en sûreté, en lui livrant toute l'Italie. On lui avoit réservé un logement à Marly et on lui prêta celui du maréchal de Tessé à Versailles, lors absent, comme je l'ai dit ailleurs.

Il faut maintenant se souvenir de ce que j'ai dit en divers endroits de ce bâtard de Charles IV, duc de Lorraine, dont il avoit si parfaitement hérité l'esprit, l'artifice, la fourberie et l'infidélité, et en qui de plus on ne doutoit pas que l'âme du fameux Protée n'eût passé, si on pouvoit s'arrêter aux fables et à la folie de la métempsycose. Il faut aussi avoir présent ce que j'ai dit (t. III, p. 195 et suiv.) de ses nièces et de leur position également solide et brillante à la cour, de leur union entre elles deux et leur habile mère, c'est peu dire, allons, ce n'est pas trop, jusqu'à l'identité, en laquelle Vaudemont fut en quart. Outre l'amitié soigneusement cultivée par le commerce de lettres, soutenue par les grandes vues, l'intérêt de cette union étoit double, celui de la grandeur, du crédit, de la considération, et celui de l'intérêt depuis que, par la mort du fils unique de Vaudemont, ses nièces étoient devenues ses uniques héritières. Ce fut donc à tant de grands objets tout à la fois qu'ils butèrent.

J'ai expliqué comment ils se comptèrent très-assurés de Chamillart, de M. du Maine, de Mme de Maintenon, de Monseigneur. Ils pouvoient aussi être certains de Mlle Choin et de Mme la Duchesse, et de ce qui, en hommes, approchoit le plus confidemment de Monseigneur. Tessé leur avoit préparé les voies auprès de Mme la duchesse de Bourgogne, et ne leur avoit rien laissé ignorer de ce qui les pouvoit instruire de ce côté-là. M. de Vendôme étoit à eux et le groupe de la maison de Lorraine. Le roi anciennement prévenu par le maréchal de Villeroy, du temps de sa grande faveur, et entretenu depuis dans la même opinion par les puissants appuis que je viens de nommer, ils avoient de plus la grâce de la nouveauté, et ce lustre étranger dont le François s'éblouit jusqu'à l'ivresse, et qui leur réussit au delà de ce qu'ils pouvoient espérer.

Le roi fit à Vaudemont les honneurs de Marly comme il s'étoit plu à les faire à la princesse des Ursins. Il avoit affaire à un homme qui savoit répondre, s'exclamer, admirer, tantôt grossièrement, tantôt avec délicatesse, par un même artifice. Il ordonna au premier écuyer une calèche et des relais pour que Vaudemont le suivît à la chasse, et [lui dit] de l'y accompagner. Il arrêta souvent sa calèche à la sienne pendant les chasses, en un mot, ce fut un second tome de Mme des Ursins. Tout cela étoit beau, mais il en falloit faire usage pour le rang et pour les biens.

Mme de Lislebonne avoit l'esprit habile, et tout tourné pour faire un grand personnage dans sa maison, si elle eût vécu au temps de la Ligue. Sa fille aînée avoit un air tranquille et indifférent au dehors, avec beaucoup de politesse, mais choisie et mesurée, et avec les pensées les plus hautes, les plus vastes et tout le discernement et la connoissance nécessaire pour ne les rendre pas châteaux en Espagne, avoit naturellement une grande hauteur, de la droiture, savoit aimer et hair, moins de manége que de ménagements et de suite, infatigable avec beaucoup d'esprit, sans bassesse, sans souplesse, mais maîtresse d'elle-même pour se rabaisser quand il étoit à propos, et assez d'esprit pour le faire même avec dignité, et en faire sentir le prix à ceux dont elle avoit besoin, sans les blesser, et se les rendre favorables.

Sa sœur avec peu d'esprit, souple, et assez souvent basse, non faute de cœur et de hauteur, mais d'esprit, l'avoit tout tourné au manége avec une politesse moins ménagée que sa sœur, et un air de bonté qui faisoit aisément des dupes. Elle savoit servir et s'attacher des amis.

Leur vertu et leur figure étoient d'ailleurs imposantes; l'aînée, très-simplement mise et sans beauté, inspiroit du

respect; la cadette, belle et gracieuse, attiroit; toutes deux
fort grandes et fort bien faites; mais, à qui avoit du nez,
l'odeur de la Ligue leur sortoit par les pores; toutes deux
point méchantes pour l'être, et se conduisant au contraire
de manière à en ôter le soupçon, mais, lorsqu'il y alloit de
leurs vues et de leur intérêt, terribles.

Outre ces dispositions naturelles, elles en avoient bien
appris de deux personnes avec lesquelles elles furent intimement unies, les deux de la cour les plus propres à instruire par leur expérience et leur genre d'esprit. Mlle de
Lislebonne et le chevalier de Lorraine étoient de toute leur
vie tellement un, qu'on ne doutoit pas qu'ils ne fussent mariés. On a vu en son lieu quel homme étoit le chevalier de
Lorraine. Il étoit, par conséquent, dans la même union avec
Mme d'Espinoy. C'est ce qui les avoit si fort liés avec le maréchal de Villeroy, l'ami intime et très-humble du chevalier de Lorraine, et c'étoit par le maréchal de Villeroy que
le roi si jaloux de tout ce qui approchoit Monseigneur, non-
seulement n'en avoit point conçu contre ces deux sœurs,
mais avoit pris confiance en elles, étoit bien aise de ce commerce si intime de son fils avec elles, et leur marquoit en
tout une considération si distinguée, qui dura la même
après la mort de Monseigneur; d'où il faut conclure que les
deux sœurs, au moins la cadette, firent toute leur vie auprès de Monseigneur le même personnage secret à l'égard
du roi, que le chevalier de Lorraine se trouva si bien toute
sa vie de faire auprès de Monsieur, qu'il gouverna toujours.
C'étoit un exemple qu'il étoit à portée de leur confier, et elles
de suivre, et dont le maréchal de Villeroy put être aussi
quelquefois le canal.

Il les avoit mises de même dans la confiance de Mme de
Maintenon, dont j'avancerai ici un trait étrange qui n'arriva
que depuis, que je sus le lendemain du jour qu'il fut découvert, et qui montrera combien avant étoit cette confiance.
Mme la duchesse de Bourgogne s'étoit acquis une telle fami-

liarité avec le roi et avec Mme de Maintenon, que tout en leur présence elle furetoit leurs papiers, les lisoit, et ouvroit jusqu'à leurs lettres. Cela s'étoit tourné en badinage et en habitude. Un jour, étant chez Mme de Maintenon, le roi n'y étant pas, elle se mit à paperasser sur un bureau, tout debout, à quelques pas d'où Mme de Maintenon étoit assise, qui lui cria plus sérieusement qu'à l'ordinaire de laisser là ses papiers. Cela même aiguisa la curiosité de la princesse qui, toujours bouffonnant mais allant son train, trouva une lettre ouverte, mais ployée entre les papiers, où elle vit son nom. Surprise, elle lut une demi-ligne, tourna le feuillet, et vit la signature de Mme d'Espinoy. A cette demi-ligne, et plus encore à la signature, elle rougit et devint interdite. Mme de Maintenon qui la voyoit faire, et qui apparemment ne l'en empêchoit pas, comme elle l'auroit pu si absolument elle l'eût voulu, ne fut pas apparemment fâchée de la découverte. « Qu'avez-vous donc, mignonne, lui dit-elle, et comme vous voilà! Qu'avez-vous donc vu? » Voilà la princesse encore plus embarrassée. Comme elle ne répondoit point, Mme de Maintenon se leva et s'approcha d'elle comme pour voir ce qu'elle avoit trouvé. Alors la princesse lui montra la signature. Mme de Maintenon lui dit : « Eh bien! c'est une lettre que Mme d'Espinoy m'écrit. Voilà ce que c'est que d'être si curieuse; on trouve quelquefois ce qu'on ne voudroit pas; » puis prenant un autre ton : « Puisque vous l'avez vue, madame, ajouta-t-elle, voyez-là tout entière, et si vous êtes sage, profitez-en; » et la força de la lire d'un bout à l'autre. C'étoit un compte que Mme d'Espinoy rendoit à Mme de Maintenon des quatre ou cinq dernières journées de Mme la duchesse de Bourgogne, mot à mot, lieu par lieu, heure par heure, aussi exact que si elle, qui n'en approchoit guère, ne l'eût pas quittée de vue ; dans lequel il étoit fort question de Nangis et de beaucoup de manéges et d'imprudences. Tout y étoit nommé, et ce qui est plus surprenant qu'une telle instruction même, c'étoit de signer une lettre de cette nature, et pour Mme de Maintenon de ne l'avoir pas brûlée sur-le-champ, ou du moins enfermée. La pauvre princesse pensa s'évanouir et devint de toutes les couleurs. Mme de Maintenon lui fit une forte vesperie[1], lui fit voir que ce qu'elle croyoit caché étoit vu par toute la cour, et lui en fit sentir les conséquences. Sans doute qu'elle lui en dit bien davantage, mais Mme de Maintenon lui avoua que lorsqu'elle lui avoit parlé plusieurs fois, c'étoit par science, et qu'il étoit vrai que Mme d'Espinoy et d'autres encore étoient chargées par elle de suivre secrètement sa conduite, et de lui en rendre un compte exact et fréquent.

Au partir d'un lieu si fâcheux, la princesse n'eut rien de plus pressé que de gagner son cabinet, et que d'y appeler Mme de Nogaret qu'elle appeloit toujours sa petite bonne et son puits, et de lui conter toute sa déconvenue, fondant en larmes, et dans la furie contre Mme d'Espinoy qu'il est aisé d'imaginer. Mme de Nogaret la laissa s'exhaler, puis lui remontra ce qu'elle jugeoit à propos sur le fond de la lettre, mais surtout elle lui conseilla très-fortement de se garder sur toutes choses de rien marquer sur Mme d'Espinoy, et lui représenta qu'elle se perdroit si elle lui témoignoit moins de familiarité et de considération qu'à l'ordinaire. Le conseil étoit infiniment salutaire, mais difficile à pratiquer. Cependant Mme la duchesse de Bourgogne, qui avoit confiance en l'esprit et en la science du monde et de la cour de Mme de Nogaret, en quoi elle avoit grande raison, la crut, et se conduisit toujours avec Mme d'Espinoy de même qu'auparavant, en sorte qu'elle n'a jamais pu être soupçonnée d'en avoir été découverte. Le lendemain Mme de Nogaret, avec qui nous étions intimement Mme de Saint-Simon et moi, nous le conta à tous deux précisément comme je viens de l'écrire.

Ce trait honteux et affreux, surtout pour une personne de

1. Réprimande.

cet état et de cette naissance, montre à découvert jusqu'à quel point, et par quels intimes endroits, les deux sœurs, celle-ci surtout, tenoient directement au roi et à Mme de Maintenon, et tout ce qu'elles s'en pouvoient promettre, surtout avec l'infatuation dont Mme de Maintenon ne se cachoit pas pour les préférences et le rang de la maison de Lorraine.

Du côté de Monseigneur, leur règne sur son esprit étoit sans trouble. Mlle Choin, sa Maintenon de tous points, excepté le mariage, leur étoit dévouée sans réserve. Elle n'oublioit pas que Mme de Lislebonne et ses filles devant tout, leur subsistance, leur introduction dans l'amitié de Monseigneur, le commencement de leur considération à Mme la princesse de Conti, elles n'avoient pas balancé de la lui sacrifier sans y avoir été conduites par aucun mécontentement, mais par la seule connoissance du goût de Monseigneur, et l'utilité d'avoir seules d'abord avec lui la confiance de leur commerce après la sortie de Mlle Choin de la cour. Elle avoit été trop longtemps témoin aussi de cette confiance et de cette amitié de Monseigneur pour ces deux sœurs, chez qui il alloit presque tous les matins passer en tiers une heure ou deux avec elles, pour se heurter à elles, pour ne leur demeurer intimement unies, et Mme la Duchesse dont l'humeur égale et gaie, et la santé toujours parfaite la rendit toujours la reine des plaisirs, chez qui Monseigneur s'étoit réfugié, chassé par le mésaise que l'aventure de la Choin d'abord, l'ennui ensuite et l'humeur de Mme la princesse de Conti avoit dérangé de chez elle, et réduit aux simples bienséances, Mme la Duchesse, dis-je, qui n'avoit ni humeur ni jalousie, et à qui cette habitude et cette familiarité de Monseigneur à venir chez elle n'étoit pas indifférente pour le présent contre les fougues et les sorties de M. le Duc et de M. le Prince même, et moins encore pour le futur, n'avoit garde de choquer ces trois personnes, les plus confidentes et les plus anciennes amies de Monseigneur.

Toutes quatre étoient donc, à l'égard de ce prince et de beaucoup d'autres choses communes entre elles, dans une intelligence qui ne se refroidit jamais en rien, s'aidant en tout avec un parfait concert les unes les autres, quittes après la mort du roi, si Monseigneur eût survécu, à se supplanter réciproquement pour demeurer les maîtresses sans dépendance de personne, mais en attendant unies au dernier point, et tenant sous leur joug commun le peu d'hommes en qui le goût de Monseigneur, ou leur industrie auprès de lui, pouvoit avoir quelques suites.

L'autre personne des instructions de qui Mlle de Lislebonne et Mme d'Espinoy tirèrent de grands secours fut l'habile Mme de Soubise. Elle étoit sœur de la princesse d'Espinoy, belle-mère de celle-ci, et dans toute l'union possible ; avec plus d'esprit qu'elle n'en paroissoit, soutenu de tout ce que l'art du manége, de l'intrigue et de la beauté, aiguisé des besoins de l'ambition la plus vaste et la plus cachée, et soutenu de tout ce que la politique, la fausseté, l'artifice, ont de plus profond. Ses appas l'avoient initiée dans la connoissance la plus intime de l'intérieur du roi, dans laquelle elle étoit sans cesse entretenue par le commerce qui s'étoit conservé entre eux, et dont elle sut tirer de si utiles partis. Livrée au roi par ambition, tant que la dévotion ne l'arrêta pas, contente de la faveur, dès que cette dévotion la répudia, elle sut mettre le roi à son aise, et se servir de cette dévotion même pour maintenir son crédit, sous prétexte de ne pas ouvrir les yeux à son mari, qui les avoit si volontairement fermés, par la différence qu'il en sentiroit et par l'époque de cette différence.

Elle sut gagner Mme de Maintenon, et se servir jusque de sa jalousie du goût que le roi lui conservoit, en lui offrant une capitulation dans laquelle la nouvelle épouse se crut heureuse d'entrer. Elle fut de la part de Mme de Soubise de ne jamais voir le roi en particulier que pour affaire dont Mme de Maintenon auroit connoissance ; d'éviter même ces particuliers, quand les billets pourroient y suppléer ; de le voir même à la porte de son cabinet, quand elle n'auroit qu'un mot court à dire ; de n'aller presque jamais à Marly, pour éviter toute occasion ; de choisir les voyages les plus courts, et de n'y aller qu'autant qu'il seroit nécessaire pour empêcher le monde d'en parler ; de n'être jamais d'aucune des parties particulières du roi, ni même des fêtes de la cour que lorsque, étant fort étendues, ce seroit une singularité de n'en être pas ; enfin, que demeurant souvent à Versailles et à Fontainebleau où ses affaires, sa famille, sa coutume qu'il ne falloit pas changer aux yeux de son mari, la demandoient, elle n'y chercheroit jamais à rencontrer le roi, mais se contenteroit, comme toutes les autres dames, de lui faire sa cour à son souper assez souvent (où même, ni au sortir de table, elle trouvoit fort à propos que le roi ne lui parlât point, non plus qu'il avoit accoutumé de parler aux autres). De son côté, Mme de Maintenon lui promit service sûr, fidèle, ardent, exact dans tout ce qu'elle pourroit souhaiter du roi pour sa famille et pour elle-même ; et de part et d'autre elles se sont toutes deux tenu parole avec la plus scrupuleuse intégrité.

Rien aussi ne convenoit plus à l'une et à l'autre. Mme de Maintenon se délivroit de toute inquiétude par celle-là même qui lui en auroit donné de continuelles et d'impossibles à parer, et il ne lui en coûtoit que de la servir en toutes choses qui n'alloient point à les renouveler, et qui d'ailleurs lui étoient parfaitement indifférentes, et entièrement à part de tout ce qu'elle pouvoit souhaiter. En même temps elle se donnoit des occasions de plaire au roi, au lieu de l'importuner de jalousie, en se montrant amie, servant celle qui lui en auroit pu donner, et pour qui le goût du roi, qui ne s'est jamais ralenti, s'étoit tourné en bonne amitié et en considération du premier ordre. Mme de Soubise, par cette adresse, secondoit la dévotion et les scrupules du roi, le mettoit à l'aise avec elle, et cultivoit cette affection dans l'autre tour qu'elle avoit pris, qui n'en recevoit que plus de force, et à l'égard de Mme de Maintenon, elle sentoit bien qu'elle lui donnoit des fiches pour de l'argent comptant qu'elle en retiroit; que sa lutte contre elle seroit presque toujours inutile au point où en étoient les choses entre le roi et elle, sûrement funeste enfin; au lieu qu'avec cette conduite elle fortifioit son crédit direct auprès du roi de tout celui de Mme de Maintenon, qu'autrement elle eût eue contre elle à bannière levée. Les mêmes raisons les firent convenir encore de ne se voir jamais sans une nécessité à laquelle rien ne pourroit suppléer, et les billets mouchoient entre elles comme avec le roi. Telle étoit la situation solide de Mme de Soubise qu'elle avoit eu l'art, en saisissant l'occasion si délicate de la dévotion du roi et de la rupture qui y étoit si conséquente, de faire succéder à une situation très-hasardeuse.

La conduite domestique étoit menée avec la même sagesse et la même adresse. M. de Soubise n'avoit eu de jalousie de sa femme que celle qu'il avoit jugé utile de n'avoir point. Il étoit né pour être un excellent intendant de maison et un très-bon maître d'hôtel; il avoit encore la partie d'un admirable écuyer. Être à la cour et ne rien voir, il avoit trop d'esprit pour le croire praticable aux yeux du monde; il avoit donc pris le parti d'y aller rarement, de ne parler au roi que de sa compagnie des gens d'armes, dont, dans les vacances de charges et dans la manutention ordinaire, il sut tirer des trésors, de servir longtemps et bien à la guerre, et du reste se tenir enfermé dans sa maison à Paris, à y voir peu de monde, tout appliqué à ses affaires et à son ménage, et laisser sa femme à la cour se mêler du grand, des grâces et des établissements de sa famille. C'est le partage qui subsista entre eux toute leur vie.

Mme de Soubise, trop avisée pour ne pas sentir la fragilité du rang que sa beauté avoit conquis, n'étoit occupée qu'à le consolider. Elle songea à l'appuyer de la maison de Lorraine, tout indignée qu'elle en fût, du moment que par le mariage du prince d'Espinoy, son neveu, elle vit jour à s'unir avec Mme de Lislebonne et ses filles. Mme d'Espinoy, sa sœur, qui lui étoit très-soumise (car rien de plus impérieux dans sa famille que cette femme qui en faisoit tout l'appui), sa sœur, dis-je, qui d'abord pour percer par le jeu s'étoit fort adonnée à la cour de Monsieur, avoit si bien fait la sienne au chevalier de Lorraine qu'elle étoit devenue son amie intime; et je me souviens que, tout jeune encore, désirant une cure vacante auprès de la Ferté qu'il nommoit par son abbaye de Saint-Père-en-Vallée, je l'eus dans l'instant par le prince d'Espinoy avec qui j'étois continuellement alors. Mme de Soubise, qui ne négligeoit rien, avoit tâché de s'accrocher par là au chevalier de Lorraine et par lui aux Lislebonne. Ce fut tout autre chose quand le mariage de son neveu fut fait : leur esprit d'intrigue et d'ambition se rapportoit; elles connoissoient réciproquement leurs allures; elles sentirent combien elles se pouvoient être réciproquement utiles; elles se lièrent peu à peu, et bientôt l'union devint intime. Elle se resserra dans la suite par l'alliance et la communauté d'intérêts; elle dura autant que leur vie, et passa aux enfants de Mme de Soubise devenus de grands maîtres à son école, et desquels les deux sœurs tirèrent dans les suites l'usure de ce que d'abord elles avoient mis de leur part.

FIN DU CINQUIÈME VOLUME.

NOTES.

I. HISTOIRE ET CONDAMNATION DE B. DE FARGUES.

Pages 58 et suiv.

Saint-Simon raconte (p. 58 et suiv. de ce volume) comment Fargues fut arrêté dans sa maison de Courson par les huissiers du parlement, et sur un ordre du premier président de Lamoignon, amené à Paris, condamné à mort, et exécuté. Il ajoute que le premier président, qui avait dirigé la procédure, s'enrichit par la confiscation d'une partie des biens de Fargues. Ce récit, qui incrimine la mémoire de Guillaume de Lamoignon, renferme plusieurs erreurs ; et, sans entrer dans une discussion approfondie, il suffira d'opposer à Saint-Simon, ou plutôt à Lauzun, l'autorité d'un contemporain, témoin impartial, qui avait bien connu B. de Fargues, et qui donne les détails les plus précis sur sa condamnation et sur son supplice.

Rappelons d'abord que le fait dont il s'agit se passa au commencement de l'année 1665, longtemps avant la naissance de Saint-Simon. Cet écrivain cite comme unique autorité (p. 58) le duc de Lauzun, personnage célèbre par ses intrigues, sa vanité, l'éclat de sa fortune et de sa chute. On voit tout de suite quelle confiance mérite un pareil témoignage. Aussi, lorsqu'en 1781, La Place publia, dans le premier volume de ses *Pièces intéressantes et peu connues pour servir à l'histoire*, le récit de l'arrestation et de la mort de B. de Fargues, emprunté textuellement aux Mémoires encore inédits de Saint-Simon, la famille de Lamoignon réclama, et produisit des pièces qui établissaient que Fargues n'avait pas été condamné par le parlement de Paris, mais par l'intendant d'Amiens et par d'autres commissaires délégués par le roi, et que le premier président n'avait obtenu la terre de Courson qu'en 1668, en sa qualité de seigneur de Bâville, dont relevait Courson.

Nous ajouterons à cette réfutation celle qui résulte du récit d'Olivier d'Ormesson, qui écrivait son *Journal* au moment même où B. de Fargues fut arrêté et exécuté : « Le dimanche 29 mars 1665, je reçus des lettres de la condamnation de Fargues, et qu'il avoit été pendu, le vendredi à cinq heures du soir, à Abbeville. Cette fin extraordinaire m'oblige de dire que Fargues étoit né de petite condition, dans Figeac en Languedoc; qu'ayant épousé la sœur du sieur de La Rivière, neveu de M. de Bellebrune, il avoit été major d'Hesdin, dont M. de Bellebrune étoit gouverneur; et qu'au mois de janvier 1658, le sieur de Bellebrune étant mort, il forma le dessein de se rendre maître de cette place. Étant venu à Paris, il offrit à M. de Palaiseau, gendre de M. de Bellebrune, de le servir pour lui conserver le gouvernement, et lui demanda le nom de ses amis dans la place, lequel M. de Palaiseau lui donna, et en même temps il offrit à M. le comte de Moret, auquel ce gouvernement étoit donné, de l'argent et son service. Mais en ayant été fort peu accueilli, il partit devant, disant que c'étoit pour lui préparer toutes choses; et étant dans la place, il s'en rendit le maître, ayant chassé tous les amis de M. de Palaiseau et de M. de Moret, et ayant écrit à M. le maréchal d'Hocquincourt pour lui livrer cette place. M. d'Hocquincourt, avec son régiment qui étoit sur la frontière, s'y retira; et je me souviens qu'étant en Picardie[1], le lieutenant-colonel de ce régiment vint de la cour m'apportant des ordres, et témoignoit vouloir servir la cour contre le maréchal, et néanmoins, sitôt qu'il eut joint son régiment, il le débaucha et se retira à Hesdin.

« Lorsque, par la paix[2], la ville d'Hesdin fut rendue au roi, je la reçus et y fis entrer le régiment de Picardie. Je parlai à Fargues de toute sa conduite. Il me dit que sitôt qu'il étoit entré dans Hesdin, il avoit écrit en quatre endroits pour négocier : à la cour, par l'entremise de Carlier, commis de M. Le Tellier, qui y fit deux voyages, et enfin par sa femme, qui prit cette occasion pour aller à Hesdin et se rendre auprès de son mari; au maréchal d'Hocquincourt, qui ne manqua pas de se venir jeter dans Hesdin; mais Fargues prit si bien ses précautions avec lui qu'il n'en fut jamais le maître, et ne lui permit jamais ni d'y être le plus fort ni de parler à un homme en particulier; [enfin il négocia] avec M. le prince et avec les Espagnols, dont il reçut des troupes qu'il fit camper dans le faubourg de Saint-Leu, sans que jamais il souffrît deux officiers de ses troupes entrer ensemble dans la ville.

« Le roi, en avril 1658, marchant avec son armée pour faire le siége de Dunkerque, fit semblant de vouloir assiéger Hesdin, et le

---

1. Olivier d'Ormesson était alors intendant de Picardie.
2. Paix des Pyrénées (1659).

bruit en couroit. Il passa à la vue de cette place, croyant que sa présence feroit quelque soulèvement dans la place; mais Fargues me dit que sachant qu'il ne seroit point assiégé, il jugea qu'il n'avoit qu'à se défendre d'une révolte; qu'il avoit assemblé toute sa garnison, et leur ayant dit que le roi venoit pour les assiéger, que pour lui il étoit résolu de se défendre, et qu'il laissoit la liberté à ceux qui voudroient de sortir; que tous lui avoient juré de mourir avec lui, et que, profitant de cette disposition, il avoit mis ces troupes dans les dehors, et étoit demeuré dans la place, craignant seulement un coup de main et d'être assassiné; que M. le maréchal d'Hocquincourt escarmoucha avec la cavalerie, et que depuis il n'avoit songé qu'à ses fortifications, et à maintenir l'ordre et la police dans sa place; que La Rivière et lui étoient dans des chambres séparées aux deux bouts d'une salle commune, dans laquelle il y avoit un corps de garde de pertuisaniers; que jamais l'un ne dormoit que l'autre ne fût éveillé; qu'ils n'alloient jamais en un même lieu ensemble; et enfin Fargues m'ayant expliqué sa conduite, fait voir ses magasins, il me parut homme de tête et de grand ordre, et chacun convient qu'il a soutenu sa révolte avec beaucoup d'habileté, n'ayant ni naissance, ni condition, ni charge, ni considération qui le distinguât pour se soutenir.

« L'on dit que, durant son procès, il a dit souvent qu'il n'avoit commis qu'une seule faute, qui étoit de s'être laissé prendre. Il a déclaré, après son jugement, qu'il entretenoit commerce avec Saint-Aulnays, et qu'il le pressoit de se retirer en Espagne.

« Cette condamnation porte pour vol, péculat, faussetés et malversations commises au pain de munition[1], etc. Chacun a renouvelé à cette occasion les anciennes histoires de penderie de M. de Machault, et que celui-ci ne dégénérera point d'un nom si illustre. »

Ce fut en effet l'intendant de Picardie Machault qui condamna Fargues. Il avait été nommé tout exprès pour cette exécution, dont ne voulut pas se charger son prédécesseur Courtin. « L'affaire de Fargues, écrit Olivier d'Ormesson, qui tenoit ces détails de Turenne[2], est l'occasion de ce changement[3]; car M. de Machault va pour le juger souverainement, et M. Courtin l'avoit refusé. »

Olivier d'Ormesson, après avoir rappelé que Fargues fut pendu à Abbeville le vendredi 27 mars, continue ainsi : « L'on remarquoit qu'ayant été conduit à Hesdin, il avoit été mis dans la prison avec les mêmes fers et dans le même lieu où il avoit retenu prisonnier le

---

1. Ce ne fut donc pas pour meurtre, comme le dit Saint-Simon (page 60), que Fargues fut condamné à mort.
2. *Journal d'Olivier d'Ormesson*, IIe partie, fol. 87 verso.
3. Machault fut transféré de l'intendance de Champagne à celle de Picardie.

nommé Philippe-Marie, qui étoit un officier qui avoit voulu soulever la garnison contre lui, lors de sa révolte; qu'un soldat qu'il avoit obligé d'être bourreau et de pendre un homme, avoit été le sien et l'avoit pendu. L'on convenoit aussi qu'il avoit entendu la lecture de sa condamnation avec beaucoup de fermeté; qu'il avoit baisé trois fois la terre remerciant Dieu; qu'il avoit aussi baisé trois fois sa potence, et qu'il étoit mort avec courage et fort chrétiennement. »

Il résulte de ces détails si précis, écrits au moment même des événements, par un témoin impartial et bien informé, que le premier président de Lamoignon n'a été pour rien dans le procès et la condamnation de B. de Fargues.

II. OPPOSITION DE LA NOBLESSE AUX HONNEURS ACCORDÉS A QUELQUES FAMILLES.

Page 145.

Saint-Simon parle souvent dans ses Mémoires des tentatives de familles nobles pour obtenir des priviléges particuliers, tabouret à la cour, entrée en carrosse dans les châteaux royaux, ce qu'on appelait alors *les honneurs du Louvre*, rang de princes étrangers, etc. Ces efforts pour s'élever au-dessus de la noblesse ordinaire provoquèrent une très-vive opposition, surtout au mois d'octobre 1649. Saint-Simon en parle (p. 145 du présent volume). Nous réunirons ici plusieurs passages du Journal inédit de Dubuisson-Aubenay[1], qui indique avec précision tous les détails de cette petite révolution de cour. Attaché au secrétaire d'État Duplessis-Guénégaud, Dubuisson-Aubenay est comme le Dangeau de la Fronde : il retrace minutieusement les cabales qui agitèrent la cour de 1648 à 1653; il parle aussi de l'opposition qu'à la même époque les ducs et pairs firent aux prétentions de certaines familles qui affectaient le rang de princes étrangers.

« Lundi 4 octobre (1649), la reine étant au cercle, le maréchal de L'Hôpital lui a présenté le mémoire ou requête de toute la noblesse de la cour opposante aux tabourets, de la poursuite desquels les sieurs de Miossens[2] et de Marsillac[3] vouloient bien se déporter; mais

---

1. Ms. Bibl. Maz. H, 1719, in-fol.
2. César-Phœbus d'Albret, comte de Miossens, dans la suite maréchal de France. Saint-Simon en parle avec détails à l'année 1714.
3. François de La Rochefoucauld, alors prince de Marsillac, duc de La Rochefoucauld après la mort de son père. C'est l'auteur des *Maximes*.

les princes qui la portoient ont voulu que l'affaire allât jusqu'au bout. Enfin elle est échouée tout à fait ou remise à une autre fois. Les comtes de Montrésor[1] et de Béthune[2], qui n'avoient point encore parlé, y ont paru, et le premier a parlé à la reine d'une façon de longtemps préméditée. Il y avoit une lettre circulaire aux gouverneurs et grands seigneurs de toutes les provinces, toute prête à être signée, et envoyée de la part des opposants, qui avoit été dressée en l'assemblée chez le marquis de Sourdis.

« Les ducs et pairs s'assemblent chez le duc d'Uzès, et les princes autres que du sang chez M. de Chevreuse.

« Mardi matin, 5 octobre, encore assemblée de la noblesse opposante, que l'on appelle *anti-tabouretiers*, chez le marquis de Sourdis, lui absent, et son fils, le marquis d'Alluye, présent.

« Jeudi 7, la noblesse opposante aux tabourets s'assemble encore chez le marquis d'Alluye, en l'hôtel de Sourdis.

« L'opposition des ducs et pairs contre la principauté de la maison Bouillon La Tour continue, et la plainte des maréchaux de France contre le vicomte de Turenne, de ce qu'il a fait ôter les bâtons de maréchal de France de son carrosse[3]. »

Après avoir dit que les assemblées de la noblesse continuèrent le vendredi 8 et le samedi 9, sans entrer dans aucun détail, Dubuisson-Aubenay parle avec plus d'étendue de celle qui se tint le 11 octobre :
« Il y a eu grand bruit. Le marquis d'Alluye, fils du marquis de Sourdis d'Escoubleau, absent, a voulu faire sortir de chez lui les Besançon[4], disant qu'ils n'étoient pas gentilshommes. Ceux-ci ont menacé l'autre de coups de bâton. Le sieur d'Amboise, ci-devant gouverneur de Trin[5] en Piémont, puis de Lagny-sur-Marne durant le siége de Paris, a été admonesté de s'en retirer, quoiqu'il ait eu pour père un maître des requêtes, et qu'il ait les armes de l'ancienne maison d'Amboise, qui est de six pals[6] d'or et de gueules; ce qu'il a fait doucement. Le prince de Condé avoit prié du commencement quelques-uns de ses amis de n'y pas aller; à la fin il les y a envoyés lui-même. Le bruit des Besançon fut dès samedi.

« Dimanche après midi l'assemblée fut chez le maréchal de L'Hôpital, et aussi ce jourd'hui lundi depuis huit heures jusques après

---

1. Claude de Bourdeille, comte de Montrésor, un des principaux agitateurs de la Fronde.
2. Hippolyte de Béthune, né en 1603, mort en 1605.
3. Saint-Simon revient souvent sur les prétentions de la maison de Bouillon. Voy. principalement t. V, chap. XVII.
4. Les seigneurs, dont il s'agit ici, étaient de la famille du Plessis-Besançon.
5. Trino, petite ville de Piémont, au N. O. de Casal.
6. Bandes perpendiculaires sur l'écu.

dix, que fut apporté le brevet de la reine, par lequel elle abolit tous tabourets, entrées au Louvre et autres priviléges, concédés à qui que ce soit contre les formes ordinaires depuis l'an 1643 et durant la régence. On a voulu délibérer si l'on se contenteroit de ce brevet, et s'il ne falloit pas une déclaration du roi enregistrée au parlement, et les uns étoient d'un avis, les autres d'un autre; mais le maréchal d'Estrées, l'un des présidents (car les maréchaux de France[1] y président, et les sieurs de Maulevrier, Brèves et de Villarceau servent de greffiers), ayant dit que l'heure étoit passée, est sorti et beaucoup de noblesse avec lui. Les autres sont demeurés en colère, disant qu'ils vouloient délibérer et qu'ils n'avoient que faire de ceux qui s'en alloient de la sorte. Mais le comte de Montrésor les a apaisés disant que jusqu'alors ils n'avoient rien fait que de bien; qu'ils ne devoient donc pas finir par désordre et précipitation; que l'on attendît à demain que l'assemblée fût légitime et complète pour achever leur délibération; ce qui a été fait, et on nomma douze commissaires d'entre eux pour examiner l'affaire.

« Mardi 12, l'assemblée de la noblesse continue pour la dernière fois. Le brevet de révocation des brevets des tabourets et entrées en carrosse dans le logis du roi, donnés à la comtesse de Fleix[2] de la part de la reine comme à une veuve de la maison de Foix, à la demoiselle de Brantes-Luxembourg[3], et aussi à M. de Bouillon comme prince étranger, a été reçu. On a voulu faire passer que dorénavant toutes les concessions n'auroient d'effet qu'après l'enregistrement des brevets du roi, même majeur, au parlement. La pluralité des voix au contraire l'a emporté. L'assemblée ainsi s'est rompue, et l'archevêque d'Embrun, jadis abbé de La Feuillade, y est venu la haranguer de la part de son corps. Celui de la noblesse ira, dit-on, les remercier, et remerciera aussi tant les ducs et pairs que les princes qui ont épaulé ladite noblesse. Là-dessus le comte de Miossens, sous-lieutenant des gens d'armes du roi, demanda qu'il fût fait un décret que dorénavant en France on ne reconnût plus aucuns princes que

1. « Auparavant qu'il y en eût, c'étoient les chevaliers des ordres qui présidoient, entre autres le comte d'Orval; et le vieux marquis de La Vieuville, aussi chevalier des ordres, s'étant relâché à laisser passer le comte de Montrésor devant lui sous protestation que cela ne préjudicieroit au rang, il en a été repris par le comte d'Orval; mais lesdits chevaliers des ordres du roi, comme ils précèdent tous gentilshommes même gouverneurs de province, aussi cèdent-ils aux officiers de la couronne, comme sont les maréchaux de France. » (*Note de Dubuisson-Aubenay*.)

2. La comtesse de Fleix était fille de la marquise de Senecey, gouvernante de Louis XIV. Saint-Simon parle (t. Ier, p. 70 et 350 de cette édition) de Gaston de Foix, fils de la comtesse de Fleix.

3. Marie-Louise-Claire-Antoinette, fille de Léon d'Albert, sieur de Brantes et duc de Piney-Luxembourg.

ceux du sang, et que les autres fussent réduits aux purs rangs de la noblesse.

« Mercredi 13, se tient encore assemblée chez le maréchal de L'Hôpital par la noblesse, où elle a résolu la députation vers la reine et M. le cardinal pour les remercier du brevet de révocation ci-dessus, et donner part aux ducs et pairs assemblés chez le duc d'Uzès, et aux princes étrangers chez le duc de Chevreuse, de la conclusion de leur assemblée et de tout ce qui s'y est passé.

« Le comte de Miossens est aussi allé remercier la reine de ce qu'elle lui promettoit qu'il ne se feroit aucune concession de cette nature durant la régence qu'il n'y eût part; et qu'elle lui donnoit cependant et dès à présent sa charge de maître de la garde-robe de M. le duc d'Anjou, de laquelle il a pris possession à l'heure même près de ce petit prince, et en outre douze mille livres d'appointements. »

III. ÉVOCATIONS; ENREGISTREMENT; DROIT DE REMONTRANCES.

Page 413.

Saint-Simon parle souvent, et notamment page 413 de ce volume, des évocations, du droit d'enregistrement et de remontrances. Il ne sera pas inutile de préciser pour le lecteur moderne le sens de ces expressions.

Les évocations étaient des actes de l'autorité supérieure qui enlevait la connaissance d'une affaire aux juges naturels pour l'attribuer à un autre tribunal. Tantôt c'était le souverain, tantôt c'étaient les tribunaux supérieurs qui évoquaient le jugement d'un procès. Les évocations étaient souvent un moyen de favoriser un personnage en le renvoyant devant un tribunal où il avoit plus d'influence. Aussi la célèbre ordonnance de Moulins, rendue en 1566, déclare-t-elle qu'une évocation ne pourrait avoir lieu qu'en vertu d'une ordonnance du roi contre-signée par les quatre secrétaires d'État. On autorisait les parlements à faire des remontrances pour s'opposer provisoirement à l'exécution de l'ordonnance d'évocation, et, provisoirement, la partie en faveur de laquelle avait été prononcée l'évocation devait se constituer prisonnière.

Le droit d'enregistrement est un exemple frappant des abus qui se glissent à la faveur d'un mot ou d'un usage, et qui peu à peu deviennent lois constitutives d'un État. De la coutume de transcrire sur des registres les actes royaux est venue la prétention du parlement d'exercer sur ces mêmes actes un contrôle qui se traduisait quelquefois par le refus de l'enregistrement. Il fallait alors que le roi vînt en personne au parlement pour forcer les magistrats de transcrire la loi sur leurs registres. Il est nécessaire de rappeler les origines et les vicissitudes de cette prétention des parlements.

Avant le règne de saint Louis, il n'est pas question de registres sur lesquels on inscrivît les ordonnances des rois ou les arrêts des tribunaux. On les écrivait sur des feuilles de parchemin que l'on roulait et que l'on déposait dans le trésor des chartes. Pour constater l'authenticité d'un acte, on ne disait pas qu'il avait été *enregistré* ou inscrit sur les registres du parlement, mais qu'il avait été placé dans le dépôt des actes publics (*depositus inter acta publica*). Étienne Boileau, prévôt de Paris sous le règne de saint Louis, fut le premier qui fit transcrire sur des registres les actes de sa juridiction. Le parlement de Paris fit faire, vers le même temps, un recueil de ses arrêts, connu sous le nom d'*Olim*, et qui a été publié dans le recueil des *Documents inédits relatifs à l'histoire de France*. Au commencement du XIVᵉ siècle, le même corps fit dresser un registre des ordonnances royales qui devaient servir de règle à ses jugements. L'ordonnance, après avoir été lue en présence de la cour, était transcrite sur les registres du parlement. Dès 1336, on trouve au bas d'une ordonnance de Philippe de Valois la formule suivante : « Lu par la chambre et enregistré par la cour de parlement dans le livre des ordonnances royales. » (*Lecta per cameram, registrata per curiam parliamenti in libro ordinationum regiarum.*)

De cet usage de la transcription sur ses registres, le parlement passa, au commencement du XVᵉ siècle, au droit de soumettre à son contrôle et même de rejeter une ordonnance royale. Pendant les troubles du règne de Charles VI, le parlement, devenu permanent, prétendit qu'il avait le droit de refuser l'enregistrement d'une ordonnance royale ; il la frappait ainsi de nullité et n'en tenait aucun compte dans ses arrêts. Même sous Louis XI, en 1462, le parlement de Paris refusa d'enregistrer un don fait par le roi au duc de Tancarville ; il fallut un ordre exprès de Louis XI pour l'y contraindre. Dans la suite, toutes les fois que la royauté rencontra dans le parlement une résistance de cette nature, elle en triompha par une ordonnance spéciale, et alors, en mentionnant l'enregistrement, on ajoutait la formule : *Du très-exprès commandement du roi*. Souvent même, pour vaincre l'opposition des parlements, les rois allèrent y tenir des lits de justice, où ils faisaient enregistrer les ordonnances en leur présence.

Le droit de remontrances était étroitement lié à celui d'enregistrement et datait du même temps. Avant de céder aux ordres du roi, le parlement lui adressait de très-humbles remontrances, pour lui exposer les motifs qui l'avaient engagé à surseoir à l'enregistrement de tel ou tel édit. L'ordonnance de Moulins, tout en reconnaissant au parlement le droit de présenter des remontrances, déclara qu'elles ne pourraient surseoir à l'exécution des édits. Même réduit à ces limites, ce privilége des parlements parut encore redoutable à Louis XIV. Par sa déclaration du 24 février 1673, il régla la forme dans laquelle devaient être enregistrés les édits et lettres patentes émanés de l'autorité royale. Le parlement ne conservait le droit de remontrances que pour les actes qui concernaient les particuliers. Ainsi jusqu'à la fin du règne de Louis XIV, le droit de remontrances sur les matières politiques resta suspendu; mais la déclaration du 15 septembre 1715 la rendit aux parlements, et les lettres patentes du 26 août 1718 en réglèrent l'usage.

FIN DES NOTES DU CINQUIÈME VOLUME.

TABLE DES CHAPITRES

DU CINQUIÈME VOLUME.

Chapitre premier. — Mariage du comte d'Harcourt, et ses suites, avec Mlle de Montjeu; son extraction. — Gêne de la confession dans la famille royale. — P. de La Rue confesseur de Mme la duchesse de Bourgogne. — Pontchartrain se raccommode avec le maréchal de Cœuvres, et demeure brouillé avec d'O. — Villeroy, Villars et Marsin généraux des armées de Flandre, de la Moselle et d'Alsace. — Laparat envoyé à Verue. — Communication de Verue avec Crescentin coupée. — Verue rendu à discrétion. — Prince Eugène en Italie. — Siége de Turin projeté et publié. — Princesse des Ursins tentée de demeurer en France. — Se résout enfin de retourner en Espagne. — Conduite, audace et succès avortés de Maulevrier, rappelé en France, où il arrive. — Gibraltar secouru; ce siége levé. — Renault, son caractère, sa fortune. — Rochefort, comment devenu port. — Progrès du Ragotzi. — Princesse de Condé. — Rabutin et sa fortune en Allemagne. — Mort de l'empereur Léopold, etc. — Deuil tardif et abrégé pour l'empereur. — Duretés en Bavière; l'électrice à Venise. — Laparat prend la Mirandole. — Vaubecourt, lieutenant général, tué à une échauffourée en Italie; sa femme; fatuité du maréchal de Villeroy.. 1

Chapitre II. — Goutte du roi empêche la cérémonie ordinaire de l'ordre de la Pentecôte. — Prisonniers échappés de Pierre-Encise. — Procès jugé devant le roi sur l'arrêt de la coadjutorerie de Cluny rendu au grand conseil. — Mort de l'abbé d'Hocquincourt. — Mort de Mme de Florensac. — Mort de Mme de Grignan. — Mariage de Sézanne avec Mlle de Nesmond. — Nouveau brevet de retenue à Torcy. — Mort de la duchesse de Coislin. — Mort de Mme de Vauvineux; sa famille. — Duc de Grammont de retour. — Amelot dans la junte. — Mort de l'amirante en Portugal. — Mort à Madrid du marquis de Villafranca. — Conspirations en Espagne; Legañez arrêté et conduit au château Trompette, à Bordeaux. — Princesse des Ursins prend congé et diffère encore son départ un mois. — Noirmoutiers duc vérifié, et autres grâces à la princesse des Ursins. — Vie et caractère de Noirmoutiers. — Vie et caractère de l'abbé depuis cardinal de La Trémoille. — Prétention de la princesse des Ursins de draper en violet de son mari, qui la brouille pour toujours avec le cardinal de Bouillon. — Raison pour laquelle les cardinaux ne drapent plus en France.. 19

CHAPITRE III. — Belle campagne de Villars. — Roquelaure battu et culbuté dans nos lignes. — Belle action et récompense de Caraman. — Reste de la campagne de Flandre. — Ambition, art et malignité de Lauzun. — Dezzedes tué. — Haguenau pris par les Impériaux; Peri et Arling récompensés. — Siége de Chivas. — Prince d'Elbœuf tué. — Fascination du roi sur MM. de Vendôme. — Combat du Cassano. — Mort de Praslin. — Disgrâce du grand prieur sans retour. — La connétable Colonne près de Paris. — Archevêque d'Arles tancé pour son commerce à Rome; ma liaison avec lui et avec le nonce depuis cardinal Gualterio. — Fantaisie des nonces sur la main, cessée depuis. — Caractère de Gualterio. — La Feuillade achève le siége de Chivas. — L'archiduc passe par mer devant Barcelone et l'assiége. — Fâcheux démêlé entre Surville et La Barre; leur état et leur caractère. — Affaire du banquillo. — Connétable de Castille majordome-mayor. — Voyage de Fontainebleau par Sceaux. — Mariage de Bercy à une fille de Desmarets. — Mort, famille et caractère de Bournonville. — Mort, caractère et famille de Virville. — Mort et caractère d'Usson. — Comte de Toulouse et maréchal de Cœuvres à Toulon, et reviennent tout court. — Comte de Toulouse achète Rambouillet à Armenonville, à qui on donne la capitainerie de la Muette et du bois de Boulogne seulement.. 33

CHAPITRE IV. — Mort de la première présidente Lamoignon; sa famille. — Caractère et fortune du premier président Lamoignon. — Corruption des premiers présidents successeurs de Bellièvre. — Catastrophe singulière de Fargues. — Mort et singularités de Ninon, dite Mlle de L'Enclos. — Mort de Rossignol. — Inquisition de ce prince. — Mort du comte de Tonnerre. — La Feuillade proposé par le roi à Chamillart pour faire en chef le siége de Turin. — Gratitude et grandeur d'âme de Vauban. — Vendôme grand courtisan. — Siége de Turin différé. — Darmstadt tué devant le mont Joui. — Lerida et Tortose saisis par les Catalans révoltés. — Siége de Badajoz levé par les ennemis. — Barcelone rendu à l'archiduc. — La garnison prisonnière de guerre. — Retour de Fontainebleau par Villeroy et Sceaux. — Couronnement de Stanislas en Pologne. — Mort du fameux Tekeli. — Prises de mer; Saint-Paul tué. — Cruelle méprise de La Feuillade. — Augmentation des compagnies. — Nouveaux régiments. — Force milice. — Idées de nos ministres bien différentes sur la paix. — Aguilar à Paris; sa mission, son caractère, sa fortune. — Ordres d'Espagne devenus compatibles avec ceux de la Toison et du Saint-Esprit. — Ronquillo gouverneur du conseil de Castille. — Duc de Noailles en Roussillon. — Mort des deux fils du duc de Beauvilliers. — Piété du père et de la mère. — Jésuites emportent la cure de Brest devant le roi. — Retour de Marsin, Villars et Villeroy. — Surville à la Bastille. — Roquelaure tâche de se justifier au roi; sa femme. — Mariage du fils aîné de Tessé avec la fille de Bouchu, du duc de Duras avec Mlle de Bournonville, de Listenois avec une fille de la comtesse de Mailly. — Folies de la duchesse du Maine. — Duc de Berry délivré de ses gouverneurs. — Montmélian rendu par les ennemis. — Aventure étrange de l'évêque de Metz.. 56

CHAPITRE V. — Mon procès de Brissac. — Deux fortes difficultés à succéder à la dignité de Brissac. — Cossé reçu duc et pair de Brissac. —

État et reprise de mon procès de Brissac. — Voyage à Rouen. — Singulière attention du roi. — Intimité de tout temps à jamais interrompue entre le duc d'Humières et moi. — Ingratitude de Brissac. — Coursé à Marly. — Service de La Vrillière. — Je gagne mon procès. — M. et Mme d'Hocqueville. — Fortunes nées de ce procès. — Anecdote sur l'abbé depuis cardinal de Polignac.. 81

Chapitre VI. — 1706. — Force bals à Marly tout l'hiver, et à Versailles. — Surville perd le régiment du roi, donné à du Barail. — Révolte de Valence et sédition à Saragosse. — Berwick prend Nice et retourne à Montpellier. — Bozelli décapité. — Mort de la princesse d'Isenghien — Mort de Bellegarde; histoire singulière. — Mort de Ximénès. — Je suis choisi, sans y penser, pour l'ambassade de Rome, qui, par l'événement, n'eut point lieu. — Mort de la comtesse de La Marck. — Ma situation à la cour après ce choix pour Rome. — La Trémoille cardinal avec dix-neuf autres. — Abbé de Polignac auditeur de rote...................... 99

Chapitre VII. — Mort du cardinal de Coislin et sa dépouille. — Trois cent mille livres sur Lyon au maréchal de Villeroy; sa puissance à Lyon. — Trois cent mille livres de brevet de retenue au grand prévôt; chanson facétieuse. — Quatre cent mille livres de brevet de retenue au premier écuyer. — Grâces pécuniaires chez Mme de Maintenon. — Exil de du Charmel et ses singuliers ressorts. — Piété de du Charmel........ 114

Chapitre VIII. — Duc de Vendôme; ses mœurs; son caractère; sa conduite. — Albéroni; commencement de sa fortune. — Voyage triomphant de Vendôme à la cour. — Patente de maréchal général offerte, et refusée par Vendôme. — Grand prieur; son caractère. — Berwick, fait maréchal de France à trente-cinq ans, retourne en Espagne. — Roquelaure va commander en Languedoc. — Le comte de Toulouse et le maréchal de Cœuvres à Toulon. — Petits exploits du duc de Noailles. — Tessé fait asseoir sa belle-fille en dupant les deux rois. — Mort de la reine douairière d'Angleterre. — Comte de Feversham. — Mort de Belesbat. — Mort de Polastron. — Catastrophe de Saint-Adon. — Querelle qui jette Mme de Barbezieux dans un couvent. — Mariage du comte de Rochechouard avec Mlle de Blainville. — Mariage du duc d'Uzès avec une fille de Bullion. — Mariage du prince de Tarente avec Mlle de La Fayette. — Origine des distinctions de M. de La Trémoille. — Ducs de Bouillon et d'Albret raccommodés. — Vingt mille livres de pension pendant la guerre au comte d'Évreux. — Victoire des Suédois............................ 131

Chapitre IX. — Généraux des armées. — Du Bourg attaqué à Versailles. — Joyeux; son être; sa mort. — Du Mont; sa famille; son caractère. — Catastrophe curieuse de Maulevrier. — Départ de l'abbé de Polignac, etc. — Prince Emmanuel d'Elbœuf passe aux Impériaux et est pendu en effigie. — Langallerie, lieutenant général, puis Bonneval, brigadier, passent aux ennemis et sont pendus en effigie. — Vastes projets pour la campagne; réflexions. — Billet signé du roi à M. de Vendôme, qui s'engage à faire recevoir l'ordre de lui et obéir par un maréchal de France, en Italie seulement. — Cardinal de Médicis veut se marier de la main du roi; Mlle d'Armagnac le refuse. — Villars, maître de la Mutter et de la

Lauter, prend Haguenau et délivre le fort Louis. — Le roi d'Espagne et Tessé devant Barcelone. — Berwick foible contre les Portugais. — Chavagnac ravage les Anglois aux îles de l'Amérique.................. 147

Chapitre X. — Électeurs de Cologne et de Bavière au ban de l'empire. — Siége de Turin résolu, et La Feuillade, singulièrement confirmé à le faire, arrive devant la place. — Villeroy part avec ordre de combattre, non avant, mais dès que Marsin l'aura joint. — Pique de Villeroy, qui n'attend point Marsin et choisit mal son terrain. — Dispositions de Villeroy. — Bataille de Ramillies. — Course de Chamillart en Flandre. — Bonté du roi pour Villeroy excessive. — Folie plus excessive de Villeroy. — Villeroy rappelé ; Vendôme choisi à sa place. — M. le duc d'Orléans en Italie. — Disgrâce du maréchal de Villeroy...................... 168

Chapitre XI. — Comte de Toulouse de retour à Versailles, et sa flotte à Toulon. — Levée du siége de Barcelone. — Le roi d'Espagne gagne Pampelune par le pays de Foix, puis Madrid. — Tessé revient à la cour. — Duc de Noailles fait lieutenant général seul, et commande en chef en Roussillon. — La reine d'Espagne, etc., à Burgos. — Le roi d'Espagne joint Berwick de sa personne. — Dispersion de sa cour. — Ses ennemis maîtres de Madrid. — Tessé salue le roi. — Vaset remet au roi les pierreries du roi et de la reine d'Espagne. — Zèle des évêques d'Espagne et des peuples. — Évêque de Murcie. — Madrid au pouvoir du roi d'Espagne, qui y rentre, et la reine. — Les ennemis chassés des Castilles. — Comte d'Oropesa passe à l'archiduc. — Patriarche des Indes arrêté y passant avec le comte et la comtesse de Lémos. — Soulagement du palais. — Contades fait major du régiment des gardes ; son extraction ; son caractère. — Cent cinquante mille livres à M. de Soubise, et la nomination de son fils au cardinalat déclarée. — Mort du chevalier de Courcelles et sa parenté. — Mort de Montchevreuil. — Mort de Bourlemont. — Mort de Mlle de Foix. — Mort de Brou, évêque d'Amiens ; son caractère. — Mort de l'abbé Testu ; son caractère ; personnage singulier. — Mort de Rhodes ; son caractère. — Mort de la mère du maréchal de Villars ; son caractère. — Mort de Mme de Gacé. — Mort de la princesse de Tingry. — Mort de la duchesse Max. de Bavière. — Mort de Congis et sa dépouille. — Mort de Laubanie et sa dépouille. — Mort de la duchesse de Montbazon ; son extraction ; son caractère. — Mort de Mme de Polignac ; son caractère ; ses aventures. — Trait étrange du Bordage........................ 184

Chapitre XII. — Baguettes du parlement baissées à Dijon chez M. le Prince. — Baronnies de Languedoc réelles, non personnelles. — Deux cent mille livres de brevet de retenue à Bullion. — Cardinal de Janson arrivé de Rome. — Mariage de des Forts avec la fille de Bâville. — Foucault cède à son fils l'intendance de Caen. — Fortune de l'abbé de La Bourlie en Angleterre. — Galanterie du roi à Marlborough. — Verbaum arrêté allant aux ennemis. — Faux-sauniers. — Orry à Paris ; ne retourne plus en Espagne ; frise la corde de près ; puis président à mortier au parlement de Metz. — La reine douairière d'Espagne conduite de Tolède à Bayonne. — Mort de Fontaine-Martel et sa dépouille. — Caractère, conduite, extraction et dégoût de Saint-Pierre. — Ma façon d'être avec M. le duc d'Orléans. — Mlle de Sery fait légitimer le fils qu'elle avoit de M. le duc d'Orléans, et se fait appeler Mme la comtesse d'Argenton par lettres patentes. — Curiosités sur l'avenir très-singulières.............. 198

Chapitre XIII. — Marsin, au refus de Villars, va commander l'armée d'Italie sous M. le duc d'Orléans, qui part pour l'Italie. — Mmes de Savoie, et incontinent après M. de Savoie, sortis de Turin, défendu par le comte de Thun. — Folles courses de La Feuillade après le duc de Savoie. — Duc d'Orléans passe au siége dont il est peu content. — Mauvaise conduite de La Feuillade, fort haï. — Duc d'Orléans joint Vendôme et n'en peut rien tirer. — Vendôme à Versailles. — Vendôme part pour Flandre, avec une lettre du roi, pour donner l'ordre et commander à tous les maréchaux de France. — Villeroy à Versailles sans avoir vu Vendôme, et ne voit point Chamillart, avec qui il se brouille, et tombe en disgrâce. — Guiscard, sans lettre de service, retiré chez lui; seul sans nouvelles lettres de service. — Puységur à Versailles et en Flandre. — Traitement des ducs en pays étrangers. — Usurpation de rang de l'électeur de Bavière. — Traitements entre lui et M. de Vendôme. — Villars, quoique affoibli, prend l'île du Marquisat, où Streff est tué. — Caraman assiégé dans Menin et le rend. — Jolie action du chevalier du Rosel. — Ath pris par les ennemis. — Séparation des armées en Flandre. — Le roi, amusé sur le voyage de Fontainebleau, ne le fait point cette année. — Kercado, maréchal de camp, tué. — Talon, Polastron, Rose, colonels, morts en Italie, et le prince de Maubec, colonel de cavalerie. 212

Chapitre XIV. — M. le duc d'Orléans, sous la tutelle de Marsin, empêché par lui d'arrêter le prince Eugène au Taner; chiffres. — Armée de M. le duc d'Orléans à Turin. — Mauvais état du siége et des lignes. — Conduite pernicieuse de La Feuillade. — M. le duc d'Orléans empêché par Marsin de disputer la Doire, puis de sortir des lignes et d'y combattre. — Conseil de guerre déplorable. — M. le duc d'Orléans cesse de donner l'ordre et de se mêler de rien. — Cause secrète de ces contrastes. — Dernier refus de Marsin. — M. le duc d'Orléans, à la prière des soldats, reprend le commandement sur le point de la bataille. — Étrange abusement de Marsin. — Triple désobéissance et opposition formelle de La Feuillade à M. le duc d'Orléans. — Bataille de Turin. — Belle action de Le Guerchois lâchement abandonné. — M. le duc d'Orléans veut faire retirer l'armée en Italie. — Frémissement des officiers généraux, qui, par leurs ruses, leur audace, leur désobéissance, le forcent enfin à la retraite en France. — Motif d'une si étrange conduite. — La nouvelle de la bataille portée au roi. — Désordres de la retraite sans aucuns ennemis. — Chaîne des causes du désastre devant Turin et de ses suites. — Mort de Marsin prisonnier; son extraction, son caractère. — La Feuillade, de négligence ou de dessein, prive M. le duc d'Orléans de la communication avec l'Italie par Ivrée. — Prises de La Feuillade avec Albergotti. — Désespoir feint ou vrai de La Feuillade. — Origine de l'amitié de M. le duc d'Orléans pour Besons, qui le demande. — Besons le joint venant des côtes de Normandie................................. 228

Chapitre XV. — Promptitude incroyable avec laquelle j'apprends les malheurs devant Turin. — Nancré apporte le détail pour la bataille de Turin. — Mort de Murcé de ses blessures; fadaises sur lui par rapport à Mme de

Maintenon. — Victoire de Médavy en Italie sur le prince de Hesse, depuis roi de Suède. — Médavy chevalier de l'ordre; autres récompenses. — Mme de Nancré et d'Argenton à Grenoble. — On ne pense plus à repasser en Italie, qui se perd. — M. le duc d'Orléans à Versailles. — Ce qu'il pense de La Feuillade et de ses officiers généraux. — La Feuillade perdu et rappelé. — La Feuillade et le cardinal Le Camus. — La Feuillade salue le roi; très-mal reçu. — Électeur de Cologne incognito à Paris et à Versailles. — Mort de Saint-Pouange. — Chamillart grand trésorier de l'ordre. — Mort de Mme de Barbezieux. — Mort de Boisfranc. — Survivance de Maréchal à son fils; alarme des survivanciers. — Mme de La Chaise à Marly en absence de Mme la duchesse de Bourgogne et de Madame. — Dispute entre le duc de Tresmes et M. de La Rochefoucauld pour le chapeau du roi. — Piété de Mgr le duc de Bourgogne. — Le roi de Suède, victorieux en Saxe, y dicte la paix au roi Auguste. — Sa glorieuse situation et sa lourde faute. — Patkul et sa catastrophe. — Stanislas reconnu roi par la France; mécontents et leurs progrès. — Mariage arrêté de l'archiduc avec une princesse de Wolfenbuttel. — Facilité des princes protestants à se faire catholiques pour des avantages, et sa véritable cause. — Succès et séparation des armées en Espagne. — Secours d'argent à l'archiduc. — Conférences refusées par les alliés sur la paix. — Villars et le duc de Noailles de retour. — Le roi entretient le prince de Rohan sur la bataille de Ramillies. — Surville et La Barre accommodés, le premier demeurant perdu. — Mme de Châtillon; sa famille, son caractère, sa conduite; quitte Madame et y demeure. — Mariage du fils de Livry avec une fille du feu prince Robert; grâces du roi à cette occasion. — M. de Beauvilliers cède son duché, etc., à son frère, et le marie à la fille unique de feu Besmaux. — Conduite admirable de la duchesse de Beauvilliers. — Bergheyck à Versailles; son caractère et sa fortune. — Vendôme de retour. — Grand prieur à Gênes. — Ridicule de Mme de Maintenon sur Courcillon....................................... 246

CHAPITRE XVI. — Oublis. — Procès intentés par le prince de Guémené au duc de Rohan sur le nom et armes de Rohan. — Matière de ce procès. — Cause ridicule de ce procès. — Parti que le duc de Rohan devoit prendre. — Excuse du roi, en plein chapitre, des trois seuls ducs ayant l'âge, non compris dans la promotion de 1688. — Raisons de l'aversion du roi pour le duc de Rohan. — Raison secrète qui fait roidir le duc de Rohan à soutenir ce procès. — Éclat du procès. — Conduite de Mme de Soubise, qui le fait évoquer devant le roi. — Conseil curieux où le procès se juge. — Le duc de Rohan gagne entièrement son procès avec une acclamation publique. — Licence des plaintes des Rohan, qui les réduisent aux désaveux et aux excuses de Mgr le duc de Bourgogne et au duc de Beauvilliers. Le roi sauve le prince de Guémené d'un hommage en personne au duc de Rohan; qui l'accorde au roi par procureur pour cette fois. — Branche de Gué de L'Isle, ou du Poulduc, de la maison de Rohan, attaquée par Mme de Soubise, maintenue par arrêt contradictoire du parlement de Bretagne. — Persécution au P. Lobineau, bénédictin, et mutilation de son *Histoire de Bretagne*... 272

CHAPITRE XVII. — Chambre de l'Arsenal contre les faussaires. — Maison de La Tour. — Mlle de Limeuil. — Vicomte de Turenne La Tour, dit le maréchal de Bouillon. — Sedan; son état; ses seigneurs. — Sedan acheté par Éverard III de La Mark. — Bouillon acquis par MM. de La Mark. — Folle déclaration de guerre du seigneur de Sedan, La Marck, à Charles-Quint. — Sedan mouvant de Mouzon. — Rang personnel de duc obtenu par le maréchal de Fleuranges La Marck, seigneur de Sedan et Bouillon. — Son fils se donne le premier le titre de prince de Sedan. — Bouillon; son état; point duché; mouvant de Liége, auparavant de Reims. — M. de Bouillon, seigneur de Bouillon plus que très-précaire. — Comte de Maulevrier, oncle paternel de l'héritière, précède, sa vie durant, le maréchal de Bouillon partout. — Comte de Braine. — Marquis de Mauny. — Seigneurs de Lumain. — Comte de La Marck. — Sommaire jusqu'à MM. de La Tour. — Maréchal de Bouillon La Tour; titres qu'il prend, et ses deux infructueuses prétentions. — Duc de Bouillon et son échange. — M. de Turenne. — Change adroitement donné sur le titre de maréchal ou de vicomte de Turenne. — Vicomté de Turenne. — Époque du changement de style des secrétaires d'État et avec les secrétaires d'État. — Qualité de prince absolument refusée à MM. de Bouillon, au contrat de mariage de M. d'Elbœuf avec Mlle de Bouillon. — Qualité de prince au tombeau de M. de Turenne défendue par le roi; pourquoi point d'épitaphe ni de nom. — Époque et raison du mot *Auvergne* ajouté au nom de La Tour. — Cartulaire de Brioude. — *Histoire de la maison d'Auvergne*, par Baluze. — Le cardinal de Bouillon fait faire le cartulaire et cette *Histoire*. — De Bar arrêté pour faussetés. — Bouillon sollicitent pour de Bar. — Aveu du duc de Bouillon au roi pour arrêter l'affaire, et de l'abbé d'Auvergne aux juges. — De Bar, convaincu, s'avoue en plein tribunal fabricateur du cartulaire, qui est déclaré faux, et lui faussaire. — Cause et singularité de la peine infligée à de Bar. — *Histoire de la maison d'Auvergne*, par Baluze, publiée aussitôt après............ 296

Chapitre XVIII. — 1707. — Retranchement d'étrennes et de partie de la pension de Mme de Montespan. — Mort de Cauvisson; sa dépouille. — Survivance de secrétaire d'État au fils de Chamillart. — Visites inusitées chez Chamillart. — Bassesse de du Bourg. — Mort du roi de Portugal. — Mort et famille du prince Louis de Bade. — Grandeurs de Marlborough. — Entrevues étranges. — Électeur de Cologne sacré, etc. — Naissance du second duc de Bretagne. — Mort de Saint-Hermine. — Mort de Mme de Montgon. — Mme de La Vallière dame du palais. — Mariage de Gondrin avec une fille du maréchal de Noailles. — Mort du comte de Grammont; son caractère. — Mort de La Barre. — Mort de Mme de Frontenac; sa famille, etc. — Mort de Mlle de Goello; sa famille. — Mort du chevalier de Gacé. — Mines inutilement cherchées aux Pyrénées. — Retour et personnage de Mme de Caylus à la cour. — Union de l'Écosse avec l'Angleterre. — Marquis de Brancas et de Bay. — Port-Mahon repris pour Philippe V. — Envoi d'argent de Mexique par le duc d'Albuquerque. — Prise considérable en mer sur les Anglois.................. 327

Chapitre XIX. — Duc de Noailles capitaine des gardes, sur la démission de son père. — Puysieux conseiller d'État d'épée. — Curiosités sur Poissy et ses deux dernières abbesses. — Mort de Roquette, évêque d'Autun; son caractère. — Bals à la cour; comédies à Sceaux et à Clagny. — Généraux d'armée : Tessé en Italie battu par le parlement de Grenoble; Villars sur le Rhin; Vendôme en Flandre; Berwick resté en Espagne sous M. le duc d'Orléans; duc de Noailles en Roussillon. — Mot étrangement plaisant du roi sur Fontpertuis. — Exclusion du duc de Villeroy de servir; curieuse anecdote. — Rage du maréchal de Villeroy; ses artifices. — Mon éloignement pour le maréchal de Villeroy. — Foiblesse du roi pour le maréchal de Villeroy et pour ses ministres. — Cause intime de l'extrême haine du maréchal de Villeroy pour Chamillart. — Peu de sens du maréchal de Villeroy.. 342

Chapitre XX. — Accablement, vapeurs, instances de Chamillart pour être soulagé. — Sa manière d'écrire au roi, et du roi à lui. — Réponse étonnante. — Personnes assises et debout aux conseils. — Impôts sur les baptêmes et mariages; abandonnés par les désordres qu'ils causent. — Mort de du Chesne, premier médecin des enfants de France. — Mariage de Mezières avec Mlle Oglthorp; leur famille, leur fortune, leur caracière. — Livre du maréchal de Vauban sur la dîme royale; livres de Boisguilbert sur la même matière. — Mort du premier et exil du second. — Origine de l'impôt du dixième. — Mort du marquis de Lusignan; sa maison, sa famille, sa fortune, son caractère. — Mort de Pointis. — Mort du chevalier d'Aubeterre. — Comte d'Aubeterre, son neveu; sa fortune, son caractère, leur extraction... 358

Chapitre XXI. — Beringhen, premier écuyer, enlevé entre Paris et Versailles par un parti ennemi, et rescous. — Cherbert à la Bastille. — Duc de Bouillon gagne son procès contre son fils. — Mariage du comte d'Évreux avec la fille de Crosat. — Harlay quitte la place de premier président. — Caractère d'Harlay. — Quelques dits du premier président Harlay. — Candidats pour la place de premier président, que je souhaite au procureur général d'Aguesseau. — Pelletier premier président. — Portail président à mortier. — Courson avocat général. — Mot ridicule du premier président sur son fils. — Mariage du duc d'Estrées avec une fille du duc de Nevers. — Mort du duc de Nevers; sa famille, sa fortune, son caractère. — *Parvulo* de Meudon.................................... 372

Chapitre XXII. — Duc d'Orléans a un fauteuil à Bayonne, et à Madrid le traitement d'infant. — Origine du fauteuil en Espagne pour les infants et pour les cardinaux. — Étranges abus nés des fauteuils de Bayonne à M. le duc d'Orléans et à Mlle de Beaujolois. — Origine du traversement du parquet par les princes du sang. — Époque où les princesses du sang ont quitté les housses. — Trait remarquable de M. le prince à Bruxelles avec don Juan et le roi Charles II d'Angleterre. — Ses entreprises de distinction en France. — Règlement contre le luxe des armées peu exécuté. — Bataille d'Almanza. — Cilly apporte la nouvelle de la victoire d'Almanza. — Valouse à Marly, de la part du roi d'Espagne. — Bockley apporte le détail, et est fait brigadier. — M. le duc d'Orléans arrive à l'armée victorieuse. — Origine de l'estime et de l'amitié de M. le duc d'Orléans pour le duc de Berwick. — Leurs différents caractères militaires. — Grand et rare éloge du duc de Berwick par M. le duc d'Orléans. — Manquement fatal de toutes choses en Espagne. — Siége de Lerida. — La ville prise d'assaut et punie par le pillage. — Le château rendu par capitulation. — Joyeuse malice du roi sur Lerida à M. le Prince. — Cilly lieutenant général. — Berwick grand d'Espagne avec les duchés de Liria et de Xerica en don, une grâce, outre cela, sans exemple en grandesse, et fait chevalier de la Toison d'or.................................... 394

Chapitre XXIII. — Différence du gouvernement de la Castille et de l'Aragon, l'un plus despotique que la France, l'autre moins que l'Angleterre. — Explication curieuse. — Philippe V abolit les lois et les priviléges de l'Aragon et de ses dépendances, et les soumet aux lois et au gouvernement de Castille. — Deux partis proposés par Médavy pour les troupes restées avec lui en Italie, tous deux bons, tous deux rejetés. — Traité pour le libre retour des troupes en abandonnant l'Italie. — Duc de Mantoue, dépouillé sans être averti, se retire précipitamment à Venise. — Contraste étrange de la fortune des alliés de Louis XIII et de ceux de Louis XIV. — Médavy à Marly ; sa récompense. — Arrivée de Vaudemont à Paris et à la cour. — Chambre de la Ligue. — Vaudemont et ses nièces ; leur union, leur intérêt, leur cabale, leur caractère, leur conduite. — Étrange découverte de Mme la duchesse de Bourgogne sur Mme d'Espinoy. — Mme de Soubise ; son caractère ; son industrie............ 412

NOTES.

I. Histoire et condamnation de B. de Fargues..................... 435
II. Opposition de la noblesse aux honneurs accordés à quelques familles.. 438
III. Évocations ; enregistrement ; droit de remontrances............ 441

FIN DE LA TABLE DES CHAPITRES.

Ch. Lahure, imprimeur du Sénat et de la Cour de Cassation,
rue de Vaugirard, 9, à Paris.

A LA MÊME LIBRAIRIE.

MÉMOIRES DE FLÉCHIER SUR LES GRANDS-JOURS D'AUVERGNE EN 1665, annotés et augmentés d'un Appendice par M. *Chéruel*, maître de conférences à l'École normale supérieure, et précédés d'une Notice par M. *Sainte-Beuve* de l'Académie française. 1 volume in-8, orné d'une gravure.

Le même ouvrage, grand papier vélin superfin, tiré à cent exemplaires numérotés.

MARIE STUART ET CATHERINE DE MÉDICIS, par M. *Chéruel*. 1 volume in-8.

Ch. Lahure, imprimeur du Sénat et de la Cour de Cassation
(ancienne maison Crapelet), rue de Vaugirard, 9.

www.ingramcontent.com/pod-product-compliance
Lightning Source LLC
Chambersburg PA
CBHW070219240426
43671CB00007B/702